国家社科基金
GUOJIA SHEKE JIJIN HOUQI ZIZHU XIANGMU
后期资助项目

《老子》之道及其当代诠释

The Tao of *Laozi* and Its Contemporary Interpretation

林光华 著

中国人民大学出版社
·北京·

国家社科基金后期资助项目
出版说明

后期资助项目是国家社科基金设立的一类重要项目，旨在鼓励广大社科研究者潜心治学，支持基础研究多出优秀成果。它是经过严格评审，从接近完成的科研成果中遴选立项的。为扩大后期资助项目的影响，更好地推动学术发展，促进成果转化，全国哲学社会科学规划办公室按照“统一设计、统一标识、统一版式、形成系列”的总体要求，组织出版国家社科基金后期资助项目成果。

全国哲学社会科学规划办公室

目　录

导　论

第一节　《老子》疑难

通行本《老子》第一章曰："道可道，非常道"[1]，它表明道是可以说的，但说出的道不是"常道"。那么，"常道"究竟是什么，为何不可说，这是《老子》一书呈现给后人的最大疑难。但是，这是从研究者角度去说的，对于老子本人来说，这并不是个疑难，只是一种表达"道"的特殊方式，能更好地说明"常道"的特殊性。《老子》八十一章都在用特殊的语言方式来保护这种特殊性，以免被忽视或误读。实际上，《老子》中是有答案的，并且，对于老子来说，重要的不是"常道"是什么，而是如何运用"常道"使得国家长生久视（59 章），人生甘、美、安、乐（80 章）。对于我们研究者来说，理解"常道"是第一步，然后才能阐释它、运用它。所以，首先需要澄明的是"道不可道"这个疑难本身以及《老子》中所提供的有限但极其重要的回答。

一、道不可道

"道可道，非常道"中出现了三个"道"字，含义皆不同。为了表示"道"不是当时各家比较常用的"道"字，老子特别强调，这个"道"是可以说的，但说出来就不是他所说的"常道"了，言下之意，要说此"道"，必须小心，不是一般性的言说就能说清楚的。第二个

---

① 王弼注，楼宇烈校释：《老子道德经注校释》，1 页，北京，中华书局，2008。本书所有《老子》引文皆出自此书，只注章数，不另出注。如无特别说明，本书中的"道"均指《老子》中的"常道"；所有黑体为笔者所加，表示强调；脚注中的文献再次出现时只注出作者、书名与页数，省略其它出版信息；正文一律省略"先生"尊称。

“道”字的含义很清楚，即动词“道说”之意。因此，第一个短句的意思是：“道”是可以说的。但老子紧接着又说“非常道”，“非”字是对前面说道的否定，这两句之间是转折关系，即“道”是可以说的，但是说出来的道不是“常道”。他提醒人们，“常道”需要用特殊的方式去说。老子这一看似吊诡的说法并不是要否定说道这件事，而是表明说“道”的困难。“不可道”不是绝对不可说，而是指不可用一般的方式去说。因此，道不可道不是神秘主义，而只是说明“常道”的特殊性，即它不能通过我们日常所使用的工具性的语言去说，而要求人用特殊的语言去“指示”它。老子本人就是这样做的，他用反言的方法①、遮蔽的方法②、比喻的方法③揭示“道”，而不是用下定义和逻辑推理的方法说明“道”。

那么，究竟为什么“道不可道”?《老子》中是有说明的，这主要集中在第一章、第二章与第八十一章，这几章从三个不同的角度解释了“道不可道”的原因，简单清晰，但是，要用现代术语将它论证清楚就是一件不容易的事了。

道不可道的原因首先在于《老子》第一章所说的“此两者同出而异名”，也即帛书本的“两者同出，异名同谓”④。第一章曰：“无名天地之始，有名万物之母。故常无欲，以观其妙；常有欲，以观其徼。”无论是无名、有名，还是无欲、有欲，都是“异”的体现，语言能描述的是这“异”，而不是“同”。“同出”即两者同时出于道，“同谓”即两者都指称道，只不过是从两个不同的方面去说。老子看到一般性的语言只能“花开两朵，各表一枝”，无法直接表达同时具有有、无两方面特点的“常道”，

① 反言的方法指从反面去揭示道的方法，即第七十八章所说的“正言若反”。譬如第一章：“道可道，非常道”，前半句正着说道可道，继而说所道之道非“常道”，达到一个“反”的效果；如第四十一章曰：“不笑不足以为道”，不正着说“常道”看起来普通，实际上是至高的存在，而用“笑”反衬“道”的超出一般人理解的特性。

② 遮蔽的方法指用模糊的语言、主观感受性的语言、诗意化的语言去揭示道的方法。譬如第四十一章曰：“大音希声，大象无形”，是模糊的语言，而非直接说明“大音”、“大象”是什么；第二十章曰：“众人皆有余，而我独若遗。我愚人之心也哉”，是主观感受性的语言；第十五章曰：“豫焉若冬涉川，犹兮若畏四邻，俨兮其若容，涣兮若冰之将释”，是诗意化的语言，而非说理式的。

③ 比喻的方法指用“喻体”的特征来揭示道之特性的方法。《老子》中有三个最重要的比喻是用来揭示道（或德）的：水、婴儿、橐籥。如第三十四章：“大道泛兮，其可左右”，第八章：“上善若水”，第二十八章：“复归于婴儿”，第五章：“天地之间，其犹橐籥乎?”

④ 高明：《帛书老子校注》，227页，北京，中华书局，2004。

老子本人也常常不可避免地要对“道”进行有、无两面说。所以，出于“道”的特殊性与“言”的局限性，老子一边从有、无两面去说“道”，一边提醒人们有、无是共根、共源的，从而防止人们将有、无两面割裂开来而走向二元论（dulism）。

如果说《老子》第一章提出了“道不可道”的哲学问题，那么我们完全可以说，第二章紧接着对这个问题做出了解释。其曰：“天下皆知美之为美，斯恶已；皆知善之为善，斯不善已。故有无相生，难易相成，长短相较，高下相倾，音声相和，前后相随。”老子很少在一章中连续列举这么多对子，这里共有 8 对，包括三个不同的层面。美与恶、善与不善是审美与道德观念层面的对子；有与无是对一切现象的抽象表述；难易、长短、高下、音声、前后是对不同现象的具体列举。

美与恶、善与不善，也即王弼所说的“美疾、善恶”的观念①，显示了一种常见的思维方式，即对一切事物作美丑、善恶的划分。但老子关注的不是美丑、善恶本身的内涵，也不是审美观念与道德观念的问题，而是要从根本上强调这种美与恶、善与不善之分意味着什么。它意味着二分的思维已经出现，非美则疾，非善则恶。人们能知“美之为美”，说明人们有理性的认知能力，但老子并没有把关切点放在对这种理性能力的赞誉上，而是看到了“知”背后更原本的东西，那就是无所谓美疾、无所谓善恶的原初状态。当人们有了这种二元的认知时，老子认为这已经是不好了。因为人们对善认知得越深，说明其对恶也认知得越深。善恶是一体并生的两个观念，相反相成。因此，人们可以因为知善而趋善，但同时也会因为知恶而趋恶，从根本上，老子并不认为这种二分的认知方式是值得推崇的。

任何事物都包含正反两面，它们如影随形，不可分割。这里的“有无”不是就宇宙论而言，更没有存在论意味，而是就现象界而言的，下文列举的 5 个对子则是具体的现象。刘笑敢指出：“有无相生是就现象界或经验界来说的。”② 尽管如此，“有无”与下面的“难易、高下”仍然有所不同。“有无相生”实际上是可以概括一切现象的，容易看到的一面是“有”，隐藏起来的一面是“无”，而不尽如陈鼓应所说的，有无是“指现

---

① 王弼注：“美者，人心之所进乐也；恶者，人心之所恶疾也。”见楼宇烈校释：《老子道德经注校释》，6 页。

② 刘笑敢：《老子古今：五种对勘与析评引论》，114 页，北京，中国社会科学出版社，2006。以下简称《老子古今》。

象界事物的存在或不存在而言”[①]。存在与不存在如何相生？这不太好解释。毋宁说，显与隐是相生的，我们说“难”时，隐藏着的是对“易”的了解，难、易是相对而言的，相比较而生出的概念，没有难，就无所谓易，因此二者是相反相成的关系，互相生成对方，促成对方。老子看到，在日常生活中，二分法（dichotomy）是避免不了的，因为二分法可以使现象界的一切更容易被把握、认识和运用。但是“二分法”与“二元论”是有区别的，《老子》第二章看到，人把握世界和思考问题的重要方法之一固然是二分法，但不应该是二元论的，人恰恰应该看到善恶相依、有无相成的“二向统一性”。所以，第二章用“是以”这个具有因果意味的词转向对圣人的讨论：“是以圣人处无为之事，行不言之教”。圣人正是洞察了事物的“二向统一性”，所以不轻易去为。

“道”是一切事物尚未二分时的整全一体，是一切事物的共根，是事物具有相反两面的根据，它本身无法被对象化为任何一种单一的特质。王弼对这一点体会得尤为深刻，其注曰：“美恶犹喜怒也，善不善犹是非也。喜怒同根，是非同门，故不可得而偏举也。”[②] 王弼强调“道”是“同”，分解地说是“异”，谈“异”时不能忘记“同”，否则就容易陷入二元论的思维中去，人为地造成二元对立的局面。这一点可谓深得老子之心，《老子》第四十一章曰：“大音希声，大象无形”，就是对无声、无形、无法作任何切分的道的形容。王弼注曰：

> 有声则有分，有分则不宫而商矣。分则不能统众，故有声者非大音也。有形则有分，有分者，不温则凉，不炎则寒。故象而形者，非大象。[③]

可见，王弼不仅看到了有声、有形的具体界是可以作不同的界分的，而且看到所有的界分不外乎非此即彼的“二分”，非宫即商，非温即凉，非炎即寒。这是最符合人的日常思维的，也是最简单的对事物的描绘方式，渐渐也就成了人们根深蒂固的思维习惯。只要用语言去“道说”，就会产生“分化”，因为“道说”就意味着要将某个东西说清楚，要说得清楚，就只

---

① 陈鼓应：《老子注译及评介》（修订增补本），61页，北京，中华书局，2009。

② 楼宇烈校释：《老子道德经注校释》，2页。

③ 同上书，113页。

能“花开两朵，各表一枝”，分别去说，而不能笼统去说，渐渐地就忘了两朵花其实是共土、共根的。所以，“道”是不能用一般的语言去言说的。

老子深知“道”不能用一般的语言去说，所以采取了特殊的方式。即便如此，要如其所是地显示“道”，还必须把语言这把梯子拆解掉。这就是《老子》第八十一章：

> 信言不美，美言不信；善者不辩，辩者不善；知者不博，博者不知。

老子最后又回到相反相成的对子式表达，信与美，善与辩，知与博，说还是不说，如何说，奥秘全在这里。“信”是真实、信验的意思，“善”是好的意思，“辩”是辩论的意思，“知”是有智慧的意思。既要说，又要让人感到真实；既要辩，又不能让人觉得流于形式；既要有专一的智慧，又不能失去广博的视野。这样才能准确地、有效地、普遍地传达关于“道”的思想，所以老子自觉地在“信”与“美”之间言说，在“善”与“辩”之间游走，在“知”与“博”之间平衡，让后人尽可能“得意而忘言”（《庄子·外物》）①，透过语言去把握语言背后的“道”。这是该章的第一层用意。其更深的用意在于对整个《老子》八十一章的特殊的言说方式做自我总结，他是借用“对子”来展开所有的话语的，如有与无、道与德、黑与白、强与弱等等，他要告诉人们这些是分开来说的“对子”，而不是二元对立的概念。他希望人们能领会道不落两边的“超越性”（beyond two dichotomic aspects），居“中”才能得“道”。完全落实下来的语言不即道，空灵玄思的语言也不即道，道就要在虚实之间、真假之间、专博之间、淡腴之间被领会，因为道不是某个具体对象。

二、道不可名

“名”是名相、概念，是静态的、固定的语言，是对一个事物之为一事物的规定。老子要言说，就不得不用“名”。他使用的最大的名是“道”。所以，对这个“名”，老子是无奈的，也是谨慎的。如果说“道不可道”是对说道方式的一个提醒，那么“道不可名”就是保护“道”之特

① 郭象注，成玄英疏：《南华真经注疏》下册，534页，北京，中华书局，1998。以下《庄子》引文皆出自此书，只注篇名，不另出注。

殊性的一个语言律令。

“名”是紧跟着“道”被提出的，“道不可名”的问题也在《老子》第一章就提出来了。第一章曰：“道可道，非常道；名可名，非常名。”道是可以道的，但所说的道不是“常道”；名是可以用来命名的，但所命的名不是“常名”。“常名”对应的是“常道”，老子在说明“道不可道”的同时，又指出“道不可名”。下一句又作了强化，“无名天地之始，有名万物之母”，“道”在未有天地时就已经存在，它是天地的开始处，也是天地的来处。有名之名，是人对“道”的命名，也即“道”这个字，并且开始用它指称人类生生之“母”，使本来不可名的宇宙源头具有了文化含义。但是老子时时不忘提醒“道”本是不可名的。

究竟为什么“道不可名”呢？老子同样有说明，这主要集中在第二十五章、第十四章、第二十一章以及第三十二章。这几章分别从道的产生、道的特点、道的作用来说明“道不可名”的原因。

首先，从道的产生来说，“道”是无名的。《老子》第二十五章曰：“有物混成，先天地生，寂兮寥兮，独立不改，周行而不殆，可以为天下母。吾不知其名，字之曰道，强为之名曰大。”混成之物即“道”，先天地生者即“道”，被生者都是有所依赖的，只有生生者“道”是独立的；被生者都是有死的，只有生生者“道”是不会消亡的。生生者即万物之“母”。老子给它一个字，也就是一个代号，叫做“道”。“名”是用来表示事物的特征的，故“道”之真名为“大”。老子用了一个“强”字，表达“勉强”之意，旨在说明“道”实际上是不能被命名的。“名”所能命名的东西都是会消亡的，而“道”不会消亡，故“道不可名”。可见，第二十五章与第一章的“无名天地之始”是呼应的。二者都从宇宙论之“道”关涉“命名”的问题。

其次，从道的特点来说，“道”是恍兮惚兮的。《老子》第十四章曰：

> 视之不见名曰夷，听之不闻名曰希，搏之不得名曰微。此三者不可致诘，故混而为一。其上不皦，其下不昧，绳绳不可名，复归于无物，是谓无状之状，无物之象。是谓惚恍。迎之不见其首，随之不见其后。执古之道，以御今之有，能知古始，是谓道纪。

道是看不见、听不到、摸不着的，也就是说道是无色、无声、无形的。因为没有形色，所以难以被界分。道在上不显得明亮，在下不显得昏暗，这说明道不能定性为“皦”，也不能定性为“昧”，它在皦昧之间，是不确定的，可以二分地描述，但不可以作二元论地探求。“名”则必然要落到某个具体的特性上，如王弼说的“非温即凉”，老子是从这一意义上说道“不可名”的。老子这里所认为的“名”是为了将一“物”加以定性，静态地把握而给予的命名。但道是“无物”，上下求索道，最终会发现好像什么也没有，什么也抓不住。这正是因为道不是个什么，不是个具体物。

《老子》第二十一章曰：“道之为物，惟恍惟惚。惚兮恍兮，其中有象；恍兮惚兮，其中有物。窈兮冥兮，其中有精；其精甚真，其中有信。”这里“道之为物”的“物”如何理解？根据下文“惟恍惟惚”来看，它不是某个可以具体把握的东西。竹简本没有这一章，但第二十五章有“有状混成”，“状”是“情状”的意思。① 那么，这里的“道之为物”如有简本对应，也有可能是“道之为状”，表示“道”是介于有无之间的“象”，这样与下文的“恍惚”完全相合。在找不到其竹简本或更原始版本的情况下，我们也可以将其理解为“道这个东西”②，即泛泛而论，这样才符合老子之意。何为“恍惚”？先秦道书《鹖冠子·夜行》篇引“惚、恍”作“芴、芒”，其曰：“芴乎芒乎，中有象乎！芒乎芴乎，中有物乎！”③《庄子·至乐》曰：“杂乎芒芴之间”，“芴”、“芒”都是模模糊糊、混混沌沌的意思。“恍”与“惚”二字的含义又略有不同，“恍”侧重于“有”，“惚”侧重于“无”，而“道”既非有又非无，故用“恍惚”来描述。苏辙注：“道非有无，故以恍惚言之。然及其运而成象，著而成物，未有不出于惚恍者也。”④ 道不能定性为有或无，道在不停地运行之中，运行而成气象，显现出来才是具体的物。楼宇烈也说：“此处所讲‘有物’、‘有象’，均为‘恍惚’之物象。”⑤ 可见，“道”是尚未对象化的某种可能性，而非现成性。

老子前面用“惚兮恍兮”，后面用“恍兮惚兮”，二者强调的重心也有差别，王博认为：“言‘惚恍’则重视‘惚’之一面即‘无物’之一面，言

---

① 参见丁原植：《郭店竹简老子释析与研究》，138 页，台北，万卷楼图书有限公司，1998。作“有状混成”理解的学者还有裘锡圭、赵建伟等。裘锡圭认为“依文义当读为‘状’”，赵建伟认为：“简本‘有状（象）混成’比今本‘有物混成’更近《老子》哲学的始原意义”，见陈鼓应：《老子注译及评介》（修订增补本），159 页。

② 高明：《帛书老子校注》，329 页。

③ 黄怀信撰：《鹖冠子校注》，24 页，北京，中华书局，2014。

④ 苏辙撰，黄曙辉点校：《道德真经注》，28 页，上海，华东师范大学出版社，2010。

⑤ 楼宇烈校释：《老子道德经注校释》，53 页。

‘恍惚’则重视‘恍’之一面即‘有物’之一面。”① 所以，老子先出“惚”字而带出“象”，后出“恍”字而带出“物”。尽管其中能看到这些，但道本身非象、非物，而是大象、大物。因此，无法用确定性的“名”来加以限定，而只能用这些模糊性的词来勉强描述。

既然道不可名，那么道自然也就没有名字，《老子》第三十二章曰：

> 道常无名，朴虽小，天下莫能臣也。侯王若能守之，万物将自宾。天地相合以降甘露，民莫之令而自均。始制有名，名亦既有，夫亦将知止，知止可以不殆。

道恒久无名，最为质朴。但老子为什么又要勉强给个命名呢？就是因为道无名，但是存在，且对宇宙、国家、人生的运行都起作用。侯王若能持守此道，万物自然而然就归位、均等、顺畅、和谐了。因此可以说，“无名”才是“道”的名。此名与“始制有名”的名不同，制作出的“名”是官长为便于统治而定的名分与名号，王弼注：“始制，谓朴散始为官长之时也。始制官长，不可不立名分以定尊卑。”② 这些可以看做是次一级的名，“无名”之“道”是最高一级的名。对于次一级的尊卑名分之名，老子并没有完全否定，而是劝诫官长要“知止”，不能用得太多，用得过分，不能只依靠尊卑之名来统治。否则，就是离道越来越远，越来越失其自然而乱百姓之性。这是老子强调“道常无名”的现实原因。

综上所述，我们首先需要弄清楚《老子》的疑难。对于老子而言，“道不可道”、“道不可名”并不是一个难题，而只是他所洞察到的“道”的真实情况。老子感觉到了描述这样的“道”的困难，所以要借助“对子”，借助各种语言技艺来显示“道”的含义。对于我们《老子》研究者而言，常常是因为不理解“道不可道”、“道不可名”的原因而觉得这是个疑难，这其实是当代人的问题意识，不是老子本人的。老子不是从问题出发去建构他的思想，而是自然而然地表达他对天道人事的洞见。因此，我们需弄清楚，我们遇到的其实是一个理解与诠释的问题，即如何理解“道不可道”、“道不可名”并且用当代的语言把它论述清楚。如何理解与诠释老子之“道”是我们当代人的“疑难”，而不是老子的。因此，本书在第

---

① 王博：《老子的史官特色》，217 页，台北，文津出版社，1993。

② 楼宇烈校释：《老子道德经注校释》，81 页。

一章、第二章梳理古今不同的诠释时，有一个评价的标准，就是它们是否回应了老子的“道不可道”、“道不可名”的命题，是否用自己的语言将道的含义与特点解释清楚了，在此基础上有哪些自己的发挥。这样，我们对《老子》的理解、诠释与建构才能良性推进。把我们当代人的问题意识强加给《老子》，让本来很清楚的《老子》越解释越模糊，则偏离了《老子》之初衷。

三、《老子》的思想谱系

要解决“道”之当代诠释中的这个“疑难”，首先需要了解《老子》整体的思想脉络与层次。《老子》八十一章是个整体，以常道为核心概念开展出 5 个层次的思想，清晰完备，层层具体深入。可以分为 4 个概念（第一、二层），4 个观念（第三、四层）和 8 个具体观点（第五层），详见下表所示：

《老子》的思想谱系表

第一层	常道	常德
第二层	道	德
第三层	自然	无为
第四层	朴	无欲
第五层	甘、美、安、乐	虚、静、慈、俭

上表中，“常道”是老子提出的第一个概念，主要体现在《老子》第一章。“常道”是不可说之道，是“众妙之门”，所有可说的道都根源于此。与“常道”对应的是“常德”，最高的德同样是不可说的，其“微妙玄通，深不可识”，是圣人对“常道”的领悟。因此，常道、常德是《老子》的第一层也即最高一层的概念。《老子》第一章第一句曰：“道可道，非常道”。“常道”不可说而“道”可说，“道”是对“常道”的一个命名，是一个借来说“常道”的方便法门，与之相应的是“德”。《老子》分“德经”与“道经”，目的在讲“德”，但要有一个思辨的基础让“德”立得起来，那便是“道”。因此，“道”和“德”是对“常道”、“常德”的便利的称呼，在《老子》中属于第二个层次的概念。

以上所说的“常道”、“常德”、“道”与“德”都是思辨性的概念，具有普遍性，不生不死，永恒存在。

《老子》第二十五章曰：“道法自然”。道的根本特性是“自然”，“自然”是从“常道”里抽取出来的法则。第四十八章曰：“无为而无不为”，第十章曰：“生而不有，为而不恃，长而不宰，是谓玄德。”无为是“玄德”，也即“常德”的具体内容。“自然”与“无为”是道与德的具体化与原则化，是圣人、侯王对道与德的具体运用，在《老子》中属于第三个层次的观念。《老子》第二十八章曰：“复归于朴”，朴是自然在人性与社会上的表现。人回到质朴，社会回到安乐，这是侯王效法自然治理百姓的最佳结果。第五十七章曰：“我无欲而民自朴”，“无欲”是对“朴”的工夫论要求。因此，“朴”、“无欲”是达到“自然”、“无为”的工夫，在《老子》中属于第四个层次的观念。

“自然”、“无为”、“朴”、“无欲”四者严格来说不是概念，而是观念，因为它们是具体针对如何让国家、社会、人生更好而提出的一些法则，是告诉人尤其是侯王应该如何做的一些观念，即要自然，要无为，要素朴，要无欲。

《老子》第八十章曰：“甘其食，美其服，安其居，乐其俗”。“朴”最终体现为“甘、美、安、乐”的社会生活状态。第十六章曰：“致虚极，守静笃”，第六十七章曰：“我有三宝，持而保之。一曰慈，二曰俭，三曰不敢为天下先”，“不敢为天下先”是“无为”的原则，慈与俭是“无欲”的具体体现。甘、美、安、乐是从百姓的感受说的，虚、静、慈、俭是从人的工夫修养上讲的。这八点是老子本人对社会人生所持的具体观点。观点是一种出自个人理解的看法，未必是绝对正确的，需要后来人不断反思与论证。这八个观点要放在《老子》“正言若反”的思维方式与语言方式中去理解，而且要动态地理解，才能发现其合理性。

第二节 《老子》之道的研究现状

当代老子研究纷繁复杂，呈现出多维度、多方法的局面。对老子之道的研究一直都是老子研究中的重点，在方法论上也有诸多讨论。从什么角度切入去理解道更能揭示它的丰富内涵，这是一个非常重要的问题。本节先对老子之道的当代研究情况作一概述，然后说明自己的问题意识和研究方法。

刘笑敢曾按诠释方法的不同将老子之道的当代研究分为四类，并列举了许多具有代表性的诠释个案。一是客观实有类，这一类“基本上都将老子之道当作形而上的概念”；二是综合解说类，“综合罗列老子之道从形而上到形而下世界的各种意义”；三是主观境界类，“强调老子之道的观念来自于主体的修养所证成的主观境界”；四是贯通类解说，这一类“力求贯通于存有界与价值界”①。他的区分非常清楚，本节则根据诠释方法分成三类，选取六位代表作一个说明。

（一）陈鼓应、刘笑敢，这一组是对《老子》文本作完全客观的研究，在探求经典原义的基础上，回应当代中国哲学研究的理论问题和现实问题，是 20 世纪以来中国哲学史、道家研究领域中具有影响力的研究代表；他们对《老子》的解读至今仍然代表着目前道家研究主流的观点和方法。他们在立足文本研究的同时也关注西方的哲学思潮，如存在主义等，但并没有直接运用到对原文的解读中。

（二）冯友兰、牟宗三，这一组都有进行哲学建构的问题意识。冯友兰希望赋予中国哲学以更清楚的概念与逻辑论证，所以用“共相”、“本体”这些西方哲学的词汇来解释《老子》；牟宗三希望融会儒释道与康德哲学，建构出新的儒家哲学、道家哲学。所以对于儒家有“道德形上学”的说法，对于道家有“主观境界形上学”的说法。

（三）傅伟勋、张祥龙，这一组是西方哲学研究领域中的著名学者，在中国哲学方面也有所训练，有所关注。他们用比较哲学的视野与方法对道家进行了研究，打开了新的视野，开辟了一条新的研究途径。他们很难说是在做客观的文本研究，还是在做哲学的建构，因为这要取决于他们所运用的方法和视野究竟打开了什么。

此三种研究方法不同，视野不同，旨趣也不同。第一种的旨趣在于将《老子》原本的思想用现代语言表述出来；第二种的旨趣是对《老子》思想进行哲学的建构；第三种的旨趣在于通过中西哲学的比较，挖掘对《老子》研究有启发的思想资源，超越长期存在的主客二分的诠释范式，将《老子》重新放回具有发生性的汉语思想的源头处。

一、文本定向的研究代表：陈鼓应、刘笑敢

文本定向，采取的是刘笑敢定向理论中的说法。其在《诠释与定向》

---

① 刘笑敢：《“反向格义”与中国哲学研究的困境——以老子之道的诠释为例》，见刘笑敢主编：《中国哲学与文化（第一辑）：反向格义与全球哲学》，10～36 页，桂林，广西师范大学出版社，2007。以下简称《“反向格义”与中国哲学研究的困境》。

一书中将中国哲学研究方法分为“两种定向”①：一种是“历史的、文本的取向”，即客观地研究元典，以探求和传达元典的原意为目的的研究，相当于“我注六经”；一种是“现实的、自我的表达的取向”，即掺杂不同程度的主观看法与特定目的的研究，以通过经典回应当下的、现实的问题为目的的研究，相当于“六经注我”。前一种研究是基础，也是最重要的。这类研究的学者很多，这里列举两位最为典型的学者作简要的分析。

陈鼓应的代表作《老子注译及评介》1970年于台北商务印书馆出版，是其老子研究的代表作之一，1999年、2009年分别作了增补与修订。他认为中国哲学一向关注人生和政治问题，重视伦理道德领域中的讨论，而老子由人生扩展到整个宇宙，这是他对老子的关切点的看法。他认为：

> 道的问题只是一个虚拟的问题。道所具有的种种特性和作用，都是《老子》所预设的。《老子》所预设的“道”，其实就是他在经验世界中所体悟的道理，而把这些所体悟的道理，统统付托给所谓“道”以作为它的特性和作用。当然，我们也可以视为“道”是人的内在生命的呼声，它乃是应合人的内在生命之需求与愿望所开展出来的一种理论。②

在他的理解中，道是一个预设，道的内容是人赋予的，因此道与人一开始就是分不开的，或者进一步说，老子言道是为了给人生、人世指出一条道路。道，归根到底是人创造出来的，反映了人对宇宙人生的理解和价值追求。他采用“综合”的方法，把道的不同层面的含义进行了归纳，对我们理解老子之道有很大帮助。

他认为道有三义：“实存意义的道”、“规律性的道”和“生活准则的道”。“实存意义的道”包括“道体的描述”与“宇宙的生成”两个方面。其中“道体的描述”包括第十四章“视之不见”、第二十一章“惟恍惟惚”、第二十五章“寂兮寥兮，独立不改，周行而不殆”等；“宇宙的生成”包括第一章“道可道，非常道”、第四十二章“道生一”等。“规律性的道”包括“对立转化”和“循环运动”这两个规律，前者如第二章“有

① 刘笑敢：《诠释与定向——中国哲学研究方法之探究》，61页，北京，商务印书馆，2009。以下简称《诠释与定向》。

② 《老子哲学系统的形成和开展》，见陈鼓应：《老子注译及评介》（修订增补本），1页。

无相生，难易相成”，后者如第二十五章“大曰逝，逝曰远，远曰反”。“生活准则的道”包括第十六章“致虚极，守静笃”等。① 这些基本上概括了《老子》中不同层面、不同意思的道。

那么，不同层面的道有什么关联呢？道与人是什么关系呢？陈鼓应说，这几个层面是从“形上的道渐渐下落，落实到生活的层面”。“形而上的‘道’落实到物界，作用于人生，便可称它为‘德’……‘德’是‘道’的作用，也是‘道’的显现。混一的‘道’，在创生的活动中，内化于万物，而成为各物的属性，这便是‘德’。”② 此“德”首先体现在圣人身上。这种类似“圣人体道”的解释是非常具有代表性的，如牟宗三、唐君毅、方东美、傅伟勋等都在不同程度上显示了对“圣人体道”这一点的重视。但“体”是指什么呢？是气功修炼、工夫修养、智的直觉、逻辑思辨还是其它什么方式呢？这些都还值得进一步探讨。

刘笑敢在文本考证、义理辨析与理论建构三个方面都有深入的研究。具体包括对《老子》版本、年代、修辞、文化背景的考证和研究，对《老子》八十一章的思想的逐章考察、厘定、评析以及引申，其研究具有前沿性和实践性。前沿性是指其针对当代道家哲学的研究现状提出一些重要的、棘手的问题并作了深入探讨，如以西方哲学概念解释中国本土思想的“反向格义”的问题，于 2009 年出版的《诠释与定向》一书中在《老子》的当代诠释、当代“转接”及《老子》研究方法论上作出了理论探索；实践性是指其研究不仅具有理论意义，而且具有现实意义，如道家资源对当代的生态保护、价值冲突、宗教对话、全球伦理等方面所能提供的启示的探讨，背后是其对各种现实问题的关切。

刘笑敢对老子之道的研究主要集中在《老子》、《老子古今》两本重要的著作以及《“反向格义”与中国哲学研究的困境——以老子之道的诠释为例》等论文中。《老子古今》是刘笑敢多年研究的结晶，对《老子》各章都有详细的考订、评析和延伸，这里不能一一列举。仅就老子之道而言，他认为：

> 老子之道可以概括为关于世界之统一性的概念，是贯通于宇宙、

① 参见《老子哲学系统的形成和开展》，见陈鼓应：《老子注译及评介》（修订增补本），1～12 页。

② 同上书，12 页。

> 世界、社会和人生的统一的根源、性质、规范、规律或趋势的概念。概括起来，则包括统一的根源和统一的根据两个方面。也就是说，道的概念所针对的问题是宇宙万物一切存在有没有总根源、有没有总根据的问题。总根源和总根据是似乎形而上的，但也一直贯通到形而下乃至人生之中，或者说是从存有界贯通于价值界。在老子时代，古代圣哲们还没有认识到要区分实然与应然，也不认为形而上与形而下之间有甚么不可逾越的界限。这不一定是中国古代哲学的弱点或错误，而是中国古代哲学的特点之一。①

他认为老子之道是总根据与总根源，这是老子之道的最朴素的含义。刘笑敢在方法论上有明确而严谨的自我要求，从对老子之道的综合性定义可以看出。同时，他也借此响应了西方二分的概念体系在解释老子之道上的困难。这从《“反向格义”与中国哲学研究的困境》一文更能看出。在该文中他指出，“西方哲学概念的体系是对立二分的，与中国古代哲学中的成对的概念体系有重要不同。将物质和精神、实然和应然的概念引入对老子之道的定义或解释，难免陷入困境”②，并以任继愈、陈康、袁保新等人的研究为例说明之。任继愈在老子之道究竟是物质还是精神、老子哲学究竟是唯物主义还是唯心主义的问题上多次修改、颇费周折，其实这一问题本身就是建立在物质、意识二分框架的“成见”之上的，而老子本人“并不是没有说清楚，而是根本没有想过要对他的道作物质实体或绝对精神之类的限定”③。物质、意识二分法的诠释进路不可避免地给老子之道的研究带来困扰。

刘笑敢还分析了陈康的诠释，指出他的诠释集中体现了用“实然”、“应然”的二分框架来了解老子之道的困难。陈康将“道”理解为二义，一为“存有原理”，一为“应然原理”；一个是道“是什么”的问题，一个是我们“应该做什么”的问题，而道“是什么”并不能决定我们“应该做什么”。陈康无法说清老子是如何处理这个问题的。袁保新则对陈康这种二分的思考和处理流露出了不安，他最终综合了牟宗三、唐君毅、方东美等人的诠释，将道解释为“价值世界的形而上基础”。刘笑敢则指出，“袁

① 刘笑敢：《老子古今》，86页。

② 刘笑敢：《“反向格义”与中国哲学研究的困境》，见刘笑敢主编：《中国哲学与文化（第一辑）：反向格义与全球哲学》，10页。

③ 同上书，23页。

氏对陈康之说感到不安的根源在于他心中的理论前提（assumption），而不在于陈康的解释本身。这种不安正说明‘实然—应然’对立两分的概念不适于对老子之道的诠释”①。

基于这一根本性的困境，刘笑敢提出了两种可能性的处理方法，“一种是继续借用西方的概念来解释中国的术语，但同时指出这一西方概念用于中国古典语境时的局限与问题。另一种是尽可能不用西方或现代的现成概念，以避免不必要或错误的理解和联想”②。刘笑敢采用的是后一种做法，对道之功能进行描述，解释道的性质和特点。这样的定义方法不会导致人为的设定和主观的发挥，在方法论上则遵循了他所提出的“文本定向”，对文本作历史的、客观的解说。当然，这不是说刘笑敢对当下的、现实的问题没有关注，而是说他对客观、忠实于文本的研究与当下的关怀、理论建构有明确的区分。他在《老子古今》及《诠释与定向》中对老子思想与当下问题之间所做的“转接”工作，比如“人文自然”的提出，对回应当代生存中的诸多问题都有积极意义。

二、哲学建构的研究代表：冯友兰、牟宗三

牟宗三借助康德对中国哲学的建构是公认的，无论是对儒家的“道德形上学”的建构还是对道家的“主观境界形上学”的建构都是独树一帜的，背后的建构意图是十分明确的。冯友兰也是有哲学建构意识的，他并不是为了“照着讲”。他在代表作《中国哲学史》的第一章中论及“中国哲学家表达自己思想的方式”时就表达了中国哲学表达方式是有局限的，他说：

> 在有些哲学家如孟子、荀子的著作里，的确也有长篇大论的文章。但是，如果和西方哲学家的著作相较，它们仍然显得篇幅短小，未曾把道理讲透。这是因为中国哲学家惯于用格言、警句、比喻、事例等形式表述思想。《老子》全书都是以格言形式写成；《庄子》书中充满寓言和故事。……格言总是简短的，而比喻和事例则总是自成段落，与前后文字不相衔接的。③

---

① 刘笑敢：《“反向格义”与中国哲学研究的困境》，见刘笑敢主编：《中国哲学与文化（第一辑）：反向格义与全球哲学》，29页。

② 同上书，33页。

③ 冯友兰：《中国哲学简史》上册，21页，天津，天津社会科学院出版社，2010。

冯友兰看到了中国古代哲学文本的微言大义、诗化风格，同时也看到了其在当代被理解的困难，从上文可以看出，他认为中国哲学是不够严谨、系统和逻辑化的，因此“未曾把道理讲透”。他在第二章讨论“中国哲学的方法论”时援引诺斯洛普（S. C. Northrop）的一个说法，即概念可分两种，一种来自直觉，一种来自假定，“来自直觉的概念指向某个事物，它的完整的意义可以立即从某个事物领会到。……至于由假设得出的概念，它的完整的意义是根据一个假设，用演绎法推演出来，从而认定的”①。冯友兰认为“他的确抓住了中西哲学的基本不同点”，“这也足以解释何以认识论在中国哲学里从未得到发展的原因”②。冯友兰虽然没有贬低中国哲学表达方式的意思，但可以看出他在将中国哲学与西方哲学对照时，认为中国哲学的表达方式要揭示普遍性真理是困难的。他说：“我们在学习哲学史时，应当对其中哪些是有永久价值的，哪些是可以改变的，进行合乎逻辑的分析。”③ 这种逻辑分析未必是文本中具有的，而是研究者自己建构出来的。他说：

> 中国哲学的方法论将来是否会改变？也就是说，新的中国哲学是否会不再把哲学思想局限于“由直觉得到的概念”之内？这是当然的，它没有理由不这样做。事实上，它已经在变化。④

冯友兰认为“新的中国哲学”就“新”在从“直觉”走向“概念”。这种新的建构是当代所需要的，又是合法的。这个问题意识在他书写《老子》哲学部分是能看出来的，那就是引入了“总原理”、“共相”、“本体论”等概念，这里先简要概述如下：

冯友兰根据韩非子“道者，万物之所然也，万理之所稽也”（《韩非子·解老》）认为，老子之道就是“万物之所以生之总原理”⑤；根据庄子“建之以常无有，主之以太一”（《庄子·天下》）认为，《老子》第四十二章的“一”指“太一”，根据庄子“至阴肃肃，至阳赫赫。肃肃出乎天，

---

① 冯友兰：《中国哲学简史》上册，39 页。

② 同上书，41 页。

③④ 同上书，47 页。

⑤ 冯友兰：《中国哲学史》，219 页，台北，台湾商务印书馆，2007。其“自序”中说，“此书第一篇最早出版于民国十九年（1930 年），全书最早出版于民国二十二年（1933 年）”（1 页）。

赫赫发乎地。两者交通成和而物生焉”（《庄子·田子方》）认为，老子第四十二章的“二”是指“天地”，三是指“阴气、阳气、和气”①。他对道的理解侧重于宇宙论意义上的万物的根据与根源。但对于道如何创生的问题，冯友兰认为，道生万物不是时间先后意义上的生，而是逻辑意义上的生。《老子》中不仅有宇宙论的成分，亦有本体论的成分。冯友兰前后期的思想不同，在他后期的著作《中国哲学史新编》（1964）中，他又提出“道或无就是万物的共相”②，作为“共相”的道或无，类似于从五音中抽象出的“大音”，“大音”超越于具体的声音。这一思想是受西方哲学的影响而来的。

冯友兰的以上解说侧重于把道作为客体来理解，无论是“总原理”，还是“共相”，都是客观存在的、人可以通过认知的方式去认识的对象。冯友兰在后期所著的代表个人哲学思想的《新原人》中又提出“四境界”（自然境界、功利境界、道德境界、天地境界）的说法，这虽然不是针对道家提出的，但从中可以看出他对道家的看法，可供参考。他认为道家是最高的“天地境界”的代表之一，道也就是人对“天地境界”的“觉解”。这与前面所说的道作为认识的客体有些不同，而将道与人生结合得更加紧密。他认为，“人对于宇宙人生在某种程度上所有底觉解”的内容“构成人所有底某种境界”③。道家的价值高于人的自然原始需求、功名利禄的追求以及仁义礼智的道德涵养，而指向与天地精神相往来的自由、逍遥境界。这是从宇宙整体的目光来看事物所获得的“觉解”，当然，人如何能从宇宙整体的目光来看待事物，此“觉解”究竟包含怎样的内容，与“总原理”、“共相”有什么关联，冯友兰没有具体论述，这一点会在第二章中详细讨论。

在中国哲学的现代建构上，牟宗三走得更远。他虽然以儒家研究著称，但论及《老子》的著作也有七本之多：《才性与玄理》（1963）、《智的直觉与中国哲学》（1971）、《现象与物自身》（1975）、《中国哲学十九讲》（1983）、《圆善论》（1985）、《老子〈道德经〉演讲录》（1986）、《〈四因说〉演讲录》（1997）。④其中都有涉及对《老子》的具体文本的分析。他的道

① 冯友兰：《中国哲学史》，220页。
② 冯友兰：《中国哲学史新编》，45页，北京，人民出版社，1984。
③ 冯友兰：《新原人》，43页，北京，三联书店，2007。
④ 括号中标出的初版年份参考李明辉：《牟宗三先生著作编年目录》，见牟宗三先生全集编委会编：《牟宗三先生全集》第32册，31～65页，台北，联合报系文化基金会、联经出版社，2003。

家诠释主要有三个视角：第一，主要依据王弼注来理解《老子》，突出“无”对于理解老子之道的重要性。依据王弼注《老子》第十章“不塞其源，不禁其性”，将“无”进一步解释为工夫论意义上的主观心境，将“道”解释为依据主观心境所达到的境界。第二，借鉴康德的概念如“智的直觉”（intellectual intuition）比照老子的“虚静”、“涤除玄览”、“为道日损”等工夫论内容，突出“道心”对透显“道”的关键作用。第三，借鉴海德格尔的概念如“非对象化”（non-objectification）、“境域”（horizon，牟译为“地带”）说明“无”的特性与作用。

其中最主要的方法还是通过王弼注来了解老子。他主张透过“无”来理解“道”，从作用层面上将“无”理解为“冲虚心境”①。他认为，道不是一个能创生的实体，道之“生”只是开其源、畅其流，让物自生的“冲虚之德”②。牟宗三进而用“冲虚玄德”这个概念去解释《老子》第四章、第二十五章所传达出来的道的“主宰性、常存性和先在性”③的含义。他认为在冲虚心境下，物我为一、主客两冥。主观心境对道的存在起着决定性的作用，因为他认为道是主观修养所体证的“境界”，是“境界形态的形上之实体”④。那么如何看待《老子》第二十五章、第四十二章的传统的宇宙论解释呢？这两章中“道”看起来与主体心境没有直接的关系。牟宗三并没有采用宇宙论的解读，他认为“道法自然”可以理解为“道是自然”，他说：

> 道是一冲虚之玄德，一虚无明通之妙用。吾人须通过冲虚妙用之观念了解之，不可以存有形态之“实物”（entity）观念了解之。……道不是一独立之实物，而是一冲虚之玄德，故其本身实只是一大自然、大自在。⑤

他将“道法自然”理解为效法大自在的冲虚心境。对于第四十二章，他认为，“一”是指“无”的境界，即“我的心境处在这个‘一’之中，我的修道到达‘一’这个境界，达到‘一’的境界不是空讲，我的生活就是客

① 牟宗三：《中国哲学十九讲》，98页，台北，台湾学生书局，2002。

② 牟宗三：《才性与玄理》，161页，台北，台湾学生书局，2002。

③ 同上书，140页。

④ 同上书，143页。

⑤ 同上书，154页。

观地在‘一’的境界，就处于‘一’中，我的生命 being one”①。并借用庄子“一与言为二”的解释，认为“一生二”就是从无的境界中分化出主、客，也就是开始有了认识论上的“对偶性”（duality），“二”就意味着进入了“有”的境界即认识论的层面了。他认为，“三”就是有、无合一的“玄”，“玄”是“众妙之门”，也就是万物产生的地方。综上所述，牟宗三认为第四十二章的“一、二、三”分别指的是“无、有、玄”②。他避开了之前比较通行的宇宙论的理解，认为玄是冲虚玄德，属主体工夫内容。道是主观心境所证成的境界，此境界可以不断上升，最后达到主客两冥。道只是存有的“姿态”，它的内容依赖主体工夫修养所达到的心境。这与冯友兰的解释是完全不同的进路，本书会在第二章具体分析。

三、比较哲学的研究代表：傅伟勋、张祥龙

傅伟勋将老子之道分为六个层面：道体（Tao as Reality）、道原（Tao as Origin）、道理（Tao as Principle）、道用（Tao as Function）、道德（Tao as Virtue）和道术（Tao as Technique）。③ 道体是形而上的概念，其它五个都是道体的不同呈现。这几个层面在《老子》中都能找到文本根据，似乎不难理解。但是，在“道原”这个层面上，傅伟勋颇费周折。道作为世界的本源是可以理解的，但是道究竟如何生的呢？他在文章《老庄、郭象与禅宗——禅道哲理联贯性的诠释学试探》中明确提出了自己对宇宙论的质疑并尝试给出自己的回答。他说：

> 老子“生”字究指何义？是指宇宙论意义的始源或造物者（the cosmological origin or the creator），抑指本体论意义的本根或根据（the ontological root or ground）？就表面结构言，似指前者；就深层结构言，则似又指谓后者，盖“道法自然”（二十五章）而又“道常无为（而无不为）”（三十七章），应无所谓“生不生”之故。④

①② 牟宗三讲，卢雪崑整理：《老子〈道德经〉演讲录》（七），载《鹅湖月刊》，2003（4），6页。

③ 参见傅伟勋：《老庄、郭象与禅宗——禅道哲理联贯性的诠释学试探》，见《从西方哲学到禅佛教》，403页，台北，东大图书公司，2001。以下简称《老庄、郭象与禅宗》。

④ 同上书，405～406页。

也就是说，到底有没有一个形上的存在作为万物得以生的根据，傅伟勋是困惑的。他认为老子的“常道”（1 章）是“道体”（Tao as Reality），即形上学意义上的“有”，而“无状之状”（14 章）、“惟恍惟惚”（21 章）是“超形上学的（transmetaphysical）不可道不可名之义”，这两个层面是一体的。“六义”中的后五个意义都是“道相”，“道体”通过“道相”显示出来。他认为，到了庄子则越过了形上学的思考而完全进入了超形上学的体悟境界，即无心、忘言、无为的境界。我们要追问的是，在老子这里，道如何融含超形上学与形上学之两面呢？道含有“形而上”的实体（Reality）义吗？他认为，老子讲“无名”就意味着道并非是实存的，也不是形而上的“对象”，他说：

> This should not, I hope, mislead the reader into considering that the real nameless Tao exists as "the object" of Lao Tzu's metaphysical vision … Tao as Reality cannot be said to exist or not-exist apart from Tao as Manifestation in terms of the totality of things-as-they-are.①

他既没有将道理解为宇宙论意义上的根源，也没有将道理解为形而上学意义上的实体，而是强调道的可显现性和自然而然性。他认为，“Only Nature or the totality of all things can be said to exist, and not 'Tao' itself”②，在他看来，道不是抽象的理念或任何实存的东西，而是万物自然而然、是其所是之显现本身。这也是他为什么反复强调“道”只是一个“symbol”（象征）的原因。

那么，这样的道如何能“生”呢？他如何解释“道生一，一生二，二生三，三生万物”呢？傅伟勋首先列出两种较流行的解释，一是，冯友兰认为“生”类似《周易》之“易有太极，太极生两仪”的“生”，宇宙最初有“一”，生出两个对立的东西如阴阳，阴阳和合而生万物；二是，陈荣捷将此句解释为宇宙从少到多的自然进化过程，道是万物进化的自然动力因（natural cause）。③ 傅伟勋对这两种诠释质疑如下：第一，老子所使

① Charles Wei-hsun Fu, "Lao Tzu's Concept of Tao", *Inquiry: An Interdisciplinary Journal of Philosophy and Social Sciences*, 1973, 16, p. 373.

② Ibid., p. 374.

③ Ibid., p. 376.

用的是比喻性表述（figurative expression），道并非真的生出了一、二、三，因此不可以对应于《周易》中的意思；第二，《老子》曰："道隐无名"（41章），道只是一个象征符号，并非是承担"生"的真正主语（real subject）；第三，《老子》曰："道法自然"（25章）、"道常无为而无不为"（37章），这说明一切事物都是自发运行的（run their own courses spontaneously），不需要背后有道作为动力因。[①]

傅伟勋认为"自然"是老子最重要的概念，从"道理"这个面相说，道就是让万物回到自身，自然而然的存在之理，也即他多次提到的道作为"Nature (the totality of things-as-they-are)"。他进一步指出，作为个体的生命从道之"自然"大化中所分享的、得到的就是它（他）的"德"，对于人而言，其能分享多少、得到多少是需要"道术"的。这样，傅伟勋就将道之六义——"道体、道原、道理、道用、道德、道术"围绕"自然"这个核心概念贯通起来而避免将《老子》解释为一个破裂的系统。

对于第四十二章的"道生"，傅伟勋认为其并非是"道之生"，而是"道在先"的意思，生只表示时间先后，不表示创生。[②] 在《老庄、郭象与禅宗——禅道哲理联贯性的诠释学试探》一文中，他解释与第四十二章主题相同的第四十章说："我们一旦通过庄子超形上学的突破这一关后，回过头来重新诠释老子原文……则'有生于无'不应关涉宇宙论的始源与否，而此语可能蕴含着的（本体论的）本根或终极存在意义，亦不应看得太死"[③]，他承认老子之道所蕴含着的"终极存在意义"，认为可以从宗教体验和哲学（形上学）思维来探讨之。

张祥龙对道家的诠释主要集中在《海德格尔与中国天道——终极视域的开启与融合》一书中。他在现象学的视野下将老子之道诠释为"构成着的生存境域"，其关键词有三："构成"（constitution）、"生存"（existence）、"境域"（horizon）。"构成着的"是说道不是现成的东西，而是始终在形成之中。他认为"先天地生"的"先"不是时间先后的"先"（before），而是原本（original）、根本（fundamental）的意思。这与牟宗三在《智的直觉与中国哲学》中所分析的"非对象化"的思路相通。例如，我们骑自行车，这是原本的生活境域，人在骑车的过程不会注意自己的脚

① Charles Wei-hsun Fu，"Lao Tzu's Concept of Tao"，p. 377.

② Ibid.，p. 379.

③ 傅伟勋：《老庄、郭象与禅宗》，见《从西方哲学到禅佛教》，406页。

要怎么动，如果突然车链掉了，车才成为一个认识的“对象”。道是万物之所以能作为对象被认识的那个更原本、更根本的情境。另外，张祥龙认为，“反者，道之动”也不是在讲客观规律，而“首先是对根本的无常局面的认识，其次提示出适应于这种局面的对策。‘反’意味着绝不可以靠任何现成者，而总是在它们的反面和反复中看出道的动向”①。“反”就是老子所说的弱、虚、静、冲等人们在日常生活中不太注意的情境或状态，而它们恰恰构成人在世界中的有深意的领会，因此，他又将道称为“生存的顶极状态”② 或“终极处境的构成之道”③。

归宗起来，张祥龙认为道是非现成化、非对象化的生命源头境域。生命的意义是从这里构成出来的，而不是在生命之外有某个东西叫道，等着人去认识。这样道就离人更近了，没有一个可以离开人的实际生活经验而存在的道。当然，道是生命中的顶极状态，而不是生活经验本身。他提供了从人自身去理解道的途径。这样的境域不是静态的、固定的，而是动态的、发生性的。

他同样避开了宇宙论的说法，而给老子之道的恍惚、玄妙的特点以深刻的说明，这与牟宗三、傅伟勋的诠释有内在的相通之处。但是，“境域”本身的价值何在，人在“境域”中起到什么样的作用，这些问题如果不解决，就无法与老子之道的价值指向和修养工夫的内容相吻合。

第三节　本书的问题意识与研究方法

一、哲学的问题意识

本书的问题意识是哲学性的，而非历史性的；来自《老子》文本及其诠释史，而非来自道家流派的发展史。这个问题意识可以表述为：如何突破主客对立的诠释框架，对“道”作出契合老子的当代诠释。客体（object）是指与主体相对、在主体之外的客观事物，它是主体认识和实践的对象；主体（subject）是指与客体相对、对客体具有认识能力的人。与

① 张祥龙：《海德格尔思想与中国天道——终极视域的开启与融合》，282页，北京，三联书店，2007。以下简称《海德格尔思想与中国天道》。

② 同上书，296页。

③ 同上书，281页。

主客对立的诠释进路相对的是“主客未分”的进路，就是从一开始就不对“道”作主观或客观的判准。这一术语在本书的运用，不同情境有不同的含义，需要说明如下：

第一，“主客未分”用来说明“道”时，指人达到“道境”时的状态，即主客两冥、主客融一。这是“道”的最重要的一个层面的含义，是人之修为的最高境界，顺应“自然”、无为而无不为。得道之人的状态是与万物一体，不仅不存在主客对立，连主客对待的关系也消融了。此时的人回到了“主客未分”的最初状态，当然，这是老子的理想，很难达到。

第二，“主客未分”用来说明如何诠释道时，指的是一种诠释方法，也可以说是现象学的方法。这一方法，旨在破除西方传统形上学的二元对立框架的影响，在现象学的视野下重新看待“道”，释放“道”的更生动活泼的含义。具体来说，是不把道作为某个客体或某种主体体验来看，而首先认识清楚人的“在世界中存在”（Being-in-the-world）的实际生存结构，从而注重人的实际生活经验和在世界中对“道”先行具有的“领会”能力，这样才能揭示道的“切己性”，看到老子之道最为敞开的一面。这一“敞开”的特点与牟宗三所说的“境界”、张祥龙所说的“境域”都有相契合的地方。

正因为老子之道是“主客未分”的存在，所以不能通过主客对立的模式去了解它。研究方法与研究对象应该相互契合，才能得出最具同情性的理解。正如俗语所说的“杀鸡焉用牛刀”，我们也可以说，“谈道焉用主客”。如果一开始就掉进了这一时代较为通行的认识论思维框架中，古代颇具诗意的智慧就很难开启。这是个大问题，本书作一尝试性的探索。为了不把道玄虚化、神秘化，也不把道实体化、理念化，本书将立足《老子》文本，注重个案分析，分析不同的诠释，对比甄别，最后完成自己对“道”的理解和诠释，希望通过这不可避免的工具性的语言去开启超越语言的道之意蕴。

二、比较诠释的方法

本书不仅采用了文字疏证、义理分析的传统方法，还采用了“诠释个案比较法”和现象学的方法，古代诠释个案的分析体现了传统的方法，当代个案的分析体现了“比较”的方法，本人的诠释部分则体现了现象学的方法。

具体来说，本书在涉及版本差异、模糊字义时，采用的是文字疏证的方法，譬如对“恒”、“亘”、“中”、“绚”等的含义都有梳理，进而处理“恒”与“常”的区别、“恒”与“亘”的关联、“中”与“虚”的关联、“绚”与“道”的关联等。对于《老子》的难解之处，联系《老子》全文及历代注疏，对文本本身作义理分析，譬如“道可道，非常道”中的“常道”为什么不能理解为“平常的道”，而要理解为“恒常的道”？“恒道”为什么是“动而无死”的？“大象无形”之“象”到底有什么特殊性？“非以明之，将以愚之”到底为什么要“愚之”？等等。在此基础上，再处理普遍的哲学问题，给出当代的诠释，譬如“道”的特点是什么？“道法自然”的“自然”是什么意思？与“无为”的关系是什么？“小国寡民”的哲学合理性何在？圣人、侯王与百姓的关系是什么？等等。因此，保证了该书的论证是从“字义”到“义理”到“诠释”层层递进的结构，这是方法上的基本特色。

“诠释个案比较法”是指围绕原始文本中的一个“问题意识”对古、今不同的诠释进行比较。既有个案之间的平行比较，又有古今之间的纵向比较，形成一个立体的镜子，照见“道”这一哲学观念的动态的发展史，这是本书较为新颖的地方。“比较”不是简单的罗列与梳理，而是围绕同一个问题意识进行哲学上的分辨与推进，反思历史上对同一哲学问题的不同回答及其背后的诠释方法，从而能更深刻地回到元典，实现有根据、有传承、有意义的当代建构。譬如第一章列举的庄子、韩非子、王弼，都对“不可道之道”作了集中的处理，最终发展出“大”、“理”、“无”三个与老子的非对象化之“道”密切相关的核心概念。其中，韩非子“理”已经对象化（具体化），而庄子的“大”、王弼的“无”仍然是拒绝对象化的观念，因而成为道家哲学中老子之后的主干。第二章列举的冯友兰、牟宗三、张祥龙，也都对“不可道之道”作了集中的处理，最终发展出“原理说”、“境界说”与“境域说”。前两者还是从客观、主观二分的思路去诠释的，前者偏向于客观原理，而后者偏向于主观境界，尽管他们一再弥合二者的缝隙，但终未圆融。“境域说”是现象学视野下的一个新的阐发，很有代表性，但被重视的程度还远远不够，它破除了主客二元分立的诠释进路，这一点是契合《老子》的可取的思路，但没有照顾到整个《老子》对“道”的逐层展开而很大程度上停留在纯思辨的层次上。

本人的诠释部分（第一章第一节、第三章、第四章）是在现象学方法的影响下进行的，但是力求把现象学的方法融化进去，而非照搬，这表现在这部分没有使用现象学的概念，而是让《老子》文本尽可能显示出其自身的含义。这一方法是受当代三个个案尤其是牟宗三、张祥龙之诠释的启发，简言之，就是抛弃现代主流的主客二分的框架，而让《老子》自身的含义以其自身的方式呈现出来。具体表现在“文本互证”的方法，而不是在看似解释不通的地方援引其它的理论来论证。譬如本书的核心问题，所谓“道不可道”的问题。首先，它来自第一章，但第一章中没有答案，这就需要从第二十五章（道的来源），第四十二章（道的创生性），第三十二章（道的无名性），第十四、二十一章（道的恍惚性）以及第七十八章（正言若反的言说方式）等多个方面去寻找答案。

总的来说，本书个案的选取标准不是其在历史上的影响力，而是在哲学上是否回应了《老子》的核心问题——“道不可名”与“道不可道”，并作出自己的理解与诠释。因此，本书选取的古代诠释范例有庄子、韩非子与王弼，而没有选取河上公。此三者的诠释方法都不同，庄子是吸收老子的核心精神并作自己的发挥，但其主体思想没有脱离老子，而是从不同的思维角度、人生境遇、社会问题出发将老子的精神阐释得更为清楚、生动。当代个案选取的是冯友兰、牟宗三、张祥龙，这个选择经过了长时间的、慎重的思考。其根本原因是他们有共同的问题意识，且这个问题意识与《老子》是一脉相承的，与古代诠释的三位典范也是相承的，即如何面对“不可说”的道的问题。他们从不同程度上作出了突破主客二分诠释框架的尝试，这无疑为本书研究开辟了道路，提供了宝贵的资源。严格意义上说，对老子的当代诠释也很难绕过对他们的梳理而直接抵达一种更具效力的诠释。

三、主要内容与观点

本书共五章，主要内容如下：

第一章：对古代诠释代表庄子、韩非子、王弼之诠释的分析。庄子指出“大道不称”而主张“不道之道”（《齐物论》），韩非子指出常道“无攸易，无定理”、“是以不可道”，王弼指出常道“不可道，不可名”，三者都回应了《老子》的核心问题并采取了特殊的说“道”方法。庄子通过寓言、重言与卮言将“道”更具体、更全面地展开，将宇宙论的“道”转化为境界论的“大”；韩非子在片段式地解老中吸收了“常道”的不固定性、变通性，但将其理则化而丢失了“常道”背后的“自然”、“朴”与“无为”之义；王弼通过逐句注解的方式以“无”代“道”，建构起“以无为本”的本体论，概念更清晰，思想更系统，但丢失了“常道”恍兮惚兮的模糊性特征与发生性含义，在思维方式上也丢失了老子的“二向性”（有无合一）的思维特点。

第二章：对当代诠释代表冯友兰、牟宗三、张祥龙之诠释的分析。冯友兰的“原理”说脱胎于韩非子的“定理”说，对作为自然法则的“道”有充分重视，但没有解释出“恒道”之不可说的原因。牟宗三的主观境界说提供了康德、海德格尔的西学视野，将“恒道”诠释为主体在冲虚心境下证成的“主观境界”，认为其具有客观性（真实性），但只能依赖主体心境而开显。他援引海德格尔的“非对象化”概念，对先于主客二分的境域有所发现，但未能完全理解海德格尔的思路，诠释上有很大局限。张祥龙打破了主客二分的诠释进路，吸收了发生现象学的资源，将“道”诠释为发生性的“境域”与“生存的顶极状态”，与老子之“道”的模糊性、动态性、生成性与生活性都相符合，但缺乏工夫论方面的回应。要重新回到“原意”，就必须在思维方式上突破二元分立的思维模式，充分理解“道”的先在性（主客未分性）与发生性（时机性），同时又不能忽视其工夫论对通达“道”的作用。

第三章：揭示老子之“道”的“非对象化”的特性，也即“道”的动态性。围绕道的动态性，对《老子》第一章、第五章、第八章、第二十五章、第四十二章、第五十一章等作系统的细读。《老子》第一章的核心在“恒动”，恒常之道“动而无死”，具有永恒的变动性，不是一个现成的对象，只有不断对象化出来才能被人感知，这是常道不可说的根本原因。常道具有“有无二向性”，言说是单向的，只能“花开两朵，各表一枝”，这是常道不可说的另一原因。第二十五章的核心在“自然”，自然是整个宇宙运行的法则与韵律，它是无法之法、无韵之韵，只有落到具体方圆上才是具体的、确定的。第四十二章的核心在“创生”，其不仅表示宇宙论上的“创生”，还表示生命意义上的“发生”。“生道之道”非道，它不在人的语言能力之内，却是人类“生生不息的意义之源”。笔者将这样的恒道表述为“非对象化之道”，它会对象化为规律、原理与方法，成为可把握的。

第四章：对道与万物关系的阐述，即说明“非对象化”之道如何具体下落到万物之中而发生作用。道与物有四层关系：道生物、道成物、道统物、道通物。“恒道”可以对象化为规律之道，进驻万物而成就万物各自的特性，规范并引导着万物运行的过程；道与人有四层关系，因人而异：圣人体道、侯王学道、智者为道、百姓无道。圣人是道的体现，智者主动践行道，侯王向圣人学习以道治国。要达到“道”，智者、侯王与百姓都需要回到质朴的天性上。朴既是道的特性，也是人复归于道的条件。

第五章：在介绍与反省刘笑敢的“两个定向”理论的基础上，结合伽达默尔的诠释学和自己的研究实践，对“历史性还原”与“诠释性还原”进行了比较，提出既能回归经典原意又能挖掘元典更多潜在思想的“诠释的还元”的方法。

本书的主要观点如下：

1. 庄子、韩非子与王弼分别用“大”、“理”与“无”三个概念回应了老子的“不可道之道”。

2. 冯友兰将“道”解释为“总原理”，是侧重于道的客观性特征，牟宗三将“道”解释为“主观境界”，是侧重于道的主观性特征。他们都努力克服二元论的影响，但自身并没有摆脱二分的解释而不够圆融。

3. 张祥龙的现象学诠释注重“恒道”的时机性、发生性与境域性特点，在思维方式上更接近《老子》，但又丢失了工夫论的内容与价值。

4. 将老子之“道”用现代哲学术语表达为“非对象化之道”（non-objectified Tao），避免主客二分的对象化把握；说明“非对象化之道”可以对象化为规律、原理、方法，阐发二者之间的关联。

5. 将老子的“自然”用新的现代词汇表达为“自然韵律”，以此强调道不是硬邦邦的、机械的、外在于人的法则，而是柔韧、有弹性、体现于万物之中的充满韵味的隐秘之法。与今天所说的 law（法则）、principle（原理）、order（秩序）、rule（规则）均不同。“韵律”之“律”具有强制性的含义，但“韵”又柔化了强制性的内核而表示出它的弹性。

6. 提出《老子》中关于“人”的四个层次及其与道的不同关系说。认为圣人体道，他们直接体会道，能够无为而治；侯王守道，侯王是现实中国家的治理者，他们通过向圣人学习将道贯彻到治国中；智者为道，他们通过自己的工夫去实践道，成就一种虚静的境界，但未必关心政治，有隐者气质；百姓无道，百姓只是顺其自然地生活，无所谓道是什么，他们是被动的。

7. 澄清“虚其心，实其腹”，“非以明民，将以愚之”不是“愚民政策”，而是为了让百姓归朴，过上甘美安乐的幸福生活的方法；“小国寡民”不是“历史的退步”，而是“有而不用”的政治智慧；对于儒家的道德教化，老子去其仁，而行“不仁”，“不仁”不是不仁爱，而是不做仁与不仁的区分，做到真正的公正。

8. 从人生哲学的层面，将“道”表述为生命的“意义感”，“意义感”是既主观又客观的，可以避免“主观境界”带来的误解。

9. 在方法论上提出从“历史性还原”到“诠释的还元”的过渡，这种“还元”是还元典以生命力，既符合元典精神，又具有创造性。

第一章　道的古代诠释范例分析

中国古代对《老子》的注释、诠释性著作可谓汗牛充栋，不同时代都有不同的典范，且注释与诠释并没有完全分开来，多是一边注释一边带入自己的诠释，譬如河上公、严遵、王弼等。本章无意于厘清所有的代表性注释和诠释，而是挑选三个直接回应《老子》疑难并且在注释或诠释方法上非常独特的三个个案——庄子、韩非子与王弼。

庄子的思想主要秉承《老子》，将“道”的含义具体、感性、全面地展开，集中体现为“大”的观念，与老子的不同在于将宇宙论意义上的“大”转化为境界论意义上的“大”；韩非子《解老》一方面接受了老子思想的变化性、变动性，另一方面又将老子之“道”理则化，丢失了由道延伸出来的“自然”义、“朴”义与“无为”义；王弼以“无”代“道”，建构了以“无”为本的玄学本体论，使概念更清晰，思想更系统，但丢失了道的恍兮惚兮的模糊性特征和发生性含义，在思维方式上偏离了老子“反”的思维。但三者都处理了为什么“常道”不可说的问题，即没有偏离《老子》的核心问题。三者的注释或诠释方法都很特别，庄子是秉承老子又自成体系，韩非子是挑选老子的重要语句为己所用，王弼是章句式解释并在此基础上建构出新思。

第一节　《老子》之道的四个特点

《老子》第一章王弼本作“道可道，非常道”，帛书本作“道，可道也，非恒道也”①。“常”与“恒”在古汉语中都既有“恒久”又有“一般”之意。所以，仅就翻译而言，译成“道是可以说的，但（说出的道）

① 高明：《帛书老子校注》，221页。

不是‘恒久之道’”，还是“道是可以说的，但（它）不是‘一般的道’”，很难看出孰对孰错。但从对老子思想重心的把握上来说，二者差异明显。前者是把末尾的“常道”作为核心词，后者是把第一个“道”字作为核心词；前者解释出了“常”字的含义，后者没有，而只是提醒人们老子的道不是一般的道。前者以古代的王弼、苏辙、范应元、吴澄以及当代的陈鼓应、刘笑敢与王博等人为代表，是目前比较通行的看法。但复旦大学的郭永秉曾撰文对这一解释提出反对，而重申后一种解释，并列举出了后者的诸多重要代表，如胡曲园、洪家义、周生春、罗尚贤、朱喆、何宗思以及裘锡圭等。① 这使《老子》第一章解读上的一些重大分歧再次浮出水面，加之北京大学藏西汉竹书《老子》（简称北大简）的面世，曹峰等学者作了新的研究，所以这里以回应他们为契机，对《老子》第一章以及与之相关的第二十五章进行全面的解读，在解读的过程中揭示老子之“道”的四个特点：动而无死，生而无名，妙而可观，虚而可法。

一、动而无死

郭永秉大作中对目前较通行的解释提出质疑，主要根据有二：一是“古汉语中‘恒’、‘常’二字单独连接名词时通常并没有‘恒久存在’、‘永恒存在’的意思，而是表示‘恒久如此’、‘恒久不变’之义”②，因此有学者在“恒久存在”意之外“又增加了额外的‘变动’的意义，更是没有任何语言学根据的”③；二是把“常道”作为核心词并理解为不可说的，“这跟《老子》要通过五千言把‘道’阐说给读者的主旨是不合的”④。从第一点可以看出，他认为“恒久不变”与“变动”二义之间是有矛盾的，在二者之间进行调和是没有语言学根据的。那么，先搁置语言学的进路，我们是否可以从义理内部找到根据呢？从第二点来看，老子说“道”甚多，是否都是在说“常道”呢？这些都还是问题。为了分析的方便，这里把《老子》第一章分成五句来解读，并在解读中回应以上问题：

1. 道可道，非常道；

---

① 详参见郭永秉：《关于〈老子〉第一章“道可道”、“名可名”两句的解释》，见《出土文献与古文字研究》（第五辑），599～611页，上海，上海古籍出版社，2013。

② 同上书，599页。

③ 同上书，599页，注5。

④ 同上书，610页。

2. 名可名，非常名。

3. 无名天地之始，有名万物之母。

4. 故常无欲，以观其妙；常有欲，以观其徼。

5. 此两者同出而异名，同谓之玄，玄之又玄，众妙之门。

第一句以“道可道，非常道”开头，非常直接地带出了老子的问题意识：我要说的东西到底能不能用语言说清楚？他在想要说“道”时已经知道其中的艰难了，所以他选择了特殊的语言策略：不直接定义“道”，而是迂回地描述“道”的特征。该句帛书本作“道可道也，非恒道也”，北大简作“道可道，非恒道殹”①。帛书本作“恒”的地方，对应的郭店简本作“亘”，李零认为“亘”即“恒”，如简本第十六章的“致虚，亘也”的“亘”②，他校为“恒”，意思是“恒久”。

《说文》曰：“恒，常也。从心舟，在二之间上下，心以舟施，恒也。‘亘’，古文恒，从月。诗曰：‘如月之恒’”③。《诗经·小雅》曰：“如月之恒，如日之升”，郑笺：“恒，弦升出也……月上弦而就盈，日始出而就明”④。“恒”本指月亮上升而逐渐呈现为“盈”的状态，相反则呈现为“亏”的状态。

段玉裁注：“恒，弦也。按《诗》之‘恒’亦作‘緪’，谓张弦也。月上弦而就盈，于是有‘恒久’之意。”⑤“恒”字除了与月相关，还与弓相关。张弓的过程是从弯曲到拉满，此与月亮从亏到盈的形状相似。段玉裁注曰：“谓往复遥远而心以舟运旋。历久不变。恒之意也”⑥。“往复”、“遥远”和“运旋”均显示这个过程是动态的。此处的“历久不变”是承上句而言的，即“往复遥远而心以舟运旋”的过程持久不变。“恒”字本身与水之变动有密切关联。因此，可以说，“恒”有“在变动中达到长久”的意思。⑦“恒道”或“常道”也就是“恒久不衰之道”，它表示的是道的存在性。

---

① 北京大学出土文献研究所编：《北京大学藏西汉竹书（贰）》，74页，上海，上海世纪出版股份有限公司、上海古籍出版社，2012。

② 李零：《郭店楚简校读记》，4页，北京，北京大学出版社，2002。

③ 段玉裁：《说文解字注》，681页，上海，上海古籍影印经韵楼藏版，1981。

④ 阮元校刻：《十三经注疏》，412页，北京，中华书局，1980年影印世界书局阮刻缩印本。

⑤⑥ 段玉裁：《说文解字注》，681页。

⑦ 参见拙文《恒久与变动：论老子之道的特性及其诠释》，见《中国哲学与文化（第五辑）：“六经注我”还是“我注六经”》，299～316页，桂林，广西师范大学出版社，2009。

因此，说道“恒久不变”之“不变”是指存在性上的不变，即道永远存在，不会消亡。与《老子》第二十五章说的“周行而不殆”之“不殆”吻合。韩非子《解老》对此解释得最为清楚，其曰：“定理有存亡，有死生，有盛衰。夫物之一存一亡，乍死乍生，初盛而后衰者，不可谓常。唯夫与天地之剖判也俱生，至天地之消散也不死不衰者谓常。而常者，无攸易，无定理。”① 与有生死、有盛衰的具体物相比，“常道”是无死的。宋苏辙注：“可道者不可常……名既立，则圆方曲直之不同，不可常矣。”② 圆方曲直是有名的具体物，因此不是永恒之物。元代李息斋注曰：“物有变，而道无变。……天地有尽，而此道无尽。”③ 亦同此意。因此，常道不变之“不变”不是物理学意义上的“无变化”之意，而是存在论意义上的“恒久”之意。

另外，《老子》第二十八章中有“常德”（恒德）这一重要概念。其曰：“常德不离，复归于婴儿”、“常德不忒，复归于无极”、“常德乃足，复归于朴”，很显然，老子对“常德”给予了极高的肯定，因此，“常德”不可能是“平常的德”，即“常”不能作“平常”讲。从老子的思维特点和语言特点来看，其重要的观念往往是成对出现的，在思辨中展开思想，如“道—德”、“有—无”、“阴—阳”等，刘笑敢把这些叫做“成对的概念”④。《老子》分“德经”与“道经”，“德”与“道”是所有成对概念中最重要的一对，那么“常道”与“常德”也应该是意思相对应的两个概念。“常德”的“常”不能作“平常”讲，“常道”的“常”自然也就不能作“平常”讲。

综上所述，“常道”是第一章首句所表达出的重要观念，它既是恒久的，也是变动的，二者并不矛盾。“恒久”是就存在性而言的，“变动”是就作用性而言的。前者是说“道”是永恒存在的，不会变为其它东西，也不会消亡；后者是说“道”是运行不止的，在动中才能发挥作用。后者尤为重要，其在《老子》中其实多有体现。如“大曰逝，逝曰远，远曰反”（25 章），是说道动则反；“大道泛兮，其可左右”（34 章），是说道泽被万物；“反者，道之动”（40 章），是说道的作用往往以“反”于常规的方式（虚静、柔弱、无为、不争）表现出来。总而言之，“道”要动起来，才能

① 王先慎撰，钟哲点校：《韩非子集解》，148～149 页，北京，中华书局，2006。
② 苏辙：《道德真经注》，1 页。
③ 转引自焦竑撰：《老子翼》，4 页，上海，华东师范大学出版社，2011。
④ 刘笑敢：《老子古今》，85 页。

发挥作用。[①]

因此，在解释“常道”一词时，为了避免“不变”一词容易带来的“不动”之误解，这里借鉴韩非子“不死不衰”的表述，将“常道”的第一个特点描述为“动而无死”。

二、生而无名

第二句“名可名，非常名”与第一句紧密衔接。可以用来命名的“名”都是假名，常道原本是没有名字的。第二十五章明确说：“吾不知其名，字之曰道，强为之名曰大”，常道之“道”只是个代号，“大”也只是个就其特征而言的概括，都是方便法门而已。常道本无名，因此不可命名，《老子》其它章亦有类似的表述，例如：

> 绳绳不可名……是谓惚恍。（14 章）
> 道常无名，朴虽小，天下莫能臣。（32 章）
> 道之尊，德之贵，夫莫之命而常自然。（51 章）

“名可名，非常名”，北大简作“名可命，非恒名也”[②]，更清楚地表明了“名是可以用来命的，但所命的名都不是恒常之名”，恒常之名即道之名，也即“道”这个词，它同样也是变动但不会衰亡的，即使我们不去说它，不去命名它，它也还永恒地在那儿，此即“恒名”。《老子》第二十一章曰：“其名不去，以阅众甫”，有了“道”这个最根本的名，其它事物才得以表达，并被用不同的名来规约。曹峰认为，关于《老子》之“名”有两个诠释线索，其最大的区别在于“‘名’是知识领域可以把握的对象，还是政治领域可以把握的对象：作为前者，即便的确存在与‘常道’相应的‘常名’，它也是不可认识的；作为后者，尤其在黄老道家那里，‘道’和‘名’正是圣人必须把握的对象”[③]。老子本人所重视的无疑是前者，“道”这个“名”只是个方便而已，如《庄子·则阳》篇所说的“道之为名，所

---

① 不仅道之“恒久”与“变动”是不矛盾的，道之“动”与“静”也是不矛盾的，二者都是就道的作用而言，但“动”表示发挥作用的方式，“静”表示发挥作用时的状态，即道发挥作用时不是喧嚣的，而是幽静的，即“听之不闻名曰希”（14 章）。

② 北京大学出土文献研究所编：《北京大学藏西汉竹书（贰）》，74 页。

③ 曹峰：《〈老子〉首章与“名”相关问题的重新审视——以北大汉简〈老子〉的问世为契机》，载《哲学研究》，2011（4），63 页。

假而行”，道只是个符号，勉强使用它，是为了引导人去理解它背后的东西。将“名”作为治理国家的方式，与老子所主张的“镇之以无名之朴”(37章）不相协调，老子认为最高明的治理方式不是用名，而是无名，这就是自上而下的“朴”。

因此，这一章的第二句与第一句完全照应，意思是“名是可以去命的，但所命的名不是（我所说的）‘恒常之名’”。“常名”即“其名不去”的“道”之名，也即“道之尊，德之贵，夫莫之命而常自然”的“自然”之名，也即“无名”之名。那老子为什么还要给它个名字呢？这是第三句要说明的。

第三句“无名天地之始，有名万物之母”过渡到“有名”的问题。帛书本、北大简中“天地”作“万物”①，根据第二十五章“道大、天大、地大、人亦大”来看，“天地”可以笼统地指道与人之外的“万物”，这一点对意思影响不大。这一句的意思是：“没有道这个名称，是天地开始的时候；有了道这个名称，（可以说它）是万物的母亲。”既然“道”本是无名的，那老子为什么还要称它为“道”呢？老子认为，如果没有“道”这个名称，我们便无从谈论与回答万物的本源这个问题。《老子》第二十五章曰：“可以为天下母。吾不知其名，字之曰道，强为之名曰大”、第五十二章曰：“以为天下母”，为什么加上“可以”、“以”而不直接说“为天下母”呢？② 老子意在说明：道是人为的命名，不可执着。如果没有“道”这个名字，我们就无法描述、讨论与传达它，无法回答人们对宇宙本源问题的普遍追问。因此，“道”这个名是必要的。此与第一句“道可道，非常道；名可名，非常名”也是呼应的。老子清楚，常名是无名的，无名才是永恒的，自己所提出的“道”这个名字也只是暂时的，所以在《老子》最后一章曰：“信言不美，美言不信”，对自己的语言进行拆解。后代整理者一定是了解了老子对“名”的看法，才做此章节上的安排的。

王弼注：“未形无名之时，则为万物之始。及其有形有名之时，则长之、育之、亭之、毒之，为其母也”③，正是强调前后两句都是说“道”，

---

① 参见高明：《帛书老子校注》，222页；北京大学出土文献研究所编：《北京大学藏西汉竹书（贰）》，74页。

② 艾凡赫（Philip J. Ivanhoe）等将“可以为天下母”译为“One can regard it as the mother of Heaven and earth”，而没有译为“It is the mother of Heaven and earth”，突出了“道”这个名是人为认定的，非常清楚地表达了《老子》的意思。见 Philip J. Ivanhoe and Bryan W. Van Norden, *Readings in Classical Chinese Philosophy*, Cambridge: Hackett Publishing Company, Inc., 2001, p. 175。

③ 楼宇烈校释：《老子道德经注校释》，1页。

不过分别指道无名的时候和道有名的时候。从字义上看，“始”与“母”并非二人，而是一个人的不同时期。“始”是“女之初也”①，“母”是“牧也。从女，象怀子形。一曰象乳子也”。段玉裁注：“凡能生之以启后者皆曰母”②。母亲是从小女孩过渡而来的，从“始”到“母”是一个成长变化的过程，因此这两个字既可以准确地描述“道”从无名到有名的过程，也成功地解释了自己说“不可说”之道的原因。

与第一句联系起来看，可见出老子的苦心孤诣在于对道本无名的强调，从而提醒后人不要执着于名，包括他提出的“道”这个名。因此，老子有时还用“玄”（1 章）、“大”（25 章）、“一”（39 章）等词汇来表述它。后代一些非常有思辨气质的注解者往往对“道不可名”这一点都有所阐发，如庄子《齐物论》指出“大道不称”、“道昭而不道”，从而提出“不言之辩”、“不道之道”，《知北游》指出“道不可言，言而非也。知形形之不形乎！道不当名”；王弼注：“可道之道，可名之名，指事造形，非其常也。故不可道，不可名也”③；苏辙注：“可道者不可常，惟不可道，而后可常耳”④；范应元注：“常者，久也”⑤；吴澄注：“道本无名，字之曰道而已”⑥。

综上所述，“道”创生了万物，居功至伟，但它本性上却是无名的。“道”这个名是老子加给它的。因此，这里将“常道”的第二个特点称为“生而无名”。

三、妙而可观

第四句曰：“故常无欲，以观其妙；常有欲，以观其徼”，“故”字说明以下是承接上文的“道”而来，开始讲人如何“观”道的问题。“无欲”一词在《老子》中出现过五次，其它四处指的是“没有私欲”⑦。“私欲”

---

① 段玉裁：《说文解字注》，617 页。

② 同上书，614 页。

③ 楼宇烈校释：《老子道德经注校释》，1 页。

④ 苏辙：《道德真经注》，1 页。

⑤ 范应元：《老子道德经古本集注》，1 页，上海，华东师范大学出版社，2010。

⑥ 吴澄：《道德真经吴澄注》，1 页，上海，华东师范大学出版社，2010。

⑦ 其它四处见于：“常使民无知无欲”（3 章）、“常无欲，可名于小”（34 章）、“无名之朴，夫亦将无欲”（37 章）、“我无欲而民自朴”（57 章）。另：《老子》第十九章曰：“少私寡欲”，所以这里将“欲”的意思厘定为“私欲”。

也即《说文》所释的“贪欲”①，无论是侯王还是百姓的贪欲，都是老子明确反对的。但第一章的“欲”不是针对侯王与百姓的，而是针对一般人如何观道的。老子没有反对“欲”，而是提倡既“有欲”又“无欲”。那么，根据这一思想语境，这里的“欲”也就没有那么强的“私欲”的意思，而是比较弱的“欲求”的意思，即泛指人的一般的感官欲求。明代焦竑注：“‘欲’，如‘性之欲也’之‘欲’，犹意也，情也。”② 欲，是感物所动而生的情，泛指来自感官的各种欲求以及这些欲求所带来的情感、情绪、情志等。无欲，即暂时去掉感官欲求，类似庄子说的“心斋”（《人间世》）、“坐忘”（《大宗师》），这样才能看到宇宙最初天人合一的妙处，那是道之初的境界；“有欲”则是日常的状态，与万物直接打交道，调动自己的感官，去感受、了解万物，通过观物来领会道在万物中的多姿多彩的表现。

“观”不是一般地观看，《说文》曰：“观（觀），谛视也”，段玉裁注：“审谛之视也。《穀梁传》曰：‘常事曰视，非常曰观’。”③“观”是审慎地看，可以用现代汉语的“洞察”来表示。人在无欲、有欲这两种状态下要洞察的对象分别是“其妙”与“其徼”。“妙”，帛书本与北大简作“眇”④，《说文》曰：“小目”，引申为“凡小之称”，又引申为“微妙”⑤。上文谈到的微妙的东西有“常道”和“常名”，“常名”就是指“常道”，是用来强调“道”之名永恒存在的，所以，微妙的东西实际上就是指“道”，“其”的所指也就是“道”。然而道的微妙究竟在什么地方呢？王弼注：“道以无形无名始成万物，万物以始以成而不知其所以然”⑥，就是前文所说的，道的微妙在于它本身无名，却能使万物生成，在没有“道”这个名称时，我们无法说它，有了这个名称时，我们可以很方便地用它指万物之“母”。

“徼”与“妙”相对，但有四个版本的写法，我们先逐一分析：

1. 帛书本作“所噭”⑦。《说文》释“噭”为“口”的意思，俗本作“吼”⑧。“噭”与“窍”音义相同。一曰“噭呼”也，“号”也，即发出声音。

① 段玉裁：《说文解字注》，411 页。
② 焦竑撰：《老子翼》，1 页。
③ 段玉裁：《说文解字注》，408 页。
④ 高明：《帛书老子校注》，224 页；《北京大学藏西汉竹书（贰）》，74 页。
⑤ 段玉裁：《说文解字注》，135 页。
⑥ 楼宇烈：《老子道德经注校释》，1 页。
⑦ 高明：《帛书老子校注》，224 页。
⑧ 段玉裁：《说文解字注》，135 页。

"道"不能发出声音，所以取"噭"在义理上不通，"噭"有可能是借字。

2. 北大简作"所侥"[①]，与帛书本"所噭"结构相同，"侥"、"噭"与"徼"古音相近。"侥"有"求"意，与"徼"最为接近。《庄子·在宥》曰："此以人之国侥幸也。"成玄英疏："侥，要也。"[②] 郭庆藩曰："侥，要也，求也。《释文》或作徼，徼亦求也。"[③] 北大简有"所"字，故"侥（徼）"是动词，但"所侥"作为动词词组，表示的仍然是一个名词性的含义。

3. 王弼将"徼"解释为"归终"[④]。"徼"既有"求"义，也有"边际"义，"归终"来自"边际"义[⑤]，意思是归根、终结。通行本"观其徼"若就字面上解，即"观道的归终"，这是讲不通的，因为道本身无始无终，它只能使万物归终。但是，王弼采取的不是字面的解释。其曰："观其终物之徼"，"终物之徼"，正是用动词词组表达出一个名词性的含义，即"使物归终的（这种）作用"。"终"是使动用法，因为前面的"其"指"道"，道是施动者，物是受动者。末尾的"徼"是名词，"终物"是用来限定"徼"的具体含义。"终物之徼"与上文的"始物之妙"也能对得上。也就是说，王弼本经文无"所"字，但是按照有"所"字去解释的；无独有偶，河上公本也是经文无"所"字而解释有"所"字。[⑥] 这说明，有可能是后来整理者为了句式整齐把"所"字删去了。

4. 敦煌本作"曒"[⑦]，"曒"是"光明"的意思。前面的"眇"（妙）是"小"的意思，可以引申为"晦暗"。晦暗与光明相对，在句式上是没问题的，但《老子》第十四章明确说"其上不曒，其下不昧"[⑧]，即"道"

---

① 北京大学出土文献研究所编：《北京大学藏西汉竹书（贰）》，74页。

② 郭象注，成玄英疏：《南华真经注疏》上册，224页。

③ 郭庆藩撰，王孝鱼点校：《庄子集释》中册，393页，北京，中华书局，2010。

④ 楼宇烈校释：《老子道德经注校释》，1页。

⑤ 参见焦竑撰：《老子翼》，1页。

⑥ 河上公本经文是"常有欲，以观其徼"，注曰："徼，归也。常有欲之人，可以观世俗之所归趣也。"参见王卡点校：《老子道德经河上公章句》，2页。

⑦ 参见陈鼓应：《老子注译及评介》（修订增补本），56页。陈鼓应采用朱谦之的说法，"宜从敦煌本作'曒'"。英伦所藏敦煌《老子》写本残卷没有通行本的第一章，有第十四章，作"其上不曒"，见程南洲：《伦敦所藏敦煌老子写本残卷研究》，37页，台北，文津出版社，1985。

⑧ 北大简此句作"其上不杲（曒），其下不没（忽）"，见北京大学出土文献研究所编：《北京大学藏西汉竹书（贰）》，85页。"杲"是"明"的意思，"没"、"忽"与"昧"三字音近可通，皆有"昏暗不明"之意。因此，此与通行本一样，说明"道"既不是光明的，也不是昏暗的。这里也没有写作"徼"，而是写作"杲"，"杲"是"曒"的异体字，同"曒"。见北大简《释文》，150页。

既不是光明的，也不是晦暗的，道"视之不可见"，也就无所谓光明还是晦暗。因此，取"皦"在义理上不合，"皦"有可能是借字。

综上所述，目前最合理的是北大简与王弼本。本句的意思可以理解为："常常没有欲望，以便洞察道使万物开始的妙处；常常带有欲望，以便洞察道使万物归终的作用。"前半句的"妙处"是指道刚刚使万物产生、万物还没有区隔时的整一状态，所以微妙；后半句中的"作用"是指使万物生长、发展、衰老、归根这个过程，故艾凡赫将"观其徼"译为"observe its manifestations"（观道之显现）①。万物归根，是道的作用之显现，这与《老子》第十六章所说的"万物并作，吾以观复。夫物芸芸，各复归其根"完全呼应。也就是说，"常有欲，以观其徼"的"其"表面上指万物，其实是指道。晋人钟会注第六十五章"与物反矣"曰："反俗以入道"②，与《老子》第一章的意思也是呼应的。无欲时是超俗的，有欲时是世俗的。无欲而不空，有欲而不俗，这样才能洞察道之全貌（即形而上之特质与形而下之显现）。

第五句的上半句"此两者同出而异名，同谓之玄"，帛书本与北大简作"两者同出，异名同谓"③，意思更为清晰。"同出"是"同出于……"的意思，在这里指"同出于道"。该章成对而出的有"始、母"、"无名、有名"与"无欲、有欲"三对。王弼曰："始、母之同出也"④，"始"、"母"，"无名"、"有名"都是描述道的两种不同状态；"无欲"、"有欲"指人的两种观道方式。以上三者都是围绕"道"而说，都是对道的两个方面的描述，因此，"此两者"具体厘定为其中任何一种都必有偏颇，而不如看作泛指"有、无两个方面"。张岱年说："两者即谓有与无，有无实同出于道，由道乃有有无之对待。有无皆非一事物，皆甚深微，故同谓之玄。"⑤他将"两者"直接定位为"有"与"无"有些生硬，正如宋代王安石等人

① Philip J. Ivanhoe and Bryan W. Van Norden, *Readings in Classical Chinese Philosophy*, p. 163.

② 徐华：《钟会〈老子注〉佚文疏证》，2014年5月31日宣读于美国国际易经学会与华中师范大学道家道教研究中心主办的"道家道教与生态文明国际学术研讨会"。钟会佚文共23条，收入《道书辑校十种》，见蒙文通：《蒙文通文集》（第六卷），145～151页，成都，巴蜀书社，2001。

③ 高明：《帛书老子校注》，227页；北京大学出土文献研究所编：《北京大学藏西汉竹书（贰）》，74页。

④ 楼宇烈校释：《老子道德经注校释》，2页。

⑤ 张岱年：《中国哲学大纲》，50页，南京，江苏教育出版社，2005。

第三、第四句自“有”、“无”处断句一样，但他们的义理解释是不违《老子》的，与自“有名、无名”、“有欲、无欲”处断句在义理上没有本质不同。只要有了第一个名称“道”，各种对待就产生了。《老子》第四十二章曰：“道生一，一生二，二生三，三生万物”，一般从宇宙论的角度解释这句话，但同时还有语言论的解释进路，以王弼为代表。其曰：“何由致一？由于无也。由无乃一，一可谓无？已谓之一，岂得无言乎？有言有一，非二如何？”[①] 所以，《老子》第一章的目的正是要说明“道”有两个方面，不可割裂，这是“道”真正玄妙的地方。

帛书本与北大简没有“同谓之玄”四个字，但从“两者同出，异名同谓”中不难看出老子对破除“名”执的重视，在意思上没有本质的不同。后来的传本加上了“同谓之玄”，只是起到了强调作用。“同谓之玄”的“同”有两种理解：一是作副词“同时”来讲，那么这一句的主语就是“此两者”，这一解释进路有元代的吴澄[②]、当代的陈鼓应[③]等；一是作名词“同出之处”也即“道”（或“本”、“一”）来讲，这一解释进路有魏时的王弼、当代的吴怡[④]等。王弼注：“玄者，冥默无有也，始、母之所出也。”[⑤] 可见“玄”是指此两者“所出”之处（即上文所说的道），因此“玄”是“道”的别称而已。王弼曰：“不可得而名，故不可言‘同名曰玄’，而言‘同谓之玄’，取于不可得而谓之然也。”[⑥] 也是说“玄”是本不可名的，而只能主观地给它“玄”这个称谓而已，这个不可名的东西只能指上文所说的“道”了。因此，笔者同意后者的解释。如果按照前者的解释，“玄”就变成“无名、有名”、“无欲、有欲”两个东西，而在《老子》中，“有名”、“有欲”这些“有”的层面并不“玄”，因此义理上有缺陷。《老子》最深刻的思想恰恰在于“此二者”的“合一”，其落在圣人的身上，则表现为“玄同”之德，即第五十六章所说的：“塞其兑，闭其门，挫其锐，解其纷，和其光，同其尘，是谓玄同。”

综上所述，能否观道，取决于我们对感官欲求的调度能力。它要求人们既具备时时去欲的工夫，又能在有欲的时候不迷失于欲望本身，通过观

---

① 楼宇烈校释：《老子道德经注校释》，117 页。

② 吴澄：《道德真经吴澄注》，2 页。其曰：“德与道同谓之玄”。

③ 陈鼓应：《老子注译及评介》（修订增补本），58 页。其译为：“都可以说是很幽深的。”

④ 吴怡：《老子解义》，2 页，台北，三民书局，1991。其译为：“在道体的同源处，乃思想不可及的玄深的境界。”

⑤⑥ 楼宇烈校释：《老子道德经注校释》，2 页。

物来观道。道是玄妙的，但不是不可洞察的。因此，这里将“常道”的第三个特点概括为“妙而可观”。

第五句的下半句“玄之又玄，众妙之门”，其中“玄”本义是“黑色，幽深”。上文把同出者“道”称为“玄”，这里再用“玄之又玄”描述一下，说明道乃“玄妙又玄妙”的存在，“之”是语气助词，没有实际含义。“众妙”与“众甫”（21 章）的结构相同，“众”是“多”的意思，“众妙”即一切妙处。“门”是指出处，引申为根源。道是“众妙之门”，即“众妙”的根源。因此，“玄之又玄，众妙之门”的意思是“（道）玄妙又玄妙，是一切妙处的根源”，此与“其名不去，以阅众甫”的意思是吻合的。王弼注：“众妙皆从玄而出”①，范应元注：“万化由斯而出”②，都是这一传统诠释进路的代表。

北大简此句作“玄之有（又）玄之”③，末尾多了一个“之”字，因此引起了对通行本“玄之又玄”含义的重新思考。曹峰认为“玄之又玄之”的“玄”是动词，“玄之又玄之”相当于“损之又损之”的意思，是“人主观上面向‘道’的一种体认工夫和追寻努力了”④。其主要根据有三：一是北大简《老子》第十一章（王弼本第 48 章）有“[损]之有（又）损之”，且传世的严遵本、傅奕本、范应元本等均作“损之又损之”。他认为与“玄之又玄之”正好形成对照，“‘玄’也应该读为动词，‘玄’同样应该理解为减损或否定，‘之’是‘玄’所减损或否定的对象”⑤。二是王弼曰：“若定乎一玄，是名则失之远矣”，因此，“在王弼这里‘玄之又玄’可以理解为对‘道’的追求过程，同时就是不断摆脱名号称谓束缚的过程，以不断否定的方式，最后返归于‘道’，这和‘损之又损’显然是同一原理，王弼对‘为道日损’的解释就是‘务欲反虚无也’”⑥。三是北大简与帛书本一样，没有“同谓之玄”，“既然没有了‘同谓之玄’的牵制，那么，‘玄’就不需要作形容词或名词解，不需要理解为道体的特征”⑦。

---

① 楼宇烈校释：《老子道德经注校释》，2 页。

② 范应元：《老子道德经古本集注》，5 页。

③ 北京大学出土文献研究所编：《北京大学藏西汉竹书（贰）》，74～75 页。

④ 曹峰：《“玄之又玄之”和“损之又损之”——北大简《老子》研究的一个问题》，载《中国哲学史》，2013（3），16 页。

⑤ 同上书，15 页。

⑥ 同上书，16 页。

⑦ 同上书，19 页。

这一解释进路古今都有代表。如苏辙注：“言玄则至矣，然犹有玄之心在焉。玄之又玄则尽矣，不可以有加矣。”① “玄之又玄则尽矣”是将“玄”作动词，意思也是不要定于一玄，而要去掉对“玄”之名的执着。“有玄之心”表明了此句的工夫论含义，要在“心”上做工夫，去掉要去玄的心思，才能完全破除执着。

当代港台新儒家中亦有代表。牟宗三说：“有而不有即无，无而不无即有……这个圆周之转就是‘玄’”②。他也是将“玄”看作动词。他虽然没有直接说“玄之又玄”是工夫，但从他对“玄德”的解释来看，他是不会反对这一看法的。他认为有、无是道的“双重性”，人的“无限心境”也有有、无两个“徼向”，可以落到“有”上，也可以去掉“有”，落到“无”上。心灵无限敞开，没有任何障碍，这种“冲虚心境”就是“玄德”，这种“德”不是“存有型”的，而是“境界型”的，“即由此冲虚境界而起冲虚之观照”③。那么，在他的思路下，玄之又玄是可以理解为主体工夫的。

方东美也是把“玄之又玄”作动词词组来理解，但是间接地讲到这句话的。他说：“当老子处于春秋战国时代，社会逐渐崩溃，知识日渐增加，而错误亦随着增多时，形成时代之大包袱，老子乃全盘丢下，直接向永恒世界去穿透一层 mystery，二层 mystery，三层……一直向上永无止境：‘玄之又玄’。”④ 这里他所理解的“玄之又玄”毫无疑问是动词性的，而且是就人如何透过一层一层体悟最终走向道的工夫而言的。

以上进路就《老子》整体而言，是没有问题的。但仅就第一章而言，将“玄之又玄之”释为“损之又损之”，撇开文字学、音韵学方面是否成立不谈，还有可商榷之处：如果“玄之又玄之”是“损之又损之”的意思，北大简有“损之又损之”，为何这一章不直接写作“损之又损之”呢？

鉴于此，该句的“玄”仍按通行本的形容词性来理解，“玄之又玄”即“玄妙又玄妙”的意思，它的指向仍然是“常道”。至此，笔者将通行本《老子》第一章用现代汉语翻译如下（超出经文的部分一律放在括号中）：

1. 道是可以说的，但不是（我所说的）恒久之道。

---

① 苏辙：《道德真经注》，2 页。

② 牟宗三：《中国哲学十九讲》，99 页。

③ 牟宗三：《才性与玄理》，141 页。关于牟先生对老子之道的解释，详参第二章第二节。

④ 方东美：《原始儒家道家哲学》，77 页，北京，中华书局，2012。

2. 名是可以命的，但不是（我所说的）恒久之名。

3. 没有（道）这个名称，是天地开始的时候；有了（道）这个名称，（可以说它）是万物的母亲。

4. 因此常常没有欲望，以便洞察道（使万物开始）的妙处；常常有欲望，以便洞察道（使万物）归终的作用。

5.（以上所说的有无两面）同时出自于（道），名字不同但指称相同，（所同出的道）可以叫做“玄”，（它）玄妙又玄妙，是一切妙处的根源。

四、虚而可法

为了理解《老子》的“常道”，还需要将第二十五章带进来分析，因为第二十五章正式说明了“道”这个名称的来历、特点与作用，在内容上可以说与第一章遥相呼应，可以看做对第一章的补充。其曰：

> 有物混成，先天地生，寂兮寥兮，独立不改，周行而不殆，可以为天下母。吾不知其名，字之曰道，强为之名曰大。大曰逝，逝曰远，远曰反。故道大，天大，地大，王亦大。域中有四大，而王居其一焉。人法地，地法天，天法道，道法自然。

该章前半部分与第一章相呼应，说明“道”只是个勉强的命名，实际指的是先于天地万物而存在的“常道”，它先于万物，先于人，可以作为创生万物的“母”来看待。人无法确切地去言说，但可以借助“道”这个名称来了解“常道”。“常”是“道”的修饰语，《老子》中常常省略了这个修饰语，这也造成了理解上的困难。《老子》中有不同意义上的“道”，而并非只有“常道”。后半部分则揭示了“道”与“万物（包括人）”的关系：万物都要取法于“道”，而道取法于自然。

《说文》“自”下曰：“自，鼻也。象鼻形。”段玉裁注：“自与鼻义同音同。”① “鼻”下注曰：“自本训鼻，引伸为自家”②。“然”是“这样”的意思，“自然”的本义是“自己如此”。老子不说“道乃自然”，而说“道法自然”，是一种语言策略，达到更鲜明的表意效果，强调“道”也有

---

① 段玉裁：《说文解字注》，136 页。

② 同上书，137 页。

所法，但效法的不是它之外的东西，而正是“自己如此”这一自性。河上公注：“道性自然，无所法也”①，“无所法”不是没有法则，而是没有具体的法则。“法”取“水之平”意，它确有标准、规范的意思，但自己如此，这是个笼统的法则，而不是具体的法则。“如此”的内容取决于“自己”，此法则要具体落到事物各自的本性上去的。“自己”背后本就有个“谁自己”的问题。因此，“自然”有两层含义：一是主语为道，那么，“自然”是指道本来如此，独立自在，不受任何事物影响的特性；二是主语为万物，那么，“自然”是指在道的保证下万物各自展开其本然面目的整体状态。

河上公揭示了第一层含义，王弼则揭示了第二层含义，其注曰：“道不违自然，乃得其性，法自然也。法自然者，在方而法方，在圆而法圆，与自然无所违也”②。道不是方、圆，但是赋予万物方、圆特性的宗主，在生万物时就已经赋予了。“道”所代表的自然法则不是唯一的、绝对的、固定的，因为不同事物有不同的特性，这些特性会随着环境的变化而变化。它不是像“三角形的内角和是 180 度”、“水到摄氏零度会结冰”那样确定，而是隐性的、灵活的、有弹性的。如同“二十四节气”所代表的每个时节的特性，不是绝对的，而是大致上的。在这一意义上，笔者把这一法则说成是“虚”的，它只能在具体物上得以充实，这种充实就是万物“法”道贵真的体现。因此，这里将“常道”的第四个特点称为“虚而可法”。

综上所述，“常道”即创生万物并使万物按其本性自然发展的先在者与恒在者。“常道”有四个特点：动而无死、生而无名、妙而可观、虚而可法。它不是客观的“实体”（reality），也不是人主观想象的产物。我们可以将它理解为确实存在但又无法完全认知的宇宙原初力量，这种力量体现为宇宙自生自化、运行不止的自然法则与整体状态。老子对“常道”最为重视，故将其假托于圣人，将道生养万物的力量也说成是圣人的功德，以便让侯王效法，在“失道”的乱世把整个社会重新带入最好的秩序和状态中去。

从上文分析可以看出，老子之“道”有可说之道与不可说之道。不可说之道是“常道”，其是宇宙的源头，我们不得而知。可说之“道”是老子对“常道”的领悟而分解说出的，此可说之道即第四十二章“道生一”

---

① 王卡点校：《老子道德经河上公章句》，103 页。

② 楼宇烈校释：《老子道德经注校释》，64 页。

之“一”、第三十九章“天得一以清”的“一”，也可以说是“朴”、“玄”、“深”、“远”、“大”，这些都进入了可描述的语言层面。

第二节　庄子：由“道”而“大”

老子提出了宇宙本源之道，此道不能用一般的方式去说。庄子通过思辨的方式消解了宇宙本源这一问题，但没有否定道本身的存在及其特点。他从道之别称“大”入手，通过至少12个具体意象与16个抽象意象实现对“大”的思想的完整呈现，将老子的宇宙论之道转化为“以道观”的思维方式，即整体把握、随时应变的“中空”思维。“中”指站离是非对立的两面，从高处看问题；“空”指放下常规的见解，从远处看问题。“以道观”的思维在内篇中有充分表现，而在外篇中得到总结。从哲学问题史的角度来看，庄子这一阐发既深度地回应了《老子》，又开创了新思，是一个成功的诠释案例。

《史记》说庄子“其学无所不窥，然其要本归于老子之言”[①]。庄子的思想有很多来源，但其根本的思想来源于《老子》，只不过他不是以通常的注疏方式来继承与发挥《老子》。庄子有很强的思想创建能力，他吸收了《老子》之精髓，但又有自己独特的视角。因此，这里所说的“回应”并不是直接的，而是潜在的；不是注疏式的，而是诠释式的；不是就历史意义上学派关系来说，而是就思想史意义上的思想关联来说的。《老子》第一章所提出的不可说之“常道”，在后代以不同的方式被言说，譬如韩非子从“理”的角度说，河上公从“气”的角度说，王弼从“无”的角度说，而庄子采用了一个最为独特的角度，从“大”这个兼具形容词、名词与动词特点的“道”之别称来说。“大”可以说是对不可说之“道”的感性展开，从宇宙论进入了境界论。

一、宇宙本源问题的消解

《老子》之道首先是对宇宙本源问题的回答，宇宙本源问题是老子从哲学意义上提出的。但在庄子这里，道虽然被保存下来，但宇宙本源问题却被消解了，这为庄子打开新的思想空间奠定了重要的基础。老子宇宙论

---

① 司马迁：《史记》第七册，2143页，北京，中华书局，1982。

最有代表性的有三章：第二十五章是关于对宇宙本源的命名，第一章是关于宇宙本源之道的特点，第四十二章是关于宇宙本源之道的创生性。

《老子》第二十五章曰："有物混成，先天地生，寂兮寥兮，独立不改，周行而不殆，可以为天下母。吾不知其名，字之曰道，强为之名曰大。"对于宇宙的本源，老子一上来谈的就是"有"，但并没有将此"有"实体化。他说的是"可以为天下母"，而不是"为天下母"。"可以"是说人们可以把它看做万物的母亲，到底这个母亲是什么，是谁，老子并没有说。为了方便言说，老子给它一个名字"道"，道的特征是"大"，因此又称为"大"。《老子》第一章曰："道可道，非常道；名可名，非常名。无名天地之始，有名万物之母"，宇宙本源之道本是不可说的，说出来的名称都不是恒久的。天地刚开始的时候没有名称，名称是人发明的。老子用"道"指称万物的本源，于是这个本源就有了文化生命，命名的意义在于此。有了"道"这个名，便于说明万物产生的过程，即第四十二章说的"道生一，一生二，二生三，三生万物"。此三章构成老子宇宙论思想的主干。

老子尽管提出了宇宙本源之道，但并没有将其实体化成某个物。这给庄子留下了进一步发挥的空间。庄子对宇宙论问题的思考主要体现在《齐物论》中。《齐物论》开篇提出何为"天籁"的问题，却将笔墨放在何为"地籁"、"人籁"上。对于始发者"天籁"，庄子采取了遮蔽式的言说，其曰：

> 子游曰："地籁则众窍是已，人籁则比竹是已，敢问天籁。"子綦曰："夫吹万不同，而使其自已也。咸其自取，怒者其谁邪?"

庄子只说"天籁"是让万物如此的原始发动者，没有具体说它是什么。既然能"吹"，能"使"，能"怒"，它就必然存在，但人们能看到的只是事物各自的样子，而看不到发动者本身。所以，尽管我们可以推测"天籁"说的就是"道"，"道"默默无声而使万物自现。但庄子不直接说这原始发动者是"道"，有意将宇宙论的问题悬搁起来。庄子不认为追究这个问题有多大的意义。在庄子看来，宇宙论问题本身是否合法，还是个问题。《齐物论》曰：

> 有始也者，有未始有始也者，有未始有夫未始有始也者；有有也

> 者，有无也者，有未始有无也者，有未始有夫未始有无也者。俄而有无矣，而未知有无之果孰有孰无也。今我则已有谓矣，而未知吾所谓之其果有谓乎？其果无谓乎？

庄子表示，如果我们说宇宙有始点，那从逻辑上说，在始点之前一定还有一个使其始者。说“有”的时候，就有“无有”的时候；说“无”的时候，就有“无无”的时候，依此类推，无穷尽也。因此，庄子提醒我们，宇宙本源不管叫什么都是人“称谓”出来的，不能执着于称谓，而应反思我们所使用的名称到底有何意义。这一思考与老子一脉相承，不同的是庄子更强调“谓”，即语言命名这件事的意味，把对“道”的讨论引向了对“言”的讨论。

“谓”字显示了庄子探讨万物“始源”问题的重要视角——名言。老子虽也提到“名”的问题，但并没有具体探讨道与名的关系。庄子则从语言的命名功能入手，指出道只是个“名”，内容却是不确定的。既然追溯万物始源不会有终极答案，那么，对“始源”的命名就只是个“假名”而已。“源”是个假名，“本源”之“本”立在何处就成问题了。这其实直接挑战了老子从天道推演人事的思考模式。《齐物论》曰：

> 天地与我并生，而万物与我为一。既已为一矣，且得有言乎？既已谓之一矣，且得无言乎？一与言为二，二与一为三，自此以往，巧历不能得，而况其凡乎？故自无适有，以至于三，而况自有适有乎？无适焉，因是已！

这一段中的“一”、“二”、“三”在《老子》第四十二章出现过，我们虽然无法断定这一段就是对第四十二章的回应，但是，从王弼注《老子》第四十二章援引了庄子这一段来看，庄子完全有可能是在回应《老子》的宇宙论问题。[①] 楼宇烈断定庄子这一段话是“王弼注文所本”[②]。庄子这段话既然先提到“天地与我并生”，就是在思考人类来源的问题，且《齐物论》中有诸多关于宇宙论问题的讨论，如上面所分析的“有、无”问题。因

---

① 详见拙文《〈老子〉第四十二章解读及方法论初探》，载《中国哲学史》，2012（1），38～47页。

② 楼宇烈校释：《老子道德经注校释》，118页。

此，至少我们可以推测，庄子是知道《老子》第四十二章的内容的，并且他有自己独特的理解。

庄子认为，“一”、“二”、“三”不是描述宇宙生成过程，而是描述语言的命名过程。如果人与天地本就合为一体，那就不应该有语言了。既然能称最初的存在为“一”，就说明人已经有语言了。原初的存在加上对原初存在的命名就是“二”了，依此类推，没有穷尽。那么，老子提出“三”之前的“二”、“二”之前的“一”、“一”之前的“道”就只是语言命名的产物。庄子当然并不否定“一”、“二”、“三”是有具体所指的，而是想强调语言的命名功能有可能造成天地万物被人为地分割。本来万物一体、天人不分的宇宙整体状态被人为破坏，那就不是“大”道，而是小道了。《老子》第二十八章曰：“大制不割”，第四十一章曰：“大音希声”、“大象无形”，都旨在说明“道”的完整性。从这一点上说，庄子又是在深层呼应了《老子》的道。庄子对“一”、“二”、“三”的解释在《老子》八十一章中也能找到部分的根据，他利用了《老子》文本的含混性而建构了自己的新思想。可以用下图表示，图中三行分别代表《老子》第四十二章原文、庄子的理解以及庄子的理解在《老子》中的部分根据：

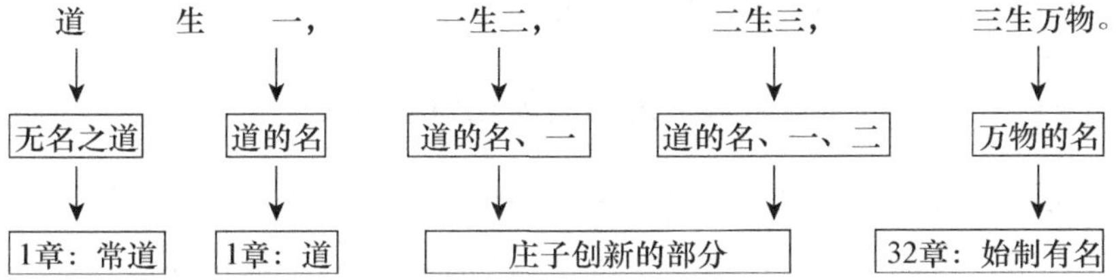

庄子认为第一个“道”是还没有语言时就存在的，也就是老子所说的“常道”。有了语言之后，就可以给“常道”一个名称，这就是老子所说的“道”，后来人都习惯用“道”来指“常道”。“道”是第一个名，有了第一个名，也就意味着“一”这个名称或观念产生了。“道”这个名与“一”这个名称就是两个东西了，所以是“一生二”。同样，“道”这个名与“一”这个名称、“二”这个名称合起来就是三个东西了，所以是“二生三”。依此类推，最后万物都有了各自的名称。我们的生活实际上是由事物与事物的名称这两重相互关联的世界同时构成的。因此，庄子虽然没有否定宇宙创生之道，但将“名”真正放到了对宇宙本源的思考中去了。

庄子的理解在《老子》中有部分的根据，没有根据的地方是他自己的创新。根据主要在第一章，第一章中提出的“常道”是无名的，是不可道的，圣人勉强给了一个名称，这就是“道”，因此“道生一”是能讲得通的。这里的“生”是“产生”、“衍生”的意思，而不是“创生”的意思。“常道”无名，却是最尊贵的，因为通过对它的命名，不断推演，对万物的命名得以可能。《老子》第三十二章曰：“始制有名”，尊卑秩序之名也随后出来了，使得治理国家更为便利。至于中间的“一生二”、“二生三”就是庄子的创新了。

《大宗师》曰：“夫道有情有信，无为无形；可传而不可受，可得而不可见；自本自根，未有天地，自古以固存；神鬼神帝，生天生地”，庄子并没有否定道的存在，而只是质疑宇宙本源的可回答性。他从名言论的角度表明，宇宙论问题本身是一个无法确切回答而只能暂时悬置的问题。

詹康曾指出，庄子的宇宙论很复杂，有“道生、气生、造物者（神）生、自生、造化等各种说法”，其中最重要的是道生说与自生说，他认为庄子“有时主张道生，有时又排斥道生，认为人的知解有限度，主张自生”，显示出其在宇宙论上的矛盾。① 事实上，如果了解庄子对老子宇宙论问题的态度，就会发现这两种看似矛盾的创生论其实并不矛盾。道生之道是虚的，它虽然存在，但是未知的，是隐藏起来的。我们能看到的只是万物各自独特的展现，这是可知的，是显现出来的。庄子消解的不是宇宙本源之“道”，而是宇宙本源这个问题。

二、大：道的具体化与境界化

“大”在《老子》中首先是“道”的代名词，用来描述“道”的特点。其次，“大”代表“大音、大象”等一切超越具体属性的存在。“大”虽然也有动词性的含义，但还没有与主体联系起来成为明确的境界论。从宇宙论向境界论的转换是庄子完成的。

《老子》第二十五章曰：“吾不知其名，字之曰道，强为之名曰大。大曰逝，逝曰远，远曰反。”“道”是字，代表宇宙之创生者；前一个“大”是名，代表“道”的具体特性。“大”可以说是“道”之别称，用来说明宇宙至大无外。至大无外，大而无形，人们也就无法分割它了。《说文》曰：“大，天大，地大，人亦大焉。象人形。”段玉裁注：“大文则首手足皆具，而可以参天地。”② “大”的字形字义都显示了其与人的相关性，人无限扩展其心胸，才能参赞天地。老子认为人有能力通过法地、法天，最

① 详见詹康：《庄子道生、自生说析评》，载《国学学刊》，2014（2），46～62页。

② 段玉裁：《说文解字注》，492页。

终法道，因此取与人相关的“大”字作为其别称，这样就能更深刻地显示人与道的关系。[①] 因此，这一句的“大”既有表示“道”的名词性含义，又有表示“扩展”的动词性含义。

“大曰逝，逝曰远，远曰返”的“大”则主要是形容词含义，即至大、巨大。“逝”是“行”的意思，王弼注：“不守一大体而已，周行无所不至，故曰‘逝’”，“周行无所不穷极，不偏于一逝，故曰‘远’也”[②]。“行”意味着“周遍”，无所不到；“远”意味着周行是没有终点的。《老子》第十四章曰：“迎之不见其首，随之不见其后”，也是这个意思。从整个句子结构来说，这几个动作是用“曰”连接而成，而不用“则”字，是别有深意的。它说明该句不是关于道的一个因果逻辑的论断，而是一个表示动作同时发生的平行描述。《说文》曰：“曰，词也。”段玉裁注曰：“意内而言外也。有是意而有是言。”[③] 因此，这里的“曰”不能生硬地理解为“说”，而应理解为“意味着”[④]。王博说：“刚刚说它是‘大’，便又要说‘逝’、说‘远’，说‘反’了”[⑤]，正是此意。大、远、逝这几个动作显示了动态的时间含义，而不是显示物理意义上的运动的不同阶段。

因此，如果说在《老子》这里“大”是一种抽象的论说，旨在说明本源之道的特点与运行方式，那么，在庄子这里，“大”则转变为一种心灵的境界，这可以通过《庄子》中大量关于“大”的意象看出。这些意象有具体的，有抽象的。“具体的意象”是指虽然大而无形，但可以根据字面想象其形象的，如人、牛、树等；“抽象的意象”是指无法根据字面去想象，但可以领会的，如情、道等。列表如下[⑥]：

---

① 初大告（Ch'u TA-KAO）就曾指出：“大 etymologically shows a man stretching out both his hands and feet, and he cannot be greater than this; therefore it befits the meaning of far-reaching and supreme.” 见 Ch'u TA-Kao: *Tao Te Ching: A New Translation by Ch'u TA-KAO*, Mansfield Center: Martino Publishing, 2010, p. 35。

② 楼宇烈校释：《老子道德经注校释》，63 页。

③ 段玉裁：《说文解字注》，202 页。

④ Paul Lin 的翻译很简洁，“Great means out-going. Far-reaching means returning”，直接用“mean”来翻译“曰”，有“意味着”的意思，参阅 Paul J. Lin: *A Translation of Lao Tzu's Tao Te Ching and Wang Pi's Commentary*, Michigan: Center for Chinese Studies, University of Michigan, 1977, p. 45。

⑤ 王博：《老子思想的史官特色》，206 页。

⑥ 本节的两个表所列的意象，加括号的表示括号中是庄子原文，括号外是笔者稍作加工的词；出处中的每个分号对应文本中的分号，以说明各句的出处。

《庄子》之“大”的具体意象表

大之具体意象	文本	含义	出处
1. 鲲	鲲之大，不知其几千里也	水中大物	逍遥游
2. 鹏	鹏之背，不知其几千里也。其翼若垂天之云	空中大物	逍遥游
3. 大椿	大椿者，以八千岁为春，八千岁为秋	寿命长者，比喻大的视野	逍遥游
4. 大瓠	魏王贻我大瓠之种，我树之成而实五石	内空而外实者，比喻大的用处	逍遥游
5. 大樗	吾有大树，人谓之樗。其大本臃肿而不中绳墨	拙笨者，比喻全身避害之用	逍遥游
6. 大牛（牦牛）	今夫牦牛，其大若垂天之云	不灵活之物，比喻全身避害之用	逍遥游
7. 大块	大块噫气，其名为风，是唯无作，作则万窍怒号；大块载我以形	使大地发出各自声音的大风；赋予万物生命的天地	齐物论；大宗师
8. 大树（栎社树）	其大蔽数千牛，絜之百围，其高临山十仞而后有枝	看似无用者，比喻全身避害	人间世
9. 大人	大人无己；大人之教，若形之于影，声之于响；生无爵，死无谥，实不聚，名不立；大人合并而为公	不偏私我、无为施化、淡泊名利、汇聚众人的人格形象	秋水；在宥；徐无鬼；则阳
10. 大冶	大冶必以为不祥之金	铁匠，比喻造物者	大宗师
11. 大壑	夫大壑之为物也，注焉而不满，酌焉而不竭	能包容一切的东西	天地
12. 大水（秋水）	秋水时至，百川灌河。径流之大，两涘渚崖之间，不辩牛马	更大的世界，更宽阔的视野	秋水

从上表可见，《逍遥游》中的“大”意象最为集中。该篇中的“大”主要有三个含义：一是超越局限的大视野；二是心灵虚空之大胸怀；三是全身避害之大智慧。这三个层面的“大”都不是从宇宙的角度提出的，而是从心灵的角度提出，并最终落到“无己、无功、无名”的逍遥之境上。

《逍遥游》曰：“北冥有鱼，其名为鲲。鲲之大，不知其几千里也。化而为鸟，其名为鹏”，这里的“大”可以理解为“大而化之”。鲲化为鹏，是从水里飞到天上，实现更大的自由，比喻人不断扩展心灵，进入自由自在的境地。因此，“大”有化掉、消融之意，化掉一切世俗的计较，与最高的道沟通。大，不仅是时间与空间上的更高的视野，也是一种思维方式，这是通过“无用之用”的论题展开的。具体说，“大”是一种反向思维，即破除常规，超越日常的从众思维与现实的功利思维，发现万物更深层的用处。这是“大瓠”、“大樗”等意象所表达的，其隐喻一种“物物而不物于物”（《山木》）的心灵自由。面对物，一般人不可避免地从“物”去思考，而庄子从“心”去思考一切存在对于心灵的作用与意义，这便是新的思考方式。有新的思考方式，才能开出新的生存境界。

以上这些具体的意象可以看做是对《老子》“大象无形”思想的感性展开。值得注意的是，庄子对“大”的挖掘还体现在一些抽象的意象上。如下表：

《庄子》之“大”的抽象意象表

大之抽象意象	文本	含义	出处
1. 大知	小知不及大知； 去小知而大知明	高明的智慧	逍遥游； 外物
2. 大年	小年不及大年	长久的寿命	逍遥游
3. 大情	恒物之大情	事物的根本性质	大宗师
4. 大物	有大物者，不可以物	不能驾驭的非具体物	在宥
5. 大同	大同而无己	与天地万物相混同	天地
6. 大本（大宗）	明白于天地之德者，此之谓大本大宗	与天相合的无为之德	天道
7. 大得	道不可闻，闻不若塞，此之为大得	大德，最高的德	知北游
8. 大一	大一通之	绝对的同一	徐无鬼
9. 大阴	大阴解之	绝对的寂静	徐无鬼
10. 大目	大目视之	广阔的视野	徐无鬼
11. 大均	大均缘之	绝对的平均	徐无鬼
12. 大方	大方体之	宽容的度量	徐无鬼
13. 大信	大信稽之	绝对的纯真	徐无鬼
14. 大定	大定持之	绝对的安宁	徐无鬼
15. 大体	不幸不见天地之纯，古人之大体	完整的道	天下
16. 大道	大道能包之而不能辩之	最高的道	天下

由上表可见，庄子提出的最重要的形象是“大人”，但没有具体长相上的描述，只有抽象的表现，代表庄子心目中最高的人格。“大人”意味着有广阔的胸怀，这样才能知“大情”，识“大物”，明“大同”，解“大本”，成“大定”，布“大均”，悟“大体”，遵“大道”。这一系列抽象的意象之间相互关联，它们都是超越常规思维的视野，也是庄子所推崇的。大人形象对后世影响很大，阮籍《大人先生传》一文就将其发挥，使“大人”形象成了魏晋风度的写照。

三、大：“以道观”的中空思维

多数学者都是从“心物”关系入手，将“大”视为依托于心灵工夫的境界①，但“工夫”一词非常泛化和模糊，容易让人将其与类似《逍遥游》中的“吸风饮露”、《齐物论》中的“仰天而嘘”的气功相混淆，有它的局限。《庄子》有气功方面的描述，气功可以静心，对体道的作用当然不能否定。刘笑敢就曾指出：“庄子的心斋、坐忘、外物等修养方法与气功类锻炼方法也有明显关系，庄子很可能是借用当时的气功式健身术的修炼方法来发展自己的逍遥游理论的，他的逍遥游的境界很可能与气功‘入静’以后的自我体验有相通之处。”② 但庄子没有描写过气功修炼的具体步骤、动作要领或口诀，这说明庄子并不看重气功，他自身可能也不练气功。从《庄子》三十三篇来看，庄子更为看重的是思辨能力。庄子将宇宙论之“道”转化为人生境界之“大”的关键不在气功，而在“以道观”的思维方式。

“以道观”这几个字出现在两处，一是《天地》篇，一是《秋水》篇，但“以道观”的思想是贯穿于内七篇中的。《天地》曰：“以道观言而天下之君正；以道观分而君臣之义明；以道观能而天下之官治；以道泛观而万

① 参见王玉彬：《从“生成”到“齐通”——庄子对老子之道物关系的理论转换及其哲学关切》，载中国人民大学复印报刊资料《中国哲学》，2014，29～34 页，原载《中国哲学史》，2014（1），18～23 页。他指出：“在道境之中，‘物’没有贵贱之分、美恶之别、是非之论，而是自由彰显各自蕴涵着的独立价值。对于个体生命来说，只有心灵才能具备天道那样的虚灵品质，‘心’在面对外物的时候也便应如‘道’那样‘虚而待物’。”（《中国哲学》，32 页）其揭示了庄子对老子宇宙论之道的消解，提出道的视野在《庄子》中的重要，但仍然是从心物关系的角度去讨论的，所以将这种视野最终落在了心灵的“虚灵品质”上。这一进路很有代表性，并没有错，但其不自觉地将“道”主体化为“道境”，没有说清楚从“道”到“道境”的过渡。

② 刘笑敢：《庄子哲学及其演变》（修订版），3 页，北京，中国人民大学出版社，2010。

物之应备。”这里的“观”并非简单的观看之意。《说文》曰：“观，谛视也”，段玉裁注：“审谛之视也。《穀梁传》曰：‘常事曰视，非常曰观。’”①“观”是审慎地看。它是说从“道”的角度察看名号，从而使君王正位；从“道”的角度察看职分，从而使各尽其责；从“道”的角度查看能力，从而使百官尽责；从“道”的角度来观察一切，则万物之需无所不备。可见，这里的“道”不再担当“覆载万物”（《天地》）的宇宙创生者的角色，而是充当一只看世界的眼睛，意味着从整体来看事物。跳开君的视角来看君，跳开臣来看臣，跳开百官来看百官，跳开万物来看万物，超越具体事物自身的角度，从整体思考问题，实现更周全的公平公正，使万物和顺。这首先是对一国之君的素养提出的要求。该篇的“以道观”成功地将“道”的创生论内涵转化为考察万物时所使用的思维方式。

《秋水》则是通过河伯与北海若的对话，逐层推出更宽广的视野。其中提出了层次不同的“六观”，分别为：

> 以道观之，物无贵贱；以物观之，自贵而相贱；以俗观之，贵贱不在己。以差观之，因其所大而大之，则万物莫不大；因其所小而小之，则万物莫不小。……以功观之，因其所有而有之，则万物莫不有；因其所无而无之，则万物莫不无。……以趣观之，因其所然而然之，则万物莫不然；因其所非而非之，则万物莫不非。

此“六观”中，“以道观之”显然是最高的观照方式。在这一观照方式下，我们看到的万物无贵贱之分，也即达到了“齐一”的境界。“齐一”也即“齐万物”。“以道观”的哲理根据其实在《齐物论》中。庄子不是单就价值层面而言超越贵贱，而是从思维层面说明要超越二元论的思维。这样，不仅无贵贱之分，亦无是非之分。超越的方法是“以明”，《齐物论》曰：

> 道恶乎隐而有真伪？言恶乎隐而有是非？道恶乎往而不存？言恶乎存而不可？道隐于小成，言隐于荣华。故有儒墨之是非，以是其所非而非其所是，欲是其所非而非其所是，则莫若以明。

① 段玉裁：《说文解字注》，408页。

关于“以明”有两种解释，一作“反覆相明”①，即是、非两面相互发明、反复而观，其代表是郭象；一作“以本然之明照之”②，“以明”乃“以之明”的省略，“本然之明”即道，其代表是王先谦。《齐物论》中“以明”出现在三处。另一处为“彼是莫得其偶，谓之道枢。枢始得其环中，以应无穷。是亦一无穷，非亦一无穷也。故曰：莫若以明”；还有一处为“为是不用而寓诸庸，此之谓‘以明’”。庄子自己对“以明”是有定义的。什么是“为是不用而寓诸庸”呢？《齐物论》曰：

> 其分也，成也；其成也，毁也。凡物无成与毁，复通为一。唯达者知通为一，为是不用而寓诸庸。庸也者，用也；用也者，通也；通也者，得也。适得而几矣。因是已，已而不知其然谓之道。

庄子提出不从“成”与“毁”这种二元对立的模式去看问题，因为这样就失去了“大道”之整全一体性。他主张在“用”之中达到“通透”，从而有所“得”。这种自然而然有所得的状态就是“道”。所以，我们可以把“为是不用而寓诸庸”看作是一种超越二元对立的思维下的观照方式，这便是“以明”。王先谦的理解是符合庄子的。曹础基认为，“以明”之“明”即《老子》“复命曰常，知常曰明”的“明”，“懂得追溯到根本的虚无之道那里去，就什么是非、真伪都解决了。因为在那里一切都是齐同的”③。此亦符合庄子之意。人如果不站在是与非的立场上，应该站在哪里观万事万物呢？此即前一处提到“以明”处所说的“得其环中，以应无穷”。

“得其环中”的“中”是指“道枢”。“道枢”是“空”的，因此没有任何对立面。“中”不是平面意义上的“中间”之意，而是“中空”之意，即站在两相对立的立场之外，没有任何成见地全面观照两边。“中”是从思维上说的，“空”是从工夫上说。工夫与气功不同，目的不在养身，而在养德。不带有任何成见，以空照有，让事物按其本来的面目呈现，才能“明”，才能“通”，才能“得”。

“中空”思维在《养生主》篇也有表现，其曰：“为善无近名，为恶无

---

① 郭象注，成玄英疏：《南华真经注疏》，33页。

② 王先谦撰：《庄子集解》，14页，北京，中华书局，2010。

③ 曹础基：《庄子浅注》，18页，北京，中华书局，2007。

近刑，缘督以为经，可以保身，可以全生，可以养亲，可以尽年。”庄子该篇说的是“养生”，“养生”是“养性”，这比保养身体要重要得多。庄子从“善”、“恶”这一对观念入手，说明善、恶不是二元对立的，为善、为恶都符合人性，都不能过度，为善不能名满天下，为恶不能触犯刑法，做到“中道”即可。“中道”也就是这里的“缘督”。“督”脉在正中位置，作为经络，它是空虚的，因此“缘督”也是“中空”之意。《齐物论》曰：

> 彼出于是，是亦因彼。彼是方生之说也。虽然，方生方死，方死方生；方可方不可，方不可方可；因是因非，因非因是。是以圣人不由而照之于天，亦因是也。是亦彼也，彼亦是也。

庄子认为，彼与是并非对立的，而是相互造就、相互转换的关系。在特定的时机下，彼即是，是即彼。然后举生死的例子来说，提出“方生方死”的独特观点。成玄英疏：“方将也”①，有“和……一样”、“同时”之意。生同时也是死，死同时也是生，生与死是对同一个生命过程的不同描述而已。曹础基释之为“生的同时就出现死”②，也是符合庄子原意的。因此，圣人不采取彼是二元对立的方式来处理事情，而是“照之于天”。“照之于天”也就是上文说的“以道观之”，从天的角度看事情，而不是从人的角度看事情。这种超越彼是对立的思维，即上文所说的“中空”思维，因为处“中”而能两边看全，因为心“空”而能灵活变通，心“空”意味着没有成见。这一思维在《逍遥游》中也有体现。“以道观之”是用大鹏的眼睛观世界，“以物观之”是用蜩鸠的眼睛观世界；“以道观之”是因为具有“鹏之心”，“以物观之”是因为带着“蓬之心”。只有“乘天地之正”，看到了世界的整体面目而去除成见，才能“御六气之辩”。

“以道观”的思维方式是逍遥的关键，大鹏的飞翔象征着心灵的自由，心灵的自由并不取决于身体的修炼，而取决于我们在人世间如何思考问题。“以道观”并不是逻辑思维，而是抓住时机，反复训练所能达到的思辨能力与实践能力。“中”意味着站离是非对立的两面，从高处看问题；“空”意味着放下世俗常规的标准，从远处看问题。这种思辨性与实践性在《人间世》篇阐发得尤为清楚。《人间世》开头托仲尼与颜回所展开的

① 郭象注，成玄英疏：《南华真经注疏》，34 页。
② 曹础基：《庄子浅注》，19 页。

问答过程，正是一个人破除“成心”的影响而“空”下自己的过程。《人间世》曰：

> 仲尼曰：“若一志，无听之以耳而听之以心，无听之以心而听之以气。听止于耳，心止于符。气也者，虚而待物者也。唯道集虚，虚者，心斋也。”

“虚”是心里什么也没有，心里如何能什么也没有？庄子并没有说要通过练功打坐或避荤食素来达到，而是通过“耳”、“心”、“气”、“道”四个阶段的逐层超越。“耳”连接的是外物，不以耳听，意味着不为外物所扰；“心”是对外物的反思，反思的主体是自我，自我意味着有“成见”；“气”则意味着连反思都没有了，任气而行，“气”是至柔至虚的状态，把人心灵中的杂念都过滤掉，达到志气专一的状态；道就在万物的自然显现之中，所谓“唯道集虚”。“心斋”即“斋心”，让“心”斋戒，即让“心”空下来。钟泰《庄子发微》从《周易》寻求对庄子思想的印证，他说：

> “气”者人之精明，亦即明白之天知也。……“心止于符”，心之止其所也。心耳皆各止于其所而后气得以致其虚，故继之曰：“气也者，虚而待物者也。”此二“止”字，皆《周易》“艮止”之止，下文“吉祥止止”，正与此相应。《易·艮卦》曰：“艮其背，不获其身。行其庭，不见其人。”不获其身，无我也。不见其人，无物也。无我无物，所谓虚也。①

心斋的要求是无物、无我，唯此可以知天，知“道”。钟泰认为，此与上文“道不欲杂”相应，而与下文“未始有回”相合。“未始有回”，恰是“无我”的意思。因此，“心斋”不是类似《逍遥游》中藐姑射神人“不食五谷”的辟谷工夫，而是超越外物、去除杂念、没有偏见，以“道”观照万物的方式。在这种方式下，人就知道如何抓住时机而为了。所以，孔子批评的不是颜回想去救卫国的善心，而是批评他没有“先存诸己”。颜回还不具备“道”的视野，对自己与对卫国都没有整体的了解，此时去救不

① 钟泰：《庄子发微》，84 页，上海，上海古籍出版社，2012。

是好的时机。因此，为道的关键不是身体上的“斋”，而是心灵上的“斋”，做到心斋了，也就能抓住时机行事，而不会招致祸患了。

综上所述，庄子通过对老子之“道”的别名——“大”的论说与发挥，将宇宙本源之“道”境界化。他提出了“以道观”的思维方式，从思辨的层面说明人应该立于“中”而守“空”，从整体上看问题，适时应变地处理问题。此与老子之“道”的特征相吻合，但他从宇宙论走向了对人生境界的发掘。这种由“道”而“大”的创造性回应，未尝不可视为《老子》诠释史上一个成功的案例。

第三节 韩非子：由“道”而“理”①

司马迁《史记》将韩非子与老子合传，加之《韩非子》中有《解老》、《喻老》二篇，因而学者对韩非子与道家的关系一直比较关注，认为韩非子受道家影响颇大。吴秀英说：“道法二家，关系最切。道家以道为至上，法家以法为至上。《史记》以韩非与老庄合传，又言‘其归本于黄老’，则老子思想影响于韩非者自亦不少。……韩非因袭之而用之于政治，化自然为必然，使道家之道落实为必定之法术。”② 尽管韩非子对老子思想做了很多主观的阐发与转化，但仅就《解老》、《喻老》篇而言，其没有掺杂太多的其它思想。章太炎甚至认为韩非子的解说比王弼还要更接近老子，“《老子》独有《解老》、《喻老》二篇，后有说《老子》者，宜据韩非为大传而疏通证明之。其贤于王辅嗣远矣。韩非他篇亦多言术，由其所习不纯。然《解老》、《喻老》未尝杂以异说，盖其所得深矣”③。韩非子确实在义理上深受《老子》的影响，反过来，又为后人理解《解老》、《喻老》提供了一个角度。本节主要分析《解老》，探其哲理上的诠释壶奥，而淡化其所讨论的历史、政治故事。

至于韩非子将“道”政治化、法术化一事，与其说受老子影响，不如

---

① 本节参考了拙文《由“道”而“理”：从〈解老〉看韩非子与老子之异同》，载《人文杂志》，2014（4），1～8页。

② 吴秀英：《韩非子研议》，52～53页，台北，文史哲出版社，1979。

③ 章太炎：《国故论衡下·原道上》，转引自马世年：《〈韩非子〉的成书及其文学研究》，179页，上海，上海古籍出版社，2011。

说是受黄老的影响。《史记》说韩非子“喜刑名法术之学，而其归本于黄老”①，韩非子受黄老思想的影响，且与稷下道家尤其是《管子》有密切关联②，与老子的哲学思想有相同也有不同之处。杨义认为司马迁极有洞见，“归本”就是回归根本，韩非子解释《老子》是给自己的刑名法术找个本体论根据，从而更具有合法性。他说：“韩非之所以选择黄老，在于先秦诸子唯道家探讨本体论问题最有建树；而且老学在向帝王学转换，并与之结合的过程中，已经成为‘君人南面之术’，以其深远的本体论思考和民族始祖的权威性，介入了形而下的政治操作层面。”③ 他还注意到，韩非子的《解老》有四十二段文字，其中用三十九段解释《德经》的九句，只用三段来解释《道经》的两章。可见他对“道”之具体运用的重视。但本节恰恰认为，解释最少的部分是最重要的，也是最精彩的。

一、道与理的含义

《韩非子·解老》篇很特别，不仅在《韩非子》五十五篇中相对独立，以解释《老子》的面目出现，而且在《老子》的诠释史上也很独特。一是它不以注释的方式，而主要通过义理阐发的方式来解释《老子》，可以说是“较早的哲学性诠释的著作”④。二是它不是逐章逐句地解释《老子》，而是有选择性地片段性解读。《老子》的一些重要经文没有被解读，如“道法自然”（25 章）、“道常无为而无不为”（37 章）等，而有一些被解读的经文又并非《老子》简本、帛书及通行本中所有，如“道，理之者也”。由此可以推测，韩非子在解老时是根据自己的思想需要去选择经文的，目的不在解老，而在用老。但不可否认的是，韩非子抓住了老子的核心概念“道”，并且有意识地作了创造性的诠释。

“道”在《解老》中多处出现，主要有四个用法：道理、有道、体道

① 司马迁：《史记》第七册，2146 页。

② 仅就这里涉及的韩非子“理”的概念而言，其与管子思想一脉相承。参见陈鼓应：《管子四篇诠释——稷下道家代表作解析》，135 页。他说：“在黄老思想中，‘理’的提出却有着特殊的意义。……‘理’在黄老思想中，是特就‘道’落实在人事层面，特别是政治作为上取法天道而有的行事原则。在理论上，‘理’一概念具有连接抽象的形上之道与具体人事作为的关键意义。”

③ 杨义：《韩非子还原》，11 页，北京，中华书局，2011。

④ 刘笑敢：《经典诠释与体系建构——中国哲学诠释传统的成熟与特点刍议》，载《中国哲学史》，2002 (1)，3 页。

与大道。“道理”是韩非子诠释《老子》时使用最多的词汇，其重心偏于“理”上，指的是万事万物的根本特性；“有道”与“无道”相对，指的是治国或修身之“术”；“体道”与“得道”类似，主要用来描述人对“道”的体悟；“大道”又叫“端道”、“正道”，与“邪道”相对，指的是朴实、自然的性质或状态。其中“道理”最为特别，由“理”派生而来，但“理”字在《老子》中从未出现过。“理”这一概念是了解韩非子《解老》及其与《老子》的思想关联之要害。《解老》曰：

> 道者，万物之所然也，万理之所稽也。理者，成物之文也；道者，万物之所以成也。故曰：“道，理之者也。”①

“道，理之者也”，《老子》中无此句，王先谦从顾广圻说，认为此句是对《老子》第十四章“是谓道纪”的解释②，陈鼓应亦持此说。③ “纪”是“理”的意思，“道纪”即“道理”，是道之法则，而不是今天日常所说的道理。理的本义是“纹理”，《说文》曰：“治玉也。《战国策》郑人谓：‘玉之未理者为璞。’是‘理’为剖析也。……《孟子字义疏证》曰：‘理者，察之而几微必区以别之名也。’是故谓之分理。在物之质曰肌理，曰腠理，曰文理。得其分则有条而不紊，谓之条理。”④ 韩非子使用的“理”乃“成物之文”，即“纹理”，引申为具体事物各自的规定性。他认为不同的物有不同的理，其思考方法类似郭象注《庄子》时提出的“性分”论⑤，认为不同的事物有不同的“性”。

“理”是万物固定的特性。“道”是对万物之理的总会，通过它能沟通万物，因此“道”又具有统合、统治的意味。这从“稽”字的含义也能看出。《说文》曰：“稽，留止也。……稽，计也。”⑥ 稽的本义是稽查、核查、计算，这里可以引申为“统合”，如王先谦注：“稽合万物之理，不变则不通”⑦。《管

①② 转引自王先慎撰：《韩非子集解》，147 页。

③ 参见陈鼓应：《管子四篇诠释——稷下道家代表作解析》，134 页。

④ 段玉裁：《说文解字注》，15～16 页。

⑤ 参见郭象注，成玄英疏：《南华真经注疏》，4～5 页。郭象曰：“苟足于其性，则虽大鹏无以自贵于小鸟”、“物各有性，性各有极”等。其与韩非子的不同在于：郭象的“性分”主要是指人的秉性各不相同，这是“命”；韩非子的“理”则并非特指人，而是笼统指万物各有各的“理”。

⑥ 段玉裁：《说文解字注》，275 页。

⑦ 转引自王先慎撰：《韩非子集解》，147 页。

子》曰："名者，圣人之所以纪万物也"[①]，圣人法道而治理万物，可见，"纪"有统治的意味。

"稽"从《老子》第十四章的"道纪"而来，意思与"纪"相似，亦应有统合之意，但各家注疏多比较笼统。陈启天指出"稽"有四个含义："同"、"满贮"、"留待"与"合"[②]。王先慎认为"稽"是"合"的意思。[③] 陈启天说："道化为万物而无一定之形也。"[④] 梁启雄注："《广雅·释诂》：'稽，合也，当也，同也。'这是说：道是万物自然演成的规律，也是适合于万理的天道。"[⑤] 张觉也将"稽"解释为"合，相当"[⑥]，"稽"确实有"合"的意思，但此"合"不应该是"恰当、适合"，对"道"自身而言，它无所谓恰当还是不恰当，适合还是不适合，它的内容和作用要在具体的万物上显示出来而得到具体的规定。"道"之所以能使万物"合"，说明它代表万物根本的相"同"之处，使得不同之物能"汇通"起来，因此，"合"应该解释为"统合"更好，即会合众物，以同通之。此与《老子》第一章的"此两者同出而异名，同谓之玄，玄之又玄，众妙之门"的"同"是一致的。《韩非子》其它处出现过"稽同"一词，"保吾所以往而稽同之，谨执其柄而固握之"（《主道》）[⑦]，也可见，"稽"就有"统"的意思，"稽同"即"统同"。万物各有纹理，纹理代表万物各自的特性，道使万物长成，具有如此之特性，所以对万物有统合、沟通的作用，掌握道的人可以利用这些特性。

为了更全面地说明韩非子与老子之关联，我们顺便看一下《喻老》。《喻老》和《解老》都是韩非子对《老子》的解释[⑧]，但二者的注解方式有很大不同。陈启天指出："《解老》以义释老子，《喻老》以事释老子，

① 陈鼓应：《管子四篇诠释——稷下道家代表作解析》，158页。

② 陈启天：《韩非子校释》，749页，台北，中华丛书委员会，1958。

③ 参见王先慎撰：《韩非子集解》，147页。

④ 陈启天：《韩非子校释》，749页。

⑤ 梁启雄：《韩子浅解》，157页，北京，中华书局，2011。

⑥ 张觉：《韩非子译注》，214页，上海，上海古籍出版社，2014。

⑦ 王先慎撰：《韩非子集解》，28页。

⑧ 《解老》、《喻老》二篇是否为韩非子本人所著存在争议。胡适、荣肇祖、梁启超、蒋伯潜等人持怀疑态度；林尹、马岗、张素贞等人认为此二篇有可能就是韩非子所作，可以作为理解韩非子思想的参考；徐复观指出此二篇与韩非子思想有出入，对其是否为韩非所作没有给出定论。参见吴秀英：《韩非子研议》，16～24页。从思想关联上看，至少《解老》篇很有可能出自韩非子之手，从思想史的角度看，韩非子受黄老影响是不争的事实，所以借《老子》发挥自己的思想是完全有可能的。

此其大别”①。《喻老》主要通过“比事连类”② 的方式解释了《老子》的诸多经文。其中提及道的有 9 处，其中直接与老子之道相关的有 5 处，其中作“理”讲的有 1 处，即“道理”。《喻老》曰：

> 夫物有常容，因乘以导之，因随物之容。故静则建乎德，动则顺乎道。宋人有为其君以象为楮叶者，三年而成。……列子闻之曰：“使天地三年而成一叶，则物之有叶者寡矣。”故不乘天地之资而载一人之身，不随道理之数而学一人之智，此皆一叶之行也。③

这里“道”与“理”连用，表示自然发展的规律与法则，即“常容”。④ 韩非子以宋人用象牙雕刻树叶的故事来说明自然与人为之区别。自然的规律是人所不能改变的。但如果人能认识自然的规律，他的行为就是“顺乎道”。这里解释的是老子的“自然之道”。《喻老》曰：

> 空窍者，神明之户牖也。耳目竭于声色，精神竭于外貌，故中无主。中无主，则祸福虽如丘山无从识之。故曰：“不出于户，可以知天下；不窥于牖，可以知天道。”此言神明之不离其实也。⑤

陈奇猷曰：“实，犹内也。……《解老》篇‘实心爱而不知’，即内心”⑥。韩非子认为，要达到“神明”的境界需要内心的虚静工夫。他借助“神明”一词解释老子的“天道”，指出认识天道需要排除声、色的干扰，达到内心的虚空。在这一点上其与老子之意是吻合的。

《喻老》主要解释了“天道”、“有道”与“无道”这几个概念，涉及老子的“自然之道”和“政治之道”。其重点在“政治之道”，而对老子其它很多层面的道并未作解释。无论《解老》还是《喻老》对老子之道的内涵都没有全面的梳理与把握。当然，韩非子关注的不是《老子》本身，而是《老子》与自己的思想合拍的地方。

---

①② 陈启天：《韩非子校释》，764 页。

③ 王先慎撰：《韩非子集解》，165～166 页。

④ 参见陈奇猷：《韩非子新校注》，451 页，上海，上海古籍出版社，2000；邵增桦注译：《韩非子今注今译》，969 页，台北，台湾商务印书馆，1982。

⑤ 王先慎撰：《韩非子集解》，166～167 页。

⑥ 陈奇猷：《韩非子新校注》，453 页。

二、常与化的含义

韩非子在此基础上将"道"与"理"二字合一，提出"道理"，"道理"一词是解释《老子》之"道"时用的重要概念。《解老》曰：

> 凡理者，方圆、短长、粗靡、坚脆之分也，故理定而后物可得道也。故定理有存亡，有死生，有盛衰。夫物之一存一亡，乍死乍生，初盛而后衰者，不可谓常。唯夫与天地之剖判也俱生，至天地之消散也不死不衰者谓常。而常者，无攸易，无定理。无定理，非在于常(所)，是以不可道也。圣人观其玄虚，用其周行，强字之曰道，然而可论。故曰："道之可道，非常道也。"①

韩非子的"理"是指一事物区别于另一事物的性质。具体事物的"理"是会变化、消亡的。与此相对的是"常"，"常"是指与天地共生、同在，永不消亡的性质。可见，这里的"无攸易"是从"不死"的角度说的。

常者"无定理"，那么下一句"无定理，非在于常"的"常"就不可能与"常者"之"常"同义，否则自相矛盾。诸多注家都意识到了这个问题，故根据上下文的语境，认为《乾道本韩非子》作"无定理，非在于常所"② 更为合理。高亨、陈奇猷、张觉与陈启天皆持此看法。如高亨认为，道没有固定的场所，此与上文"道以为近乎，游于四极，以为远乎，常在吾侧"相吻合。③ 张觉认为："'无定理'则是'变易'的，所以和'非在于常所'是一致的。道没有确定不变的法则。"④ 太田方认为："常所者，平生一定之境也"⑤。他们的理解与韩非子下文所说的"道"之"玄虚"、"周行"的特点是吻合的。韩非子认为，可以言说的是作为名称的"道"，它所指的是没有变化、深远空虚而又无所不在的东西。从其对《老子》第一句的诠释来看，韩非子并没有歪曲老子之道的根本意思。

---

① 王先慎撰：《韩非子集解》，148～149页。

② 韩非撰，顾广圻识：《乾道本韩非子》，284页，台北，新文丰出版公司，1989。明赵用贤本有"所"字；明韩子迂评本、凌瀛初本无"所"字，卢文弨《群书拾补》中亦认为"所"为衍字，见陈启天：《韩非子校释》，752页。

③ 参见陈奇猷：《韩非子新校注》，415～416页。高亨认为"常所"即"定所"，笔者对其观点进行了简要概括。

④ 张觉：《韩非子校注》，204页，长沙，岳麓书社，2006。

⑤ ［日］太田方：《韩非子翼毳》，253页，上海，中西书局，2014。

在此基础上，我们来继续考察韩非子对理的具体阐述。《解老》曰：

> 物有理，不可以相薄。物有理不可以相薄，故理之为物之制。万物各异理，万物各异理而道尽。稽万物之理，故不得不化；不得不化，故无常操。①

正因为道稽合万物之理，所以能进入万物内部去化而裁之，通而用之。如同王弼注《老子》第二十五章说的“在方而法方，在圆而法圆”。陈启猷曰：“稽合万物之理，故物不得不随理而化。物随理而化，故无一定之操持。韩非此语乃欲击破儒家‘无变古，毋易常’”②。他指出了韩非子反对固常的思想，这是有道理的。但其漏洞在于，韩非子原文讲的是“道者……万理之所稽也”，“不得不化”的主语是“道”，而不是“物”。陈启天曰：“道化为万物而无一定之形也。翼毳云：‘与时变化，故无一定之常度’”③，这里指出了变化、无形是道之特性。韩非子接着说：“凡道之情，不制不形，柔弱随时，与理相应”（《解老》）④，其进一步将“道”与“理”联系起来。“道”统合、贯通万物之“理”，即打破方圆、短长、粗靡、坚脆的界限。他认为老子之道是永恒不变、不可言说、贯通万物的。他肯定“理”的固定性，但又强调道“不得不化”的贯通作用，从而通过“理”将道物关系讲得比老子更为清楚。

显然，韩非子之“理”在老子之“道”的基础上作了自己的改造与发挥。《解老》将“道”理则化了，“道”是虚的，而“理”是实的。尽管“理”能化，但不能脱离事物自身的规定性与事物之间的关联，它自身是被规定的，而“道”的本质属性是“自然”，自身不被规定而为万物效法。因此，虽然“理”也能“化”，是“无常”的、非固定的，但与老子之道的变动性有相通之处。

老子之道的变动性主要体现在帛书第一章的“恒”字上。《老子》第一章的“道可道，非常道”之“常”，帛书本作“恒”。写为“常”是避孝文帝刘恒讳。“恒”本身就有变动之意，是“变动中的长久”。⑤

---

① 王先慎撰：《韩非子集解》，147页。

② 陈奇猷：《韩非子新校注》，412页。

③ 陈启天：《韩非子校释》，749页。

④ 王先慎撰：《韩非子集解》，147页。

⑤ 详请参见第一章第一节。

道的变动性还体现在《老子》第四十章："反者，道之动"。不仅道作为宇宙本源自身是周行不殆的，大极而返，而且法道之人也要懂得适时而动。如《老子》第八章曰："动善时。"宋陈景元注曰："至人动静，善观其时，出处应机，能全其道，如水之动，善随时变。"① 因时而变并不是一般人所理解的投机取巧，而是一种应对变化的大智慧。又如《文子·道原》曰："夫事生者，应变而动，变生于时，知时者无常之行。故道可道，非常道，名可名，非常名。"②

韩非子不仅注重"常"，而且也注重"变"，与老子相通，是其思想的闪光点。具体表现在韩非子认为君主之道贵在因时进退，如"人主之道，进退以为宝。是以不言而善应，不约而善增"（《主道》）③、"道者，下周于事，因稽而命，与时生死"（《扬权》）④。但可惜的是，韩非子强调君臣不同道，各有私利，因此要由君王来执掌"道"，"道"只能是唯一的，其曰："道无变，故曰一。是故明君贵独道之容。臣不同道，下以名祷，君操其名，臣效其形，形名参同，上下和调也"（《扬权》）⑤。也就是说，君王需要通过"名"来实现其对权力的集中与控制。这与老子所倡导的"大道泛兮，其可左右"（34 章），道下放到万物中而自身处虚的思想不同，与侯王效法圣人而养护百姓的亲密关系不同，与圣人"镇之以无名之朴"（37 章）的无名而天下治的境界亦不同。在韩非子的思想下，依靠"名"来维持其独一之道，很容易导致治国策略上的单一化、集权化与绝对化。韩非子可能没有像老子一样把"长生久视"（59 章）作为治国的终极目标，或者说，韩非子认为掌握万物之理、运用刑名法术就可以治臣、治民而江山常保，这被后代的历史证明是无效的。

三、道的单一化与法的固态化

首先要承认，老子之道确实有"理"的意思，尽管老子从来没有用"理"字。除了第十四章的"道纪"含有"理之总法"的意思，第四十二章"道生一，一生二，二生三，三生万物"的道也是总的"理"，道在生

---

① 陈景元：《陈景元老子注》，见严灵峰辑：《老子宋注丛残》，744 页，台北，台湾学生书局，1979。

② 文子著，王利器疏义：《文子疏义》，25 页，北京，中华书局，2000。

③ 王先慎撰：《韩非子集解》，29 页。

④ 同上书，46 页。

⑤ 同上书，46～47 页。

成万物时注入万物，万物各自成性、各具其理，自然而然。因此，万物可以通过“道”得以汇通。韩非子以“理”解“道”不是完全没有道理。但是，老子之道的含义绝不仅此，甚至可以说，理，只是道的丰富内涵中的一层意思。关于道，有三个更为重要的含义，韩非子没有引起重视。

第一，道的自然义，以《老子》第二十五章“道法自然”为代表。河上公注：“道性自然”①，道的本性是自然，即本来如此，它是活泼泼的宇宙整体生命，按照自己的方式运作不息，这种原本的运行状态是“自然”的，长久的，因此值得人效法。

第二，道的朴义，以《老子》第二十八章“复归于朴”为代表。老子认为人性中有“朴”的一面，这是最珍贵的，但很容易被浮华遮蔽，即后来庄子所说的“道隐于小成，言隐于荣华”（《齐物论》）。但人也可以通过教化、虚静工夫回到素朴的人性上。因此，老子主张：“不尚贤，使民不争；不贵难得之货，使民不为盗；不见可欲，使民心不乱。”（3 章）只要不过分刺激百姓的欲望，就不会带来各种恶性竞争，法令也就没有必要太多。

第三，道的无为义，以《老子》第三十七章“无为而无不为”为代表。无为，不是什么都不做，而是更高明的“为”，其表现是“无为”而效果是“无不为”，即“发而皆中节”式的无所不中、无所不周、无往而不胜的“为”。尽管无为要通过“为”来实现，相应地，无名要通过“名”来实现，但“为”是要遵循自然，顺应人心、人情、人性的，“名”的使用应该灵活应变，名与实之间是变动统一的，不能死板，不能僵硬。无为如水，柔弱善变，以柔克刚。

韩非子在解释经文时已经筛掉了“道法自然”、“复归于朴”与“无为而无不为”这三句，尽管我们不知道他是不是刻意为之，但从韩非子的整体思想可以推测，他是不会赞同老子以上观点的。

从第一点来说，韩非子通过对“奸”的分析指出：“吾以是明仁义爱惠之不足用，而严刑重罚之可以治国也”（《奸劫弑臣》）②，赏罚是“法”的重要内容，是治国之“二柄”。但如果从老子的自然义来看，通过厚赏重罚来控制臣民，本就违背自然。重赏在老子看来就是“贵难得之货”，其必定会激起争夺之心，人心因此扰乱，弊大于利。重罚虽然能起到杀鸡儆猴的作用，但也不是对所有人都有用的，弱者愚者可以服法、安分守

---

① 王卡点校：《老子道德经河上公章句》，103 页。

② 王先慎撰：《韩非子集解》，105 页。

已，但强者、蛮者更有可能暂时压抑，最后爆发，知法犯法，一发而不可收。如老子所说："民不畏死，奈何以死惧之!"（74 章）这些人连死都不怕，更何况刑法。因此，韩非子刑法之治的思路在复杂的人性面前多少有些显得单薄。

根据什么来裁定赏罚呢？这又要依赖"名"了。必须细致地规定，才便于赏罚的操作，这正是老子所反对的。《二柄》曰："功当其事，事当其言，则赏；功不当其事，事不当其言，则罚。故群臣其言大而功小者则罚，非罚小功也，罚功不当名也；群臣其言小而功大者亦罚，非不说于大功也，以为不当名也。"① 可见，臣是不能谦虚的，不能自我隐藏起所立的功，君要求你有多少功就要被赏多少。并且，只能做自己分内的事，"典冠者见君之寒也，故加衣于君之上"②，结果被杀了，因为这不是他分内的事。可见，在循名责实以定赏罚上，韩非子提出的做法有时是僵硬、脱离情境、违背人之自然性情的。他的出发点只是如何更容易管理，而没有意识到他治理的对象不是牲口或机器，而是活生生的人。他的做法类似于刻舟求剑，人是变动的、复杂的，而这样的治理方法是静态的、固定的。

韩非子法治思想最不自然的地方在于人情人性上的"去私"化。《韩非子·诡使》引《本言》曰："所以治者，法也；所以乱者，私也。法立，则莫得为私矣。"因此认为"道私者乱，道法者治"③，这是韩非子主张法治的重要原因。《爱臣》曰："人臣处国无私朝，居军无私交，其府库不得私贷于家"④，《有度》曰："明主使其群臣不游意于法之外"⑤，《说疑》曰："故禁奸之法：太上禁其心，其次禁其言，其次禁其事"⑥，连"心"、"意"都要用"法"管起来，这可能吗？合理吗？有用吗？这里有很多问题，韩非子似乎没有深思。君如此治臣，臣效法君之办法而治民，那么，整个社会就"藏私"了，没有合法的发泄口，更不敢公开表"私心"，这样的社会能安定吗？以韩非子的智慧，他不会想不到这些问题，只是可能对"法"的力量太过相信而走了极端。当法无处不在，人们无私可藏时，这样的社会是危险的。秦朝的短暂而亡与其主要采取韩非子的治国思想就

①② 王先慎撰：《韩非子集解》，41 页。

③ 同上书，414 页。

④ 同上书，25 页。

⑤ 同上书，37 页。

⑥ 同上书，400 页。

有密切的关联。

与韩非子的做法不同，儒家、道家都给“私”留了适当的空间。孔子肯定“父为子隐，子为父隐”（《论语·子路》）[①]，正是对人性之私的洞察和适当的保护，因为亲子关系是人伦中重要的一伦，其它的关系是奠基于此。没有这一伦真实的“私”情，就无法扩而充之、推广到至公至诚的治国、平天下之情。这就是孔子对人的实际生存处境与人性之“本真”（authenticity）的理解与正视。孔子并没有把“父为子隐，子为父隐”普遍化的意思，这不是道德律令，而是“情境化原则”，即特殊情境下的处理方式。这样就真正具有灵活性，思想有软化的可能，更能润滑父子甚至君臣之间的关系而使治理更加长久、有效。

对待“私”的问题，老子提倡“少私寡欲”（19 章），而不是“绝私绝欲”。老子采取的办法是首先要求侯王们洁身自好，严格效法圣人，减少欲望，保持虚静，要做到“慈”、“俭”与“不敢为天下先”（67 章），这些都是作为帝王的“内圣”工夫。上行下效，老子相信有什么样的君王，就有什么样的百姓，“其政闷闷，其民淳淳；其政察察，其民缺缺”（58 章）；其次是教导侯王不要用“可欲”之物来刺激百姓，即上文说的“不尚贤，使民不争”。如果这一点没有做好，百姓过多的欲望被刺激出来，采取的方法也不应该是刑法，而是“镇之以无名之朴”（37 章），不用“名”而用朴将他们的私欲扼杀在摇篮之中，让百姓重新回到素朴的本性上。道家中不仅老子重视对“私”的引导，庄子也看到了“私”而为“恶”的问题。他提出“为善无近名，为恶无近刑”（《养生主》），正是建立在对人之“私心”、“私情”的理解之基础上而提出的“情境化原则”，为人之天然的“私心”、“私情”以及私人的缺点留下存活的空间，抱以一定程度的宽容。否则，社会结构层层设法，密不透风，整个社会就非常危险了，因此一切制度的建立都要充分考虑人心、人情、人性的复杂性。

《老子》第二章曰：“天下皆知美之为美，斯恶已；皆知善之为善，斯不善已。”这是包含思维方式和方法论原则的一句话。任何事物都由两面构成，两面相互渗透、不分彼此。因此，人之公私并存、阴阳合一，这是人性的真实。刑法看似具有可靠性，把所有人纳入法的系统，但又缺乏弹性而很难长久。

---

① 程树德撰，程俊英、蒋见元点校：《论语集释》第三册，924 页，北京，中华书局，2010。

从第二点来说，韩非子不是没有看到老子之“朴”的思想，而是认为这一思想是不现实的。《五蠹》曰：“古者丈夫不耕……不事力而养足，人民少而财有余，故民不争。是以厚赏不行，重罚不用，而民自治。今人有五子不为多，子又有五子，大父未死而有二十五孙。是以人民众而货财寡，事力劳而供养薄，故民争。”① 言下之意，无争不是因为性朴，而是因为人口少、财物多的社会现实。这显然不是一个普遍有效的论证，因为春秋之后，人口多了，财物虽然相对少了，但生产力也提高了。从老子的角度看，人与人之相争，表面上是外物引起的，实际上是人心引起的。一个富足的社会，人心不满足，照样争夺；一个贫穷的社会，人心满足，照样无争。因此，老子特别注重对人心之“朴”的保持与回归。

从人性上讲，韩非子认为人与人之间最根本的是“利”的关系。在利之下，无朴可言，《六反》曰：“父母之于子也，犹用计算之心以相待也，而况无父子之泽乎!”② 在韩非子看来，连最亲近的人之间都有伪有诈，更何况没有亲缘关系的人之间，那就更谈不上朴了。又如《储内》曰：“故舆人成舆，则欲人之富贵；匠人成棺，则欲人之夭死也”③，他看到人性中唯利是图的一面，但所举的例子是商人，不能代表不同身份、职业的人，因而不具有普遍性。

从第三点来说，无为是顺其自然而为，有为是违背自然的妄为。在韩非子的思想里，看似君无为而臣有为，绝对地保护君王权力，实际上，法令是君王制定的，法令无孔不入，就是一种有为。这种为是通过“名”来实现的。“名”与“实”必须完全吻合，“名”是身份，“实”是实情，什么样的身份做什么样的事情，不可失实，不可僭越。如《二柄》曰：“群臣其言大而功小者则罚，非罚小功也，罚功不当名也；群臣其言小而功大者亦罚，非不说于大功也，以为不当名也。”④ 偶尔的自夸或谦虚，都是人之真实性情，但在韩非子的刑名规定下，这是不允许的。以名责实，固然清清楚楚，便于操作。但人不是机器上的一个螺丝钉，而是有血有肉，有情有性的生命存在。从这一意义上说，法令刑名越是充分对象化，越是违背人情人性。这一点韩非子却很少论述。

可见，与老子相同的是，韩非子注重“理”的变动性，强调因物之

① 王先慎撰：《韩非子集解》，443页。
② 同上书，417页。
③ 同上书，116页。
④ 同上书，41页。

性，因时而变，这是其思想最具活力之处。不同的是，韩非子丢失或淡化了老子之“道”更为重要的“自然”义、“朴”义与“无为”义，在实施赏罚上忽略了真实自然的人情人性，绝对去“私”而显得僵硬。

韩非子将“道”理化，看似更容易操作，实际上将“道”的哲理含义单一化，丢失了老子之道的“自然”义、“朴”义与“无为”义，而最终走向僵化，具体表现在推行“法”时违背了“道法自然”的最高原则和“无名”的最高策略，重视对臣民“有为”式的强行控制而缺乏对“长久性”的深刻思考，老子柔弱如水的自然法则到了韩非子这里则成了固态的，缺乏法理内部自我调度的足够的空间。这也显示了老子之道在实际运用时很难避免的困境，这就是形上之道落实下来时几乎不可避免地变味或者变质，但又必须落实下来，才能真正对社会政治起到作用和影响。

老子思想在政治层面与黄老思想确实有很多重叠的地方，可以说，二者的核心思想是一样的，譬如重视变化。韩非子除了在人性论上很可能受荀子性恶论的影响，其政治思想与黄老有很大交集。但与老子之道的根本上的变动性、虚柔性是不同的。对此，张祥龙有一段深刻的评价：

> 老子主张无为，把刑名等对象化的固执还原掉、消解掉，包括任何名利之心，任何有固定目标的追求，比如对权力的追求，而进入原本生命本身的境域。里面没有硬性的、可对象化的追求和目标……而黄老学在老子、孙子的纯任动势特别是自然动态的道德观中加入“法”、“术”、“理”、“刑名”，赋予老子要化掉的刑名法术一种工具性的实在地位，以使老庄的无为之道在现实复杂的政治结构中有作为。但黄老学和韩非都没有说清法、理、刑名与天然的“应因变化之道”的关系。①

老子之道如水，要求统治者始终保持着柔弱与变动，它无名，但要通过名来运作；它自然，但要通过教化来实现；它无为，但要达到无不为的完胜，体现在政治上应该是重人心而轻法术，重自然而轻刑名的，这样的政治体制给人喘息的余地，留有私心、私欲、私利的合适空间，尊重人的真实性情。韩非子不是不知道这一点，他也曾说过运用法术赏罚要“不逆天

---

① 张祥龙：《拒秦兴汉和应对佛教的儒家哲学》，27 页，桂林，广西师范大学出版社，2012。

理，不伤性情”（《大体》）[①]，但他的学说仍偏向于以法为硬核、以名为辅助的统治术。韩非不是没有处理这些硬化的概念与“道”的关系，而是他对人性的了解与老子不同。尽管其“理”中也汲取了“道”的变化特性，但只是法的表面装饰。老子想要将人性中的朴的一面通过教化加以巩固，韩非子却着眼于对人性中恶的一面的强行控制，这大概是二人思想之异的原因所在。韩非子着眼于人性之“利”，对人之奸诈、好利、藏私等有着根本的认识和提防。

老子则与此相反，他看到的不是人性重“利”的一面，而看到人性本“朴”的一面，这与人口的增减、财产的多少没有关系，而是上文所述的“婴儿”所代表人的最原本样态。当然，“朴”也可能会丢失，人容易变得不朴，老子不是没有想到这个问题，因此他首先将“朴”抬高到与“道”一样高的位置以引起人的重视，提出“道常无名，朴虽小，天下莫能臣也”（32 章），从而为侯王提供一条更好的治理思路、提出治理国家的上法之法，其次是对自上而下去除多欲、回归质朴的工夫论的重视，在混乱的时代仍对“复归于朴”（28 章）寄予希望，这一点显然是韩非子不重视也不相信的。可以说，这种在人性论上的不同立场、不同视角是韩非子与老子在治国理念上不同的真正根源。

从诠释方法的角度来说，韩非子解释《老子》的方式是非常独特的，不是逐字逐句注释《老子》原文，而是抽取其中一些自以为重要的句子，直接在下面阐发其大义。金建德称其为“解释体”，认为“韩非的时代较早，那时候当然还没有正式成立训诂学，没有创立运用字义训诂来注解古籍的方法。韩非想发明《老子》旨趣，只能采用这类传记体的形式”[②]。马世年认为韩非子对“经说体”，如《墨子》的《经》与《经说》，《易经》与《易传》的文体有了很大的发展，“虽然形式上是注解《老子》的，但其实质已经脱离了《老子》而单独成篇，本身具有很强的独立性”[③]。如果不从文体学，而从诠释学的角度来看，这恰是韩非子要实现最大自由度的建构而采取的创造性的诠释方式。因为这样的诠释方式是有目的地挑选《老子》的文本句子，从而留出最大的诠释空间将自己的思想加进去，赞同的加以“申发”，不赞同的加以“改造”。从今天出土的战国时期的郭店

① 王先慎撰：《韩非子集解》，209 页。
② 金建德：《先秦诸子杂考》，58 页，郑州，中州书画社（中州古籍出版社），1982。
③ 马世年：《〈韩非子〉的成书及其文学研究》，188 页。

竹简来看，其与韩非子所挑选的字句无论是数目还是具体用字上都有不同。我们至少可以推测，韩非子是看过《老子》的完整本的，心有戚戚，所以择要而谈。这本身就是一种诠释策略，后代王弼的“得意忘象”、郭象的“寄言出意”的方式可以说都在韩非子这里已经滥觞。这对我们理解《老子》及探索《老子》的当代诠释方法是有重要意义的。

第四节　王弼：由“道”而“无”[①]

王弼则以“无”代“道”。他既继承了老子的宇宙论之“道”，又在此基础上发挥“无”这一概念，将其独立出来，提出“以无为本”的玄学本体论。王弼之“无”有五个层面：以无为始、以无为由、以无为本、以无为用、以无为心。故“无”有五义：万物的开始、万物发展的根由、没有任何属性的抽象存在、万物发挥作用的根据与心灵虚静的状态。其中“始”、“由”、“本”是“无”的抽象义，“用”、“心”是“无”的实践义。五义相互关联，密不可分。

一、庄子：从道向无的过渡[②]

老子的“恒道”是“本源”，“本”主要是指万物得以生成、发展的“根据”，“源”是指万物的“始源”。“本”与“源”虽强调的重点不同，但在《老子》中并没有分得特别清楚。为了与后来庄子、王弼的概念相对比，将概念背后的问题意识讲得更清楚，这里先对老子之道的“始源”与“根据”二义做一些梳理和说明。

《老子》中侧重“始源”义的道，主要以“先”、“始”、“母”为标志词，例如《老子》曰：“有物混成，先天地生，寂兮寥兮，独立不改，周行而不殆，可以为天下母”（25 章）、“天下有始，以为天下母”（52 章）。老子视道为“母”，“母”这个喻体不仅有“生”万物也有“养”万物的意思。道既然能为万物所效法，就暗含了道具有万物生成、发展之“根据”义了。

---

① 本节参考了拙文《论王弼之“无”的五层含义及本体论诠释之局限》，载《国学学刊》，2012（1），106～112 页。

② 本小节参考了拙文《〈庄子〉：从“道”到“无”的过渡》，载《哲学研究》，2010（2），109～117 页。

《老子》中侧重“根据”义的道，主要以“根”、“宗”、“奥”为标志词。道作为万物生存的根据，见于“谷神不死，是谓玄牝，玄牝之门，是谓天地根”（6 章）等；作为人之行动的根据，见于“物壮则老，是谓不道，不道早已”（30 章）、“道常无名，朴虽小，天下莫能臣也”（32 章）、“治人事天莫若啬……是谓深根固柢，长生久视之道”（59 章）等。“根”是万物生长的基础，“无名”、“朴”、“小”也都可以用来形容万物初“始”的情况，因此“根”本身也含有“始”的意思。道的“根据”义与“始源”义在老子这里并没有完全分开。

从《老子》来看，“始源”与“根据”二义中，“始源”义是首要的。因为老子对道的最初命名就是从探讨万物始源得来的。有了这个“名”，才能通过比喻、象征等手法将道扩展、运用到人事上来。所以，当我们说老子之道是万物的“本源”时，实偏重在“源”上。“源”是基本假设，“本”是合理推衍；“源”显示了道之存在的必要性，“本”提供了道之作用的可行性。“源”不仅是老子阐发道的前提和基础，也是后来庄子、王弼阐发自己独特思想的基础。所以，我们着重分析老子之道的“始源”义，看他究竟是如何看待万物起源问题的，留下了怎样的诠释空间。“始源”义在第二十五章、第四十二章中最为明显。《老子》第二十五章曰：

> 有物混成，先天地生，寂兮寥兮，独立不改，周行而不殆，可以为天下母。吾不知其名，字之曰道，强为之名曰大。大曰逝，逝曰远，远曰反。故道大，天大，地大，王亦大。域中有四大，而王居其一焉。人法地，地法天，天法道，道法自然。

老子并没有明确说“混成”之物是什么，只是表明在天地还不存在的时候，某物已先存在了，它独立、自在地运行，可以看作创生万物的始祖。“母”这个喻体的含义是：生且养，不仅要生，而且要养育、培育。因此，道不只是一个“始源”，它创生出万物且存在于万物之中，抚育万物，使万物得以生长。但老子为什么要说“强”为之名呢？从老子来看，最有可能的原因是，道作为万物的“始源”只是一种假设，逻辑上存在，但无法证实。这恰恰成为后来庄子怀疑并重新思考的契机。

《老子》第四十二章曰：“道生一，一生二，二生三，三生万物。万物负阴而抱阳，冲气以为和。”河上公注：“道始所生者［一也］。一生阴与阳也。阴阳生和、清、浊三气，分为天地人也。天地共生万物也，天施地化，人长养之。万物无不负阴而向阳，回心而就日。万物中皆有元气，得以和柔，若胸中有藏，骨中有髓，草木中有空虚与气通，故得久生也。”①这里没有解释出“一”是什么，只言“一”乃道最早生出的东西。“二”乃阴、阳二气，三乃“和、清、浊”三气，万物乃“天地”所生，向前推也就是由“三气”所生。这是对万物生成过程的最具代表性的说法。当代学者也多因此视这一章为“宇宙生成论”，陈鼓应认为：

> 老子以“道生一”强调由统一的“道”本身产生出两个相互对立的方面，由对立的两方产生第三者——和气，进而形成万物，这是一个由抽象到具体，由简单到复杂的过程。从“道”到万物并不是直接的，中间要通过“气”来转化，气也是“道”产生的。②

这一解释与河上公的意思基本吻合，也具有一定的说服力。但老子这一章只是讲“宇宙生成论”吗？笔者认为未必然，有两点疑问还需要进一步探讨：

第一，从老子原文来看，“万物负阴而抱阳，冲气以为和”是对“万物”存在状态的描述，说明万物总是同时包含“阴、阳”两面，在“阴、阳”氤氲之下达成“和”的状态。这一句是就“万物”已然存在的情况来说的，而不是探讨万物如何来的问题。因而，此句与前一句“道生一，一生二，二生三”应分开而论，当然不是截然分开，而是说此两句的意义层次其实是不同的。

第二，老子说“道生一，一生二，二生三，三生万物”，如果“一”、“二”、“三”没有更深的意蕴，那么，以《老子》简洁的语言风格，为什么不直接说“道生万物”呢？“一”、“二”、“三”究竟指什么呢？如果将“二”、“三”归为“阴、阳”二气、“清、浊、和”三气，这还是没有解释出“一”的意思。河上公也没有明确说“一”是什么。因此，这是需要进一步探究的。

徐复观在《中国人性论史》中就曾对河上公的注提出质疑，他的具体分析可概括为以下要点：

---

① 王卡点校：《老子道德经河上公章句》，168～169 页。

② 陈鼓应：《老子注译及评介》（修订增补本），233 页。

> 1. 如果“二”指“阴阳”，老子为什么不直接说“一生阴阳”？
>
> 2. 老子谈到创生过程时，为什么在其它处不见“阴阳”二字？
>
> 3. 如果阴阳为创生宇宙的二基本元素，在层次上应该居于万物的上位；不可言“万物负阴而抱阳”，阴阳反在万物的下位。
>
> 4. 由道生一到三生万物，说明生化的过程已完。“万物负阴而抱阳”，在文义上正承上文而说万物已经化生以后的情形。①

徐复观认为，“万物负阴而抱阳”是描述万物已然存在的情形，而不是描述万物创生的过程，笔者完全同意这一看法。此句的阴、阳已经“包含”于万物之中，万物皆含阴、阳，而非强调“阴阳”在万物之先，因而并不一定是前面所说的“二”。

综上所述，老子并没有清楚地说明“始源”之道究竟是如何创生万物的。如果不能清楚地说明这一点，我们对“始源”之道表示怀疑，难道它仅仅是一个假设吗？或者说，《老子》关于道之“始源”义的文本本身留下了很大的诠释空间。庄子正是从这个始源问题切入，开始突出“无”的重要，为后来王弼提出新的观点做了铺垫。

庄子虽然没有直接注《老子》，但他无疑是继承老子核心精神的最重要的道家人物。《庄子》中有对道的类似的看法，他是承认道的“始源”义的。《庄子·大宗师》曰：“夫道有情有信，无为无形；可传而不可受，可得而不可见；自本自根，未有天地，自古以固存；神鬼神帝，生天生地；在太极之先而不为高，在六极之下而不为深，先天地生而不为久，长于上古而不为老。”在“生天生地”这一点上，庄子与老子之意相似。这里所说的道无为、无形、不可见、不可受的特征与老子之道的“恍兮惚兮”（21章）、“迎之不见其首，随之不见其后”（14章）的特点亦相吻合。所以，首先要说明，庄子并不否定道的“始源”义。但庄子对老子思想有继承的一面，也有创新的一面。《天地》篇针对“始源”问题而论，但看法却与前者不尽相同。

《庄子·天地》曰：“泰初有无，无有无名。一之所起，有一而未形。物得以生，谓之德。”这句话对理解《庄子》与《老子》的细微不同至关重要。“泰初”即太一，乃万物“始源”，如果按老子的思想，这里出现的应该是“泰初有道”，而非“泰初有无”才更为合理，但庄子没有用

① 徐复观：《中国人性论史》，334～335页，台北，台湾商务印书馆，1969。

"道"，而用"无"，这已初步显示出《庄子》对"无"的强调和重视。"无"表示什么也没有，连名字都没有。"一"是无形之物，由无而来，已是有。万物就从那无形之物中生出来。尽管作为始源的"无"对于人来说是未知的，但万物所从来的"无"是可以推想的。万物从无到有，并生生不息，此乃道之"德"。老子认为道创生了万物，庄子却未直说，而只说"一之所起"，怎么个"起"法我们不得而知。万物究竟怎样从"无"而来的，其潜藏的可能性非常丰富，可以理解为万物遵从（according to）无而生，根据（in terms of）无而生，因为（because of）无而生，通过（by the way of）无而生，从（from）无而生，基于（base on）无而生，借助（by means of）无而生等等，但《庄子》对万物究竟如何而来并没有作更多探讨。

在《老子》中，"无"有时可以指称"道"，如"天下万物生于有，有生于无"（40章）中的"无"。《庄子》的"无"却与"道"不同。《庄子》并不以"道"命名万物之始源，而是强调万物因"无"而"生"，至于"无"究竟是什么，他不去界定。因为一界定，就变成了有，庄子对语言命名之局限比老子更为敏感。

那究竟是什么创生了万物呢？不直接命名，是否就能回避这个问题呢？不然，《齐物论》恰恰是从另一个角度来探讨这个问题的。《齐物论》提出"地籁"、"人籁"、"天籁"三个层次。作为最高层次的"天籁"是什么呢？庄子曰："夫吹万不同，而使其自已也，咸其自取，怒者其谁邪！"这一句只有问而没有答。万物自己这样，没有真正的"怒者"在后面起作用。郭象注："故天者，万物之总名也。莫适为天，谁主役物乎？故物各自生而无所出焉，此天道也。"① 他将让万物自生的"天籁"等同于"天道"。庄子虽然没有强调"自生"，但《大宗师》认为道"自本自根，未有天地，自古以固存"，道从何而来，不得而知，这暗含了"自生"的可能性。郭象可能是建立在对整个《庄子》之理解的基础上而谈"自生"的。无论如何，庄子对万物之"始源"是质疑的。庄子曰：

> 有始也者，有未始有始也者，有未始有夫未始有始也者；有有也者，有无也者，有未始有无也者，有未始有夫未始有无也者。俄而有无矣，而未知有无之果孰有孰无也。今我则已有谓矣，而未知吾所谓

---

① 郭象注，成玄英疏：《南华真经注疏》，26页。

之其果有谓乎？其果无谓乎？(《齐物论》)

庄子认为，天地万物的“始源”是无法追问的，因为只要追问到一个源，这个源就总还不够原本，总还预设了它之前有更原本的“源”，人便总还能继续追问下去，没有尽头。从今天的视野来看，万物之“始源”究竟是什么也并无定论，宗教、科学各有说法。即便今天发达的生物学、物理学、天文学，也不能给出百分之百可靠的答案。如果说宇宙大爆炸产生了地球，经过漫长的演进，产生人类，那宇宙大爆炸之先是什么呢？只要时间存在，我们总能对什么“之先”进行追问。人能追问万物之“始源”，恰恰奠基于人自身有时间意识。有了时间，有了空间，对万物“始源”的追问和假设才成为可能。因此，庄子对“始源”问题的发问是非常智慧的。既然“始源”无法探知，那么对它的命名“道”也就没有实际内容。所以，庄子把“无”凸显出来，让不可命名的东西保持在无名、无形的“无”之中。从这一意义上说，“无”比“道”更原本，“无”消解了而不是回答了万物“始源”的问题。

《齐物论》这一段侧重于“源”，而不侧重于“本”。庄子主要针对的是万物起源问题，这个问题没有答案，但并不表明他否定万物存在的根据。老子之“道”既表示“始源”，也表示万物生成、发展的“根据”，二者不分。从《庄子》来看，“源”与“本”不同，“源”不可问、不可名，追问它只会陷入鸡生蛋还是蛋生鸡的循环中。“本”是可追问的，但庄子并没有给“本”一个明确的解释，譬如“自本自根”的“本”究竟是什么意思。庄子强调万物“自已”、“自取”，其实是将老子之道落实到了万物自身，与其说道是万物的根据，不如说万物的根据在其自身。也许这正是庄子质疑“始源”问题的目的所在。

庄子曰：“吾所谓之其果有谓乎”，“谓”字很关键。“谓”乃“称谓”，它显示了庄子探讨万物“始源”问题的重要视角——名言。老子虽也提到“名”的问题，但并没有具体探讨名与道的关系。庄子则从语言的命名功能入手，认为道只是个“名”，此“名”可以没有实指，如同我们说“金山”一样。因此可以推测，在庄子看来，既然从“有”到“无”，从“无”到“无无”推演万物的“始源”是不会有答案的，对“始源”的命名就只是个“假名”而已。因此，他转而强调无所谓“一”、“二”、“三”的“物我为一”的境界。《齐物论》曰：“既已为一矣，且得有言乎？既已谓之一矣，且得无言乎？一与言为二，二与一为三。”庄子没有追问天地是如何来的，而是表达人与万物融为一体，没有分疏的境界。庄子提到的“一”、“二”、“三”很可能是针对老子“道生一，一生二，二生三”而言的，但他不是在谈道如何创生的问题。庄子认为，如果先于天地的果真是“一”，那就不应该有语言了，语言只会造成“二”、“三”以至更多分别。但是，既然能称最初的存在为“一”，就说明人已经有语言了。原初的存在加上对原初的存在的命名就是“二”了，依此类推，无穷尽也。那么，老子提出“三”之前的“二”，“二”之前的“一”，“一”之前的“道”就只是语言命名的产物。庄子当然并不否定道是有所指的，而只是强调语言本身是更“先”的存在，语言的命名功能有可能造成天地万物被人为地分割和评判，本来万物一体、物我浑然不分的境界因此会被破坏。

《知北游》中无始曰：“道不可闻，闻而非也；道不可见，见而非也；道不可言，言而非也。知形形之不形乎！道不当名。”说出“道不当名”的人叫“无始”，这不能不说是一种精心安排。“无始”说明天地万物没有“始”，当然也没有“终”。既然没有“始”，那么作为对“始源”的命名之道就是没有内容的概念。庄子强调“道不当名”，因为一旦有了名称，人就可以继续追问这个名称“之先”是什么。所有的命名都是人在有限时空下的有限行为，人无法超越时间去断定一个还没有时间的时候就已然存在并创造了时间的东西。对“无”的思考基本上一直贯穿于《庄子》中，这为王弼对“无”的进一步思考提供了基础。

二、无的抽象义：始、由与本

魏晋玄学乃“本体论”的论断，其主要根据在王弼的贵无之学，尤其是他提出的“以无为本”的核心观点。汤用彤在《魏晋玄学流别略论》中列举的第一派哲学家就是王弼，他说：“王辅嗣之学……其最要著作为《老子王注》。其形上之学在以无为体。”① 可见其对王弼“无”论的重视。王弼对“无”的突出与老子有所不同，我们将通过王弼的细密诠释来看“无”的含义。

王弼注《老子》第一章曰：“道以无形无名始成万物，[万物] 以始以成而不知其所以然。玄之又玄也。……万物始于微而后成，始于无而后生。”② 老子认为“道”是使万物得以开始、长成的根据，但王弼首句言

① 汤用彤：《魏晋玄学论稿》，49 页。

② 楼宇烈校释：《老子道德经注校释》，1 页。

"道"，末句"始于无而后生"则将"道"转换成"无"。因此，"无"首先具有两个重要含义：万物得以开始、万物之所以然的根由。"无"不是时间意义上的"开端"，而是逻辑意义上的使万物开始存在的根由，因此，"无"不是"不存在"（non-being），而是无形、无名、无声、无色的特殊存在。这种存在是万物得以产生并且如此存在的根本原因。"无"既是万物之"始"，也是万物存在之"由"，此二义常常出现在王弼的同一章注中。如第二十一章注"以无形始物，不系成物，万物以始以成，而不知其所以然"①，"不知其所以然"暗指"无"是"所以然"的根由，只不过它是隐秘的存在，无声无形，不仅万物不知，百姓也不知，只有具有冲虚玄德的圣人才可知之。当然，王弼并不否定"道"，也并不是将老子之"道"都转换为"无"，如第二十三章注"道以无形无为成济万物，故从事于道者以无为为君"②，仍是将"成济"万物之功归于"道"。他只是突出"无"，而没有完全以"无"代"道"。

王弼对"无"的重视显然重于老子。在《老子》中，始、成是分别由道、德来完成的，与"无"没有直接的关系。如第五十一章曰："道生之，德畜之"，"道"使万物得以"始"，"德"使万物得以"成"。王弼则始、成并提，将分属"道"与"德"的功能合二为一，并在一些重要章节的诠释中将"道"替换为"无"。

此外，王弼对"由"这一层含义的强调也与老子不同。老子之"道"是先天地而生的混沌存在，虽是万物产生、发展的根据，但老子并不强调它是万物之"所以然"的根由。王弼之"由"是根由、缘由、原因的意思。王弼注："门，玄牝之所由也。本其所由，与太极同体"③，而老子只言"玄牝之门"，没有将"由"显题化。又曰："无形无名者，万物之宗也。虽今古不同，时移俗易，故莫不由乎此以成其治者也"④，老子此章言"道"之"恍惚"的特性，但并未强调它是治理成功的根由。最明显的是第二十五章注："道取于无物而不由也"，王弼明确强调万物无不以"道"为终极根据。在《老子》中，"道"、"物"之关系的核心在于"生生"，万物由"道"所生，因此必须遵"道"而行。王弼不仅将"道"与"万物"的因果关系突出出来，而且从"万物"推到"万事"上。王弼所

① 楼宇烈校释：《老子道德经注校释》，52页。
② 同上书，57页。
③ 同上书，17页。
④ 同上书，32页。

用的“所由”、“以之”、“莫不”等连词、副词都是将老子之“道”逐渐显题为形上根据、终极原因，用一个新的概念来说，就是“无”。

王弼更为突出的思想还在于赋予“无”以根本性的地位，提炼出“以无为本”的核心命题。这取决于“无”这一概念本身的内涵。王弼通过对一切有形有名事物的洞察，发现无形无名的存在，在哲学上更具有思辨性。关于“以无为本”，王弼解释如下：

> 至真之极，不可得名。无名，则是其名也。自古及今，无不由此而成。（21 章注）①
>
> 用夫无名，故名以笃焉；用夫无形，故形以成焉。守母以存其子，崇本以举其末。（38 章注）②
>
> 有形则有分，有分者，不温则凉，不炎则寒。……在象则为大象，而大象无形；在音则为大音，而大音希声。物以之成，而不见其形，故隐而无名也。（41 章注）③

可见，“无”是对无名、无形、无声、无色之抽象存在的集中概括。因为名、形、声、色是人们所能认识的事物所普遍具有的特性，而“无”恰是不落于任何具体特性而又使这些特性得以显现出来的基础和根据，所以可称之为事物的“无性”。无名才能命名出有、无，无声才能辨别出宫、商，无形才能呈现出大、小，无色才能彰显出黑、白。也可以说，无名、无声、无形、无色之“无”与万物的具体特性之间是隐与显的关系。“无”不是“实体”，也不是“本体”，它具有逻辑上的优先性，又具有使万物的不同特性得以呈现的根基性。王弼的“以无为本”主要来自第四十章注，其曰：“天下之物，皆以有为生。有之所始，以无为本。将欲全有，必反于无也。”这一解释由三个句子组成，意思不断递进。

从第一句来看，“天下之物，皆以有为生”，这里的“以”是“由”的意思。王弼通过“以”这个连词，强化了他的问题意识，不再是老子式的对万物生成过程的简单描述，而是在探讨万物因何而生的根由问题。

第二句“有之所始，以无为本”表示，“无”是“有”得以开始的根

---

① 楼宇烈校释：《老子道德经注校释》，53 页。
② 同上书，95 页。
③ 同上书，113 页。

本。那么，万物开始什么呢？仅仅是“生”吗？当然不是，万物从生的那一刻开始就意味着“长”，也就是渐渐实现出来、呈现出来。有始、有长、有成，这个完整的过程都是根植于“无”，而“无”又是“无名”、“无形”的形而上的存在。王弼《老子指略》曰：“夫物之所以生，功之所以成，必生乎无形，由乎无名”①，这里的“生”就是使之产生、发展、实现并呈现出不同的特点、姿态之意。老子虽也不忽略“成”的一面，但并没有为万物的“成”提供“无”这样一个包含了无数可能性的潜在根据。

第三句“将欲全有，必反于无也”，不仅仅是解释“有生于无”，而是同时响应了上文“反者，道之动；弱者，道之用”的意思。反，返也，道动则返。在老子这里，“返”的主语是“道”，王弼“必反于无”的主语是人。“将欲全有”是人要做的工作，即洞察万物、穷尽万有。老子的“道”自身循环无端，不断返回自身。王弼则提醒人要返回到“无”，作为“有”之根据的“无”就具有了工夫论的指向。

王弼注第三十章曰：“有道者务欲还反无为”②，与“必反于无”可以说是相互呼应，可看作是对“必反于无”的抽象含义的具体说明。对于人而言，“反于无”指的是“返于无为”。反，也就是“返”，《说文》曰：“还，复也”③，也即返回、复归的意思。王弼注第十六章曰：“唯此复，乃能包通万物，无所不容”。楼宇烈解释王弼第四十章注说：“如果万物动作而都能返还其根本，居处于无，就可包通万物了”④，非常切合王弼之意。“返于无为”需要的是无名、无欲、素朴、虚静，这些正是“日损”之工夫。因此，王弼建构“无”这一重要概念，并不停留于思辨本身的乐趣，而是要为人的行为提供某种指引。“以无为本”的根本思想，开启了“以无为用”、“以无为心”这另外两个重要命题。

三、无的实践义：用与心

“无”虽是万物各种特性的抽象根据，如何能在实践中被“用”，则是王弼考虑的又一重要问题。《老子》第十一章曰：“有之以为利，无之以为用”，开启了“无”之为用的思考。但是，老子所说的“无”是指“空、虚”，具体说，是万物的空处，看似无用，实际上正是万物成就自己、发

① 楼宇烈校释：《老子道德经注校释》，195 页。

② 同上书，78 页。

③ 段玉裁：《说文解字注》，72 页。

④ 楼宇烈校释：《老子道德经注校释》，111 页。

挥作用的机关所在。王弼注曰："毂所以能统三十辐者，无也。以其无能受物之故，故能以寡统众也。木、埴、壁所以成三者，而皆以无为用也。言无者，有之所以为利，皆赖无以为用也。"① 王弼所言之"无"与老子有所不同，他将"无"解释为统御万物的存在，将"无"与"有"放在"寡"与"众"、"一"与"多"的关系中加以考虑。"无"相当于"一"，具有一"统"万物的作用，万物返回自身、自我实现，有赖于"无"。如何理解这一论断呢？

"一"是根本，它将"多"统筹、聚集起来，根据一定的法则使之运行、发挥作用，这一法则正是万物的自然本性，但不是所有人都能发现它并利用好它。水之性是"一"，饮用、浇田、发电等用途就是"多"，"一"的用处正在于它随着对象与情境的不同而产生无穷的变化。王弼"无"作为"有"之根本，是抽象概念，是使形色等性质成为可能的那个终极保证。此"无"只要没有被具体实现出来，或者说，没有呈现为具体事物的特性，它就是无意义的，更谈不上实践的价值。但作为"一"的"无"本身是一种潜在的作用力，它要在不同的领域中借助不同的事物显示出来，其意义与价值才真正成立。当然，即便"无"没有开显出来，它也还是存在的。在这个意义上，"无"是万物之"体"，即万物发挥作用的原动力，故王弼注第三十八章曰："万物虽贵，以无为用，不能舍无以为体也。"②

可以说，"以无为本"的"无"是实然概念，任何有形的东西都要依赖于无形之物才能产生；"以无为用"的"无"则是应然概念，指人可以对之加以利用的东西，它意味着潜能、原动力。

显然，"无"的作用与价值被放在了极高的位置。"无"的最大作用是"用之于心"，也就是转化为心灵的修养。《老子》第十六章曰："致虚极，守静笃，万物并作，吾以观复。夫物芸芸，各复归其根。归根曰静，是谓复命"，表面是讲万物，实际是讲人如何"观"、如何"复"的虚静工夫。王弼同样将此工夫凝练地概括为"无"，这一点非常巧妙。王弼注第十六章曰："无之为物，水火不能害，金石不能残。用之于心，则虎兕无所投其爪角，兵戈无所容其锋刃！"③

"无"作为虚静工夫，可以看作动词，如牟宗三所言："无首先当动词

① 楼宇烈校释：《老子道德经注校释》，26～27 页。

② 同上书，94 页。

③ 同上书，37 页。

看，它所否定的就是有依待、虚伪、造作、外在、形式的东西”①。“无”是澄澈内心、不使凝滞、不为物役的道家修养境界，来自老子，经过庄子，在王弼这里有了理论上的提升。为什么王弼用“无”，而不用“虚静”来直接说人的修养工夫呢?《庄子·齐物论》曰：“枢始得其环中，以应无穷。”“环中”比喻空无，“无”能受物，故能因应万物。从这个角度似乎可以理解王弼的用心。将“无”用之于心，就意味着心灵实现最大程度的“敞开”（openness)，从而应对万物而又不为万物所束缚。“无”比“虚静”更直接，同时又有以“无”之心开辟“无穷”之境的含义，故为上。王弼将此工夫概括为“以无为心”，其注第三十二章曰：“朴之为物，以无为心也，亦无名。……抱朴无为，不以物累其真，不以欲害其神，则物自宾而道自得也。”② 这同时也是将老子之“道”与人更紧密地联系起来，揭示人通向“道”的工夫途径，“以无为心”无疑是最简练、最准确的概括。又注第三十八章曰：“天地虽广，以无为心，圣王虽大，以虚为主。”这是利用了《老子》之“朴”的双重含义，一方面，老子以“朴”来指“道”，即“道常无名，朴虽小，天下莫能臣也”（32 章)；另一方面，老子也以“朴”来指简单质朴的人性，即“复归于朴”（28 章)。既然要复归，就要有复归的工夫，王弼认为这就是“无”，具体指无私、无欲乃至最高的修养——“无名”。

王弼所说的“务欲反虚无也”③ 正是“以无为心”的另一种表达，是对老子“为道日损”（48 章）的凝练概括。王弼注第四十三章曰：“虚无柔弱，无所不通。无有不可穷，至柔不可折。以此推之，故知无为之有益也。”④ 可见，“以无为心”，才能做到“无为”，这比老子单从圣王如何治理的角度谈“无为”更具有普遍性。王弼注第五十五章曰：“赤子，无求无欲，不犯众物。……心宜无有，使气则强”⑤。“无心”也就意味着“无欲”，不是没有基本的饮食之欲，而是没有过多的欲望，没有太多的私欲，如同刚出生的婴儿，只是自满自足而一气贯通。“以无为心”之“心”是空虚、柔弱、不使气、不强求的虚空之心。这是工夫修养之“本”，即“我之所欲唯

① 牟宗三：《中国哲学十九讲》，91 页。
② 楼宇烈校释：《老子道德经注校释》，81 页。
③ 同上书，128 页。
④ 同上书，120 页。
⑤ 同上书，145 页。

无欲，而民亦无欲而自朴也。此四者，崇本以息末也”（57 章注）[①]。这里的“崇本以息末”，“本”指“朴”，“末”指“欲”。可见，在王弼体系中，本、末除了用来指无、有，也用来指工夫修养上的根本与枝节。如用“本体论”一词，显然就遮盖了这一层含义。瓦格纳说：“对于某个在西方哲学术语中成长起来的读者而言，本体论可能有助于给出某种一般性的思想，但王弼的思想步调是颇为不同的。”[②] 他既揭示了“本体论”一词的方便之处，也揭示了这个来自西方语境的概念对王弼来说并不完全适用，这一点尤其值得中国语境中的学者反思。

综上所述，王弼对“无”的论述可以概括为五个要点：以无为始、以无为由、以无为本、以无为用、以无为心。“无”这个概念有五个含义：

1. 始成万物者，即万物得以开始并长成的根据。
2. 万物之所以然者，即万物之所以如此的根由。
3. 无性，即没有任何属性（如形、声、色）的抽象存在。
4. 用性，即使万物按其本性发挥作用的根本。
5. 虚空，即万物要复归的虚静状态和人要复归的无为境界。

我们不能简单地将“以无为本”称为“本体论”。这不仅有误解为西方“Ontology”之嫌，而且无法概括王弼之“无”的五个层面的丰富含义。如果一定要用清楚的概念来概括王弼之“无”的论域归属，本书主张用“本无论”。“本无论”在字面上完全符合“以无为本”的原意，同时又留出了很大的解释空间，无论是始、由，还是用、心，实都是作为“本”的“无”的进一步展开。并且这也体现出，在王弼之“无”这五层含义中，作为“本”的“无”是最重要的。

可见，王弼从“道”引申出“无”，赋予“无”以五个含义，前三个是抽象的层面：以无为始、以无为由、以无为本；后两个是实践的领域：以无为用、以无为心。实践的含义从“无”的抽象含义过渡、引申而来，从根本上并没有脱离老子从天道推衍人事的进路，但无疑比老子阐述得更加具体、清晰，并且重点突出，对“无”有了新的理论建构，开创了魏晋玄学的主要理论脉络，影响很大。这既继承了《老子》不可说之“道”的核心问题，找到一个既是老子的又包含最少属性的“无”字来说“道”，

---

① 楼宇烈校释：《老子道德经注校释》，150 页。

② 瓦格纳著，杨立华译：《王弼〈老子注〉研究》下册，855 页，南京，江苏人民出版社，2008。

同时又能借此建立自己的思想体系，在诠释方法上有可取之处。但也还有局限，就是容易造成“无”与“有”的分离，失去老子的“阴阳合一”的思维特质。

综观本章的三个诠释个案可见，庄子、韩非子与王弼都对“不可道之道”作了自己的回应，最终发展出“大”、“理”、“无”这些与老子的非对象化之“道”密切相关的新概念，其中“理”变得具体了，而“大”、“无”仍然是拒绝对象化的概念，因而成为道家哲学中老子之后的主干。在诠释方法上，庄子完全是自顾自地讲自己的，但其思想却无不充满了对《老子》恰当而富有灵性的理解；韩非子发明了一种新的“解释体”，不同于传统经学的解释方式，而为“得意忘言”的哲学诠释风格开辟了一条路，他既通过“万理之理”回应了不可道之“道”，又将使它“法理化”而融入自己的思想体系中；王弼则无疑对“得意忘言”（或“得意忘象”）的方法运用得最为娴熟，言简意赅，直指要害，没有迷失于逐字逐句的考订上。他们不仅回应了“道”，而且在诠释方法上成为宝贵的范例。

第二章　道的当代诠释范例分析

冯友兰（1895—1990）是中国20世纪重要的哲学史家之一，并非专门研究道家的学者，但是最早运用西方哲学之框架重新梳理中国哲学的代表之一。冯友兰幼年受中式私塾教育，20世纪初留学美国，师从约翰·杜威（John Dewey），在他的思想体系中透露出中西合璧的气质。他对道家的诠释也是如此，并且随着他的人生经历和知识结构的变化，对道的解释也不同。他的“总原理”之说是受韩非子之启发，“共相”之说取自西学，“境界”说来自中国传统的价值关怀。

第一节　冯友兰的原理说

本节将分析冯友兰对《老子》之道的三个不同角度的诠释：“总原理”、“共相”和“境界”。其中“总原理”是最重要的一个解释，是冯氏诠释的代表。它从韩非子而来，但是否符合韩非子的意思呢？援引进来解释老子之道是否适合呢？作为总原理的道如何能“生”呢？本节将逐一处理这些问题。

一、原理说的概述

冯友兰在其代表作《中国哲学史》中首先强调老子之道的形而上意义，并借助韩非子来表达他对道的理解。他说：

> 古时所谓道均谓人道，至老子乃予道以形而上的意义。以为天地万物之生，必有其所以生之总原理，此总原理名之曰道。故《韩非子·解老》云：“道者，万物之所然也，万理之所稽也。理者，成物之文也。道者，万物之所以成也。故曰：道，理之者也。物有理不可

> 以相薄。……万物各异理，而道尽稽万物之理；故不得不化。不得不化，故无常操。”此谓各物皆有其所以生之理，而万物之所以生之总原理，即道也。①

冯友兰所说的“总原理”取自韩非子之“理”。从韩非子的意思来看，一物之成，即有其理，道则是所有物之理的总会，即“总的理”，冯友兰遂概括为“总原理”。笔者对此有两点质疑：第一，韩非子说的“道尽稽万物之理；故不得不化”，即道通于万物而化于万物。“原理”则是事物运行的法则，是静态的，无所谓“化”。第二，冯友兰引《老子》第二十五章“有物混成，先天地生，寂兮寥兮，独立不改，周行而不殆，可以为天下母”，认为老子之道是对万物所以生、所以成的某种原理的概括。但从文本来看，“有物混成”、“独立而不改”都说明道是独立存在、无所匹配的混沌之物，并不涉及创生的原理。将其概括为“总原理”可以，但“总原理”的内容是不明的，老子自己也没有透显出来。

韩非子认为道是万物之所以生成的根本原因，但并非是“总原理”，“总原理”说的是万物运行的规律。《韩非子·解老》曰：“道者，万物之所然也，万理之所稽也。理者，成物之文也；道者，万物之所以成也。……万物各异理，而道尽稽万物之理，故不得不化；不得不化，故无常操。”② “理”是指每一个具体事物的规定性，不同的物有不同的理。“道”是万物之所以然的根本原因，是万物之“理”的总汇。“道”要穷尽各个不同的“理”，要将“万理”统合、汇总，所以需要“变通”。“道”要统合万物，就必须是贯通万物之“理”。《解老》曰：“凡理者，方圆、短长、粗靡、坚脆之分也，故理定而后物可得道也。故定理有存亡，有死生，有盛衰。……而常者，无攸易，无定理。无定理，非在于常（所），是以不可道也。圣人观其玄虚，用其周行，强字之曰道，然而可论。”③

韩非子的“理”是指一事物区别于另一事物的性质。具体事物的“理”是会变化、消亡的。与此相对的是“常”，“常”是指与天地共生、同在，永不消亡的性质。可见，这里的“无攸易”不是不变，而是没有存

① 冯友兰：《中国哲学史》，218～219页。

② 王先慎撰：《韩非子集解》，146页。

③ 同上书，148～149页。

亡之变。“非在于常（所）”则说明道不是固定的，它不能被限定在任何一个固定的地方。韩非子认为老子之道是恒久的、贯通于万物的万理之“理”。他强调“常”的永恒不变之意，但并不否定道“不得不化”、贯通于万物的特性。冯友兰从韩非子的解说得出老子之道是“总原理”。“原理”与“理”是有区别的，“原理”不能概括“理”所具有的变通性，“理”也不是万物运作的规律。冯友兰没有区分韩非子所理解的“道”与老子的“道”之差异，即便我们先不说这差异的一面，仅就韩非子的“理”来说，“总原理”之说的根据也显得薄弱。

《韩非子·主道》曰：“道者，万物之始，是非之纪也。”① 前句是对老子之道的最朴素的理解，即万物的“始源”。后句是他自己的发挥，老子并没有谈是非的问题。冯友兰并没有引用韩非子的“道者，万物之始”这一思想，也没有看到韩非子所领会到的道之变通性，由此而得出道是“总原理”就显得有些偏颇。而“总原理”之说最大的问题在于，它如何能“生”？以什么样的方式“生”？从冯友兰的解释看，“总原理”只是对万物得以生成的根本原因的概括，并没有具体讲“生”的过程和遵循的规律等。《老子》中多次提到“生”，譬如第四十二章的“道生一，一生二，二生三，三生万物”，第五十一章的“道生之，德畜之”等，显然有一个创生的观念，但未说明创生的过程、创生的原理。“总原理”如何能生？徐复观曾提出这个问题，尽管他不是针对冯友兰的，这个问题却非常重要。对《老子》的理解与诠释在这个问题上最容易产生分歧，本书后面会不断回到这个问题上。

那么，原理如何能生，我们来分析这个问题，并回应徐复观的疑问。我们先来看冯友兰对这个问题的处理。

《老子》第四十二章曰：“道生一，一生二，二生三，三生万物”。冯友兰首先根据《庄子·天下》“建之以常无有，主之以太一”认为这里的“道”指的就是“太一”②。对这一章，冯友兰在《中国哲学史新编》（1964）中指出：

> 对于《老子》的这几句话，可以作宇宙形成论的解释，也可以作本体论的解释。如果作宇宙形成论的解释，一、二、三都是确有所指

---

① 王先慎撰：《韩非子集解》，206页。

② 冯友兰：《中国哲学史新编》第二册，49页。

> 的。道先生出来一个什么东西，这是一，这个一又生出来些什么东西，就是二或三。二、三都是确有所指的具体的东西如天地万物之类。如果作本体论的解释，一、二、三都不是确有所指，不是什么具体的东西。只是说，无论道生多少东西，总有一个是先生出来的，那就叫一。有一个东西，同时就有它的对立面，那就是二。二与道加起来就是三。从三以后，那就是天地万物了。就《老子》42 章说，它大概是一种宇宙形成论的说法，因为它在下文说："万物负阴而抱阳，冲气以为和。"照下文所说的，一就是气，二就是阴阳二气，三就是阴阳二气之和气，这都是确有所指的，具体的东西。①

冯友兰提供了"宇宙形成论"和"本体论"两套解释模式，对"本体论"的解释，笔者没有疑问，但用"本体"这个词来概括是否准确，还可再考究，下文会分析。对于"宇宙形成论"则需要补充一二。"宇宙形成论"是对天地万物如何生成的说明。"道"是"太一"，一是"气"，二是"阴阳二气"，三是"阴阳二气之和气"。这一说法能讲得通吗？笔者认为，下一句"万物负阴而抱阳，冲气以为和"是对万物的存在状态的描述，而非对万物从何而来的说明。该句指出万物总是同时含有"阴、阳"两面，在"阴、阳"两面相反相成的运作下，万物才能保持"和"的状态。这是就"万物"已然存在的情况来说的，而非探讨万物如何生成的问题。冯友兰借助这一句中的"阴阳"来解释上一句中的"二"，很有代表性，这是比较普遍的做法。但如果严格遵循《老子》文本，就会发现这样的解释仍不够严谨。

宇宙形成论的说法至少可以追溯到河上公，河上公注《老子》第四十二章曰：

> 道始所生者一，一生阴与阳也；阴阳生和、清、浊三气，分为天地人也。天地共生万物，天施地化人长养之也。万物无不负阴而向阳，回心而就日。万物中皆有元气，得以和柔，若胸中有藏，骨中有髓，草木中有空虚与气通，故得久生也。②

---

① 冯友兰：《中国哲学史新编》第二册，49～50 页。

② 王卡点校：《老子道德经河上公章句》，168～169 页。

从第一句看，“二”为“阴、阳”，三为“和气”。从“万物中皆有元气，得以和”，联系老子的“天得一以清，地得一以宁”（39 章）可以推测，“一”为“元气”。下文虽说“天地共生万物”，但“二”是否有可能指“天地”呢？从上下文看，“二”如果指“天地”的话，“三”就只能指“人”了，那么“人生万物”就不合理了。下文曰“与气通，故得久生也”，这是汉代很有代表性的气化生成论的说法。

如果将“道”解释为“太一”，“一”解释为“元气”，全句的解释是自洽的。问题是道如何同时是“总原理”和“太一”呢？从第二十五章提炼出来的“总原理”之说与从第四十二章提炼出来的“太一”之说又如何能融会贯通呢？

徐复观在《中国人性论史》论述道家的部分已指出了“原理”说的问题，尽管他并没有说是针对冯友兰的。他开宗明义地指出，“老子的所谓道，指的是创生宇宙万物的一种基本动力。我不称‘原理’而称为‘动力’，因为‘原理’是静态的存在，其本身不能创生；要创生，后面还需要一个指挥发动者，犹如神之类。但老子的道本身，即是唯一的创生者。所以《韩非子·解老》篇说，‘道者万物之所然也’，‘道者，万物之所以成也’”①。这可谓正中要害。他认为，河上公是根据下句“万物负阴而抱阳，冲气以为和”来讲上句。其实这样并不能完全讲通，很容易误导后人。徐复观对以河上公为代表的解释曾提出以下质疑，例如“如果‘二’指‘阴阳’，老子为什么不直接说‘一生阴阳’呢”；“如果阴阳为创生宇宙的二基本元素，在层次上应该居于万物的上位；不可言‘万物负阴而抱阳’，阴阳反在万物的下位”；“由道生一到三生万物，说明生化的过程已完。‘万物负阴而抱阳’，在文义上正承上文而说万物已经化生以后的情形”②。

笔者的质疑与他相似，阴阳是“包含”于万物之中的，有万物就有阴阳，并没有阴阳在万物之先的意味。徐复观所说的这里的次序是“万物”居于上位而非“阴阳”居于上位，正是此意。“阴阳”与万物为一，而不能为二。换言之，阴阳应该是万物所具有的属性，而不是先于万物并创生万物的阴阳二气。

对徐复观的质疑还可以继续推进，首先，如果老子想要表达的“二”

---

① 徐复观：《中国人性论史》，328～329 页。

② 同上书，334～335 页。笔者对其要点进行了概括。

就是“阴阳”，那么应在前一句中出现“阴阳”，而不应在后一句中出现。古人的表达一般会承前省，而不会承后省。如果这里的“一”、“二”、“三”有具体所指，而没有更深的内涵，以老子的简约风格，为什么不直接说“道生万物”呢？其次，老子全文注重的是“正反”两面，而非“阴阳”二气。“正反”是从好坏相依、物极必反的法则上来说的，完全脱离了“阴阳”气论。为什么单在这一句出现“阴阳”呢？此外，与第四十二章密切相关的第二十五章不仅没有出现“阴阳”，而且并没有道如何创生万物的描述。

《老子》第二十五章曰：“有物混成，先天地生，寂兮寥兮，独立不改，周行而不殆，可以为天下母，吾不知其名，字之曰道，强为之名曰大。”老子对天地之前的存在物只是推测，“强为之名”，连此物是什么都不知道，又如何能知道它是如何创生万物的呢？阴阳气说是汉代气化宇宙论体系中的流行观点，并非老子原意。老子下文直接说“域中有四大”，人、地、天、道，自下而上层层相“法”，而不是自上而下层层相“生”。由这一章看出，老子对道究竟如何创生万物这一宇宙生成论问题是不关心的，对老子来说，这超出了人所能知的范围。

冯友兰在《新原道》中对第四十二章又有新的解释，似乎要弥补以上解释的不足。他说：“道所生之一，就是有。有道，有有，其数是二。有一有二，其数是三。此所谓一二三，都是形式底观念。这些观念，并不肯定一是什么，二是什么，三是什么”①。即便如此，这“形式观念”如何生与被生，还是个问题。

综上所述，冯友兰的“总原理”说主要基于韩非子的解说，但并不完全符合韩非子之意，对韩非子所认识到的老子之道的特点，冯友兰亦没有给予同样的关注；“总原理”不能成功地解释《老子》第四十二章的创生问题。即便从“形式概念”的角度去讲，仍然无法讲出创生的意思。当然，这不是冯友兰对老子之道的全部理解。

冯友兰还提出道是“天地境界”，较早地将“境界”一词用于对道家思想的描述上，且使用的意义与下面会讲到的牟宗三的“境界”并不相同。冯友兰认为：“人对于宇宙人生在某种程度上所有底觉解，因此，宇宙人生对于人所有底某种不同底意义，即构成人所有底某种境界。”② 境

① 冯友兰：《新原道：中国哲学之精神》，48页，北京，三联书店，2007。
② 冯友兰：《新原人》，43页。

界对于每个人是不同的，“不过人有知与不知，见与不见耳”①。冯友兰认为“所谓境界，固亦有主观的成分，然而并非完全是主观底”，这句话别有深意。后来牟宗三的境界说，也认为最高的境界是主客融合的，虽是主观境界形态，但主观心境所体会出的境界仍然具有客观性，在这一点上，二者有相似之处。

冯友兰提出的从低到高的四个境界是②：

1. 自然境界，即“顺才”境界，顺应自然环境、率性而为。“日出而作，日入而息”、“凿井而饮，耕田而食”，依据自然条件和基本常识生活。没有反思，没有执着。对利益没有清楚的认识，不太了解自己的社会性。

2. 功利境界，即“为利”境界，为利益而活。追求功名，增进荣誉。芸芸众生大部分处于这个境界层次。积极奋斗，甚至牺牲，都是为了名利。以“占有”为目的，个人与社会相对立。

3. 道德境界，即“为义”境界，“无我”境界，认为社会与个人不是对立的，个人是社会的一份子。人必须在社会制度及政治道德规律中成为人。以“贡献”为目的，不计个人得失。

4. 天地境界，即“侍天境界”，知道他不但是社会的份子，也是宇宙中的一份子，不把宇宙作为人的对立面去看待。认为人的行为不仅与社会有关系，还与整个宇宙都有关系。

其中最高的“天地境界”最值得追求。冯友兰认为，天地境界是“可从大全、理及道体的观点，以看事物。从此等新的观点以看事物，正如斯宾诺莎所谓从永恒的形式的观点，以看事物。人能从此种新的观点以看事物，则一切事物对于他皆有一种新底意义，使人有一种新的境界，此种新境界，即我们所谓天地境界”③。关键是什么叫“从大全、理及道体的观点”看事物呢？

冯友兰提供了巴鲁赫·斯宾诺莎（Baruch de Spinoza）的“永恒的形式”（a certain form of eternity）来说明之。斯宾诺莎在《伦理学》中认为“理性的本性在于在某种永恒的形式下来考察事物”④。这里的“理性的本性”即在该书第二部分《论心灵性质与起源》命题四十四所说的“理

---

① 冯友兰：《新原人》，44 页。

② 参见上书，47～48 页。笔者对其进行了概括。

③ 同上书，134 页。

④ 斯宾诺莎著，贺麟译：《伦理学》，78 页，北京，商务印书馆，1981。

性的本性不在于认为事物是偶然的，而在于认为事物是必然的”①。斯宾诺莎又认为：“理性对事物的这种必然性具有真知识，或者能够认知事物的自身。但事物的这种必然性乃是神的永恒本性自身的必然性。所以理性的本性在于在这种永恒的形式下来考察事物。”② 这里所说的“永恒的形式”是理性的特点，同样是观照事物的方式，并且能达到最全面的观照。冯友兰以此来说明从“大全、理及道体”来看待事物，也即前文所说的从宇宙理解人，而不是从个人或社会来理解人。但人本就在宇宙之中，在道体之下，如何能超越自己的局限性，具有这样的目光呢？

斯宾诺莎认为这最终由“神”来保证，老子却没有提供可以具备这样目光的神人或圣人来保证。“神”是超越时间、没有局限性的，它所认识的是全部、普遍和必然，可以将一切事物尽收“眼底”，本身就是一个大全的、永恒的世界。斯宾诺莎认为，“神的无限的本质及其永恒性乃是人人所共知的。而且万物既在神内并通过神而被认识”③。老子却没有提供一个万物都在圣人之内并通过圣人而被认识的思想模式，即便我们用“圣人”这个理想的形象来比照“神”。冯友兰以此来比照、说明人具有“体道”的能力，是无法让人信服的。如果没有人如何体道的工夫论说明，就无法讲清楚“道体”。除非我们说它只是理想，只是方向，但如果单纯只是提供一个无法达到的“大全”、“理”、“道体”这些最高境界，那就不过是海市蜃楼而已，也就很难用哲学的方法去讨论。

冯友兰还从“冥”来进一步论说，把这个问题推到了更深处，他说：

> 天地境界中底人的最高底造诣是，不但觉解其是大全的一部分，而并且自同于大全。如庄子说：“天地者，万物之所一也。得其所一而同焉，则死生终始，将如昼夜，而莫之能滑，而况得丧祸福之所介乎?”得其所一而同焉，即自同于大全也。一个人自同于大全，则“我”与“非我”的分别，对于他即不存在。道家说“与物冥”。冥者，冥“我”与万物间底分别也。④
>
> 我们所谓天地境界，用道家的话，应称为道德境界。《庄子·山

① 斯宾诺莎著，贺麟译：《伦理学》，77页。
② 同上书，78页。
③ 同上书，79页。
④ 冯友兰：《新原人》，143页。

> 木》篇说："乘道德而浮游"，"浮游乎万物之祖，物物而不物于物"，此是"道德之乡"。此所谓道德之乡，正是我们所谓天地境界。[①]

冯友兰从庄子的角度来说明。庄子的"一"可以理解为动词，即"齐一"，"以道观之，物无贵贱"（《庄子·秋水》）的境界。"道"是观照万物的方法，这与冯友兰说的从"道体"观事物相似。从整个宇宙观照天地，则万物齐一，没有差别。这时，人就"同于大全"，即人融入宇宙，而不是将宇宙作为一个认识的对象。这时，人与万物是"无分别"的，即物我两"冥"。此无分别不是就物体特性来说的，而是从心灵感受和价值层面来说的。但这只是庄子的理想，现实世界中，人与宇宙是对立的，人虽生存于宇宙之中，却把"宇宙"作为考察的对象，时时刻刻想要认识它，利用它，而不是把它当作自己熟悉的家园。他们（仅就道家而言）追求的是人与宇宙的合一，顺应宇宙的规律、自然的韵律一起生长、生活。此境界当然不是理性思辨的结果，而更类似于人所具有的"不知之知"（《庄子·知北游》）。郭象注："凡得之不由于知，乃冥也。"[②] 因此，通过哲学思辨的方式对庄子的"心斋"、"坐忘"以及老子的"涤除玄览"的工夫进行探讨也是很难的。

在冯友兰看来，"天地境界"是道家式的"物我两冥"的境界，到达这一境界，人同于大全，所看到的万物一体无别，即老子所说的："挫其锐，解其纷，和其光，同其尘。"（4 章）那么，这时候人不再是观照万物的"主体"，此最高境界中无主客之分。但人又对物我一体的境界本身有所"觉解"，这是人的特殊的能力。冯友兰没有立足《老子》对这"觉解"或"证成"的境界进行描述，他认为那是超越语言的，具有玄妙性，但这很难有说服力。儒家讲工夫，从德性入手，是可以讲的。但道家工夫如何讲呢？具体说，物我如何"冥"呢？如果不能说明，我们又如何说明道家的思想精髓和当代意义呢？

二、共相说与本体论分析

一般认为，在中国哲学中谈"本体论"，最有影响的是汤用彤在《魏

---

① 冯友兰：《新原人》，49 页。

② 郭庆藩撰，王孝鱼点校：《庄子集释》中册，757 页。

晋玄学论稿》中对王弼“以无为本”的解读。① 此书写于1938年至1940年之间。冯友兰则在1948年的 *A Short History of Chinese Philosophy*（《中国哲学小史》）一书中明确提出，老子第四十章讲的不是“宇宙论”（Cosmology），而是“本体论”（Ontology）。② 那么，他讲的“本体论”究竟是何意？他为什么要以此来解释老子之道的哲学含义？本节从冯友兰的“共相”一词入手处理这些问题。

“共相”是冯友兰在对《老子》第四十、二十五章的诠释中提到的。冯友兰解释《老子》第四十章的“天下万物生于有，有生于无”说：

> This saying of Lao Tzu (Ch. 40) does not mean that there was a time when there was only Non-being, and that then there came a time when Being came into being from Non-being. It simply means that if we analyze the existence of things, we see there must first be Being before there can be any things. Tao is the unnamable, is Non-being, and is that by which all things come to be. Therefore, before the being of Being, there must be Non-being, from which Being comes into being. What is here said belongs to ontology, not to cosmology. It has nothing to do with time and actuality. For in time and actuality, there is no Being; there are only beings. ③

冯友兰认为，“有生于无”的“有”、“无”是从逻辑上说的，不是从时间上说的。即他所说的“万有生，蕴含着首先是‘有’。‘首先’二字在这里不是指时间上的‘先’，而是指逻辑上的‘先’”④。那么，他所说的“本体论”其实并非西方传统形上学所讲的“Ontology”，不是研究“存有”

① 参见汤用彤：《魏晋玄学论稿》，23页。

② Fung Yu-lan, *A Short History of Chinese Philosophy*, p. 96.

③ 同上。涂又光译：《老子》这句话，不是说曾经有个时候只有“无”，后来有个时候“有”生于“无”。它只是说，我们若分析物的存在，就会看出，在能够是任何物之前，必须先是“有”。“道”是“无名”，是“无”，是万物之所从生者。所以在是“有”之前必须是“无”，由“无”生“有”。这里所说的属于本体论，不属于宇宙发生论。

④ 冯友兰著，涂又光译：《中国哲学简史》，116页。原文是：“Anything that comes to be is a being, and there are many beings. The coming to be of beings implies that first of all there is Being. These words, ‘first of all,’ here do not mean first in point of time, but first in a logical sense.”

(Being) 的学问，而只是说，老子所讲的“有”、“无”不是指现象界的有和无，而是指逻辑上的有和无。

因为《老子》第四十章“有生于无”与第四十二章“道生一”有密切的关联，所以我们再来看冯友兰对第四十二章的解说：

> There are many beings, but there is only one Being. In the *Lao-tzu* it is said: "From *Tao* there comes one. From one there comes two. From two there comes three. From three there comes all things." (Ch. 42) The "one" here spoken of refers to Being. To say that "from *Tao* comes one," is the same as that from Non-being comes Being. As for "two" and "three", there are many interpretations. But this saying, that "from one there comes two. From two there comes three. From three there comes all things," may simply be the same as saying that from Being come all things. Being is one, and two and three are the beginning of the many. ①

冯友兰认为“道本身是太一”②，“一”是逻辑意义上的“有”，“二”、“三”、“万物”是指现象界的事物。从“一”到“多”的“一”不是序数词，而是哲学概念，他所理解的该句其实是西方哲学意义上的“一”、“多”关系。那么从“一”到“多”究竟是怎样“生成”的，冯友兰认为老子没有讲。因此，他认为老子这里讲的不是宇宙论，而是本体论。但他的看法也有前后不一致之处，他在《中国哲学史论文二集》中援引淮南子的宇宙发生论来说明，《老子》第四十二章说的是“冲气”分化为“阴阳”二气，进而生万物的过程。冯友兰又援引张东荪的说法阐述“本体”的含义：

> 如照张东荪先生的说法，西洋人的思想脱不了亚里士多德的名学

① Fung Yu-lan, *A Short History of Chinese Philosophy*, pp. 96–97. 涂又光译：虽然有万有，但是只有一个“有”。《老子》第四十二章说：“道生一，一生二，二生三，三生万物”。这里所说的“一”是指“有”。说“道生一”等于说“有”生于“无”。至于“二”、“三”有许多解释，但是，说“一生二，二生三，三生万物”，也可能只是等于说万物生于“有”。“有”是“一”，“二”和“三”是“多”的开始。

② 冯友兰：《中国哲学简史》，117 页。

> 的支配。亚氏的名学的基础，是建筑在所谓主语与谓语式底句辞上。亚氏所谓“本体”，就是由主语与动词引申出来底。在主谓式底句辞上，主语绝对不可缺少。如果缺少了，便不能成为句辞。从在名学上主语的不可缺少，遂一转而变为在思想上“底层”亦是不可缺少底了。在中国言语中，主语不是必要底，主语常在省略之列。因此中国思想不把“本体”当作一个问题。(张东荪《言语思想与文化》，《社会学界》第十卷。)①

冯友兰认为逻辑上在先的“道”是“本体论”之道，时间上在先的“道”是“宇宙论”之道。那么，依此类推，《老子》第二十五章没有提及道如何生万物的问题，而只是形式化的描述，也可以归为“本体论”了。第二十五章直接说“域中有四大，而王居其一焉”，一个“有”字，就把万物如何产生的问题跳过去了。在今天，我们觉得是“跳”过去了，在老子看来，这不需要讲或不能讲。仅仅因为逻辑上的在先，就认为老子的道论是“本体论”，这一论断未免有些粗糙。他的目的是要说明道的先在性和普遍性以及道为什么不可名，这一点，他通过“共相”概念进一步说明。道不可名，道乃“无名”，所以冯友兰又称道为“共相”，他在《中国哲学小史》中说：

> But in contrast with what is namable, Lao Tzu speaks about the unnamable. Not everything that lies beyond shapes and features is unnamable. Universals, for instance, lie beyond shapes and features, yet they are not unnamable. But on the other hand, what is unnamable most certainly does lie beyond shapes and features. The Tao or Way of the Taoist is a concept of this sort. ②

冯友兰在《中国哲学史新编》中对“共相”有进一步解释。他认为，《老子》第二十五章的“有物混成”的“混成之物”，“就是无物之物。无物之

---

① 冯友兰：《南渡集》，40页，北京，三联书店，2007。

② Fung Yu-lan, *A Short History of Chinese Philosophy*, p. 94. 涂又光译：老子讲到与“有名”相对的“无名”。并不是“超乎形象”的一切事物都是“无名”。例如，共相是超乎形象的，但是并非“无名”。不过另一方面，无名者都一定超乎形象。道家的“道”就是这种“无名”的概念。

物，无象之象，就是天地万物的根源”①。那么，如何理解“无物之物，无象之象”呢？这是理解老子之道“惟恍惟惚”、“玄之又玄”的特点的关键。冯友兰认为，“不能说道是什么，只能说它不是什么。这就是无名。一说道是什么，那它就是有名，就成为万物中之一物了”。如同“四不象”，道可以说是“万不象”，“‘万不象’就是无象之象，即为大象。这个‘大象’，虽然无象，可是能生万象”②。由此，冯友兰提出他的重要论断：

> 道或无就是万物的共相。它是无物之物，就是因为它是一切物的共相。它是无象之象，就是因为它是一切象的共相。比如：无声之乐，就是一切音的共相。它既不是宫，也不是商，可是也是宫，也是商。一切万物的共相，就是有。它不是这种物，也不是那种物，可是也是这种物，也是那种物。③

冯友兰认为“共相”不是任何“名”，而是“无名”，“无名”如同无音之音。因此，他认为“《老子》所讲的道、有、无，都是一般，共相；它所讲的天地万物是特殊、殊相”④，他接下来认为老子对于一般和特殊、共相和殊相的关系认识得不清楚，《老子》中的本体论说法还没有和宇宙形成论的说法划清界限。其实不是老子没有弄清楚本体论与宇宙形成论的说法，老子根本就没有关于宇宙如何形成的“论”，只有一个假设罢了。即便是有一个逻辑上的“先”，作为谈论万物的起点，也不能因此称其为“本体”。否则，就会让人误解为是西方传统形而上学意义上的“本体”，从而造成道与人的二元分裂。因此，我们下面对“共相”在西哲语境下的含义作一说明，以更好地省思冯友兰的诠释。

首先，我们要厘定的是“共相”这一概念的含义。⑤“共相”是西方哲学的概念，而非道家哲学固有的概念。冯友兰并没有明确说明他的“共相”一词是借用西方哪一位哲学家的。但从对“共相”一词的使用来看，他认为“共相”是在一切有形体、有特征的具体事物之上的（lie beyond

---

①② 冯友兰：《中国哲学史新编》第二册，45页。

③ 同上书，46页。

④ 同上书，50页。

⑤ 本节对“共相”的分析在2005年辅仁大学的暑期学程上得到徐学庸教授、沈清松教授的指教，特此致谢！

shapes and features)；老子没有分清“共相”与“殊相”，认为道之在“先”不是时间意义上的，而是“逻辑”上的。他的“共相”说与柏拉图的“理型”（eidos）或“相”观念密切相关。至少可以说，柏拉图思想为他解释老子之“道”提供了资源，他对这一资源并非盲目继承，而是在反省与比较的基础上引入。① 即便如此，他对这一概念的引入也还是有问题的。

“理型”或“相”是西方传统哲学从柏拉图到黑格尔以来都很重要的概念。这个概念透露出了西方传统形而上学思维的特点，尤其体现在柏拉图提出的“理型”中。柏拉图的“理型”是在探讨正义（justice）② 的过程中逐渐得出的，它与“理想城邦”观念紧密联系在一起。其连接的方式在于柏拉图将最高的理性归结为“善”，再通过对个人灵魂的三分法，将个人的正义与城邦的正义联系起来。

柏拉图在《理想国》第六卷中提出，人是可以不断接近善的，这也是最高的理型的显现过程。他说“First towards what is in its nature just，noble，self-disciplined，and everything of that sort，and then again towards what they are putting into mankind，mingling and blending institutions to produce the true human likeness based on that model which Homer called，when it appeared among mankind，a ‘godlike form and likeness’”③。那么，形而上的“善”是可以在个体的德性中实现的，“善”是一个要求被实现出来的理型。柏拉图将它的实现寄托于个人德性的完善，但又对现实中人的德性所能达到的完善程度表示怀疑。

“理型”是在探讨正义时逐渐提出的，与他提出的政治上的理想城邦

---

① 参见冯友兰：《人生哲学》，见《三松堂全集》，第一卷，郑州，河南人民出版社，1985。在该书第三章“理想派——柏拉图”中提及“依苏格拉底之法，聚许多不同的‘勇’之事实而寻其共同之一点，其‘共相’；此‘共相’即勇之概念，亦即可作为‘勇’之定义。……此方法即于变中求不变，多之中求一。柏拉图之早年著作中，均用此方法，寻求概念”（380页）；在《孟特叩论共相》中亦有对柏拉图“共相”说的讨论：“我们以为共相暗存，无论殊相实现之与否，但我们却不可以为暗存即是存在，不可以为共相存在，如另一种殊相然。我们不可以为，有许多抽象的共相及离开殊相之要素或可能，荡漾于空间之中，为我们所不能见，但超人或灵魂则能见之，如殊相然。对于人之有此等误会，柏拉图亦负一部分的责任，他因欲切示共相之独立故常用许多比喻，而依其比喻之字面观之，则共相似即是殊相之又一类。”（见《三松堂全集》，第十一卷，174页，郑州，河南人民出版社，1992）他虽有此反省，但仍依此释老子之道，可见其对柏拉图之“共相”概念的梳理仍不是很清楚，对其与老子之根本区别亦缺乏充分的反思。

② Plato，*The Republic*，eds. G. R. F. Ferrari，trans. Tom Griffith，Cambridge：Cambridge University Press，2001，p. 36.

③ Ibid.，p. 206.

联系起来才更容易理解。柏拉图的“理型”是独立于现象界的、普遍的实体，但柏拉图提出“理型”的真正旨趣并非只是思辨或玄想，而是服务于政治。

“相”（estin）[①] 是“是”，“是”即“非变”。柏拉图在《巴曼尼德斯篇》（亦译《巴门尼德篇》）中通过“少年苏格拉底”和“巴门尼德”的对话来揭示“相”的特点。苏格拉底的观点与《理想国》中记载的苏格拉底的观点一致，认为具体事物“分享”最高的“理型”。“理型”高高在上，先于具体事物而存在，是恒久的存在。为什么会产生这样的论断呢？苏格拉底认为，具体事物是不断变化的，是难以把握的，是会消亡的，因而微不足道。巴门尼德则认为，苏格拉底无法解释极端相反的“相”是如何结合的，又怎么能被同一事物分享的。

于是，巴门尼德问苏格拉底：“头发、污泥、秽物中有‘相’吗？”苏格拉底回答说：“决不，那些存在（being）如果有相（estin），太荒诞了。然而这在过去已使我不安：或者关于一切是同样的情形。后来当我刚一停留在这上，我即逃跑，恐怕坠入愚昧的深渊，毁灭了我自己。我却逃到那里，到我们刚讲的有‘相’的事物里，我消费我的时间研究这些。”[②] 可见，少年苏格拉底是出于逃避变化才选择“理型”这一概念的。因此，我们也可以说，少年苏格拉底否定具体之物有“相”的理由是不充分的。他在面对变化时流露出了自己的担忧。因此，少年苏格拉底认为，并非所有东西都能分享“相”，这其实破坏了万物平等的原则。他认为：

> （1）一定有“相”的是：数学方面（一、多）、伦理方面（美、善）；
>
> （2）不一定有“相”的是：自然物、人、火、水；
>
> （3）绝对没有“相”的是：无价值事物（头发、淤泥、秽物）、人造物（桌子等）。

巴门尼德则是这样反驳“少年苏格拉底”的：“因为你年轻，哲学尚未紧抓着你，像他——如我所见——仍要在将来紧抓着你的，那时你将不轻视

① 柏拉图著，陈康注：《巴曼尼德斯篇》，45 页，台北，问学出版社，1979。

② 同上书，49 页。

它们中间的任何一个了，现在因为你的年龄顾虑人们的意见。”① 这一反驳非常有意味，这让“理型”或“相”概念的存在的合理性遭到质疑，从柏拉图提出这一概念起，它的根基就是不牢固的。它也反映了柏拉图的“相”思维与中国古代重视“变化”的思维之不同。如果道是“共相”的话，道就不是遍在的了，它只能在好的事物中，而不能在坏的事物中存在。这与老子所说的“周行而不殆”（25 章）、“大道泛兮”（34 章）亦不符合。从老子来看，道在万物之“先”，只是对宇宙本源的假设，而不是“理型”或“相”。

冯友兰用“共相”这个概念不够严谨，他既谈到道在逻辑上先于万物，是纯粹的“无”，又谈到它以某种方式“是”具体事物。他没有说明为什么“大音”既不是宫商又是宫商的理由。如果按照冯友兰的理解，我们能否说道既在屎溺又不在屎溺呢？另外，他的“共相”一词的含义既有柏拉图意义上的超绝于具体事物之上的“理型”的特点，也有亚里士多德之后中世纪所讲的“普遍”的意思，比较含混，既然没有厘清，也就很难对应到老子之道上。

中世纪的“普遍”概念确实与古希腊的“共相”联系紧密，但“普遍”与“特殊”的关系是什么，“共相”是实体还是名称，在具体事物之中还是在具体事物之先，这些问题冯友兰没有厘清，却认为是《老子》没有厘清。中世纪哲学家在以上问题上本身就有很大分歧，从而形成了唯实论（Realism）与唯名论（Nominalism）两派观点，前者以安瑟伦（Anselmus）为代表，后者以波埃修（Boethius）为代表。对于“共相”究竟是不是实体，是不是“在”具体事物之中，笔者认为，皮埃尔·阿伯拉尔（Pierre Abelard）的分析最为独到，对讨论老子之道也有启发。

阿伯拉尔提出了一个最为大胆的论点，共相是名词，而非实体。这便将柏拉图的“理型”说本就不牢固的根基进一步瓦解。他认为，“名”既可以表达实际存在的事物，也可以表达思想中存在的事物。“共相”只是人对其智思所达到之物的命名。人能主动地通过理智抽出事物的形式，使其变成心灵中的语言概念，在物为形式，在内心则为本质。这是他针对威廉（William）提出的批评。

阿伯拉尔说：“he（William）held the position on the common existence of universals that the same thing exists wholly and essentially in all

① 柏拉图著，陈康注：《巴曼尼德斯篇》，49 页。

individuals of a class and that there is no distinction of essence in them but only variety through multiplicity of accidents. "[①] 阿伯拉尔不认为"共相"是所有同类的个体所共同具有的东西。如邬昆如所说，共相"只是我们语言所表示的一种意见，真正要表示的事物，我们却无法知道。我们所知道的，只是具体存在的事物，只是个别的事物，我们的意见或语言所表示的共相，却在观念界中。观念是从具体的事物中得出，仍然运用在具体的事物上面。如果有一种语言不落实到具体的生活中，那这种语言就毫无意义"[②]。阿伯拉尔是反形上学的，与柏拉图不同，阿伯拉尔所说的"共相"只是"名"，它为万物"享有"只是观念上的，而非实际的存在。尽管二者所说的"理念"与"相"都具有普遍性，但都不能用来说明老子之道的创生性特点。因此，冯友兰用"共相"这个词诠释老子之道，虽然揭示了道的抽象的、无形的特性，但也容易引起误解，让人觉得道离人很远，不过是个形上学的概念。冯友兰的"本体论"提法与此类似，带来的是同样的误解。

三、张岱年的本根论对本体论的克服

前文提到，冯友兰认为老子的道是"本体论"意义上的道。他在解释《老子》第四十章"有生于无"时认为，"'道'是'无名'，是'无'，是万物之所从生者。在是'有'之前必须是'无'，由'无'生'有'。这里所说的属于本体论，不属于宇宙发生论"。冯友兰认为这样的"无"或"道"只是一个"逻辑起点"，因而可以称为"本体论"。

在《中国哲学史新编》中，他又认为第四十章的"有和无就不是异名同谓，而是母子的关系了。用一个'生'字，就说明对于宇宙形成论的说法和本体论的说法划不清界限了"[③]。其实，并不是老子没有划清这个界限，而是冯友兰自身的一个困惑。他认为，如果这里的"无"与"道"等同，那么，"无"和"有"就是生与被生的关系，而不是第一章所说的"无名天地之始，有名万物之母"的平行关系了。其实，这个问题并不难理解，因为竹简本《老子》此句作"天下万物生于有，生于亡（无）"，也就是说万物既可以说是生于有，也可以说是生于无，那么，"无"与"有"

① *The Story of Abelard's Adversities—Abelard's Letter of Consolation to a Friend*, Encyclopaedia Britannica, Inc, 1995, pp. 11, 16.

② 邬昆如：《中世哲学趣谈》，131页，台北，台湾东大图书公司，1979。

③ 冯友兰：《中国哲学史新编》，50页。

仍然是在同一层面上的平行关系。难理解之处在于，冯友兰认为“无”或“道”是“逻辑起点”，而不是时间意义上的在先。这是他提出《老子》第四十章、四十二章是“本体论”的根据。他使用的“本体”就既非庄子所说的“自本自根”意义上的“本体”，亦非魏王弼始倡的“体用”意义上的“本体”，又非西方研究“是”（Ousia）①之为“是”的“Ontology”意义上的本体，而只是用来说明道是一个充当万物起源的“逻辑起点”。但是，《老子》中的道不是“生”完万物就算了，它还参与万物的生长，具有引导、规范和颐养的意思，即还有它的“法”和“用”的层面，例如：

> 道冲而用之或不盈。(4 章)
> 玄牝之门，是谓天地根。绵绵若存，用之不勤。(6 章)
> 以道佐人主者，不以兵强天下，其事好还。(30 章)
> 道常无名，朴虽小，天下莫能臣也。(32 章)
> 道常无为而无不为，侯王若能守之，万物将自化。(37 章)
> 反者，道之动；弱者，道之用。(40 章)

道作为万物的本源，它不仅生了万物，而且还渗透到万物之中，为人所用。同时，它也是人之行为所要效法的对象。这是冯友兰之“本体论”说所无法概括的。在这一点上，张岱年早期在《中国哲学大纲》中曾用“本根论”来说明道，既避免了“本体论”一词可能会带来的误解，同时又将道作为万物本源的特点突出出来。

张岱年认为，“宇宙中之最究竟者，古代哲学中谓之为‘本根’”②，“最早的本根学说是老子庄周的道论”③。“本根”一词出自《庄子·知北游》：“惛然若亡而存；油然不形而神；万物畜而不知。此之谓本根”。张岱年引此来解释道就更贴切了，因为“万物畜而不知”的“畜”字恰说明了道除了生万物，还要养万物，这样万物才得以生生不息。他进一步指出

---

① “‘ousia’是希腊文动词‘是’（eimi）的阴性分词 ousa 变来的……亚里士多德把 ousa 改写为 ousia，并赋予它特殊意义，说它是其他范畴的载体（hypokeimenon）。……在《形而上学》中它才作为 ontology 的核心概念出现，它成为《形而上学》事实的主题。”见张汝伦：《邯郸学步，失其故步——也谈中国哲学研究中的“反向格义”问题》，载《南京大学学报》，2007（4），62 页。

② 张岱年：《中国哲学大纲》，37 页。

③ 同上书，38 页。

“本根”的三项意谓与四个特性。三项意谓是：第一，始义，即“一切物当有所从出”；第二，究竟所待义，即“一化之所待”；第三，统摄义，即“兼涵万有，赅总一切，而为一切之宗主”者。① 本根“不可说”，因为它不是任何特殊的事物，而是一切事物的基本，它是“绝对”的。本根的四个特性：第一，不生或无待；第二，不化或常住；第三，不偏或无滞；第四，无形或形而上。②“形而上”只是说道是无形的，与西方的“形而上学”（Metaphysics）是两回事。他明确地将本根与西方的本体划清界限，这比冯友兰的诠释要更加准确。他说：

> 印度哲学及西洋哲学讲本体，更有真实义，以为现象是假是幻，本体是真是实。本体者何？即是唯一的究竟实在。这种观念，在中国本来的哲学中，实在没有。中国哲人讲本根与事物的区别，不在于实幻之不同，而在于本末、原流、根支之不同。万有众象同属实在，不惟本根为实而已。以本体为唯一实在的理论，中国哲人实不主持之。③

那么，本根与万物究竟是什么关系呢？张岱年认为，“中国哲学家都承认本根不离事物。西洋哲学中常认为本根在现象背后，现象现而不实，本根实而不现，现象与本体是对立的两世界。……多数中国哲人，实不主持之”，“在中国哲学，本根与事物的关系，不是背后的实在与表面的假象之关系，而是源流根枝之关系”，“中国哲学最注重本根与事物之统一不离的关系。事物由本根生出，而本根即在事物之中”④。这样的理解补充了冯友兰对道与万物关系之解释的不足。什么叫道、物“不离”呢？

张岱年引用《庄子·知北游》所说的道“在稊稗”、“在瓦甓”、“在屎溺”，说明道无所不在。但这只能说明老子有道在万物中之意，还不能说明老子之道怎样在万物之中，在万物之中怎样起作用。张岱年在《中国古典哲学概念范畴要论》中也谈到“本根”的问题，只是改变了用词，他说：“‘本’亦称为‘本根’、‘本体’。‘本体’亦称为‘实体’。”⑤ 很清楚，他所用的“本体”、“实体”并非西方哲学中的“Ousia”与“Sub-

①② 参见张岱年：《中国哲学大纲》，39页。

③ 同上书，40页。

④ 同上书，44～45页。

⑤ 张岱年：《中国古典哲学概念范畴要论》，62页，北京，中国社会科学出版社，1987。

stance”，而就是本土的“本根”的意思。张岱年在1992年发表的论文中虽称道为本体论之道，实并非西方的Ontology，而是指本根论，尽管他有时候出于需要会用Ontology来比照本根论。[①] 他明确表示“本体，先秦哲学称之为本根”[②]。

他进一步说明，道作为本根就是“天地万物所以存在的依据”[③]，“本体指天地万物的内在基础，在天地形成之后，作为天地基础的本体，并不消失，而继续作为天地万物的内在根据永恒存在着。这是所谓本体。在老子的学说中，道在生成天地万物之后依然是天地万物的深藏的内在依据”[④]。依张岱年之意，道作为万物存在的根据而在其之中，其作用是使万物存在。道不仅是冯友兰所说的“共相”、“总原理”、“天地境界”，而首先是万物存在的内在根据。张岱年比冯友兰更重视这一点，他的说法对区分老子之“道”与西方哲学中的“本体”是有益的。

四、问题与推进

冯友兰通过“总原理”、“境界”、“共相”解释老子之道，揭示出道的规范性含义、作为人生体悟的含义以及普遍性含义，为我们理解道提供了深刻的理论基础和多方面的视角。但“总原理”如何能生、物我两冥的“境界”如何可能、普遍性的“共相”与特殊事物的关系如何，此三者，冯友兰都没有解决好。我们在此基础上可以进一步推进，揭示冯友兰诠释给我们留下的问题及其值得进一步思考之处。

第一个值得我们思考的问题便是：道是对宇宙本源的“假设”吗？我们对宇宙本源有两种可能的认识：一是，道不是实存的，只是一个逻辑上的假设；二是，道存在，但人无法完全认识或证明它。从《老子》来看，应该属于第二种情况。《老子》曰：“道冲而用之或不盈，渊兮似万物之

---

① 参见张岱年：《张岱年全集》第二卷，125页，石家庄，河北人民出版社，1996。他对“大化论”按曰：“西方传统的形而上学（Metaphysics）分为Ontology与Cosmology，中国古代哲学中，本根论相当于西方的Ontology，大化论相当于西方的Cosmology。”另外，张岱年在解释《老子》第四十二章时认为“这一切相对事物之先的道，类似于西方哲学所谓绝对观念。在这一意义上，老子的本体论可以说是客观观念论（黑格尔所谓绝对观念亦称绝对精神，老子的道却不能称为绝对精神）”（张岱年：《论老子的本体论》，见《张岱年全集》第七卷，285页）。

② 张岱年：《论老子的本体论》，见《张岱年全集》第七卷，284页。

③ 张岱年：《老子“道”的观念的独创性及其传衍》，见《张岱年全集》第七卷，273页。

④ 张岱年：《论老子的本体论》，见《张岱年全集》第七卷，283～284页。

宗。……湛兮似或存”（4 章）。可见，道虽然存在，但并非实存，而是“似存”，或者说是“虚存”，它是以冲虚的状态存在。但要注意，这里是从人的角度去描述人所感觉到的道，并不能客观地说明道就是这样。《老子》曰：“玄牝之门，是谓天地根。绵绵若存，用之不勤”（6 章），“根”作为天地万物存在的根据，是“若存”，即恍惚的存在，人无法完全认识它，只能部分地感受它。道是以冲虚的方式存在的。人可以感觉它，觉得它似有似无，恍兮惚兮。至于这“冲虚”究竟是什么意思，容到下一节牟宗三部分再论说。

道这个“名”是一个假设，但老子却“赋予”它很多意义，最基本的含义就是万物的生长、孕育的根据。它的作用体现在：

1. 执古之道，以御今之有，能知古始，是谓道纪。(14 章)
   万物恃之而生而不辞，功成不名有，衣养万物而不为主。(34 章)
   天下有始，以为天下母。既得其母，以知其子。既得其子，复守其母，没身不殆。(52 章)
2. 人法地，地法天，天法道，道法自然。(25 章)
   道常无名，朴虽小，天下莫能臣也。(32 章)

这里我们分成两组来分析。第一组，王弼注第十四章“能知古始，是谓道纪”曰：“无形无名者，万物之宗也。虽今古不同，时移俗易，故莫不由乎此以成其治者也。”王弼此句可以作两种互不矛盾的理解，一种意思是万物皆出于道，从而能成就万物自身的治理；另一种是万物皆出于道，从而显示出道对万物的治理。总而言之，这里表明，道同时是万物产生的根据和成长的根据，即三十四章所说的“衣养万物而不为主”，道不仅“生”万物，而且“养”万物，在这一意义上可称之为万物的“根据”，即张岱年所说的，道生万物之后并没有消失，而是“内在于”万物。道生养万物，伴随着万物成长、消亡的全过程。那么，这样的存在更类似于原始动力（original force），这个力量使万物得以生，并伴随万物，决定万物的生长过程和状态。

因此，老子不仅将道规定为“始”，而且用“母”去比喻它。道与万物的关系是“母”与“子”的关系。这个比喻是很微妙的。因为母不是生了子之后就消失了或不管了，而是伴随着子的成长过程，直到终老，然后子女又成了“母”，又建立了新一轮的母子关系。母与子之间不仅有“生”的关系，而且还有“衣养”的关系。王弼将这里的“母子关系”解释成“体用关系”① 则太抽象了，已经将老子原本生动活泼的丰富的意思矮化或曲解了。综上所述，老子之道的第一个作用在于，它不仅生万物，而且参与万物的生成变化之中，滋养万物的生长，决定万物的归向。

第二组则主要是说道作为天地万物所“法”、所“臣”的对象，对万物有引导作用。“有物混成”的“物”简本作“状”，《说文》释“混”：“丰流也。”② 因此，首句是描述宇宙的原初状态。《文子·道原》中相似的描述曰：“有物混成，先天地生。惟象无形，窈窈冥冥，寂寥澹泊，不闻其声，吾强为之名，字之曰道。”③ 文子所说的“惟象无形”之“象”即与此“状”类似，它并非实体，也非具体的某物，而只是一种状态。从这种原初的状态本身还看不出有任何可以“法”或值得“法”的地方。

这一章还有一个值得注意的地方，简本、帛书本和通行本上文都是“王居其一”，而下文说的是“人法地……”，老子关注普遍意义上的“人”应该如何行事，而不只是停留在对“王天下”者的关心上。因而这里所要法的道是对所有人而言的，而不是仅对君王、侯王而言的“王道”。丁原植认为，从第二十五章看，老子的“思辨”显示出了三个特性：第一，它超离了人伦价值体现的规制，而回到“人”本质反省的可能；第二，它不再以“王”的身份，而以“人”来思索与反省人文始源的可能；第三，它以呈现“人”的意义的新方式，重新建立起人文规划的可能。④ 笔者同意这样的看法，倘若只谈君王，只谈如何“治”就行了，而不需要从普遍的人的角度去谈“法”。

“法”本作“灋”，许慎曰：“灋，刑也。平之如水，从水。廌，所以触不直者去之，从去。《周礼》‘法’均作‘灋’。”⑤ 王弼注曰：“法，谓法则也。人不违地，乃得全安，法地也。地不违天，乃得全载，法天也。天不违道，乃得全覆，法道也。”⑥ 那么，“法”应该是“顺从”的意思。地有地的“法则”，天有天的“法则”，人要不违背这些“法则”才能全

① 楼宇烈校释：《老子道德经注校释》，139 页。王弼注：“母，本也。子，末也。得本以知末，不舍本以逐末也。”
② 段玉裁：《说文解字注》，546 页。
③ 王利器疏义：《文子疏义》，1 页。
④ 参见丁原植：《郭店竹简老子释析与研究》，145 页。
⑤ 段玉裁：《说文解字注》，470 页。
⑥ 楼宇烈校释：《老子道德经注校释》，64 页。

安。王弼注曰："道不违自然，乃得其性，法自然也。法自然者，在方而法方，在圆而法圆，于自然无所违也。自然者，无称之言，穷极之辞也。"① 按照王弼的理解，自然并不是独立于万物之外的、规范着万物的生长过程的法则，而是方之为方、圆之为圆、一事物之为一事物的"性"，"性"不是老子的概念，但王弼的注释有这个意思。可以从老子衍生出这样的道理，而这一道理在庄子那里得到发挥，只不过庄子注重的是天性，而不是道本身的特性。但万物的"天性"就是道赋予的。鸟在天上飞，鱼在水中游，都是源于道，它们按照自己的本性自然而然地存在，这是道赋予的。因此，道的第二个作用在于，道生万物时赋予了一物之所以为此物的"性"。道作为万物"本根"要求或启发人"顺从"本性而活。

综上所述，本节认为冯友兰所理解的逻辑起点的道，其实不仅仅是一个逻辑上的"假设"，而是具有丰富内涵的万物之"本根"。老子根据自己对天地万物的洞察（insight），赋予这个"假设"以人文的意义。道代表了生养万物的某种力量，这种力量内在于万物之中，让万物生生不息。"假设"其实是从现代人的目光去说的。从老子而言，他觉得确实存在这么一个道，无所谓"假设"，他留下五千言也不是为了论证什么，更不是为了建构哲学体系，而只是描述自己对宇宙人生的思考和感受。不会也不必去"假设"一个前提。所以，本书不反对把道理解为老子的"假设"，但认为更好的说法应该是"预设"，老子"预设"了宇宙本根、万物本源的道，并"开掘"它与人相关的各种特性。既然是一种预设，我们也就很难说它是客观实在还是主体体会。我们是把它当作一个客体去研究的，但这个客体并不是老子所说的不可言说的道。

其次，我们要问的是：总原理、共相与境界究竟有何关联？按照冯友兰对"境界"的定义，境界是人对"宇宙人生之意义的觉解"。在此境界中，物我相冥，超越了功利和道德，此时人所感受到的是不同于常人的新的意义，这意义来自宇宙人生。但冯友兰的境界并非"主观心境"，因为既然是对宇宙人生的觉解，就包含了对宇宙中客观的"总原理"的认识，只是冯友兰没有将道的这三个层面的意思联系起来。三者的关系值得进一步推进。冯友兰对道的"总原理"、"共相"和"境界"三义是分开而论的，没有注意最高"境界"中的主客究竟如何融合的问题，也未回应前两种解释。他对主体、客体二分的认识模式没有自觉的认识。对主客二分的

① 楼宇烈校释：《老子道德经注校释》，64页。

模式有自觉意识并力求突破的，在当代较早的代表之一应该是牟宗三。

第二节　牟宗三的境界说①

牟宗三作为港台新儒家的代表，他的学术背景与大陆很多学者不同。他离开了唯物、唯心的二元框架，对西方哲学中的本体、现象二分的思维亦有很多反省，并在中国哲学中寻求更积极的响应和解决之道。他的问题意识的来源主要是康德，他的主要贡献在儒家哲学方面，但他的道家研究也很独特，影响很大，他从主观心境的角度理解老子之道。认为最终的境界无所谓主、客观，也无主体、客体之分，而是主客双冥的大境界。

一、主观境界形态形上学的含义

牟宗三诠释《老子》具有多元的视角。牟宗三论及《老子》的著作主要有：《才性与玄理》(1963)、《智的直觉与中国哲学》(1971)、《现象与物自身》(1975)、《中国哲学十九讲》(1983)、《圆善论》(1985)、《老子〈道德经〉演讲录》(1986)、《〈四因说〉演讲录》(1997)。归纳起来，他的诠释主要有三个视角：

第一，牟宗三依据王弼《老子》注，主张透过“无”来理解“道”，并从作用层面上将“无”理解为“灵活的心境”，即冲虚心境。② 他认为，道不是一个能创生的实体，道之“生”其实是万物自生，因此，道之生既不同于上帝之生（creation），也不同于柏拉图的理念（Idea）③，而是别具一格的“不生之生”④。牟宗三解释《老子》第三十七章“道常无为而无不为”说：“道只是一冲虚之德。冲虚无为，不塞其源，则物即自定自化矣。”⑤“不塞其源”是牟宗三多次引用的关键词，出自王弼第十章注“不塞其原（源），则物自生，何功之有？不禁其性，则物自济，何为之恃？”

① 本节参考了拙文《论牟宗三对老子之道的诠释》，载《哲学与文化》，2010（5），129～146页。

② 参见牟宗三：《中国哲学十九讲》，98页。

③ 同上书，106页。

④ 同上书，145页。

⑤ 牟宗三：《才性与玄理》，161页。

牟宗三在王弼注的基础上突出“冲虚玄德”的重要性，“冲虚玄德”是牟宗三将道家解释为“主观境界形态形上学”的重要桥梁。

第二，牟宗三援引康德“智的直觉”这一概念，指出在康德哲学中“智的直觉”只有上帝才具有，而在中国哲学中人通过主观工夫皆可具有，其对应于道家的是“道心”。牟宗三的这一对照，其实是用中国哲学响应康德的“本体”（Noumena）与“现象”（Phenomena）二分的问题。他说：“在实践的境界上，达到物我双忘，主客并遣，在此并无所谓主观客观，主观消失了，客观也消失了，中国儒释道三家对此均有体会。物我双忘，主客并遣时，二元论就不能成立，这个境界也就是康德所谓的超越意义的二元论不能讲的缘故。”① 牟宗三认为，康德所说的“智的直觉”只是一种思考和推测，中国哲学智慧则能通过工夫论达到主客两冥，这是一种实践，与康德不同。牟宗三的老子诠释强调“道心”，将主观心境所达到的主客两冥的境界看作道的境界，正体现了以上看法。当然，这并不能简单地说，牟宗三是借康德诠释《老子》，而只能说，牟宗三在诠释中国哲学时，他的问题意识与康德有关，对《老子》的诠释也不例外。

第三，牟宗三的老子诠释与其所受海德格尔的影响也有关联。《智的直觉与中国哲学》一书，最主要的部分是对康德第一批判中的“超越的对象＝X”的分析，而这一分析是建立在海德格尔《康德书与形而上学问题》（简称《康德书》）的分析之上的。为了引入海德格尔对康德的理解，牟宗三不惜花精力翻译了海德格尔《康德书》的第16、25等节，并附上了自己的理解。他将老子之道解释为主观境界，将“道生”解释为“不生之生”，反复强调老子之道并非某种预先设定的或现成的“理念”、“实体”，揭示了老子之道的不可对象化、不可实体化的特性，这与其受海德格尔的影响是分不开的。

当然，这一认识的背后，不仅与康德、海德格尔有关，也有佛教的启发。牟宗三认为儒家的“本心”、道家的“道心”与佛家的“圆智”一样，所作的观照都是非对象化的观。他说，圆智与识智相反，“它观照即空即假之实相，实相非对象，故无所取相，它不取证此实相，故此实相亦不能对象化……实相是一个虚意，非是一个对象，既非指体字，亦非指事（物）字，而虚意亦不能对象化或实体化而为实”②。这与他从海德格尔那

① 牟宗三：《中西哲学之会通十四讲》，73页，台北，台湾学生书局，1996。

② 牟宗三：《智的直觉与中国哲学》，212～213页。

里吸收的东西有相通之处。

综上所述，牟宗三的《老子》诠释具有多元的视角和中西哲学比较的视野。我们要获得一个契合于《老子》的、具有解释效力的当代诠释，有必要考察一下牟宗三究竟如何诠释《老子》文本的。

冲虚玄德，是牟宗三提出“境界形态形上学”的重要根据。牟宗三根据《老子》第一章“无名天地之始，有名万物之母”认为，无与有、始与母都是针对道而言的。“无”是“就天地向后返”，以求其本；“有”是“关联着万物向前看”，成为某物。“无”总要兑现为某物，“有”总要不断返回到本源，“无”和“有”是动态统一的，二者构成“道的双重性”(double character)①。道的双重性是从客观上而言的，即从事物产生、衍生的客观过程而言。但牟宗三并不关注这个客观过程，而更关注人“如何从生活上（实践上）具体地体悟之”，也即道如何实现的问题。《老子》曰：“致虚极，守静笃”（16 章），牟宗三据此认为“虚静就是道家的工夫”②，老子是“就无限心境的徼向性说有”③，而不是客观地从存在上讲有、无问题。从这可以看出牟宗三与老子问题意识的不同，牟宗三关心的不是万物如何产生的问题，而是万物如何存在，道如何起作用的问题。

牟宗三诠释《老子》第四章“道冲而用之或不盈，渊兮似万物之宗。……湛兮似或存。吾不知谁之子，象帝之先”指出，道具有“主宰性、常存性、先在性”，但他提出了新的问题：道以何方式而为万物之宗主？他说：

> 道非实物，以冲虚为性。其为万物之宗主，非以“实物”之方式而为宗主，亦非以“有意主之”之方式而为宗主，乃即以“冲虚无物，不主之主”之方式而为万物之宗主。……其注第十章“生而不有，为而不恃，长而不宰，是谓玄德”云：“不塞其源，则物自生，何功之有？不禁其性，则物自济，何为之恃？物自长足，不吾宰成。”……有“不塞其源，不禁其性，不吾宰成”之冲虚玄德，则物自然而生，自然而济，自然而长足。④

① 牟宗三：《才性与玄理》，133 页。
② 牟宗三：《中国哲学十九讲》，94 页。
③ 同上书，98 页。
④ 牟宗三：《才性与玄理》，140 页。

牟宗三认为道对万物的“主宰”恰恰是通过不去主宰来实现的。牟宗三所说的在“冲虚玄德”下“物自然而生”的“生”并非是“创造出来”的意思。他谈的不是宇宙论意义上的“生”，而是万物如何呈现的问题。万物如果要自然而然地呈现，离不开人的“冲虚玄德”，即“生而不有，为而不恃”的敞开心境。这一解释是否有道理呢？《老子》直接涉及“生而不有，为而不恃”的表述有第二章、第七十七章、第十章和第五十一章，下面逐一分析。

《老子》第二章曰：“是以圣人处无为之事，行不言之教。万物作焉而不辞，生而不有，为而不恃，功成而弗居。”第七十七章曰：“是以圣人为而不恃，功成而不处，其不欲见贤。”第二章中的“生而不有，为而不恃”，根据上下文，是承前“圣人处无为之事”而讲，其隐含的主语是“圣人”。王弼注：“智慧自备，为则伪也。因物而用，功自彼成，故不居也。”① 可见“生而不有，为而不恃，功成而弗居”的主语应该是圣人。与第七十七章相吻合。那么，“玄德”就是指圣人的品性。“生而不有”是指圣人“不塞其源，不禁其性”的心境，有此心境才能使万物是其所是。这与《老子》说“圣人无为，故无败”（64章）、“圣人不行而知，不见而名，不为而成”（47章）的意思亦相符合。王弼注第二十九章曰：“万物以自然为性，故可因而不可为也，可通而不可执也。”又曰：“圣人达自然之性，畅万物之情，故因而不为，顺而不施。除其所以迷，去其所以惑，故心不乱而物性自得之也。”② 也就是说，圣人要做到自身的心灵没有任何堵塞，才能不塞万物之性。

但是，《老子》第十章、第五十一章“生而不有”的主语与前两章不同。《老子》第十章曰：“生之、畜之，生而不有，为而不恃，长而不宰，是谓玄德。”第五十一章曰：“故道生之，德畜之，长之、育之、亭之、毒之、养之、覆之。生而不有，为而不恃，长而不宰，是谓玄德。”这两章的内容一致，第五十一章“生之”的主语为“道”，可以推出，第十章“生之、畜之，生而不有，为而不恃”的主语也是道。道既“生”万物，也“育”万物，“生而不有，为而不恃”是道育养万物的方式，此方式亦可看作“玄德”。

由此可见，“玄德”的主语既可能是道，也可能是圣人。道与圣人具

---

① 楼宇烈校释：《老子道德经注校释》，6～7页。

② 同上书，76～77页。

有一体性。让万物是其所是的根源是道，人格代表是圣人。既然在《老子》中，“冲虚玄德”的主语既可能是道，也可能是圣人，那么，牟宗三认为“道生”既体现了道的“冲虚玄德”，也体现了圣人的冲虚心境是有根据的。“生而不有”的方式既是道开显的方式，也是圣人体道的方式。牟宗三利用“玄德”一词的双重主语性，尽可能单向地突出“圣人”的冲虚心境，而少谈道的玄德。或者说，他是借助“圣人”的冲虚心境来谈道，其实这并不是道自身展现的方式，而是道如何在圣人身上体现出来的问题。

牟宗三进一步认为，“玄德”之“德”并非指“道德”（virtue）。他根据王弼“德者，得也”，认为“玄德”是心有所得之意。他说：“凡是对于某一种东西，你心中真正有所了解，有所得，这就变成德（virtue）。某种东西得之于心，进到你的生命里面去，你就得到了……这个 virtue 的意思不就道德的意义讲，那就是变成你的 essence，或者说变成你的 character。”① 其将“德”释为“得”并没有错，但老子并没有像牟宗三这样把“德”（得）与“心”直接联系起来。牟宗三可能是为了突出主观心境之工夫而这样讲的。作为修养工夫的“冲虚玄德”，牟宗三说：

> 此冲虚之为宗主实非“存有型”，而乃“境界型”者。盖必本于主观修证（致虚静之修证）所证之冲虚之境界，即由此冲虚境界而起冲虚之观照。……此冲虚玄德之“内容的意义”完全由主观修正而证实，非是客观地对于一实体之理论的观想。……此为境界形态之宗主、境界形态之体，非存有形态之体。②

牟宗三所说的是必须透过主观心境、冲虚玄德才能了解道、证实道的内容。道的“内容的意义”取决于主体的心灵修养的程度。在这一意义上说，牟宗三认为，“主观上的心境修养到什么程度，所看到的一切东西都往上升，就达到什么程度，这就是境界，这个境界就成为主观的意义”③。这里的“主观”并不是说最终证实的境界是主观的，不具有客观性，而是说道的内容要透过主观心境的工夫才能透显出来。他说：

① 牟宗三讲，卢雪崑整理：《老子〈道德经〉演讲录》（五），载《鹅湖月刊》，2003（2），5 页。

② 牟宗三：《才性与玄理》，141 页。

③ 牟宗三：《中国哲学十九讲》，130 页。

> 所谓有升进有异趣的世界则都属于价值层的，属于实践方面之精神价值的；而若在此实践方面的精神价值之最后归趣总是定在自由自在，则有升进有异趣的世界总归是一，虽有升进而亦有终极之定，虽有异趣而亦有同归之同，而此世界中的万物即是“物之在其自己”之物，此则为终极地决定者，亦即是绝对的真实者或存在者……①

他认为，道家的最高境界不是可有可无的，而是客观的、绝对的、真实的、有价值的。按照牟宗三的理解，如果人通过实践达不到最高的道的境界，并不能说明道不存在或不具有客观性，而是因为人的修养工夫不够而已。可见，牟宗三所认定的主观心境之工夫是能否证实道的决定性条件。但一般认为，《老子》第二十五章和第四十二章的道自古以固存，参与万物的生成、发展过程，直接体现于万物之中，并不依赖于主观心境。牟宗三如何诠释这两章呢？

二、第二十五章、第四十二章新诠

除了《才性与玄理》、《中国哲学十九讲》，牟宗三还有讲授《老子》的讲义，在《鹅湖月刊》陆续刊出。其基本思想与前两本一致，但文本分析更为详细，可以对前两本书中的讨论构成补充。本节主要分析牟宗三对《老子》第二十五章、第四十二章的诠释。《老子》第二十五章曰：

> 有物混成，先天地生，寂兮寥兮，独立不改，周行而不殆，可以为天下母。吾不知其名，字之曰道，强为之名曰大。大曰逝，逝曰远，远曰反。故道大，天大，地大，王亦大。域中有四大，而王居其一焉。人法地，地法天，天法道，道法自然。

牟宗三对这一章的诠释有以下几个要点：

第一，“寂兮寥兮，独立不改”表示形而上的真实，是具有“形而上学的先在性”的道，这个道“是绝对的，它是一切东西的标准”。但这只是从道“不依靠旁的这个地方讲”②。

---

① 牟宗三：《中国哲学十九讲》，131页。

② 牟宗三讲，卢雪崑整理：《老子〈道德经〉演讲录》（五），载《鹅湖月刊》，2003（2），10页。

第二，“大”、“远”、“逝”是我们“对道的体会”，通过这些体会才能“恢复具体的道。要不然道是一个抽象的概念”①。

第三，“人”、“地”、“天”通过层层递进而法道，道是最高的，没有一个具体的东西叫“自然”，“自然是一个抒义字”，“说‘道法自然’，也就是说：‘道是自然’”②。

第四，根据王弼“在方而法方，在圆而法圆，于自然无所违”，此处不是就万物自然的本性来说的，而是说人具有法方法圆的“本事”，这是一种“修行”，属于精神（spiritual）的层面，是“一个精神境界”③。

他承认道具有“先天地生”的“先在性”和“独立不改”的“独立性”，但他不从“独立性”来讲，而从主观心境来讲。这两种讲法是矛盾的，他为此只能对《老子》文本的原意作一些“误释”（misinterpretation），具体来说，他的诠释有以下几点值得质疑：

第一，从字源来看，“法”本作“灋”，许慎曰：“灋，刑也。平之如水，从水。廌，所以触不直者去之。”④ 可见，“法”具有“法则”意。那么，在老子这里“法”作动词，应该是“以……为法则”即“效法”的意思。牟宗三将“法”解释为“跟随”，那么“自然”的意思就是“在方的地方，你就跟随说它是方”⑤。“跟随”一词虽然也有“效法”的意思，可以说“跟随”某个法则，但在他的使用中，“跟随”的对象不是具有法则意味的道，而是万物，或者说是方、圆这些具体的性质，这与《老子》的原意有出入。

第二，从语法来看，“法自然者”有两种理解：(1)“者”表示“……的意思是……”，引导判断句。“法自然者”即“法自然的意思是……”；(2)“者”表示“……的人”，“法自然者”即“法自然的人”。根据上下文，不难判断，王弼表达的是前一个意思。王弼并没有强调“法自然的人”是如何做的，而是强调“道”效法自然的特性。王弼注：“人不违地，乃得全安，法地也。地不违天，乃得全载，法天也。天不违道，乃得全

---

① 牟宗三讲，卢雪崑整理：《老子〈道德经〉演讲录》（五），载《鹅湖月刊》，2003（2），12页。

② 同上书，14页。

③ 同上书，15页。

④ 段玉裁：《说文解字注》，470页。

⑤ 牟宗三讲，卢雪崑整理：《老子〈道德经〉演讲录》（五），载《鹅湖月刊》，2003（2），15页。

覆，法道也。道不违自然，乃得其性［法自然也］”[①]。王弼前面一一解释了法地、法天、法道的意思，下面当然是讲“法自然”的意思了，因此采取的是“者”的第一种含义。“在方而法方，在圆而法圆”确实暗含了人如何修为的意思，牟宗三将此句的主语看作人，不违王弼之意。但王弼之意与老子有别。根据老子的意思，万物（包括人）最终都要法道、法自然，而不能反过来说道法万物。也就是说，道不能法方、法圆，牟宗三汲取了王弼的理解，但没有厘清王弼与老子的不同，因此具有局限性。

牟宗三将“法自然者”看成是从人来说的，而不是从道自身来说的，与《老子》该章亦有出入。他其实是将“道法自然”直接换成了“人法自然”，又把“自然”看作人的“修行”，从而使他的主观境界之诠释体系具有一致性。牟宗三在《才性与玄理》中说：“‘在方而法方’者，即，在方即如其为方而任之。亦即于物而无所主焉。如此，则冲虚之德显矣。”[②]那么，他说的“冲虚之德”是“道”的玄德，还是“圣人”的玄德呢？牟宗三接着用“山仍是山，水仍是水”的境界来解释方仍是方，圆仍是圆，那显然就是说圣人的境界。

但牟宗三强调，此境界并非客观的，亦非主观的，而是超出了主客对立的体系，是“大客观”之境。他说：“大客观是绝对的，是凌虚，是一种超然凌虚的境界。凌虚就是凌驾于主客对立之上”[③]。他用“大客观”这个词来表达对主客对立模式的超越，非常有见地。“大客观”之境是物我两冥、主客双遣的至高境界，是道境或无境。这一点即可打消认为牟宗三之境界是纯然“主观的”（subjective）之误解。牟宗三说的“大客观”之境，其实并非全然是《老子》的意思，而是《老子》的客观之道与庄子的“无言之境”合一的产物。

牟宗三的诠释要点如下：

第一，这两句讲的不是一回事，第二句“万物负阴而抱阳，冲气以为和”讲的是“气”，第一句“道生一，一生二，二生三，三生万物”讲的是“道”。“气化是属于现象世界的，道是属于超越的。”[④] 根据《老子》第一章“无名天地之始；有名万物之母”，老子是“通过道的双重性（有

---

① 楼宇烈校释：《老子道德经注校释》，64 页。

② 牟宗三：《才性与玄理》，154 页。

③ 牟宗三讲，卢雪崑整理：《老子〈道德经〉演讲录》（五），载《鹅湖月刊》，2003（2），16 页。

④ 同上书，3 页。

性、无性）来说明天地万物”[1]，而不是用“气”来说明天地万物。

第二，道可以说是“超越的所以然”，是气化背后的“超越的根据”[2]。这根据不是独立于万物的，而是要经过“一、二、三”的过程。朱熹讲的“太极”是超越的理，决定万物如此的变化，是“实现原理”，“老子的道也是这个层次”[3]。但这个道是“无”。

第三，庄子的意思是处在“天地与我并生，而万物与我为一”就行了，不必“自无适有”或“自有适无”，不要“from … to”（自……适……），而要处在“当下即是的境界”[4]，是“主观的修道的境界。而老子所表示的是道与天地万物的关系，这是客观的”[5]。

第四，老子与庄子的境界不同，但“一”指“无”，“二”指“有”，诚如庄子所分析。“一”是称谓，“一”与“一”所指的那个事物（object）就成了“二”。从“无”看，天地万物是没有区分的，一旦能用语言去命名，就是主客对待的关系了，即对偶性（duality）。[6]

第五，依据第一章“此两者同出而异名，同谓之玄”，“三”指的应是“玄”。“玄”是“众妙之门”，也就是道的本性。“道”逐层展开而成为具体真实的。“三”是“一”、“二”综合起来，“代表谐和，也代表法则”[7]。

可见，牟宗三承认道与万物的客观关系，承认万物背后有“道”这个根据。“一”、“二”、“三”是对道的展开过程（process）的说明。这一分析比“气化”论更有说服力，可以成一“观念”。他主要是透过《老子》第一章来诠释第四十二章，第一章是《老子》的重心，能代表老子的核心思想。他借助《庄子》来诠释，也并非盲目比附，而是对二者的不同作了一些区分。他在《圆善论》中说：“老子之有无对言属分解的表象，故其所言之‘无’非庄子无言化境之‘无’也。而‘道生一，一生二，二生三’此一、二、三是对于分解的表象之客观地说……”[8] 他认为老子之道是客观的，“有、无”是统一的，“一、二、三”只是将道生万物的过程分

---

① 牟宗三讲，卢雪崑整理：《老子〈道德经〉演讲录》（七），载《鹅湖月刊》，2003（4），3页。

② 同上书，4页。

③ 同上书，5页。

④ 同上书，6页。

⑤ 同上书，7页。

⑥ 参见上书，6页。

⑦ 同上书，9页。

⑧ 牟宗三：《圆善论》，285页。

解来说，庄子之无的境界才是主观的。这可以澄清很多人的误解，例如认为牟宗三把老子之道解释成了主观的，其实他并不否认道具有客观性。从他拿朱子的“太极”来解释也可看出。他认为，道可以说是变化的万物背后的“根据”，“根据”当然是客观的，但他显然认为这样说没有从主观心境上说更容易，更适合中国哲学注重工夫修养的特点。由此，我们对其第二十五章的诠释也有了更清楚的认识，他之所以把“自然”解释成为主观心境的自然，其实并非针对《老子》之道而言，而是从整个“道家”的终极关切而言。他认为庄子才代表了道家的终极关切，因为庄子达到了主观心境“如是如是”的境界。

牟宗三认为庄子的境界郭象已经了解到了，所以他非常欣赏郭象对《逍遥游》的解释。郭象注《逍遥游》“乘天地之正而御六气之辩，以游无穷者”句曰：“唯与物冥而循大变者，为能无待而常通”①。郭庆藩所引郭象本与此同，也作“唯与物冥而循大变者”②，但他在《才性与玄理》中所引的却是“唯圣人与物冥而循大变，为能无待而常通”，多出“圣人”二字。根据《庄子》下文所讲的“至人、神人、圣人”来看，牟宗三虽然引文有问题，但他的理解并没有错。他说：“真正之逍遥决不是限制网中现实存在上的事，而是修养境界上的事。”③ 可见，他的“主观境界”并非针对《老子》，而是从整个“道家”而言。他对老、庄尽管有所区分，但仍然是从笼统的“道家”去讲的。

在“老庄”并提时，他有时忽略了老、庄之不同。例如他在《才性与玄理》中说：“庄子之‘自然’（老子亦在内），是境界……老庄之自然皆真是‘自己而然’者。”④ “老子亦在内”、老庄并提，都说明他在说“境界”时是从整个“道家”来说的，在“道家”中他又偏爱庄子的终极境界。在后期关于《道德经》的讲课稿中，如上文所分析的对《老子》第四十二章的诠释，则明确区分了老、庄，认为老子是客观地、分解地讲道，不同于庄子讲的“无言之境”。所以，总的来说，“境界形态形上学”是以《老子》之道为起点，剖析客观的道，又融含庄子的主观的道。这个诠释思路并非是从客观“转向”主观，而是从主观上说客观的道，最终走向主客两冥的“大客观”境界。即牟宗三所说的“最后，主

---

① 郭象注，成玄英疏：《南华真经注疏》，9 页。
② 郭庆藩：《庄子集释》，20 页。
③ 牟宗三：《才性与玄理》，182 页。
④ 同上书，179 页。

观的这个经过与客观的进程这两个 process identify，在道家，这二者最后合一了”[1]。这最终合一的状态，实不能用“主观”色彩很浓的“境界”来表示，但除了这个词，在中国语境中似乎找不出更好的词来表达了。当然，《庄子》中既有主观的道，也有“自本自根”的客观的道，牟宗三在借《庄子》来说《老子》时是有取舍的，这是另一话题，姑且不论。

可见，牟宗三解释《老子》的重点并不在“道”是主观还是客观上。他承认道具有客观性，问题是如何讲“道”？他说：“‘道’必须靠‘德’来使它有内容，要不然我们不知道‘道’是什么。凡是客观地讲，形式地讲，就名之曰道。你这个‘道’以什么作内容呢？就看你这个‘德’怎么讲法。”[2] 他认为客观的道是虚的，是形式，从客观上讲，讲的只是“道”这个命名，讲不出什么内容。牟宗三的整个诠释思路和基本观点并不违背《老子》，唯一的不足只是为了诠释体系的内部一致性而不得不对《老子》的个别语句作了“误释”，例如前面分析的第二十五章、第四十二章。这条“不得不”走的是主观境界之诠释进路，其根本的困境来自老子之道的特殊性。所以，要挑战和发展牟宗三的诠释进路都很困难，要么从客观上说，要么从非主非客上说。前者牟宗三已经在诠释中合理地批驳了，即实体、实物、理念类的诠释；后者在牟宗三之后有很多人尝试，即从现象学的进路去说，一开始就不对道作主客二分处理，而是从非主非客，亦主亦客的境域化特点去说。这一进路，牟宗三的著作中其实已初露端倪，尽管他自己未必自觉。在《智的直觉与中国哲学》中，他援引海德格尔的《康德书》，分析“非对象化”的含义，引入“境域”（horizon）概念，与道家之“无”对比，都显示了他对现象学进路的兴趣。

三、对海德格尔“非对象化”的援引

“不生之生”的思想贯穿于牟宗三的《老子》诠释，是其灵魂。牟宗三认为《老子》第五十一章的“道生之”是“开其源，畅其流，让物自生也”[3]，“道生德畜之生也，亦即‘玄德’之生。……亦即‘无生之生’”[4]，“‘道

① 牟宗三讲，卢雪崑整理：《老子〈道德经〉演讲录》（七），载《鹅湖月刊》，2003（4），7页。

② 牟宗三讲，卢雪崑整理：《老子〈道德经〉演讲录》（八），载《鹅湖月刊》，2003（5），9页。

③ 牟宗三：《才性与玄理》，162页。

④ 同上书，161页。

生’是个境界，道就寄托于这个主观实践所呈现的境界”①。“道生之”的主语是“道”，但“开其源，畅其流”的主语是人，牟宗三的“不生之生”的思想并不能完全从《老子》中得出，倒是与他对海德格尔“非对象化”、“境域”的理解有相通之处。牟宗三在《智的直觉与中国哲学》中，非常赞赏海德格尔《康德书》中对“超越的对象 X”的分析，这一点无疑对他的中国哲学诠释有所启发，也是我们检省他的道家诠释的重要资源。海德格尔的《康德书》出版于 1929 年，是继 1927 年《存在与时间》之后对“存在问题”（Question of Being）的进一步探讨。该书是通过对康德《纯粹理性批判》的创造性诠释而完成的，所以，理解起来非常困难。这里只是从其与牟宗三道家诠释思路相关的这个角度入手，去做一些梳理和考察。

康德在《纯粹理性批判》第二版第二部分第二章附录了第一版中的一个标题：“经验的可能性之先天根据”，提到“transcendental object＝X”（超越的对象＝X）的问题。② 康德在这一节中探讨的是如果我们抽掉现象的一切经验性的东西，仍能作为经验的基础的先天条件，即抽去一个对象的属性，我们假以认知的概念、范畴，还剩下什么。这涉及认知一个对象如何可能的问题。康德认为，构成一切先天知识的条件总是要存在的，或者说总是要预设它的存在，人的认知以及知识的普遍性才是可能的。他说：“构成一切先天知识甚至任意的荒谬臆造的那些要素，虽然不是从经验那里借来的（因为否则它们就不会是先天知识了），但它们任何时候都必须包含一个可能经验和该经验的一个对象的纯粹先天条件，因为否则不单是通过它们就根本不会有什么东西被思维到，而且就连它们自身也将会没有材料而不可能在思维中产生了。”③

康德认为，这个默认的、作为对象之为对象的先天条件而存在的东西

---

① 牟宗三：《中国哲学十九讲》，112 页。

② Immanuel Kant, *Critique of Pure Reason*, translated by Norman Kemp Smith, London: Macmillan & Co. Ltd, 1958, p. 137. 参见康德著，邓晓芒译，杨祖陶校：《纯粹理性批判》，121 页，北京，人民出版社，2004。“transcendental”，邓晓芒译为“先验的”，牟宗三译为“超越的”。

③ Immanuel Kant, *Critique of Pure Reason*, p. 130. He says, “But the *elements* of all modes of *a priori* knowledge, even of capricious and incongruous fictions, though they cannot, indeed, be derived from experience, since in that case they would not be knowledge *a priori*, must none the less always contain the pure *a priori* conditions of a possible experience and of an empirical object. Otherwise nothing would be thought through them, and they themselves, being without data, could never arise even in thought.” 参见康德著，邓晓芒译，杨祖陶校：《纯粹理性批判》，113 页。

是不可直观的，是非经验的，即超越的对象X。海德格尔在《康德书》第25节中相应地探讨了关于存在物的知识如何可能的问题。他说："存在物是如其为存在物而被知，即，被创造吗？绝对不是。不只是存有论的知识不能创造这存在物，它甚至不能把它自己直接地对题地（thematically）关联到存在物上去。"① 他认为超越的对象X是不可知的，"这X是我们对之不能有所知的'某物'。这个X其不可知不是因为作一存在物它隐藏于现象后面，但因为原则上它不能成为一认知之对象，即是说，它不能成为关联于存在物的知识之对象。它从不能成为这样的一个对象，因为它是一个'无'"②。牟宗三正是从这个"无"上洞察到其与道家的相通之处。他说：

> 它（按：超越对象X）实不是一种对象，它是让某物成为一对象者，所以它本身不是一个存在物，因而就是一个无。只有在此无中，在此自由空间中，始能让某物不是无，以代替无。此或可以庄子所谓"虚室生白，吉祥止止"之义来了解。③

庄子"虚室生白，吉祥止止"出自《人间世》，郭象注曰："虚［室］而纯白独生矣。夫吉祥之所集者，至虚至静者也。"④ 敞开一个空间，光亮才能进来，虚才能被充满为实。这样的境域是虚静的。庄子的目的是借此来说人可以通过"循耳目内通而外于心知"之工夫达到与天地感通的境界。海德格尔谈的不是主观心境的工夫，而是对象如何呈现出来的过程。海德格尔说："现象本身只是表象，不是事物之在其自己。那被表象在这些表象中

① Martin Heidegger, *Kant and the Problem of Metaphysics*, translated by Richard Taft, Bloomington and Indianapolis: Indiana University Press, 1997, p. 85. He says, "Do beings come to be 'known', then, in this 'creative' ontological knowledge-i. e., are they created as such? Absolutely not. Ontological knowledge not only does not create beings, but also it does not relate itself at all, thematically or directly, to the being." 参见牟宗三：《智的直觉与中国哲学》，43页。

② Martin Heidegger, *Kant and the Problem of Metaphysics*, p. 86. He says, "The X is a 'something' of which in general we can know nothing at all. But it is not therefore not knowable, because as a being this X lies hidden 'behind' a layer of appearances. Rather, it is not knowable because it simply cannot become a possible object of knowing, i. e., the possession of a knowledge of beings. It can never become such because it is a Nothing." 参见牟宗三：《智的直觉与中国哲学》，44页。

③ 牟宗三：《智的直觉与中国哲学》，26页。

④ 郭象注，成玄英疏：《南华真经注疏》，83～84页。

者只有在而且对着一接受的指向活动而展现其自己。这个指向活动必须‘也有其对象’。实在说来，要想去形成一个地带（horizon，境域），在此地带内，一自立的存在物（an autonomous essent）能够被遇见，则必须事先一般地能给出某物，此某物即有一对象的性格（ob-jective character）。”① 也就是说，那使一个对象成为可能的东西，其实是一种“指向性活动”。

牟宗三认为：“海德格尔所说的‘有限理性之超越层（超越域）’，或‘自由空间’，此是有限理性本身底超越性，不是有限理性脱离经验在超绝方面所提供的超绝理念如上帝存在，意志自由等。此超越层是由统觉，超越的我，范畴（纯概念），与超越对象＝X 而表示。这是一种事先的，先行的指向活动，亦曰范型性的置定之活动，由此即可说‘对象化底活动’，既‘让某物成为一对象’之活动。”② 牟宗三由海德格尔的“超越域”（transcendence）或“自由空间”（free space）联想到庄子的“无”。牟宗三认为这属于有限理性的能力。它的超越性表现在“对象化”的指向性活动中。这一活动让万物以其自身的方式呈现出来。

这一指向性活动是境域构成（horizon formation）的活动，在这一构成性的、不可见的境域下，一物站出来被看见，成为对象（object）。归根到底，这个能力是一物自己所具有的，不是人的主观赋予的，也不是上帝所具有的“智的直觉”赋予的。海德格尔说：“一切有限的存有皆必须有这种基本的能力，此能力可被描述为转向某某［朝向某某］，它让某物成为一个对象（ob-ject，刺出去使之挺立而为一个对象）。”③ 可见，这个指向性活动是“一切有限的存有”所具有的能力，不单单是人的事情。那人的角色是怎样的呢？海德格尔说：“在这种根源的朝向活动中，有限的存在首先给它自己置定一个‘自由的空间’（free space），在此自由空间

① Martin Heidegger, *Kant and the Problem of Metaphysics*, p. 86. He says, “Now the appearances, however, are themselves ‘only representations’, not things in themselves. What is represented in them only shows itself in and for a turning-oneself-toward… which takes-in-stride. This, however, must itself ‘have its object in turn’. Indeed, in general, it must give something in advance which has the character of a standing-against in general in order to form the horizon within which original beings can be encountered.” 参见牟宗三：《智的直觉与中国哲学》，44 页。

② 牟宗三：《智的直觉与中国哲学》，40 页。

③ Martin Heidegger, *Kant and the Problem of Metaphysics*, p. 50. He says, “Finitute creatures need this basic faculty of a turning-toward… which lets- [something] -stand-in-opposition.” 参见牟宗三：《智的直觉与中国哲学》，24 页。

内，某物能与它（他）相对应。事先将一个人自己摄持于这样的一个自由空间内并且去形成这自由空间"[①]。可见，海德格尔说的“超越层”不是康德说的超绝的“本体”（Noumena）层，而是一个我们看不到的、敞开的“境域”。“境域”（Horizont），原指地平线，这里指当我们与一物打交道时，先行展开的“指向性活动”中所敞开的自由空间。海德格尔说：

> 存有论的知识“形成”超越层，而此种形成（formation）不过就是敞开一个地带（horizon），在此地带内，存在物底实有（Being）是事先可觉知的。假定那种真理意谓：某某之不隐蔽（Unconcealment of…，Unverborgenheit von），则超越层（或超越性者）即是根源的真理。但是，真理自身必须被理解为实有之揭露（disclosure of Being）以及存在物之朗现（明朗 overtness of essent）。[②]

我们总是已经事先进入了这个境域并参与境域的构成，对象是在这样的境域中挺立出来，完成了一个“对象化”的过程，而“境域”本身是“非对象化”的。我们身处境域之中，参与境域的构成，就无法把境域作为一个对立于我们的客观对象加以认识。牟宗三将海德格尔的“对象化”与“对象化之活动”对比如下：

↗ entgegenstehen：become an ob-ject（成为一对象）或 ob-jectification（对象化）

↘ entgegenstehenlassen：Letting become an ob-ject（让其成为

---

① Martin Heidegger, *Kant and the Problem of Metaphysics*, p. 50. “In this original turning-toward, the finitute creature first allows a space for play [Spielraum] within which something can ‘correspond’ to it. To hold oneself in advance in such a play-space, to form it originally, is none other than the transcendence which marks all finite comportment to beings.” 参见牟宗三：《智的直觉与中国哲学》，24 页。本节所引英文本中的“根源的朝向活动”用“original turning-toward”，牟先生所列的引文则是“Primordial Act of Orientation”。

② Martin Heidegger, *Kant and the Problem of Metaphysics*, p. 87. He says, “Ontological knowledge ‘forms’ transcendence, and this forming is nothing other than the holding-open of the horizon within which the Being of the being becomes discernable in a preliminary way. If truth indeed means: unconcealment of … then transcendence is original truth. Truth itself, however, must bifurcate into the unveiledness of Being and the openness its truth lies precisely in [the act of] letting the being be encountered within the horizon.” 参见牟宗三：《智的直觉与中国哲学》，45～46 页。

一对象）或 Act of ob-jectification（对象化之活动）

↗ Gegenstand：Object（that which stands opposite to，那立在那里而对反于某某者）

↘ Ent-stand ：e-ject（that which stands forth，那自来自在而非对反于某某者）①

这两组中的概念所表达的概念不同，前者（entgegenstehen，Gegenstand）是指认识论意义上的对象被认识的过程，一物相对于主体而成为对象，这是有限知识；后者（entgegenstehenlassen，Ent-stand）是指存有论意义上的使一物成为对象成为可能的东西，是超越主客对应关系的特殊的对象，是无限知识，是“以其自己而展现其自己（show itself by itself）”②。牟宗三显然认为后一种是他要讲的境界，即主客未分的、物我为一的终极状态。

那么，我们来看牟宗三所引的“境域”与老子之“无”到底有何异同。牟宗三与海德格尔的思路之不同在于，海德格尔主要是借着康德处理我们关于对象的知识如何可能的问题，在此基础上提出“时间”这个境域，它的“超越性”在于连接着知性与感性，这种原本的连接无所谓主、客体，海德格尔的“非对象化”的境域并不涉及主体心境。牟宗三认为道也是主客不分的境域，但这一境域要依赖人的主观心境而显。人必须通过“道心”观照，万物才能是其所是地呈现，此刻主客两冥，归于道境，虽然他将此道境称为“大客观”，但仍是从主观上说的，道的内容仍要由主观心境来体证才能真正确立起它的存在。牟宗三由海德格尔的“非对象化”的境域想到庄子的“虚室生白”，他认为庄子的“无”也具有这样的

① 牟宗三：《智的直觉与中国哲学》，32～33 页。“e-ject”，牟宗三又译为“自相”（39 页）、“自在体”（93 页）、“自在物”（96 页），用来区别于认识中的“对象”（object）。他引程明道“万物静观皆自得”说：“此‘自得’的万物即是当作‘e-ject’看的万物。此是对‘静观’而说的。静观就是一种无限的直觉之朗照——亦就是寂照。它是没有对象（ob-ject）的。只有当心不寂不静憧憧往来时，万物才成为现象义的对象，而此时我们的心即成为认知的心——经验的或超越的”（36 页）。牟宗三对“object”（对象）与非对象的“e-ject”（自在物）的区分十分精彩，他看到了人在寂静心境下与物不分的这个维度，实是受海德格尔的启发。对寂静心有了新的描述和洞见，实是将其对应到了“智的直觉”上，这在中国工夫论系统中确实可以开发出来。虽然他引用程明道来解释已经离开了道家，但道家致虚守静的工夫下，未必不会如如展开此等境界。

② 牟宗三：《智的直觉与中国哲学》，34～35 页。

非对象化的特征，庄子这个意义上的“无”又与老子的冲虚之道相通，所以，可代表老子之道的特性。这一非对象化的思路确实能为道的玄虚特点如“道可道，非常道”（1章）、“迎之不见其首，随之不见其后”（14章）、“惟恍惟惚”（21章）提供一种解释，自有其价值。至少可以避免我们将道作为实体、实物或理念来对待。牟宗三在这一方面是有卓见的。

但牟宗三并未真正进入现象学的识度，从他对海德格尔的批评可以看出他对海德格尔也有误解之处。他认为“工夫所至即是本体”，而“海德格尔并无此义。他所描述的良心底呼唤，疚仄之感，怖慄之感，以及所谓决断，焦虑，虚无等等，似乎都可以显示出一个‘真心’来，但在他的描述中，他把这些都弄散荡了……他把这些有价值意味，富于人生深厚严肃意义的词语，都在他的现象学的方法中，给弄散了，成为无根的”①。海德格尔的这些对“此在”（Dasein）生存情态之描述确实目的并不在弘扬什么价值。但这并不意味着海德格尔的用词没有“价值意味”，海德格尔提出的“向死而生”中的决断及人的“本真性”（authenticity）都具有隐秘的价值关怀。

牟宗三脱离了这些“此在”的描述，是否就是“有根”的哲学呢？从道家而言，“工夫”又如何能成为“本体”呢？这些都是大问题，暂且不论。可以说的是，牟宗三对海德格尔有所领悟，但他与海德格尔最终失之交臂，停留于主观境界的进路上。倪梁康曾指出“他的问题仅仅在于没有看到现象学方法的可能价值，他误以为现象学的方法不能用于人生哲学”②、“也没有注意到当代现象学对康德二元论的解构与克服”③。即便如此，我们仍要承认，牟宗三对海德格尔《康德书》的细密解读和深邃分析，对“非对象化”、“境域”的重视都对《老子》的当代诠释有重要意义。后来诸多学者用现象学的方法解读《老子》，大开其境，卓有成效。如果从《老子》诠释史来看，对现象学视野的引入，牟宗三是较早的学者之一。

海德格尔只是描述我们关于对象的知识是如何可能的，他的目的是要提出“时间”的问题，沿着《存在与时间》的进路，他没有强调主体在这个“对象化”过程中所起的作用。牟宗三则将“境域”的主语转化为人，境域乃人之心境的开显。“道心就是无限心，无限心就是智的直觉，智

① 牟宗三：《智的直觉与中国哲学》，362页。

② 倪梁康：《牟宗三与现象学》，载《哲学研究》，2002（10），44页。

③ 同上书，47页。

的直觉所观照的是万物之在其自己的万物，但此处不显创造义，而是一体呈现。”① 牟宗三关切的不是万物如何显现出来的，而是如何“在其自己”，因而突出主体工夫，强调“冲虚玄德”，援引庄子的“虚室生白”来说明海德格尔的非对象化的“境域”特征。其实反过来，他也在用海德格尔来说明道的非对象化特征，并最终将境域纳入主体工夫来讲，尽管他的“主体”并不是“主体主义”意义上的“主体”，但他仍然没有抛开通过主体去显示道的途径。道为什么不可以原本就是无主无客的一体呈现呢？这会在下一章讨论。

综上所述，牟宗三没有从传统的气化生成论的进路出发，而是从“不生之生”、万物自行显现的进路出发，揭示了道不可名、不可闻、不可见的特点，相对于本体、实体论解释更契合《老子》。但他对主观工夫过分强调和依赖，以至认为道必须通过主观心境才能显示并发挥作用，并不适合于《老子》的所有文本。这一诠释的局限集中体现在对《老子》第二十五章中的“自然”所作的主观心境之解释。尽管如此，其“不生之生”的思路是值得进一步挖掘的，虽然他的诠释并没有自觉，但他对海德格尔“非对象化”及“境域”的分析并由此联系到道家的特殊性格，具有探索性贡献。

四、问题与推进

对于牟宗三的诠释，我们首先要问的是：“主客两冥”的工夫如何可能？牟宗三是在援引海德格尔的非对象化概念的基础上，强调“道生”不是讲道的创造，而是万物如何是其所是地呈现，这才是道的作用和圣人的作用所在。只不过牟宗三更强调这一呈现过程中的主体作用，认为人必须通过类似于“智的直觉”的“道心”观照，不塞其源、不禁其性，万物才能是其所是地呈现。他说：“道家是静态的，重观照玄览；观照玄览是无限心的，道心就是无限心，无限心就是智的直觉，智的直觉所观照的是万物之在其自己的万物，但此处不显创造义，而是一体呈现。”② 牟宗三要突出主体工夫，所以在诠释《老子》时从“无”切入，强调虚静、玄德在《老子》中的重要性，并援引庄子讲的“虚室生白”来帮助说明海德格尔的“境域”的非对象性。

牟宗三受海德格尔的影响是潜在而复杂的，境域与他的“不生之生”

①② 牟宗三：《中国哲学十九讲》，125页。

思路从根本上说是一致的。尽管“不生之生”是在《才性与玄理》(1963)中提出的，早于《智的直觉与中国哲学》(1971) 出版，但其将道家最终总结为“主观境界形态学”是在晚于《智的直觉与中国哲学》12 年出版的《中国哲学十九讲》(1983) 中。牟宗三的“主观境界形态形上学”有很多理论来源，我们至少可以说，海德格尔是其潜在的来源之一。

但问题在于，海德格尔自《存在与时间》以来的思路乃破除主客二分的现象学思路，牟宗三对这一思路并没有完全领会。海德格尔强调“此在”(Dasein) 有朝向死亡、聆听“良知”而做出“决断”的能力，但并不强调“主体”，更没有工夫论可言。这种对“良知”的聆听是在不同时间模态中绽现出来的，而非是自觉工夫所能达到。所以，我们要问，牟宗三对主体工夫的强调是否可靠？当我们强调主体时，已经站在主客二分的思维模式中去理解了，虽然最终的境界可以通过体验或臆测描述为主客两冥，但通过主体工夫又如何能最终达到泯除主客差别以至无主无客呢？这本身似乎是悖论，如同点燃一盏灯要看看黑暗的模样或想要抓住自己的头发要把自己扔出地球。尤其将道的开显理解为对主体工夫绝对依赖，这必然带来很多问题。老子其实提到工夫论的很少，除了“涤除玄览”、“致虚极，守静笃”这样概括性的描述，找不到具体的工夫内容。如果从主体的角度去理解道，工夫论如何讲是个难题，也是个重要问题。牟宗三在这个问题上没有具体的处理，尽管他的整体构架与问题意识周全而深刻。

其次是我们如何看待“常道”、“非常道”的二分？台湾学者赖锡三曾对牟宗三的诠释做出这样的批评，第一，牟宗三使用主观或主体这两个词语容易让人产生误解或混淆，这可能是“其在吸收康德哲学的过程中，亦不自觉地将康德系统相本身的限制给携带进来”，“此即所谓有认识论上的主客二分，伦理学上的事实价值二分，人类学上的知情意三分，与基础主义的思考方式”①；第二，牟宗三“并未全副把握道家的形上真实境界，而只试图以主观境界的冲虚玄德把道家式存有论诠释成主观境界形上学，

① 赖锡三：《“境界形上学”的继承、厘清和批判与道家式存有论的提出》，载《鹅湖月刊》，1997（总第 270 期），28、31 页。他认为道家工夫是要克服主、客对立，达到“真我”。他把这种状态叫做“同体状态”。这时候连“境界”这个词都是不适合的，因为无所谓“主体我以无限自由的心境在观照万物，因为此时的真人已回归于道本身，回归到万物同体的根源状态，一切皆是道在流行呈现”。笔者认为，其实赖先生此同体状态就是牟先生说的圣人的最高境界，牟先生的理论已经包括了这层意思。问题在于，即使取消了主体，也不能达到破除主客二分，有一个“观”字，主体就还隐藏其中。道既然本身就是虚的，那它更适合作为自然的、不断呈现着的境域。

以致有将道家存有学给化约掉之嫌”[①]。这与本书的结论殊途同归，只是本书不讨论那独立的道是否可以构成“道家式存有论”，是什么意义上的“存有”的问题。

上文已提到，牟宗三的诠释构架主要是受康德的影响，他要响应康德之本体与现象二分的问题，但他对老子的诠释并没有完全脱离“二分”的思维。牟宗三在《老子〈道德经〉演讲录》中用前两讲来诠释《老子》第一章，对该章中的“道”十分重视，他说：

> “道可道，非常道。”这是说两种道：一种是常道，一种是非常道。……这段话一开首就把天下的道理分成两种嘛。……这就像佛教所说“一心开二门”。“一心开二门”是哲学的一个共同的模型，是人类智能开发的一种共同的方式。在古希腊柏拉图就分两个世界（intelligible world）与（sensible world），两个世界就是二分嘛。[②]

《老子》第一章首句只是表达了“常道”与人们用工具性的语言来说的道是不同的，“常道”隐而“非常道”显，老子并没有将其看作是“两个世界”。此外，老子又讲“无名天地之始，有名万物之母”，“始”与“母”的地位同样重要，只不过“无”作为开始更为玄妙；又讲“此两者同出而异名，同谓之玄。玄之又玄，众妙之门”，既然是“同”，就不能为“二”。因为“同”，才能“玄”，才有“有无相生”的思想。柏拉图的 sensible world（感觉界）与 intelligible world（智识界）是完全不同的领域。

为了沟通这两层不同的“道”，牟宗三提出“道心”这个概念。“不可道的道涌到心上讲，那个心就是道心”[③]，并与庄子的“成心”（《齐物论》）比照，“‘成心’与‘道心’相反……‘道心’是 transcendental，经过修行而转出来的”[④]。牟宗三认为“道心”（即“虚静”之心）代表道家的工夫论。“虚静”出自第十六章的“致虚极，守静笃，万物并作，吾以观复。夫物芸芸，各复归其根。归根曰静，是谓复命。复命曰常，知常曰明”。人心

---

① 赖锡三：《“境界形上学”的继承、厘清和批判与道家式存有论的提出》，载《鹅湖月刊》，1997（总第 270 期），28 页。

② 牟宗三讲，卢雪崑整理：《老子〈道德经〉演讲录》（一），载《鹅湖月刊》，2003（1），3 页。

③ 同上书，4 页。

④ 牟宗三讲，卢雪崑整理：《庄子〈齐物论〉演讲录》（二），载《鹅湖月刊》，2002（总第 320 期），1 页。

虚静以观万物，万物之“作”是人要虚静以观照的原因，牟宗三解释说：

> 若顺着“作”而观万物，就是现象，我不顺着它那个“作”看，就是把物看做它自己。这个就相当于康德所说的那个物之在其自己(Ding an sich)。……康德说：一切东西有两重身份，一是现象的身份，一是物自身的身份。同一个东西有两个身份。假定我通过时间、空间、范畴来看它，它就是现象。假定我超脱了时间、空间、范畴来看它，它就是物之在其自己。所以，康德说现象与物自身的分别是主观的，不是说客观地有两个东西摆在那里。①

牟宗三用康德“物自身”（Ding an sich）与“现象”分别来看《老子》，他认为康德这两个世界的区分并非二元的，而只是主观所作的分别，这当然不能将牟宗三的诠释看作是二元区分下的诠释。但是即便如此，本体与现象的关系是什么，牟宗三还是要致力于回答这个问题，这影响了他对道家的解读。他认为，老子的“常道”与“非常道”之间也需要“道心”来沟通，在日常生活中，人通过工夫修养，有道心才能了解超越的“常道”，达到人与道的合一。这一思路还是先二分再合一的思路，只不过这里的二分不是本体与现象的二元论，而是形上与形下、超越与具体的二分。仅就文本来讲，老子所说的“万物归根”是指万物回到了自己的本性，而不是回到了“物自身”。因此也不需要脱离时间、空间的范畴去看它，老子并没有物自身这样的思想。

牟宗三对老子的诠释其实背后预设了一个“二分”的框架，只不过此“二分”并非二元对立的意思，而是说在道人之间，牟宗三“不得不”通过“道心”——中国式的“智的直觉”来打通。林安梧对这一进路有深刻的评价。他说：

> 牟宗三借西哲之康德哲学以会通中国哲学，此其所以为“善巧”也，亦此其所以“不善巧”也。其善巧处在以此对比而有完整之结构，并超迈康德，而欲补康德之不足，然其不善巧处亦因借康德而受限于康德之结构区分，本可一贯，却又难免两分，本可融通，却又难

① 牟宗三讲，卢雪崑整理：《老子〈道德经〉演讲录》（四），载《鹅湖月刊》，2003（1），6页。

免异别。……牟宗三所开启之生活世界仍是一理想之真空家乡式的生活世界，此生活世界之为鸢飞鱼跃，此当然是就其理想处来说，至于现实则仍是无家可归，仍待此“主体”之奋斗也。此主体之为絜静精微以上契于“道”，又待此主体之载浮载沉以下接于“世”，主体之矛盾、破裂由是可知矣！①

此文是林安梧在牟宗三去世不久感慨而作。在其深情的背后又如此直言牟宗三思想的瑕疵。但若要克服牟宗三之构架的局限，在道家诠释上再推一步何其艰难。因为牟宗三触及到了当代老子道论诠释最困难的问题：如何以非对象的方式显示道本身？采用怎样的构架才能获得一个既符合道的非对象化、非实体化的特性，又契合《老子》八十一章之整体意涵？笔者认为，牟宗三的思想所透露出的现象学视野在诠释老子上是有效的，在他之后，用现象学的方法来重读的学者不少，但最为系统、深刻且致力于中国哲学与现象学的全面打通的是张祥龙。

第三节　张祥龙的境域说②

张祥龙的诠释非常具有代表性。他引入现象学的进路，将道诠释为非

① 林安梧：《开拓者的寂寞——兼论“形而上的保存与实践之开启”》，载《鹅湖月刊》，1995（总第239期），40页。

② 本节参考了拙文《论张祥龙对老子之道的诠释》，载《哲学与文化》，2013（8），159～180页。张祥龙相关著述代表有：（1）道家诠释：《海德格尔思想与中国天道》，其中有部分关于佛家、兵家的诠释；《思想避难：全球化中的中国古代哲理》，北京，北京大学出版社，2007；《中华古学与现象学》，济南，山东友谊出版社，2008。（2）儒家诠释：《从现象学到孔夫子》，北京，商务印书馆，2001；《孔子的现象学阐释九讲——礼乐人生与哲理》，上海，华东师范大学出版社，2009；《先秦儒家哲学九讲：从〈春秋〉到荀子》，桂林，广西师范大学出版社，2010；《拒秦兴汉和应对佛教的儒家哲学》，桂林，广西师范大学出版社，2012，其中有部分关于法家、佛家的诠释。（3）中国哲学研究方法论：《现象学的构成观与中国哲学》，《中国现象学与哲学评论》，第一辑，335～349页，上海，上海译文出版社，1995；《边缘处的理解——中西思想对话中的“印迹”》，载《安徽师范大学学报》，2000（4），478～482页；《“中国哲学”，“道术”，还是可道术化的广义哲学?》，载《哲学动态》，2004（6），11～13页；《海德格尔论老子与荷尔德林的思想独特性——对一份新发表文献的分析》，载《中国社会科学》，2005（2），69～83页；《中国传统哲理与文化的阐释原则之我见》，载《西北大学学报》，2007（2），5～7页；《海德格尔与中国哲学：事实、评估和可能》，载《外国哲学》，2009（8），65～76页。

对象化的“境域”，具体指生命源头境域，它是一切意义得以呈现的根基，具有构成性和自足性。这与老子之道的模糊性、动态性、生成性的特征相吻合。但是，其所代表的现象学诠释进路只为释放道的更生动、更原本的含义打开一扇门，而没有穷尽道的全部含义，也没有开显道在工夫论层面所具有的价值。

一、现象学的诠释进路

随着西方哲学思潮的不断涌入，《老子》研究呈现出更加多元的样态，对中国哲学的研究方法也提出了新的挑战。“现象学诠释”是其中颇有代表性的一类，但还没有引起足够的重视，这一诠释进路主要有以下代表：

类型	学者	著作	对道的诠释	时间
老子之道的现象学诠释	陈荣灼	*Heidegger and Chinese Philosophy*①	Nothingness；origin	1986
	熊伟	《道家与海德格尔》②	揭示二者在思路上的相通，未直接解释道	1992
	叶秀山	《我读〈老子〉书的一些感想》③	没有“Da”的 Sein（存有）	1992
	郑涌	《以海德格尔为参照点看老庄》④	道具有直接自我显现性	1992
	傅伟勋	《学问的生命与生命的学问》⑤	海德格尔的“存在”与“存在者”未分的状态与老子“道生一”或“道之为物”的道类似	1993
	罗亚娜	《老子与海德格的对话》⑥	道是纯粹存在的本质，是生命本身，具有时间性	1995
	张祥龙	《海德格尔思想与中国天道》	构成着的终极之道；生存的顶极状态	1997

① 陈荣灼：*Heidegger and Chinese Philosophy*，台北，双叶书廊有限公司，1986。

② 熊伟：《道家与海德格尔》，见《道家文化研究》，第二辑，130～132 页，上海，上海古籍出版社，1992。

③ 叶秀山：《我读〈老子〉书的一些感想》，见《道家文化研究》，第二辑，133～152 页。

④ 郑涌：《以海德格尔为参照点看老庄》，见《道家文化研究》，第二辑，153～166 页。

⑤ 傅伟勋：《学问的生命与生命的学问》，台北，正中书局，1993。

⑥ 罗亚娜（Jana Rosker）：《老子与海德格的对话——试谈一些有关中西传统“存有论”比较的问题》，载《语文学报》，1995（2），191～213 页。

续前表

类型	学者	著作	对道的诠释	时间
老子之道的现象学诠释	王庆节	《“恒”与道的时间性》①	道具有“时间性”，与海德格尔一样从生死大限的角度探讨	2001
	袁保新	《秩序与创新》②	道可视为海德格尔的“存有”(sein，being)	2001
	那薇	《道家与海德格尔相互诠释》③	破除主客对立的心物交融的原始混沌之境	2004
	刘国英	《现象学可以还中国哲学一个公道吗?》④	道之自然，与梅洛-庞蒂的“本源的自然”(la Nature primordiale) 相通	2005
	黄国钜	《〈老子〉的现象学分析与时间问题》⑤	从语言的角度谈老子言道策略，从内时间意识分析无、有、自然等重要概念	2005
	关子尹	《海德格的“同一性”思维与道家哲学》⑥	老子的“道与人之相应性”与海德格尔的存在乃与人“彼此共属”类似	2005
	赖贤宗	《道家诠释学》⑦	道的有、无“双重性”与海德格尔之存有的真理既去蔽又遮蔽类似	2007
	钟振宇	《道家与海德格》⑧	道的“无为”与海德格尔的“泰然任之”(Gelassenheit) 相通	2010

① 王庆节：《“恒”与道的时间性》，见王庆节：《解释学、海德格尔与儒道今释》，206～230 页，北京，中国人民大学出版社，2004。另参见“*Heng* 恒 and Temporality of Dao: Laozi 老子 and Heidegger”, *Dao: A Journal of Comparative Philosophy* , Dec. 2001, Vol. 1, pp. 55-71。

② 袁保新：《秩序与创新——从文化治疗学的角度省思道家哲学的现代义涵》，载《鹅湖月刊》，2001 (2)，11～22 页。

③ 那薇：《道家与海德格尔相互诠释：在心物一体中人成其人物成其物》，北京，商务印书馆，2004。

④ 刘国英：《现象学可以还中国哲学一个公道吗？——试读老子》，见《现象学与人文科学》，第二辑，9～35 页，台北，边城出版社、城邦出版有限公司，2005。

⑤ 黄国钜：《〈老子〉的现象学分析与时间问题》，见《现象学与人文科学》，第二辑，105～160 页。

⑥ 关子尹：《海德格的“同一性”思维与道家哲学》，见《现象学与人文科学》，第二辑，211～260 页。

⑦ 赖贤宗：《道家诠释学》，北京，北京大学出版社，2010。

⑧ 钟振宇：《道家与海德格》，台北，文津出版社，2010。

以上诠释进路又可根据专业背景与问题意识的不同分为四类，一是做比较哲学的学者，其问题意识是寻找中、西方哲学对话的可能，现象学是其中一个重要的桥梁。他们开掘出了一些新的思想，富有启发，如陈荣灼、熊伟、叶秀山、郑涌、罗亚娜、那薇、赖贤宗与钟振宇的研究。二是做现象学的学者，他们对中国哲学有浓厚的兴趣和一定的积累，其问题意识主要是如何通过解读中国哲学文本对现象学方法做更宽广的尝试，如王庆节、刘国英、关子尹与黄国钜的研究。三是新儒家学者，其问题意识是如何借助西方哲学完成中国传统文化的现代转变，如傅伟勋与袁保新的研究。第四类是比较哲学出身，渐渐转向中国哲学研究的学者，其问题意识是在全球化语境尤其西方哲学的强势冲击下中国传统文化的自持与重建，如张祥龙的研究。

尽管如此，他们有一个共同点：自觉抵制以西方传统形上学之“理念”（Idea）、“实体”（Substance）等概念来解释老子之“道”；开出一条与中国大陆以冯友兰为代表的笼统地将“道”解释为“总原理”、“共相”以及港台以牟宗三为代表的将“道”诠释为“主观境界”的做法不同的进路；侧重于揭示道的非对象化（non-objectified）、非二元论（non-dualistic）、非概念化（non-conceptual）的特性，具有独到的发现。

张祥龙的诠释除了问题意识更加敏锐，更能凸显今天西学冲击下中国哲学的处境，还有两个鲜明的特色：一是，他不是做平行的比较，而是深入到中国哲学内部，先对道家，进而扩展到对儒家、佛家、法家、兵家的经典诠释，从现象学的视角进行了全面而细致的尝试，最终站在中国哲学与文化的立场上进行深度而非过度的诠释；二是，他注重方法论的研究，对中国哲学研究方法论有充分的反省，从现象学与中国哲学之思维方式的比较和接触史的考察都客观而严谨，使其现象学诠释能建立在学理与事实根据之上又不失对中国源头处之思想的关怀。

张祥龙的诠释主要针对以胡适、冯友兰等为代表的将老子之道诠释为西方传统形上学意义上的实体、共相、绝对精神等的进路。① 实体、共相等都是西方传统形上学中根本性的概念，在同一个哲学家那里有固定的含义，归根到底是理性思辨的产物，与中国道、仁等根本概念不同。道、仁在不同语境下有不同的含义，是古人基于对世界的洞察和生命体悟而提出的价值指向。因此，在道家诠释方法上，不能简单地用西方的概念化方

① 参见张祥龙：《中国哲学研究方法的多元化》，载《中国人民大学学报》，2003（2），10页。

法。张祥龙指出，概念化的方法“不符合中国古代思想的‘道可道，非常道’的基本特征，使原本发生型的（‘惚兮恍兮，其中有象；恍兮惚兮，其中有物’）、非对象化的思想被静态化、现成化和观念化，丧失其中最重要的‘消息’……这样的中西‘结合’，实际上造成的是一种思想上的主宰与被主宰的关系”①。就《老子》诠释来讲，即容易将道静止化、固定化、概念化，遮蔽其原本具有的“不可名”、“惚兮恍兮”、能“动”、能“反”、能“生”的特性。

张祥龙在《老子》第一章的诠释中指出，“老子不是道体与道用、无与有的分离论者，而是体用相即、有无相生的缘构境域论者”②。“缘构境域”是其解释《老子》的关键词，这个词是从现象学借用而来。“现象学”（Phänomenologie）是一个广义的概念，有不同的哲学家代表，不同的现象学家所关注的问题也不尽相同，张祥龙主要是以海德格尔哲学为他的诠释视角。他认为，“现象学的基本出发点就是要放弃一切现成理论构架，返回到人的直接体验中去。对于海德格尔，这就意味着回到人的实际生活体验的原发视野中”③。

在海德格尔现象学思路的影响下，张祥龙认为老子之道是不可对象化的，即道不可以作为一个确凿的、对着主体而存在的某物而被把握。但这并非是说老子之道是空的，毋宁说，张祥龙所关切的不是“道是什么”，而是“道是如何显示的”。他认为，人从一出生便参与到了道的构成之中，人因为“在世界中”而对道有所领会。这里，张祥龙其实是将海德格尔对“此在”（Dasein）的分析进路运用到了《老子》诠释中。他的诠释是否符合《老子》文献的本义，对于《老子》研究有什么意义，这是本节要着重考察的。

二、境域及其与道的关联

境域，是张祥龙《老子》诠释的关键词。张祥龙认为，道既非实体，也非主观心境，而是主客尚未分离的原初“境域”。境域（Horizont；horizon），原指地平线，张祥龙有时也译作“视域”、“边缘域”，在现象学中是个很复杂的概念。胡塞尔、海德格尔以及后来伽达默尔用的“境域”

① 张祥龙：《中国哲学研究方法的多元化》，载《中国人民大学学报》，2003（2），11页。
② 张祥龙：《海德格尔思想与中国天道》，420页。
③ 同上书，403页。

都有不同的含义。简单来说，“境域”的基本含义是聚焦中心之外的“边缘域”，它是非显题化、非实体化的，却潜在地构成意义。张祥龙的“境域”思想主要来源于海德格尔的两本著作：《康德书》和《存在与时间》(*Sein und Zeit*)①。张祥龙是从“存在”(Being) 之事先植入、先行显现、已然与人共在的思路中得到启发，将老子隐蔽的、模糊的、变动的道诠释为“境域”构成之道。

在《存在与时间》中，海德格尔主要是通过对此在之“在世界中存在”(Being-in-the-world) 的实际生存结构之分析，来表达“境域”思想。这是张祥龙所援引的另一重要资源。海德格尔认为，这种实际生活经验方式是“无区别”或“不计较”的，即漠视对象化的东西。我们从海德格尔对“锤子”的分析中可以窥见一斑。锤子的本性不在于作为对象的锤子所显示出的特征，而在于被使用中。海德格尔说：“上手的东西根本不是从理论上来把握的，即使对寻视来说，上手的东西首先也不是在寻视上形成专题。切近的上手事物的特性就在于：它在其上手状态中就仿佛抽身而去，为的恰恰是能本真地上手。……要制作的工件作为锤子、刨子、针等等的‘何所用’也就有用具的存在方式”②。上手的锤子对于使用者来说无疑是“非对象化”的。

因此，这里的“境域”描述人在世界中“浑然处世”的主客未分的生存情境和生活状态，而不是将“世界”看成一个与主体相对立的客观对象，这与科学思维是不同的。“境域”既非客观的实体，也非主观的境界。张祥龙认为，在这样的世界中，“人的经验总可以有所作为，总可以期待视域的合作，而向各个可能的方向转化、特化（按：特殊化）、确定化或异化，被实现出来；一实现出来它就异化了，说出了一个‘什么’。这是一个事先的、在那儿给你准备好的这么一个态势，一个意义的态势、意义的可能……它已经有了某种趋向，但是这个趋向在很大程度上还没有特化。这就是所谓的 horizon（视域）的意义”③。张祥龙则进一步解释说：

---

① Martin Heidegger, *Being and Time*, translated by John Macquarrie and Edward Robinson, Oxford: Basil Blackwell, 1962. 这里所引中译本采用陈嘉映、王庆节译，熊伟校，陈嘉映修订：《存在与时间》，北京，三联书店，2000。

② 海德格尔：《存在与时间》，82 页。

③ 张祥龙：《中华古学与现象学》，219～220 页。

> 这种生活经验是在反思之前，对象化之前，在主客区分之前，也就是胡塞尔讲的边缘视域状态。生活里头的吃饭、穿衣，你都是在边缘视域里完成的，你根本不是拿它当个对象，根本不去注意它，它自动就出来了。一句话，对于观念化的东西、对象化的东西，我不计较它，我无视它，但是我并没有消除它，它潜藏着。①

他由此发现了海德格尔与老子的内在相通之处，即海德格尔的“境域”与老子的“道”都具有非对象化、非现成的特性。那么，“境域”与老子之“道”究竟有什么关联呢？张祥龙将老子之道具体诠释为：“终极处境中的构成之道”②，也即“生存的顶极形态”③。他将老子之道诠释为一种主客未分的、非对象化的原初生活境域。他的诠释是围绕境域的两个特征进行的，一是“构成性”；二是“自足性”。下面分别论之。

1. “构成性”与老子之道。这里的“构成”（constitution）是指“非现成的”、不可对象化把握的、总在生成之中的特性。“构成”，德文 Konstitution，与之相对的是“现成者”（Vorhanden），即“某种可以被非境域地（non-contextually）把持的对象”④，如理念、实体、本质、形式等。他认为，“任何‘存在’从根本上都与境域中的‘生成’（Werden）、‘生活’（Leben）、‘体验’（Erleben）或‘构成’不可分离”⑤。张祥龙认为，老子之道是构成性的，而非现成的。这一构成性的特点在《老子》中有相似的体现，例如：“道可道，非常道。名可名，非常名”（1 章），“道冲而用之或不盈，渊兮似万物之宗。……湛兮似或存”（4 章），“视之不见名曰夷，听之不闻名曰希，搏之不得名曰微。此三者不可致诘，故混而为一”（14 章），“道之为物，惟恍惟惚。惚兮恍兮，其中有象；恍兮惚兮，其中有物”（21 章）。

我们对张祥龙以上列举的《老子》文本略加分析。《老子》第一章奠定道不可名的特点，即道不能用工具性的语言来对题地表达，老子自身是用“正言若反”（78 章）的特殊方式描述道；道不是任何实存的东西，“似”万物之宗，而非真正的“万物之宗”，“似或存”而非实体的存在，人与道先天地在一起，同谋共构，相互做成，道中有人，人中有道；道不

---

① 张祥龙：《中华古学与现象学》，256 页。

② 张祥龙：《海德格尔思想与中国天道》，281 页。

③ 张祥龙：《中华古学与现象学》，296 页。

④⑤ 同上书，159 页。

可见，不可听，不可索持，不可辩议，因为它不是一个确定的“什么”，你越想要抓住它，它越会隐藏。人就在道中，人只有具有这样“不确定性”的领会角度，才能让道呈现出来，也才能得道；第二十一章的“象”、“物”、“精”、“信”也都是非实体化的存在。这是描述人对自身参与的、与道同构的某种境界的领会。张祥龙对这几章的道的特性的揭示与《老子》不违。

张祥龙认为，道的“反”的特性正体现了道在构成之中的、非现成的、不确定的特性。《老子》第四十章曰：“反者，道之动；弱者，道之用”。他认为：“‘反’首先是对根本的无常局面的认识，其次提示出适应于这种局面的对策，‘反’意味着绝不可以靠任何现成者，而总是在它们的反面和反复中看出道的动向。”① 道并不是一个不变的“实体”或“理念”，而是要通过不断的“反”来构成态势、显示自身。他说：

> “弱”、“柔”、“虚”、“静”、“冲”等等，是老子用来表示道的一组“无形大象”。它们透出的“妙”义是：在一切具体法则的终结处，并没有更高级的存在者和法则，而只能是一种“柔弱”到再无一丝一毫现成性可循的纯势态。②

道的柔、弱、虚、静等特点决定了道不是一个现成可把握的对象，柔弱，所以能化；虚静，所以能动。《老子》曰：“致虚极，守静笃，万物并作，吾以观复”（16 章），张祥龙对该章的理解不同于一般的理解。他说：“真正的虚极和静笃必是一种壁立千仞的终极情境，其中一切都失去了现成存在性。……正因为达到了真正切身的‘虚极’，才会‘万物并作’”③。他看到的是“虚”所张开的态势或情境，是“险境”，也是“胜境”。他并没有忽略这句话的主语——“吾”，但并不将“虚静”理解为工夫修养所达到的心灵之静，而是强调静的“切身”性，这不仅是心境上的宁静，还包括“吾”所处的实际情势。他对“吾”的理解，首先不是从心上说，而是从境上说，“虚静”所显示的是“内心”与“外境”根本上的合一、是心与境“静”到了极处时的人生态势。这时才有“万物并作”，人才可以“观复”。张祥龙不把人从他的实际生存处境中抽离出来加以思考，这是符

① 张祥龙：《海德格尔思想与中国天道》，281～282 页。

②③ 同上书，282 页。

合《老子》“域中有四大，而王居其一焉”（25 章）的天地一体的精神的。

2. “自足性”与老子之道。这里的“自足”是指自己自然而然地运作、自我规定、自我生发，无需外在规定、外在标准去加以规范和指引的意思。他认为，在我们的实际生活经验中，主体与客体是打成一片的，如同骑自行车，不会去考虑脚应该如何动，手应该如何放等。我们与自行车自然而然地一起运行起来，不知不觉地就在行道。生活经验中自然、自如、不自觉地投入其中的气韵生动的特性对我们来说并非是陌生的，只是不被注意。如果没有这样的实际生活经验，我们的世界将是零碎的、断裂的，处处生硬，毫无生气。这实际生活经验本身构成了我们的意义领会，而不是事先有一个真理、理念在生活世界之外引导我们生存。他说：

> 这个活动本身产生它自己的意义，这个生活本身有它自己的意义，它的意义用不着在生活本身之外让谁来规定。……在这生活经验本身之中，它自动就会有取舍。所以自足性就是说，不要在生活境域之外再找什么意义的来源，再找什么标准。生活经验本身就是主动性和被动性、经验和被经验的统一体，在这个意义上它也是自足的。①

我们的实际生活经验总是一种“有深意的状态”，这种状态尚未对象化、理论化，是未经反省而气韵生动的。人“浑然处世”，全然投入自己身处其中的世界而不自知。人所体会到的意蕴、生活本身的或动人或出奇之处都不在实际生活经验之外。如《帝王世纪·击壤歌》曰：“日出而作，日入而息，凿井而饮，耕田而食，帝力于我何有哉”②；《诗经·王风·君子于役》曰：“鸡栖于埘，日之夕矣，牛羊下来”③；《庄子·知北游》曰：“山林与，皋壤与，使我欣欣然而乐与！”这些都揭示了这样主客未分的原本生活境域。

老子之道是蕴藏于活生生的生存实际中的，而并非很多人所理解的与生活无关的超绝的（transcendent）形上实体。张祥龙曾列举《老子》中丰富的人生现象，如“母、赤子、屋室、器皿……百姓、盗贼、家乡、国

① 张祥龙：《中华古学与现象学》，256 页。

② 皇甫谧撰：《帝王世纪》，9 页，北京，中华书局，1985 年据指海本排印。

③ 毛亨传，郑玄注，孔颖达疏，陆德明音译：《毛诗注疏》，见纪昀编：《四库全书》第 69 册，272 页。

家、侯王、祭祀、战争、朴玉、贵贱、上下、左右、雄雌、明暗、生死”① 等，认为这些现象在老子的思想中既非形上的，也非形下的，而是被作为原本就包含终极体会的人生实际而加以思考和描绘。他说：

> 老子思想的特点在于直接关注生存本身的问题，不管它指社稷的存亡，还是指个人的生存。而且，更关键地，他不再将人与国的生存视为一种现成目的，可以通过某种外在的手段（富足、节信、尚同、礼仪、伦常、法术等等）维持住。对于他，生存或生命有它自身的构成机制和视域。②

道亦非一个固定的、具体的法则，却又有它自身的规定性，这规定性并非来自外在的神明或内在的良知，而是来自于道本身。这与《老子》第二十五章所讲的“道法自然”的思想是相吻合的。人生或历史的终极意义有其自身的构成方式，人生来就自然而然地参与到了这气韵生动的构成之中。张祥龙在这一意义上认为，道“既非原则，亦非另一个更高级的实体世界，而就是这个人生世界的顶极状态”③。

“顶极状态”从字面意思来看，是指最高的、终极的状态，从其内涵来看，是指一种至柔、至弱、至虚的生命状态。这与今天追求强势、强大、强劲的主流价值观不同。众人所认为的“强者”往往最后剩下的只是“已被现成化为他的地位和身份，时刻恐怕他人夺去，再无生存的天趣可言”④。老子强调：“天下有始，以为天下母。……既知其子，复守其母，没身不殆。”（52 章）“天下母”是人的生存本身的境域，人通过“决断”而让自身处于更鲜活的生存境域中，而非异化的、完全对象化、目标化、区格化、体制化的世界中。但这并非意味着我们只能到一个超绝的理念世界中才能寻找到。张祥龙认为，“这种涉及人生总态势的、导致放弃一切‘机会’、‘发展’、‘富贵尊荣’的抉择不可能只出于对某种道理的概念认识，而一定是出于天性和实际遭遇，透过让众人神魂颠倒的体制现象，感受到了生存本身的清纯浩荡的气息的结果”⑤。

---

① 张祥龙：《海德格尔思想与中国天道》，293 页。笔者引用时有省略。

② 同上书，294 页。

③ 同上书，298 页。

④ 张祥龙：《中华古学与现象学》，16 页。

⑤ 同上书，17 页。

当然，这样原发的境域和人生的顶极状态在当今科技思维与形上思维宰制的环境中是很难理解的，更不要说达到。老子时代“大道废，有仁义；智慧出，有大伪”（18章），因此不得不寄托于“圣人”，以一种理想人格唤醒人们。“道”具有明确的“真”、“朴”、“自然”等正面的价值取向。至真至朴，才能长久地保持在浑然天成的“域”中。此顶极“境域”具体化为“小国寡民”。达到顶极状态的人格是“圣人”。“圣人”所要做的就是“辅万物之自然”（64章），以无为的方式辅助万物向原初生活境域回归。故老子主张“载营魄抱一”、“专气致柔”、“涤除玄览”（10章）之工夫。

从《老子》文献来看，除了上文张祥龙分析的文本，其它还有一些是可以用“境域”来诠释的，可以作为张祥龙之现象学进路的诠释效力的旁证：

1. 原本自足的境域

天地之间，其犹橐籥乎？虚而不屈，动而愈出。（5章）

玄牝之门，是谓天地根。绵绵若存，用之不勤。（6章）

天长地久。天地所以能长且久者，以其不自生，故能长生。（7章）

道常无名，朴虽小，天下莫能臣也。（32章）

大道泛兮，其可左右。（34章）

道常无为而无不为。（37章）

道者万物之奥。（62章）

2. 通过工夫回归的境域

居善地，心善渊，与善仁，言善信，正善治，事善能，动善时。（8章）

圣人去甚，去奢，去泰。（29章）

为学日益，为道日损。损之又损，以至于无为。（48章）

含德之厚，比于赤子。（55章）

挫其锐，解其分，和其光，同其尘。（56章）

一曰慈，二曰俭，三曰不敢为天下先。（67章）

圣人被褐怀玉。（70章）

老子认为人应无为无欲、至真至朴、柔弱处世、顺其自然，这样生动活泼、富有深意的道境才能被构成与显示出来。张祥龙用现象学的视角来解读《老子》，触摸到了老子这一思想要害。道作为对原初境域的描述词，可以引申出“不道早已”、“执古之道”的法则义。当代的诠释多着眼于这些引申意而避开了对“不可说”之道的解释困难，张祥龙的诠释将这一难点再次带入研究的视野。

三、第四十二章、第二十五章新诠

那么，如何解释老子之道的创生义呢？以冯友兰为代表的传统主流的解释均采用宇宙论的解释。张祥龙对老子的“道生”如何解释呢？《老子》中的第二十五、四十、四十二章是道论的关键章，目前比较常见的诠释有三种：宇宙生成论、本体论与工夫论，又以宇宙生成论为主流。宇宙本原的“生”是“创生”的意思，本体论意义上的“生”是“以……为根据”的意思，工夫论上的“生”是“使……呈现”的意思，对“生”的不同理解导致了对这几章表面看来是宇宙论的文献的理解大相径庭。那么，张祥龙以“境域构成论”能否解释得通“道生”之“生”呢？

张祥龙没有将《老子》第四十二章单独列出来解释。但我们可以从其第四十章的解释中窥见一斑，因为第四十章讲“无”之生也就是“道”之生。一般认为，第四十章的“有生于无”与第二章的“有无相生”是矛盾的，张祥龙则认为从第四十章上下文来看，与第二章并不矛盾。第四十章曰：“反者，道之动；弱者，道之用。天下万物生于有，有生于无”。他说：

> 讲“有生于无”乃是道之反动的一种方式，其目的在于损去人们常常执着的小有而显现“有无相生”（2 章）和“惟恍惟惚”（21 章）的玄境，并非是认“无”为一形而上学的实体，像黑洞一样吸尽存有而不吐出。《老子》全书处处都浸透了这种相互反转而成活的“道之动”。讲“无名”处也要讲“有名”（1 章、32 章），讲“无为”就也会讲“为无为”（3 章、37 章、63 章）。①

正是由于这样充满智慧的“对反”或“返回”，道才始终能够发挥作用。

① 张祥龙：《从现象学到孔夫子》，261 页。

张祥龙突破了传统诠释中将“无”作为“本体”的思路，将老子之“无”与王弼之“无”区别开来，还“无”以原本的意蕴，这与他的现象学视角是分不开的。他援引海德格尔在《存在与时间》和《什么是形而上学》篇所讲的“无”认为，海德格尔的“无”是先于存在者的本体论地位的，而绝非如一些东方的学者所认为的那样是在讲无的实体观。他是通过讲“缘在”（Dasein）之无而让存在本身显现[①]，并因此而使众存在者“在其所在，是其所是”。张祥龙认为万物之“是其所是”不是一个静态的、不变的“本质”。“所是”要放在“缘”（机缘、时机、境遇、情境等）中才能被确认。

张祥龙认为第二十五章中的“大”不是空间意义上的大，而是“本源之大”和“超出概念和经验理性的境界之大”[②]。他同时列举老子的“天下皆谓我道大”（67 章），“万物归焉而不为主，可名为大”（34 章），“大盈若冲”（45 章）作为旁证，认为它们都是讲“无形”境域之“大象”（41 章），“这大象绝非现成的形象，势必转化多方才能尽其非现成本性。……境象越大越活”[③]。他在另一处亦谈及：“道必有活势，不离人之有而使此有成为真有。老子道的枢机所在不是物，不是宇宙，也不是道德观念和理则，而只是人的生存：一切其它存在形态的意义都由此发生而得其‘存’与‘在’。”[④] 老子之道的无形之大、大而无形、大极而反都显示了其超越具体事物的特性，在至大、无形、完全自由自在的情况下，道才能动起来，动起来才有活势，才能“生”。可见，张祥龙是将“道生”的“生”理解为意义的“生发”，而非宇宙的“创生”。正是这活势使物能发挥各自的作用，达到生命的“恒常”。一切固定不变、实而不虚的现成物都是老子所反对的。

张祥龙对第四十、四十二、二十五章之“无”与“道”的解释突破了本体论的诠释模式，也突破了宇宙发生论的诠释模式。张祥龙认为，“道生一，一生二，二生三，三生万物”（42 章）以及“有物混成，先天地生”（25 章）都有“某种引人去做宇宙发生论解释的误导力，当然，如能时刻意识到道所面临的终极形势，并因此而体会到全书的‘微妙玄通’

① 参见张祥龙：《从现象学到孔夫子》，262 页。

②③ 参见张祥龙：《海德格尔思想与中国天道》，312 页。

④ 同上书，286 页。

（15 章）之意，宇宙论一类的实体化解释是可以避免的”[1]。在他看来，“先天地生”的“先”不是时间先后的“先”，而是“更原本、更根本”的意思。那么，第四十二章的“道生一”之“道”就既非形上学意义上的“本体”，亦非宇宙论意义上的“根源”。他说：

> 一切现成存在性达不到本源境域，因为这境域就是在终极处的发生结构。但这并不意味着这构成境域是一个可独立于一切有的本体，更不意味着这个本体可以“生出”万有。……这境域确是更本源的和有构成发生能力的，一切有之为有都因它而成，但这“发生”并不意味着一个还有独立的现成存在性的东西生出另一个现成东西。[2]

张祥龙的诠释重在主客不分的生活世界之本原状态。张祥龙所说的“无境”或“道境”是对道的领会，但既非对客观实体的领会，也非对主观境界的领会，而是对人时刻参与的气韵生动的生活世界本身的领会。

从《老子》文献本身来看，笔者认为，第二十五章、第四十二章确实蕴含着境域化的道，它是可对象化的、现成化的道的基础。

第二十五章的前面部分“有物混成，先天地生，寂兮寥兮，独立不改，周行而不殆，可以为天下母。吾不知其名，字之曰道，强为之名曰大。大曰逝，逝曰远，远曰反。故道大，天大，地大，王亦大。域中有四大”，说的是非对象化的道，也就是道之先的“域”。后面“而王居其一焉。人法地，地法天，天法道，道法自然”，是讲对象化的道，因为人作为重要的因素出场，这人是“王”，通行的五种版本都写作“王居其一焉”[3]，“王”是人中之杰，可以参赞天地，从而治理百姓。这里充分突出人的重要，人观察道、利用道，这时候原初天地人道合一的混沌之“域”就变得有区别了，就像我们转身时，余光里的景物走向前台，进入眼球，成为焦点。所以，对象化也并非贬义，只有这样，人才能去“法”它，或者说，“道”才能作为法则被掌握。但是，如果没有原初之“域”，就没有这个可效之“法”。

第四十二章“道生一，一生二，二生三”可以从第一个“一”处断开来理解，“一”代指可说之“道”，同第三十九章所说的“天得一以清”的“一”。不能说“道”生道，所以开头的“道”字应指“恒道”。“道生一”，

---

①② 张祥龙：《海德格尔思想与中国天道》，284 页。

③ 刘笑敢：《老子古今》，283～284 页。

即不可说的“恒道”对象化为可说的“道”①，也即进入语言的领域中。在语言领域中的对象化之“道”，被给予的基本含义是宇宙本源，本源之道即“一”，“一”产生了“二”，“二”即“天地”（或“阴阳”），“三”即“天地人”（或“阴气、阳气与和气”），“三生万物”即人参赞天地，天地人共同创生万物。因此，从“道生”二字之后，一、二、三、万物，都是对象化世界的事。这一章一般被解释为“宇宙论”或“宇宙生成论”，其实只是表面看来如此。一、二、三作为数字并不是简单地代表宇宙创生的不同阶段，而是有深刻含义的。“一”代表混沌未分的状态，“二”、“三”代表宇宙生成的结构、方式，“二”是一个相交的结构，相交才能生，“三”是一个稳定的结构，稳定才能持续地生下去。如果仅仅是为了表达宇宙论，老子为什么不直接说“道生万物”呢？这里“一、二、三”的深意在于：第一，表明生成的结构、方式或原理；第二，表明道与万物（包括人）的关系（万物中皆有道）。

由此可见，张祥龙的“境域”说确实与《老子》中非对象化的“道”是吻合的，在这一方面是有解释效力的。

四、问题与推进

张祥龙借用现象学尤其是海德格尔的视角诠释《老子》，打破了以“实有类诠释”为主的当代诠释进路，必然会引起中国哲学研究内部的质疑和不安，比较具有代表性的疑问有二：第一，如何理解主体“人”在这个境域中的作用？第二，为什么要从海德格尔的视角去诠释老子？我们有必要先从张祥龙的角度出发澄清这两个问题。

对于第一个问题，张祥龙认为，“主体”本身就是不确定、在构成之

① “道生一，一生二”的结构类似周敦颐《太极图说》中的“无极而太极。太极动而生阳，动极而静，静而生阴，静极复动。一动一静，互为其根。分阴分阳，两仪立焉”。“道生一”即“恒道生道”（不可说之道生出可说之道，即使人能说道），在结构上相当于“无极而太极”。这两位哲人为什么不直接说“道生万物”、“太极生阴阳”呢？因为“恒道”与“无极”都是没有自性的，没有实体意义上的独立性，只是用来说明“道”与“太极”的特性：道不是一般的规律，而是恒道，太极不是一般的源头，而是无极。从而强调后面的“二”与“一”、“一”与“道”之间不是割裂的，而是逐渐实现、从隐到显（从非对象到对象）的关系。生完了，道没有消失，而是进入了物中。因此，无论将“二”对象化为“天地”还是“阴阳二气”，都不能忽视这种原本的关联。东晋孙绰《天台山赋》曰：“道者自然，《易》谓之太极”（见《文选·天台山赋》）。“自然之道”是规律之道，相当于“太极”，生道之道（恒道）就相当于“无极”了。当代人亦有此见，参考张祥龙：《拒秦兴汉和应对佛教的儒家哲学》，271～274 页。

中的。他多次指出，道作为一种奠基于实际生存的构成性的终极境域是超出“主体性”的。这与他对海德格尔分析“缘在”之思路的吸收有密切关系，“海德格尔不认为人或生活世界可以用主体性这个词来合适地说明。用这个词不合适。用什么来说明呢？他用的是 Dasein”①。张祥龙在分析“Dasein”（此在，缘在）倾听良心的“呼唤”之如何可能时指出：

> 如果缘在是一个非境域构成的主体，这当然是不可能的。但缘在却从根本上超出了任何一种主体和实体，只在“去在”的前抛、后牵、中挂中得到和维持自身。因此，这缘在的根底处有一构成的跨度和异化（沉沦被抛）的可能。缘在的“自己本身”（sich selbst）并非任何现成者，而只是一个去构成自身的纯态势——能在。②

张祥龙所谈的“缘在”是与“时间”联系在一起的，“时间”是使“缘在”在“向死而生”的、不断来临着的未来时间维度中能做出“决断”的根本要素。他在分析庄子的“真知”时也指出，道家并不强调主体性，但又能成就人生之终极意义。他说：

> “实践”对于道家来讲不意味着主体改造客体，而只能是人的生存体验本身，在其中主客处于还未分离的“以天合天”的相互构成态中。因此，它从根子上是境域型的，并以此境域本身而非任何主客存在者为有无意义、有无价值的终极标准。③

在张祥龙看来，道家的“实践”并非只是心灵的工夫，而是一开始人就“沉沦”于实际生活本身的全部活动和情态，这一点与牟宗三不同。在这种原本的实际生活中，人与物打交道，与物共在。

对于第二个问题，我们大概首先要问的是：如何评判借用西方哲学视角诠释中国哲学的优劣。对此，张祥龙从中国哲学诠释方法论的角度作了明确的自我反省。他是立足于当代中国哲学的研究困境，找到了中国哲学与现象学相互契合的“构成”识度并在不断实践中确认其研究方法的。他

① 张祥龙：《中华古学与现象学》，223 页。

② 张祥龙：《海德格尔思想与中国天道》，126 页。

③ 同上书，323 页。“以天合天”出自《庄子·达生》：“则以天合天，器之所以疑神者，其是与！”

指出：

> “中国哲学”这个词和与之相应的一门学问产生于“中学”与西方在上世纪和本世纪初的遭遇。然而，迄今为止，这种遭遇远不像历史上的佛学东渐那样是一种精神上相互碰撞和自由融合的有机过程，而是迫于外在形势的亦步亦趋。……只有与西方哲学，特别是激变之后的现代西方哲学进行更直接深入的对话，缘起发生，方有希望摆脱开目前仍然存在的“被征服”的状态。[①]

正是在这样的问题意识和忧患意识之下，张祥龙发现了现象学的“构成”识度是可以与中国先秦诸多哲学思想对话的。《老子》以其更为纯粹的哲理性和较大的诠释空间并与诠释者的旨趣相契合而成为其首选的诠释案例。

但张祥龙的诠释未能穷尽老子之道的全部含义。从《老子》文献整体来看，“道”至少具有以下三个层次的含义：

角度	含义	喻体	现代表述	哲理特征
自道言道	域	橐籥	宇宙整体的运行状态	非对象化
自人言道	朴	婴儿	至真至朴的人性	对象化与非对象化之间
自物言道	根	玄牝	万物的来源、运行的规律	对象化

自道言道，“道”即第二十五章的自然之“域”。河上公注：“道性自然”[②]，即本来如此的、活泼泼的、按照自己的方式运行的情状。在这个域中，物我不分，因此，这里的“道”是非对象化的；自人言道，道即“道常无名，朴虽小”之“朴”，也即“载营魄抱一，能无离乎？专气致柔，能婴儿乎”中婴儿的特性。朴是理想的人性。人由质朴的本性开显出的情境可以被称为“道境”。此“道”是介于对象化与非对象化之间的，人领悟了道时，人道合一，此时的道是非对象化的存在，人在追求道时，道是一个“对象”，是对象化的。自物言道，道即“玄牝之门，是谓天地根”的“根”，即“根源”。“玄牝”比喻万物所从来处，与“有名万物之母”、“可以为天下母”的“母”是相通的，它既是生者，也是养者。因

① 张祥龙：《现象学的构成观与中国哲学》，341～342页。

② 王卡点校：《老子道德经河上公章句》，103页。

此，这里的“道”是实际存在的，现成化的，也即对象化的存在。

张祥龙对“道”的非对象化的诠释对应了《老子》之“道”的第一个层面，是从道的角度说道的。对其它两个层面则似乎有些忽视。其次，从整个现象学诠释思路来说，它无法揭示出《老子》中工夫论的价值。对此，袁保新曾有比较系统的反思，他认为，以“道”为核心的道家存有学与以“存有”为核心的海德格尔哲学有两个不容忽视的差异：

> 1. 存有与价值的二分：……海德格尔对“存有”情有独钟的思考方式，由于不能正视存在界就是人类在天、地、人、我之间寻求价值实现的行动立场，从而打通存有之源与价值之源的隔障。
>
> 2. 理解与实践的二分：海德格尔对于现代人在科技文明中饱受意义失落的威胁，诚有其深度的体会与分析。但是，对于如何在各种文明、制度、意识形态的扭曲中，保存自我的“本真性”（authenticity），却因为避讳价值问题，不仅无法提出中肯的建议，连带着对于社会实践也无法提供正确的方向。①

这两点批评中第一点值得商榷，第二点笔者赞同。海德格尔后期做的所有工作都是要避免任何二分的思维模式。就第一点而言，海德格尔其实并没有将存有与价值二分，人保存“本真性”本身就是一种价值，生活在真实之中本身就具有意义感，只是海德格尔不喜欢用“价值”这样的词，这个词比较不自然，一谈“价值”就容易变成是一种伦理道德意义上的主张，而“本真性”的保持正是一切伦理道德的基础。就第二点而言，如何保存自我的“本真性”，海德格尔不是没有提供思考，这就是“良知”（Gewissen）②，倾听“良知”的呼唤也是一种工夫，只不过与老子不同，它是一种在世的“领会”。领会“死亡”的呼唤，即理解此在（Dasein）之有死这一时间性特点，从而“向死存在”（Sein zum Tode）。从“常人”（das Man）中站立出来，“选择”本真性的生存，更好地“去存在”（zu-sein）。这就是人在实践中要走的方向。但是，在工夫的具体要求、通过工夫所达到的境界、工夫对一个民族文化与人格的塑造上，老子的

---

① 袁保新：《从海德格、老子、孟子到当代新儒家》，298～299页，台北，台湾学生书局，2008。

② 海德格尔：《存在与时间》，311页。

工夫论无疑是具有更高价值的，它所指向的境界是海德格尔思想所达不到的。

老子工夫论的具体要求是："虚静"、"能婴儿"，目的是让人"复归于朴"（28章），这是很高的要求。人通过这样的工夫，可以提升自己的精神境界，面对浑浑浊世，安顿自己的在世生存。同时，在人性上去其多欲，回到单纯、质朴的状态，这种复归也是对乱世中人性的提升。老子开创的这一道家工夫论取向，影响了后世历代文人的人格，安顿了无数身处浊世的高洁之士，对中国古代艺术风格也具有塑造作用。这一方面的价值仅仅从海德格尔的角度是开显不了的。以老子为代表的道家由此工夫论而开出的无欲无求、天人合一的境界也是海德格尔哲学所达不到的境界。尽管有以上一些瑕疵，但张祥龙的诠释打破了要么从客观实有，要么从主观境界去理解道的二元论的做法，提供了一个主客未分的"境域"说，为理解《老子》奠定了一个新方向，这无疑是有价值的。

第三章 《老子》的非对象化之道

本章将在前两章的基础上提出对《老子》之道的系统的诠释和当代的描述。首先，我们需要整体地看待《老子》，弄清楚《老子》中不同层次的思想观念及其内部的有机联系。《老子》第一章说明道不可名，第二十五章说明道之名的来历，二者结合起来，揭示了道的全部特点；《老子》第二章具体说明为什么道不可名，通过善恶、有无等一系列对反概念的举例说明了道是超越二元分立的思维与语言的，这一点对圣人如何治理百姓是有启发的；《老子》第四十二章通过“道生”的层层描述，揭示了“道”在生万物的过程中进驻万物之中，体现在万物皆含阴阳，阴阳协调而和气生。

第一节 恒动：《老子》第一、五、八章诠释

《老子》第一章无疑是《老子》八十一章中最重要的，尽管在该书的导论与首章中已多有论说，但其主要集中在第一章提出的“道不可名”、“道不可道”的问题与“道”的四个具体特点上。本节则侧重于“恒道”本身的动态含义及其英文翻译上，以在中西两个参照系中彰显“道”的独特性。然后再通过对第二章“相生”问题的解读，来更深入地回应第一章中的“道不可名”的问题。在解读第一章之前，我们已经了解《老子》八十一章的整个脉络。通过文本自证、文本互证的方式来同情地理解《老子》，反过来，也更能理解第一章、第二章在《老子》中的位置与作用。老子后学及后世对版本的传承与加工自有他们的道理。

一、恒的含义①

《老子》第一章帛书本曰：

---

① 本节参考了拙文《恒久与变动：论老子之道的特性及其诠释》，见《中国哲学与文化（第五辑）：“六经注我”还是“我注六经”》，299～316页。

道，可道也，非恒道也。名，可名也，非恒名也。无名，万物之始也。有名，万物之母也。故恒无欲也，以观其妙；恒有欲也，以观其所噭。两者同出，异名同谓，玄之又玄，众妙之门。①

王弼本曰：

道可道，非常道；名可名，非常名。无名天地之始，有名万物之母。故常无欲，以观其妙；常有欲，以观其徼。此两者同出而异名，同谓之玄，玄之又玄，众妙之门。

从第一句来看，帛书此章用“恒”处通行本作“常”，这是因汉代“避孝文帝刘恒讳，改‘恒’字为‘常’”②。“恒”字可以与“常”字通，但并非平常、寻常的意思。“常道”是一个词，而且是老子推崇的最高的道，“常”字这样的用法还体现在“常德”，如第二十八章曰：“常德不离，复归于婴儿”、“常德乃足，复归于朴”、“常德不忒，复归于无极”。“常德”是一个核心词，在《老子》中是最高的德，即恒久之德，而不是平常的德。“常德”与“常道”是一对概念，在同一层次，因此，“常道”不能是平常的道，而只能是最高的道，即恒久的道。这恒久之道究竟有什么特性，使其与可说之道不同呢？

帛书《老子》出土后，关于《老子》第一章中的“恒道”如何解释备受学界关注。③ 在通行本中“恒道”皆作“常道”，从当代的诠释和英文翻译来看，比较有代表性的是将“恒道”解释为“永恒不变的道”或西方传统哲学中的“本体”、“实体”等。④ 从字源上看，“恒”或“常”具有“恒久”、“恒常”之意，但同时也有“变

① 高明：《帛书老子校注》，221～227页。

② 同上书，221页。

③ 关于帛书《老子》中的“恒”字的解释，参见王庆节：《“恒”与道的时间性》，见王庆节：《解释学、海德格尔与儒道今释》，206～230页。

④ 例如张世英认为，“老庄哲学重超验的本体，类似自柏拉图到黑格尔所注重的旧形而上学的本体论”（张世英：《天人之际——中西哲学的困惑与选择》，404页，北京，人民出版社，1995）；张成秋认为，“古今中外之哲学者，多半相信：在一切有形之物背后，还有一个更实在的东西。或叫做本体，或叫做存有……而老子与海德格尔的哲学，也特别强调这一方面的认识”（张成秋：《老子与海德格尔之汇通》，载《语文学报》，1996（3），15页）。

动”之意①，这与西方传统哲学中不动的“本体”、“实体”不同。

帛书《老子》中既有“恒”字也有“常”字，如“复命，常也，知常，明也”（16 章）。如果“恒”与“常”字意思完全相同，为什么帛书《老子》不统一用“恒”呢？这至少说明，“恒”与“常”字之间并不能简单地画等号。为进一步考察，本节将与帛书本中的“恒”（个别处用常、极或和）在简本、王弼本相应处的使用情况统计如下②：

章 / 版本	2	16	32	37	46	55③	55	59	64 上	64 下	67	1、3、27、28、34、49、51、61、65、74、79
简本	□	亘	亘	亘	亘	常	和	亘	□	亘	○	○
帛本	恒	极	恒	恒	恒	常	和/常	□	恒	恒	恒	恒
王本	□	极	常	常	常	常	常	极	常	常	□	常

从上表可以看出，第一，帛书作“恒”处所对应的简本处作“亘”，王弼本作“常”。简本作“亘”的地方，帛书作“恒”或“极”。李零认为，此处“亘”就是“恒”字，“恒”与“极”则是混用。④ 从音韵学上看，“恒”与“极”的古音确有一定联系，但很少有通假的例子，所以不能将这两个字简单等同。“亘”字在甲骨文中出现过，《甲骨文字诂林》曰：“亘”字“象回环之形”⑤，从其字形来看，“亘”这一字的创造很可能与水之回旋的姿态有关。“亘”与舟、水有关，是对舟在水中上下、左右摇荡的写照。王庆节认为，“恒”在这里是指“在泛舟之际，如何在复杂水流的急和缓、动和静、深和浅、上和下、前与后的矛盾冲突中使舟保

① 王博认为，“普通所谓‘常’都是和‘变’对立的，‘常’的意思是不变，但老子却是把常和变统一了起来。”老子之道的“变”体现在“归根复命”的“运动过程”，“变中有常、常中有变，无疑是老子辩证法的一个体现”（王博：《老子思想的史官特色》，201～206 页）。笔者同意以上观点，但认为对道之变动性的问题有必要作进一步探讨。

② 该表中的章数指的是通行本中的章数，其中第 67 章是帛书本第 69 章，第 74 章是帛书本第 76 章，第 79 章是帛书本第 81 章。□表示有此章，但对应处无此字；○表示无此章。

③ 此为通行本第 55 章“知和曰常”之“常”的使用情况，后一栏为通行本第 55 章“知常曰明”之“常”的使用情况。简本中该字的断定参考了李零：《郭店楚简校读记》，7 页；彭浩：《郭店楚简〈老子〉校读》，157 页，武汉，湖北人民出版社，2002；丁原植：《郭店竹简老子释析与研究》，207 页。

④ 参见李零：《郭店楚简校读记》，4 页。

⑤ 于省吾主编：《甲骨文字诂林》第三册，2223 页，北京，中华书局，1996。

持平衡与平稳前进的状态"[①]，这是有一定道理的。综上所述，"恒"字本身与水之变动有一定的关联。我们理解老子的"恒道"时有必要将其字源学上的含义考虑进来，以避免现代汉语语境下的一些先入为主的理解。

《说文》曰："恒，常也。从心舟，在二之间上下，心以舟施，恒也。'亘'，古文恒，从月。诗曰：'如月之恒'"[②]。"亘"与"恒"写法不同，但都与月、舟有关。段玉裁注曰："谓往复遥远而心以舟运旋。历久不变。恒之意也"[③]。段玉裁用"往复"、"遥远"和"运旋"三个词语来说"心以舟施"之意，表示"心以舟施"这个过程是动态的。此处的"历久不变"是承上句而言的，实际上是指"运旋"的过程"历久不变"，而不是某个静态物"历久不变"，否则就不需要"历久"二字，而直言"不变"即可。

"亘"字的语义演变脉络有两条[④]，一个是作为"盘旋"义，此即《说文》曰："亘，求回也……古文回，象回字形，上下所求物也。"段玉裁注："回者，转也。《易》'屯'卦曰'盘桓'，'桓'意当作'回'，'盘'意当作'般'，舟之旋曰'般'"[⑤]。一个是作为"恒"义，即上面所说的《说文》中"如月之恒"的"恒"，意思是像月亮在盈缺的运行中长久地存在。后者与"恒"直接相关，就是"恒"的另一写法。"亘"有时又写作"亟"，"亟"下段玉裁注曰："天地之道，恒久而不已"[⑥]，要注意的是，他用的是"不已"，而不是"不变"。《诗经·小雅》曰："如月之恒，如日之升"。郑笺："恒，弦升出也……月上弦而就盈，日始出而就明"[⑦]。"恒"本指月亮上升而逐渐呈现为"盈"的状态，相反则呈现为"亏"的状态，这意味着事物在盈、亏之间变动。

第二，简本与帛书本中原本就有"常"字。如"和曰常，知和曰明"（简本55章），后一个"和"字，帛书甲本作"和"，乙本作"常"，这说明"和"与"常"二字或可相通。《老子》第四十二章曰："万物负阴而抱阳，冲气以为和"，王弼注曰："物以和为常，故知则得常也"，"常"指的是某种和谐的状态。又如"知常曰明"（16章），王弼注："常之为物，不偏不彰，无皦昧之状，温凉之象"。王弼认为，老子的"常"是用来形容道之既

---

① 王庆节：《解释学、海德格尔与儒道今释》，212页。
②③ 段玉裁：《说文解字注》，681页。
④ 这里请教了中国人民大学国学院的华建光副教授，特此感谢。
⑤⑥ 段玉裁：《说文解字注》，681页。
⑦ 阮元校刻：《十三经注疏》，412页。

不明亮也不昏暗，既不厚浊也不轻薄的特点。事物在和谐中才能保持长久，虽用字不同，但其与“恒”的“长久”意并不矛盾。

综上所述，“恒”是“长久”的意思，同时又包含“变动”的意思，此二者并不矛盾。其隐含的正是事物在不断变动中达到长久的含义。“恒”的字源义为我们理解老子之道提供了一条可能性的途径，这一途径也初步说明了老子之道的“恒久”与西方传统哲学中不变之“本体”、“实体”是有明显不同的。

我们再来看英译本是如何处理“恒”（常）的含义问题的。下面先列举几种比较有代表性的“恒”（常）的翻译：

译文	译者	人数
eternal (permanent, everlasting)	Ariane Rump①；Alan Watts②；Y. T. Hsiung③；Stephen Mitchell④；Feng Gia-fu and Jane English⑤；Ch'u Ta-Kao⑥；Paul J. Lin⑦；Roger Greaves⑧；Ellen M. Chen⑨；Cheng Lin⑩	11
constant	D. C. Lau⑪；Richard John Lynn⑫；Robert G. Henricks⑬；Wing-tsit Chan⑭；Philip J. Ivanhoe⑮	5

① Ariane Rump, *Commentary on the Lao Tzu by Wang Pi*, translated in collaboration with Wing-tsit Chan, Honolulu: University of Hawaii Press, 1979.

② Alan Watts, *What Is Tao*, Novato, CA: New World Library, 2000.

③ Y. T. Hsiung, *Lao Tzu Tao Te Ching*, Taipei: China Academy, 1977.

④ Stephen Mitchell, *Tao Te Ching: An Illustrated Journey*, New York: HarperCollins Publishers, 1999.

⑤ Feng Gia-Fu and Jane English, *Tao Te Ching*, New York: Vintage Books, 1972.

⑥ Ch'u Ta-Kao, *Tao Te Ching*, London: George Allen & Unwin Ltd, 1972.

⑦ Paul J. Lin, *A Translation of Lao Tzu's Tao Te Ching and Wang Pi's Commentary*, Ann Arbor: The University of Michigan Press, 1977.

⑧ Roger Greaves, *Lao Tzu and Taoism*, translated from the French, Stanford, CA: Stanford University Press, 1969.

⑨ Ellen M. Chen, *The Tao Te Ching: A New Translation with Commentary*, New York: Paragon House, 1989.

⑩ Cheng Lin, *Laozi Dao De Jing*, Taipei: The World Book Company, 1953.

⑪ D. C. Lau, *Lao Tzu: Tao Te Ching*, Hong Kong: The Chinese University Press, 1963.

⑫ Richard John Lynn, *The Classic of the Way and Virtue: A New Translation of the Tao-te Ching of Laozi as Interpreted by Wang Bi*, New York: Columbia University Press, 1999.

⑬ Robert G. Henricks, *Lao-Tzu Te-Tao Ching: A New Translation Based on the Recently Discovered Ma-Wang-Tui Texts*, New York: Ballantine Books, 1989.

⑭ Wing-tsit Chan, *The Way of Lao Tzu*, New York: Bobbs-Merrill, 1963.

⑮ Philip J. Ivanhoe, *The Daodejing*, New York: Seven Bridges Press, 2002.

续前表

译文	译者	人数
unchanging (invariant; unvarying)	James Legge①; Michael LaFargue②; Arthur Waley③	3
absolute	R. L. Wing④; Lin Yu-tang⑤; Witter Bynner⑥	3
uncharted	R. B. Blakney and Lin Yu-tang⑦	2
immortal	Red Pine⑧	1

根据上表初步的统计可以看出，比较常见的是用“eternal”来翻译“恒”，其在表达出“永恒”、“恒久”之意时又不可避免地夹带了“不变动”之意。因为在西方哲学中讲“永恒”多含有“不变动”之意，如“理型”、“实体”、“绝对真理”等。以上翻译中有的是从汉语“常”或“恒”字直译过来的，如“eternal，permanent，everlasting，constant”；有的则是从“永恒”延伸出“不变”（unchanging）、“绝对”（absolute）的意思，这些译法都直接或间接地传达出“道是不变的”这样的意思。这没有问题，但“不变”包含“不变动”之意，以此说老子，就容易引起误会，认为老子之道也是不能变动的。老子明确说“反者，道之动”（40 章）、“大曰逝，逝曰远，远曰返”（25 章），道是动的，动是变化的一种。那么，老子之道的动与不变是否矛盾呢？笔者认为，老子之道的动是从道的作用方式上来说的，是“运作”的意思；不变则是从道的存在特性上来说的，是“无始无终、永不消亡”的意思。道的动与道的不变之间并不矛盾。以上的译法显然不足以透显老子之道既动又恒久的特性。

Roger T. Ames 和 David L. Hall 的译本没有直接从字面上去译“恒

① James Legge, *The Texts of Taoism*, New York: The Julian Press, 1959.

② Michael LaFargue, *The Tao of the Tao Te Ching*, Albany: State University of New York Press, 1992.

③ Arthur Waley, *A Study of the Tao Te Ching and Its Place in Chinese Thought*, London: George Allen & Unwin Ltd, 1934.

④ R. L. Wing, *The Tao of Power: Lao Tzu's Classic Guide to Leadership, Influence, and Excellence*, London: HarperCollins Publishers, 1988.

⑤ Lin Yu-tang, *The Wisdom of Laotze*，台北，正中书局，1994。

⑥ Witter Bynner, *The Way of Life According to Laotzu*, London: The Lyrebird Press Ltd, 1972.

⑦ R. B. Blakney and Lin Yu-tang, *The Sayings of Lao Tzu*，台北，文致出版社，1983。

⑧ Red Pine, *Lao-tzu's Taoteching: The Way*, San Francisco: Mercury House, 1996.

道”，他们显然是有所考虑的。他们曾针对《老子》第二十五章的翻译问题指出，我们至少要对“变化”作以下的区分：

1. 变（按照时间的推移逐渐地变化）；
2. 易（从一件事物变作另一件事物）；
3. 化（完全改变，甲变成乙）；
4. 迁（从一处变至另一处）；
5. 改（根据甲的一些外在的、独立的标准或模式来改正、改革、改进乙）。①

可见，我们并不能笼统地说“道是永恒不变的”。如果以 Roger T. Ames 和 David L. Hall 所区分的五个含义来看，老子“独立而不改”的“改”更接近（2）、（3）两个意思，也就是说，道是不能变成另一物、不能完全改变自身的。

当然，在上表所列译本中，也有一些并不把“恒”直译出来，而是采用“意译”的方式来译，其对理解老子之道更具有启发性。例如 Witter Bynner 译“道可道”句为：“Existence is beyond the power of words/To define: Terms may be used/But are none of them absolute.”② 他虽然将道理解为“绝对的”（absolute），但这里显然不是指类似于实体的存在，而是一种不可言说的特殊的“存在”（existence），所以不大会造成对老子之道的误解。

此外，R. B. Blakney 和林语堂的合译本也采用“意译”的方式，他们译第一章第一句为：“There are ways but the Way is uncharted; There are names but not nature in words.”③ 首先，从字源上讲，道字有“道路”的意思，

---

① Roger T. Ames and David L. Hall, *Daodejing*: *"Making This Life Significant"*: *A Philosophical Translation*, New York: Ballantine Books, 2003, p. 210: "... a translation of this line might need to distinguish among several different senses of 'change', some of which are: 1) *bian* 变 to change gradually across time, 2) *yi* 易 to change one thing for another, 3) *hua* 化 to transform utterly where A become B, 4) *qian* 迁 to change from one place to another, and 5) *gai* 改 to alter or correct or reform or improve upon X on the basis of some external and independent standard or model, Y. ”引文见邢文编译：《郭店老子与太一生水》，121 页，北京，学苑出版社，2005。

② Witter Bynner, *The Way of Life According to Laotzu*, p. 19.

③ R. B. Blakney and Lin Yu-tang, *The Sayings of Lao Tzu*, p. 2.

故此处译为“Way”是有据可寻的。其次，根据他们的译文，“恒道”是那众多道路中少有人走的、人迹罕至的一条道路，其揭示了道的隐蔽的特性，也无悖于老子。但即使用这样“意译”的方式仍不能穷尽道的特性。

综上所述，《老子》第一章以“恒”（常）所具有的既变动又长久的意思来描述道，说明道本身具有变动性的特点。此与“静”义是不矛盾的。

王弼本《老子》第二十五章曰：“寂兮寥兮”，简本作“敓（duó）穆”①，帛书甲本作“绣缪”，乙本作“萧漻”②。此二字，崔仁义隶作“敓绣”，云：“通作寞寥。敓即夺，与‘寞’古韵相近；绣、廖古韵同在幽部。”魏启鹏说：“敓读为悦……故‘敓（悦）穆’，谓庄静肃穆也。”③也就是说“敓”与“穆”音近义同。《文子·精诚》言道“悦穆胸中，廓然无形，寂然无声”④。“敓”有广阔、无声之义，老子以此来形成宇宙运行的状态。《说文》曰：“穆，禾也。”段玉裁注：“盖禾有名穆者也。……凡言穆穆，逾于穆，昭穆，皆取幽微之义。”⑤《说文通训定声》曰：“缪又（假借）为穆”⑥，“缪”与“穆”义同。因此，简书本的“敓穆”（或帛书本的“绣缪”）并不只是今天现代汉语“寂寥”所具有的寂静义，而是包含了“幽微、深渊、肃静、庄美”之丰富含义。“幽”不仅有幽静义，更有深远义。这是说“道”之运行、发动、起作用如同春风化雨，无声无息但微妙深远，庄严而静美。因此，道虽然有静的一面，但此“静”是幽静之静，而非静止之静。道无声无息，与道运行不止并不矛盾，道在运行中自然而然、默默地化成万物而已。因此，“静”是从道的存在状态来说的，“动”是从道的作用方式来说的，二者并不矛盾。道的作用在天地之间，天地之间的运作如同“橐籥”，下面将从“橐籥”出发来具体论述“道”的作用方式。

二、虚而能生

《老子》第二十五章曰：“周行而不殆”，作为宇宙源头，道是运行不止的。《老子》第四十章曰：“反者，道之动”，竹简本作“返也者，道动

① 丁原植：《郭店竹简老子释析与研究》，139页。

② 高明：《帛书老子校注》，348页。

③ 转引自丁四新：《郭店楚竹书〈老子〉校注》，177页。

④ 王利器疏义：《文子疏义》，60页。

⑤ 段玉裁：《说文解字注》，321页。

⑥ 朱骏声：《说文通训定声》，264页，北京，中华书局，2011。

也”[①]，往返是道之运作的方式，这都是从宇宙论角度说的。但老子并不停留于对宇宙本源的探讨，他通过观察天地，探讨一切“动”之原理。这便满足我们更普遍的追问：道为什么能动？如何动？笔者认为，其要在“虚”，相关的思想主要集中在《老子》第四章、第五章。

《老子》第四章曰：“道冲而用之或不盈，渊兮似万物之宗”。“冲”，简本没有此章，帛书本此处残缺，傅奕本作“盅”[②]，古今历代注家多将“盅”解释为“虚”。如王弼注：“满以造实，实来则溢。故冲而用之又复不盈，其为无穷亦已极矣。”[③] 从“实”来看，其是将“冲”理解为“虚”。宋范应元曰：“冲，虚也，和也。”[④] 元吴澄曰：“冲字，本作盅，器之虚也。”[⑤] 明焦竑曰：“冲，本作盅，器之虚也。”[⑥] 清王夫之曰：“冲，古本作‘盅’，器中虚处。”[⑦] 清末俞樾云：“《说文·皿部》：盅，器虚也。《老子》曰：‘道盅而用之’。‘盅’训‘虚’，与‘盈’相对。作‘冲’者，假字也。”[⑧] 陈鼓应说：“道体为虚而作用无穷”[⑨]，也是将“冲”理解为“虚”。可见，将第四章的“冲”视为“盅”，继而将“盅”解为“虚”，是古今主流的说法，其虽然与老子上下文不违，但并没有深得老子之意，没有将“道冲”最重要的动态含义揭示出来。

我们先看一些不同的注解。汉严遵《道冲篇》曰：“道以至虚，故动能至冲。德以至无，故动而至和。”[⑩] 这一解释比较全面，揭示了由“虚”而“动”的过程，而不只是停留在“虚”，单单“虚”字并不能显示老子思想的独特，因为崇尚虚静几乎是先秦各家的共性。严遵的解释实际上是将“冲”看做是“虚、动、和”三义的结合。道“虚”才能“动”，动到最后归于“和”，也即归于“冲和”的境界，然后再动起来，生生不息。王德有注：“冲，淡泊。《晋书·杜夷传》：‘夷清虚冲淡，与俗异轨’。”淡泊，就是冲和、冲淡之意。严遵的理解更切近老子之意。河上公对“冲”

① 丁原植：《郭店竹简老子释析与研究》，223页。
② 刘笑敢：《老子古今》，824页。楼古本也作“盅”。
③ 楼宇烈校释：《老子道德经注校释》，11页。
④ 范应元：《老子道德经古本集注》，9页。
⑤ 吴澄：《道德真经吴澄注》，6页。
⑥ 焦竑：《老子翼》，11页。
⑦ 王夫之著，王孝鱼点校：《老子衍》，6页，北京，中华书局，2009。
⑧ 转引自高明：《帛书老子校注》，240页。
⑨ 陈鼓应：《老子注释及评介》（修订增补本），71页。
⑩ 严遵著，王德有译注：《老子指归译注》，378页，北京，商务印书馆，2004。

的解释与以上主流说法皆不同，其曰："冲，中也。道匿名藏誉，其用在中。……道常谦逊不盈满"①。

苏辙注："夫道冲然至无耳"②，他是将"冲"理解为"冲然"，这个词非常具有动态含义，即渐渐淡然以至于"无"，这是一个动态的展开过程。宋林希逸注："冲，虚也。道体虽虚，而用之不穷。或盈或不盈，随时而不定也。"③ 他虽然也将"冲"解释为"虚"，但后一句的解释很妙，"不盈"本身也不是静态的，不像是一条奔腾不息的河，而更像是一条波澜不定的河，根据时机，该盈时盈，该虚时虚。并且，"或"的含义在这也得到了清楚的解释④，也就是"或者……或者……"的意思，这与下文"渊兮似万物之宗"、"湛兮似或存"、"象帝之先"的两个"似"与"象"也就对应起来了，即非定性的、非确定的，这更加细腻地揭示了老子的思想特质。在老子的笔法里，无论静动、言默、有无、存与不存、为与不为，都是为了在两者之间灵活转换而彰显"道"的动态特征。"道"的这种不确定性、不固定性，根本原因在于"时"。时间、时机是瞬息变幻的，"时"变了，"道"也就不同了。因此，既然人被迫只能静态地使用语言去说"道"，那就要不拘一格地去说，"卮言"（《庄子·天下》）式地去说。老子看似晦涩的言说方式是有苦衷的，如果我们执着于他用词的表面之意，静态地、定于一尊地理解其意，就违背老子的初衷了。

《说文》曰："冲，涌摇也"⑤，也旁证了苏辙等人的动态的解释进路。"冲"本就有涌动、摇动的意思，当道动起来的时候，如水之涌动，虚而不盈。

当代学者亦有与主流解释不完全相同的看法，高亨曰："既言冲，又

① 王卡点校：《老子道德经河上公章句》，14页。

② 苏辙：《道德真经注》，5页。

③ 林希逸撰，黄曙辉点校：《老子鬳斋口义》，6页，上海，华东师范大学出版社，2009。

④ "或"字稍有明确的解释，比较有代表性的解释也都有瑕疵。如河上公注："或，常也"，见王卡点校：《老子道德经河上公章句》，14页；严遵认为可能河上公本原本作"久"字，因为俞樾认为经文"或不盈"应作"久不盈"，这在意思上通，但在版本上又无法解释河上公本是如何产生讹变的；又如王弼注："冲而用之，用乃不能穷"（楼宇烈校释：《老子道德经注校释》，11页），是将"或"解释为"乃"，表承接关系。如果老子真是这样的意思，那"或"字就可有可无了，因为即便是"道冲而用之不穷"也足以表达此意了；陈鼓应则直接译为"道体是虚空的，然而作用却不穷竭"，见陈鼓应：《老子注译及评介》（修订增补本），73页。他是将"或"理解为"却"，表转折，这与"或"的本义又有距离。

⑤ 段玉裁：《说文解字注》，547页。

言不盈，文意重复，疑‘盈’当读为‘逞’。”[①] 他洞察到了主流解释的问题，但很可惜，没有从“冲”字上入手寻求更好的解释，而将目光放在了后面的“不盈”上。他认为“不盈”即“不满”，也即“虚”的意思，根据同义替换一下，那“道冲而用之或不盈”就成了“道虚而用之或虚”或“道不盈而用之或不盈”，显然意思上是累赘的。因此，高亨将后面的“盈”解释为“逞”，取“逞”之“尽”意。这样意思就通了，道是虚的，所以取之不尽，用之不竭。这在意思上当然是通的，也完全符合老子之意，可谓煞费苦心，但是仍然没有揭示“冲”的动态的含义。

“虚而能动”的思想更为鲜明地表现在《老子》第五章所说“橐籥”上。因为老子借“橐籥”说出了“虚而不屈，动而愈出”的非常连贯、完整的天地之道的特点，富有哲理。其曰：

> 天地不仁，以万物为刍狗。圣人不仁，以百姓为刍狗。
> 天地之间，其犹橐籥乎？虚而不屈，动而愈出。
> 多言数穷，不如守中。

这一章有三个层次，“天地不仁”讲的是天道，“圣人不仁”是遵循天道的最高行为体现，此为第一层；接着讲天地生生不息的原理，此为第二层；最后讲侯王应该如何去做，才能把国家治理好。这一章可以看做总分总的结构，又以第二层最为重要，因为它是普遍的原理，从天道到人事，揭示了一切生物源源不断的意义从何而来，如何能不枯竭、不穷尽。我们逐一分析之。

“不仁”不是不仁慈，而是不作仁与不仁的区分。天地不仁，是说天地是最高的自然，它对万物没有善恶、好坏的分判，而纯任自然。万物之生死皆是大自然链条上的一个有机部分。正因为天地纯任自然，所以万物才自由自在，充满生机，生于所当生，死于所当死。天地无偏私，万物则均等。王弼注：“天地任自然，无为无造，万物自相治理，故不仁也。仁者必造立施化，有恩有为。造立施化，则物失其真。”[②] 他认为，“仁”是有为的表现，有“仁”则有“不仁”，这是二分的思维，

① 高亨：《老子正诂》，9页，北京，清华大学出版社，2011。
② 楼宇烈校释：《老子道德经注校释》，13页。

其导致的是“物失其真”。因此，圣人对待物也不能作善恶二分的对待，不可根据人的私欲而刻意爱护一些物，刻意损毁一些物，正如自然界的生物链，如果人因为怜悯小鸟而杀死老鹰，那么鼠类就泛滥成灾。严遵曰：“神明默达，与道同仪：天下应之，万物自化。”① 《老子》第五十七章亦曰：“我无为而民自化。”圣人静默而通达，具备无为之智慧，无为不是不管百姓，而是对待百姓就应该像天地对待万物一样，平等无差，任其自然。这样百姓自身会按照一个自生自长、互助互进的机制来运行，关键是要把这个机制调动起来，而不要堵塞它。这就是第二层讲的“橐籥”之喻。

天地之间万物运行，生机勃发而没有枯竭，其机理在何处？老子想到“橐籥”这个物，以此作比。河上公注：“橐籥中空虚，故能有生气。”② 王弼注：“橐籥之中空洞，无情无为，故虚而不得穷屈，动而不可竭尽也。”③ 橐籥类似于风箱，里面是空的，有把手可以拉动。正因为里面是空的，所以一推就有风，越动风越多，风即生气之流行。本来是空，故时时可有，经久不息，此即“虚而不屈，动而愈出”，天地之间的运作莫不如此。林希逸曰：“橐籥用而风生焉。其体虽虚，而用之不屈，动则风生，愈出愈有。”④ 这一运作机制的关键在“愈出愈有”上，只有不断空下来，才能不断有起来。“盈”是有限的，“空”是无限的，无限才可以被不断充满。其体不变，其用无穷。风箱没有动，而风生不断。此即苏辙所说：“方其一动，气之所及，无不靡也，不知者以为技巧极矣。然橐籥则何为哉?”⑤ 道、天地并没有刻意施为，而是保持虚空的状态，万物互动而生生不息，“气来则通，气生则不积”⑥，不需要太多人为的推动。因此，虚而能动，虚即空也。

该章第三层则在此义理基础上启示侯王应该“守中”。焦竑引王纯甫注曰：“中也，虚也，无也。”⑦ 楼宇烈解释说：“(守) 中，即守其空虚无为之意。”⑧ 这一解释进路比较符合《老子》重视“虚”、“无”的

---

① 严遵著，王德有译注：《老子指归译注》，380 页。

② 王卡点校：《老子道德经河上公章句》，18 页。

③ 楼宇烈校注：《老子道德经注校释》，14 页。

④ 林希逸：《老子鬳斋口义》，7 页。

⑤ 苏辙：《道德真经注》，6 页。

⑥ 范应元：《老子道德经古本集注》，10 页。

⑦ 焦竑：《老子翼》，15 页。

⑧ 楼宇烈校释：《老子道德经注校释》，16 页。

倾向。[1] 老子上文说明天地运作的方式，最终是为了落到人事上对人有所启发，这是老子一贯的从天道推衍人事的思维方式。"守中"有具体义，有普遍义，具体义是指侯王要少颁布政教法令，守住自然无为之道，如陈鼓应说："政令烦苛，加速灭亡。'言'，意指声教法令。'多言'，意指政令烦多"[2]；普遍义是指所有人的心灵工夫，都应该守住虚静之心，元神之气，不为外物所扰，如元代吴澄所注："人而多言，则其气耗损，是速其匮竭也，不如虚心固守其所，使外物不入，内神不出，则其虚也无涯，而所生之气亦无涯矣。"[3] 又如冯振注曰："惟虚足以应有耳"、"不虚必竭"[4]，都是从人的角度说的。此二义都有道理，前者符合老子从天道推人事以及对侯王治国之总体关切，后者符合老子从天道谈人道以及对主体虚静工夫的重视。

那么，老子所推崇的"虚空"如何与"用"联系起来的？或者说，何以见得老子是借"虚"谈"用"？这需要从"无"这个观念来看。《老子》第十一章的"无"乃"空无"之意，其指向的便是"用"，其曰："三十辐共一毂，当其无，有车之用。埏埴以为器，当其无，有器之用。凿户牖以为室，当其无，有室之用。故有之以为利，无之以为用。"物有其材料、形状，由各种简单或复杂的部件组成，这是"有"。但使其发挥作用的是物之中的虚空处，陶器因有虚空处而能盛放东西，车子因有虚空处而能灵活转动，房屋因有虚空处而能出入自由，其皆"无"之作用的体现。有无相生，物之材料、形状、部件可以不同，但是其用都在空处，因此老子不是要否定"有"，而是看到了"有"之多样与"无"之唯一，"有"之殊异与"无"之相同。无与有共同构成了一事物之为一事物的原因，但事物更好发挥作用的枢纽在"无"。因此，老子说的"无之以为用"，将"无"也

---

① 也有将"中"解释为薄书、图籍的，如高亨曰："中者，薄书也，非儒者所谓'中和'或'中庸'之中也。《周礼·春官·天府》：'凡官府乡州及都鄙之治中，受而藏之。'郑注：'郑司农云：'治中谓其治职薄书之要'。《国语·楚语》：'余左执殇宫，右执鬼中。'韦注：'谓把其禄籍。'是薄书曰中，古有明证。……图必有图籍，图籍者即《论语》'执中'之中，亦即《老子》'守中'之中也。《老子》盖谓有国者守其图籍而已，不必多教命也。"（高亨：《老子正诂》，12页）这一语意固然有史料根据，但与《老子》主张的"不言"似有抵牾，因为毕竟图籍本身就是一种"言"，而且放在《老子》第五章上下文中不如作"虚、空"讲更为契合，与橐籥之喻也完全可以对应上，所以这里不取高说。

② 陈鼓应：《老子注译及评介》（修订增补本），76页。

③ 吴澄：《道德真经吴澄注》，8页。

④ 冯振：《老子通证》，13页，上海，华东师范大学出版社，2012。

即“虚空”提升到了“用”的层面。这一点在整个《老子》思想中至关重要。

三、动而能久

根据上文所说，从道到物到人，虚是为了动，动起来才能发挥作用，这是老子非常基本的思想。老子对“动”的强调可以说是贯彻整个《老子》文本的。道的动态特征，除了从第一章的“恒”之深意，第五章的“橐籥”之喻，还可以从“水”这个老子极其看重的比喻可以看出。水可以说是《老子》中最重要的一个意象。老子常用水的特性来形容道的特性，水这个意象的运用有以下几种情况：

第一，用“氵”旁的字如涣、沌、混、浊、清、海等描述人对道的体验。“氵”旁是表意而非表声的部分，并且这些字多出现于句首，如“涣兮”、“泛兮”、“混兮”、“沌兮”等，可见，用“氵”旁字主要是为了传达语意的需要，而不是为了调音节。从其表意的具体情况来看，老子用“水”字或“氵”旁字主要是从水与道的内在关联考虑的。

如《老子》曰：“古之善为道者，微妙玄达，深不可志。夫唯不可志，故强为之容。曰：与呵其若冬涉水。犹呵其若畏四邻。严呵其若客。涣呵其若凌释。沌呵其若朴。湷呵其若浊。旷呵其若谷。浊而静之徐清，安以动之徐生。”（帛书 15 章）① 这是描述“为道者”践行道时的感受，这如涉水般的感受与“道”自身恍兮惚兮、深不可测的特点是完全一致的。老子以涉水的过程形容人对道的体验，用涣、沌、湷、浊、清形容体道的心灵状态。《老子》曰：“我愚人之心也，湷湷呵。……忽呵其若海。恍呵若无所止”（帛书 20 章）②，这同样是借水描述人对道的体验。这里虽未直接说其所体验的是道，但“忽（惚）”是老子描写道的专用词，如“道之为物，惟恍惟惚”（21 章）、“是谓惚恍”（14 章），故此处乃间接说“道”。这说明“道”的特性与“水”的特性具有某种一致性。

第二，用与水相关的字描述道的存在状态。如《老子》曰：“道冲而用之或不盈，渊兮似万物之宗。挫其锐，解其纷，和其光，同其尘。湛兮似或存。”（4 章）这里的主语是道，用来修饰“道冲”之态的是“渊”与“湛”，此二字也皆与水相关。蒋锡昌释曰：“‘盈冲’，亦言

① 高明：《帛书老子校注》，290～295 页。这里是将甲、乙本的内容合并。

② 同上书，323～324 页。

'盈虚'"，又引《后汉书·蔡邕传》"消息盈虚，取诸天纪"、《易·丰卦》"天地盈虚，与时消息"来说明盈虚的含义。[1] 道是在盈、虚之间不断变动的。《老子》又曰："大道泛兮，其可左右"（34章），老子是用水流之态来形容道之作用。"左右"与前文所讲的"亘"之"上、下（盘旋）"意相通，说明水的动荡性与柔韧性。道具备与水类似的深远、柔韧、变动的特性。

第三，直接用"水"来比喻与"常道"相匹配的"常德"。如《老子》曰："上善若水"（8章）、"为天下溪，常德不离"（28章）、"天下莫柔弱于水，而攻坚强者莫之能胜"（78章）。老子取水之柔性喻"恒德"之特性。水柔弱，故能胜刚强；无形，故能随势而变；处下，故能为万物所用。所以，"恒德"应该表现为无为、不争、处下，老子称之为"上善"，这是从德性来谈道。《文子·道原》曰："天下莫柔弱于水，水之为道也，广不可极，深不可测。"[2] 文子直接提出"水之为道"，这也印证了道与水的关联。

老子对"水"之意象的选择，很有可能与他的生存环境有关。据杨义考证，老子的氏族与地缘文化基因有关，司马迁说他所在的"苦县"被水环绕。《水经注》卷二十三记述："涡水又东经苦县西南……谷水又东经苦县故城中，水泛则四周隍堑，耗则孤津独逝。"老子的家乡苦厉县（赖乡）被涡水与谷水环绕着，赖乡城以北有老子庙，老子庙东院还有"九眼井"，这都是赋予老子以灵感的地方。[3] 这一说法不无道理。那么，"水"到底具备什么样的特性，才让老子对这个意象情有独钟，用它来形容最高的道与最高的德？从整个《老子》八十一章来看，"水"有三个与"道"相关的特性：无形无色、流布遍在、柔弱处下。其中第一个特征最具有思辨性和形上性，是与"道"完全联系在一起的。

水的第一个特点是无形无色。老子没有直接说水是无形、无色的，但水的特征恰是无形、无色，他选取这个意象时一定是考虑到水的这个特征的。水之无形，在王弼第二十五章注中是能看到的。王弼曰："法自然者，在方而法方，在圆而法圆，于自然无所违也。"[4] 初读这一句，很令人费解，因为其对应老子"道法自然"原文并没有涉及方、圆的问题。但是，

① 参见高明：《帛书老子校注》，240页。
② 王利器疏义：《文子疏义》，37页。
③ 参见杨义：《老子还原》，20～21页，北京，中华书局，2011。
④ 楼宇烈校释：《老子道德经注校释》，64页。

《老子》第四十一章有“大方无隅，大器晚成，大音希声，大象无形”。可以见出，老子对无方之“大方”、无形之“大象”是推崇的。至方则无方而不适，因为它不是任何具体的“方形”；至圆则无圆而不随，因为它不是任何具体的“圆形”。从这个角度来说，王弼注并不奇怪。但是，究竟什么东西可以做到“在方而法方，在圆而法圆”，随顺所适地效法所遇之方、圆呢？那便是水。水放在方形的容器里，就呈现为方形；放在圆形的容器里，就呈现为圆形。放在不同的形状里，就呈现为不同的形状，因为水本身是无形的。同理，在水中放上红色素，它就呈现为红水；在水中放上黑色素，它就呈现为黑水，因为水本身是无色的。无形而能呈万形，无色而能呈万色。

这种无形、无色超越了非方即圆、非红即黑的二元论思维，从而保证了水（或道）的最多可能性与不可规约性。此即王弼第四十一章注所说的“有形则有分，有分者，不温则凉，不炎则寒”[①]，亦即《老子指略》所说的“形必有所分，声必有所属”[②]。水是无形、无色、无味的，其具有的属性越少，就越接近道，因为道是超越一切具体属性的存在。超越一切属性之规定，才具备了自由之性，才能随机而动，随时而动，随事而动，即落实到具体物上，而呈现为这个物的本然特性。这也是为什么《庄子·知北游》说“道在蝼蚁”、“道在稊稗”、“道在屎溺”。这并不只是说道在万物，重要的是表明道是不拘定所的，在任何事物上都能呈现出来。人们从事物上看到的却不是道，而是这个事物本身，即蝼蚁之为蝼蚁，稊稗之为稊稗。这一层意义是庄子、王弼引申出来的，具有重视个体性的崭新的意义，但又与老子之意不违。

王弼这一精彩的注也并非与第二十五章完全无关。第二十五章曰：“有物混成，先天地生”。“混”，《说文》曰：“丰流也”，段玉裁注：“盛满之流也。《孟子》曰：‘源泉混混’。古音读如衮。俗字作滚。《山海经》曰：‘其源浑浑泡泡。郭云：水喷涌也。’”[③] 因此，“混成”有汩汩滔滔、丰沛而流、喷涌而成的意思。这样的源头之水是不受任何拘束的。老子以此来形容宇宙源头之道是有道理的。王弼应该理解了这一点。所以，他认为法自然也就是“在方而法方，在圆而法圆”，道落在方上为方，落在圆

① 楼宇烈校释：《老子道德经注校释》，213页。
② 同上书，195页。
③ 段玉裁：《说文解字注》，546页。

上为圆。不仅如此，这方圆之器也会随时被打碎的，方、圆本身也是不确定的。因此，道要随时准备动①，随时随地随人随境而动。

“道”处于恒动之中，但不会变成任何东西。尽管第一节提到安乐哲对“变、易、化、迁、改”的含义作出了细微的区别，但这些语词都没有揭示出老子之“动”的含义。这些语词都还是从“变”与“不变”的角度去说的，在我们谈论变与不变时，已经预设了一个静态的视角，一个旁观的眼睛，透过这双眼睛去描述“道”。但“道”无时不在变动中，对于一个变动着的道，你无法定义它，要了解它就只能在实践中跟着它一起动，即应对生命中一切扑面而来的变化，根据时机采取适当的行动。“道”本身是空的，落在万象之中而呈现出万象之为万象之本性。所以，我们无法说“道”是不变的，只能说“道”是动的。当我们用“变”与“不变”去说道时，其实已经是对象化地思考问题了②，即预设了一个绝对不变的东西，然后去量一量“道”，是否符合这个绝对不变的尺度。老子一定不会同意这样的观察。

水的第二个特点是流布遍在。主要体现在《老子》第三十四章：“大道泛兮，其可左右。”“泛”，《说文》曰：“滥也。”段玉裁注：“玄应引此下有‘谓普博也’四字。《楚辞·卜居》：‘将泛泛若水中之凫乎’，王逸云：‘泛泛，普爱众也，若水中之凫群戏游也。《论语》‘泛爱众’，此假汎为泛’。”③ 因此，“大道泛兮”是说大道像水一样泛滥开去，广博深远，无所不在。同时，大道泛开的样子又如同一群野鸭子在水中自由嬉戏，自然而然，没有固定的方向，没有任何目的。河上公的注可谓生动准确，曰：“言道泛泛，若浮若沉，若有若无，视之不见，说之难殊。道可左可右，无所不宜。”④ 他充分揭示了老子之道的不确定性与遍在性，扣住了“道”超越有无二分的特点。王弼注：“道泛滥无所不适，可左右上下周旋而用，则无所不至也。”⑤ 其“左右上下周旋”一句说明了道的灵动性，“无所不至”说明了道的遍在性。这都是水的特征，也是道的特征。

朱谦之注第一章时针对林希逸的“不可道不可名则无变无易”，批评他“不知老聃所谓道，乃变动不居，周流六虚，既无永久不变之道，亦无

---

①② 此处受到燕京读书社的于耘华老师的启发，特此致谢！

③ 段玉裁：《说文解字注》，549页。

④ 王卡点校：《老子道德经河上公章句》，136页。

⑤ 楼宇烈校释：《老子道德经注校释》，85页。

永久不变之名”[1]。他对老子之“道”的动态特征是有深刻领悟的，他说的“变动不居，周流六虚”是对的，但是他纠结在“变”字上，反而容易引起混乱。林希逸的“无变无易”更多地是从“道”恒常存在的角度去说的，与道的“动”并不矛盾。道之“动”不是物理意义上的“变动”，而是存在论意义上的“运作”；道之“不变”不是物理意义上的“不动”，而是存在论意义上的“恒久”。将“变”与“动”区分开来，就清楚了。“道”实际上是“动而不变”的，但本书第一章为了避免“变动”一词容易带来的歧义，故意用了“动而不死”。朱谦之自己用了“变动不居”一词本就有个“变”字，所以在批评别人的时候很容易说不清楚。

水的第三个特点是柔弱处下。《老子》第四章曰：“挫其锐，解其纷，和其光，同其尘。”老子认为，要将“锐”挫掉，回到至柔的状态，才是符合道的做法。这种做法也即柔弱处下，利物不争。这也是老子最为推崇的“德”，在《老子》第八章被称为“上善”，其曰：

> 上善若水。水善利万物而不争，处众人之所恶，故几于道。居善地，心善渊，与善仁，言善信，正善治，事善能，动善时。夫唯不争，故无尤。

上善即最高的善，老子以水喻之。水能润泽万物而不与人争，“不争”取其向下的意思，与火不同，水是向下流的，流向低洼处，而不是向高处攀升，所以是“处众人之所恶”。但老子认为柔弱处下，就接近“道”了。因为“道”也是至柔的，即第四十章所说“弱者，道之用”，道的作用是“绵绵若存”（6 章）的。“柔弱”并非今天所理解的柔软虚弱，而是比喻“道”是无形的、非现成性的，也即张祥龙所说的：弱、柔、虚、静、冲等等，是老子用来表示道的一组“无形大象”。它们透出的“妙”义是：在一切具体法则的终结处，并没有更高级的存在者和法则，而只能是一种“柔弱”到再无一丝一毫现成性可循的纯势态。[2]“反”掉一切现成性而到达的至柔境地，才能随机应变，也即下文所说的“动善时”。人遵循动态的天道而能动态地行为，应时而动，出处从容，才是老子所推崇的智慧。这是老子谈道之柔弱性的现实意义。

---

① 朱谦之：《老子校释》，4 页。

② 参见张祥龙：《海德格尔思想与中国天道》，282 页。

循道而动，国家才能长久，个人才能长生，这是老子讲“动”的目的。《老子》第七章曰：“天长地久”，第五十九章曰：“长生久视之道”，都是希望国家、个人像天地一样长久；第十五章曰：“孰能浊以静之徐清？孰能安以久动之徐生”，安与静，都是为了“动之徐生”，第十六章曰：“归根曰静，静曰复命。复命曰常……天乃道，道乃久。没身不殆”，认为人静才能观道，观道才能成王，成王才能得道，得道才能让国家长久，生命长存。这是老子谈道之“动”的现实意义。

四、对象化之道与非对象化之道

综上所述，《老子》第一章所揭示的“道不可道”不是指道绝对不可说，而是指不可用一般性的语言去说。一般性的语言即“工具性的语言”，主要指以具有固定内涵的概念为核心，以具有论辩性的逻辑推理为主导的理性的语言，在当时可能主要是指以名家为代表的语言。当然，老子并没有明确地针对他们，到了庄子才提出“道隐于小成，言隐于荣华”（《齐物论》）①。在道家看来，工具性的语言恰恰会遮蔽“道”。因为工具性的语言是建立在主客二分的认识论基础上的，只要开始用它言说，就预设了主客的二分，此言说一定有明确所指和目的，是出于人认清对象的需要，因此是对象化的。“道”不是与我们主体相对的对象，在人没有产生时，它的存在与语言无关；在人产生以后，它是我们就生活于其中的那个“世界”，人无法从这个“世界”中真正挺立出来，回过头来看“道”，否则，我们就像是骑驴找驴，永远找不到“道”。道的玄妙正在于此，在这一意义上，本书用一个现代哲学术语去描述它——“非对象化的道（non-objectified Tao）”。

非对象化的道意谓道具有非对象性。“对象”（object）是与“主体”（subject）相对的客观存在。“对象化”是指将与主体相对的一切存在固定化，使之成为一个确定的、固定的对象。对象是相对于主体而言的，对象化是认识论的必经过程，是人认识世界的必然要求。但是，“道”本身是在主客二分之前就存在的，主体因为有主体性、独立的意志力而能将“道”作为某种“对象”去思考，因此当我们观道、体道时，“道”是一个对象，但它是模糊的、不确定的、不固定的对象，是“恍兮惚兮”的对象，我们不能将它兑现为任何具体的“对象”。这一特性可以用现代哲学

① 郭象注，成玄英疏：《南华真经注疏》，33 页。

术语概括为“非对象性”(non-objectification)。“非对象性”指非现成(non-prensent-at-hand)、非固定(non-fixed)、非静态(non-stative)的特性 。

非对象化之道不是为任何人、任何社会而存在的,它本来如此,纯任自然,人们可以感受它、领会它而生活得更智慧、更有意义感,但却始终无法将其对象化、具体化与固定化。基于对最高的“恒道”的体悟,人们才得以总结出世界的规律、处事的原则、治国的方法,这些便已经是“对象化”之道了,是专为人的生活而服务的“道”。对象化之道与非对象化之道是两个不同的层次,二者有着千丝万缕的联系。从非对象化进入对象化,使得人与道的关系更加具体化,所以并没有什么不好,关键是要时时意识到什么时候该回到那个非对象化的“恒道”,以避免将工具化的方法用到极端而适得其反。

就“动而无死”而言,语言无法把握变动中的“常道”,言说是特定时间中的事件,而道是超越时间的;就“生而无名”而言,语言是“名”,而常道“无名”;就“妙而可观”而言,常道的微妙可以“观(洞察)”,但这种“观”是主体在虚静工夫下达到的,这种工夫已经超越名言。人站出来言说,就意味着主、客的分开,可以“考察”它却无法“洞察”它;就“虚而可法”来说,常道这个自然法则是寄托在万物上的,由万物的个体特征的展现而体现出来,这些个体特征又是随着时机、环境的变化而变化的,不是用一个固定的概念就能表达清楚的。

因此,老子将“名”与“道”并提,从一开始就提醒所有想要说“常道”、想要探寻“常道”的人,必须随说随扫,超越名言概念的局限。“常道”是非对象化的存在。随着人的产生,语言的不断逻辑化与理性化,人对世界的掌控能力越来越强,不可说的“常道”被分解式地说出来,表现为规律、原则、方法等。在《老子》中具体表现为“规律之道”、“处事之道”与“治国之道”,三者分别代表了老子在认识论、人生论与政治论上的主要观点。

“规律之道”即事物相反相成的运行规律,这些特性是客观存在的,也是能被认识的,可以看作认识论意义上的道。如“有无相生,难易相成,长短相较,高下相倾,音声相和,前后相随”(2 章)、“曲则全,枉则直,洼则盈,敝则新,少则得,多则惑”(22 章)、“大成若缺,其用不弊;大盈若冲,其用不穷。大直若屈,大巧若拙,大辩若讷”(45 章)、“物壮则老,谓之不道,不道早已”(55 章)、“知者不言,言者不知”(56

章)、“正言若反”(78 章)以及“信言不美,美言不信,善者不辩,辩者不善;知者不博,博者不知”(81 章)等。

“处事之道”即以柔克刚的柔性原则,指抓住事物的关键,以柔韧的方式取胜,让国家、人生能更长久地存在。如“虚其心,实其腹;弱其志,强其骨”(3 章)、“水善利万物而不争”(8 章)、“专气致柔,能婴儿乎”(10 章)、“夫唯不争,故天下莫能与之争”(22 章)、“弱者,道之用”(40 章)、“强梁者不得其死,吾将以为教父”(42 章)、“天下之至柔,驰骋天下之至坚”(43 章)、“守柔曰强”(52 章)、“慈,故能勇”(67 章)、“坚强者死之徒,柔弱者生之徒”(76 章)以及“天下莫柔弱于水,而攻坚强者莫之能胜”(78 章)等。

“治国之道”即遵循万物的特性,不干涉、不宰制,无为而无不为的治国方法。如“生而不有,为而不恃,功成而弗居”(2 章)、“衣养万物而不为主”(34 章)、“道常无为而无不为”(37 章)、“不言之教,无为之益”(43 章)、“是以圣人不行而知,不见而名,不为而成”(47 章)、“损之又损,以至于无为,无为而无不为”(48 章)、“我无为而民自化,我好静而民自正,我无事而民自富,我无欲而民自朴”(57 章)、“为无为,事无事,味无味”(63 章)、“以辅万物之自然,而不敢为”(64 章)以及“是以圣人为而不恃,功成而不处”(77 章)等。为了凸显“常道”的特点,将其与一般的道区别如下:

观念 比较	非对象化之道(常道)	对象化之道(非常道)
文本代表	第 1、14、25、28、32、42、51 章	规律:第 2、45、78、81 章; 原则:第 40、43、76、78 章; 方法:第 2、37、47、57 章
含义	创生万物并使万物按其本性生成发展的先在者与恒在者	由常道派生而来的供人们利用的规律、原则与方法
特点	无死、无名、不可违	有死、有名、可违①

这里对常道与非常道的区分,不是“二分”,更不是将二者对立,而只是在比较中突出《老子》第一章的重心——“常道”的特点。二者不是

① 这里“可违”的意思是作为规律、原则、方法的道,是人为总结出来的,人们可以遵从它,也可以违背它。只不过违背它是会受到惩罚的,即《老子》第三十章、第五十五章所说的“不道早已”。“常道”则是“不可违”的,人的所有行为都包含在“常道”的运行之中,即便违背圣人所发现的规律、原则、方法,这种违背的行为也丝毫不会影响整个宇宙之道的恒常运行。

对立的关系，而是代表两种不同状态的道。非对象化是一种状态，它在人们的认识中会不断走向对象化。历代对这一章的分歧与争辩正在于老子是否表达了一个不可说的“常道”，“常道”是否是它的重心。回答无疑是肯定的，说不可说的“常道”正是《老子》五千言所作的努力，旨在让人们通过可说的道去体悟背后那个不可说的“常道”，那才是人类取之不尽、用之不竭的意义之源。在今天深受科技对象化思维影响的语境下，我们更多看到的是作为规律、原理、方法、原则的道，却常常忘了这些是“末”，而不是“本”。

第二节 自然：《老子》第二十五、六十四章诠释

自然，从概念层次上讲，是由“道”与“德”衍生而来的概念，但从内涵上讲，又是在“道”之上。《老子》第二十五章曰：“道法自然”。自然是道的最高规定性，由此规定性逐渐具体化，而落实为万物之规定性。“自然”在《老子》中极为重要，不了解“自然”，就无法理解“道”的特性。“自然”在《老子》中一共出现五次：

1. 无主语

人法地，地法天，天法道，道法自然。(25 章)

2. 主语是道与德

道之尊，德之贵，夫莫之命而常自然。(51 章)

3. 主语是自身

希言自然。(23 章)

4. 主语是百姓

功成事遂，百姓皆谓我自然。(17 章)

5. 主语是万物

以辅万物之自然，而不敢为。(64 章)

这五次中，前两次是讲道之“自然”主要是义理上、原则上的。后三次是讲“自然”的运用——无为，是现实的、政治上的。前者以第二十五章为关键，后者以第六十四章为关键。自然这一概念是来自大自然的灵感，是万物自生自化的原初状态，是宇宙生生不息孕育万物的机制，是氤

氤造化的韵律。无为是人法自然的结果，是“为之于未有，治之于未乱”的时机化的为，其哲理根据在《老子》第二章。第二章先论说万事万物都有两面，接着推出圣人不轻易作为，不胡乱作为。圣人能洞见万物的两面，慎重考虑，知道看似好的举措也可能带来负面作用，因此辅而不为，即以辅助的方式顺应万物的本性推动万物的生成，而不敢妄自作为。所以，《老子》这五章关于自然的经文自成系统，自然与无为的关系清晰可见，从义理到具体施为的推理完全成立。

一、自然的含义

自然首先是道的自然，即第二十五章说的“道法自然”。在出现“自然”的五章文本中，以第二十五章最为重要，因为这章说明了道的来源，并将“自然”置于对道的规定性上。自然是道的最高属性，是道自带的规定性。自然是《老子》中隐藏着的最高概念，之所以说“隐藏”，是因为自然本身没有任何具体的内容，规定什么是自然就不自然了。本节先从第二十五章入手，逐层揭示自然的含义及其当代表述的尝试。其曰：

> 有物混成，先天地生，寂兮寥兮，独立不改，周行而不殆，可以为天下母。吾不知其名，字之曰道，强为之名曰大。
>
> 大曰逝，逝曰远，远曰反。
>
> 故道大，天大，地大，人亦大。域中有四大，而王居其一焉。人法地，地法天，天法道，道法自然。

这一章有三个层次，故这里分三段引用。第一段写“道”这个概念的来历，道是对宇宙创生者的勉强命名。“道”是字，“大”是名，第二段是描述宇宙运行方式，老子用“曰”连接着几个词，而不用“则”，是有深意的。“曰”意味着“同时”，这说明了大、逝、远、反之间不是因果的关系，也不是时间先后的关系。大、逝、远、反，与其说是用来描述道之运动过程的，不如说是用来描述道之特点的。“大”揭示了道之无形的特点，“逝”揭示的是道之运动特点①，“远”揭示了道之无边的特点，“反”揭示的是反向作用的特点，四个词作为一个整体，共同揭示了道的时间性的特征。王弼《老子指略》曰：“然则‘道’、‘玄’、‘深’、‘大’、‘微’、

① 王弼注：“逝，行也”，见楼宇烈校释：《老子道德经注校释》，63页。

‘远’之言，各有其义，未尽其极者也。”① 他不拘泥于通常宇宙过程论的理解，而认为“大”、“远”等其实就是从特性的角度对“道”的另一种指称，即用描述道之特征的词来代替道这个词。丁原植也说：“‘大’，同时也可以说是：‘逝’；‘逝’，同时也可说是：‘远’，‘远’同时也可说是：‘反’。”② 他将“曰”解释为“同时也可说是”来加强道运作不已的特点。王博解释这句说：“刚刚说它是‘大’，便又要说‘逝’、说‘远’，说‘反’了。”③ 他们的解释都形象而准确，体贴到了老子之本意。“刚刚说……又要说……”，也就是说道无时无刻不在动，无法静态地去定位它。这就是道的变动性的原始体现。

如果说前两段是写道，那么第三段就是写人。“故道大，天大，地大，人亦大。域中有四大，而王居其一焉”，一般认为这是老子一贯的“从天道推衍人事”的模式，其实不然，这一章并不是生硬地以天推人，也不是生硬地从实然到应然的过渡。因在老子看来，道、天、地、人是一体共在的，天道与人本就是一体，实然应然本就不分，何来“推衍”？何用“推衍”？老子认为宇宙本源之“道”在时间上是在天地人之前产生的，但产生了人之后，“道”并不就此消失，而就在天地人之中，构成当下运行着的宇宙——“域”。但老子又强调道、天、地、人这四大中，“王”是很重要的，所以他单独拿出来说：“而王居其一焉”。竹简本作“王居一安”，帛书本作“而王居一焉”也是此意，傅奕本作“而王处其一尊”④，更加显明地说明“王”在其中的重要，但有比较强的政治化倾向。

下一句的五个主要版本（竹简本、帛书本、河上公本、傅奕本、王弼本）都作“人法地，地法天，天法道，道法自然”，这说明“王”在这里不是为了强调侯王的作用，不是为了表达其政治关怀，而在于说明“王”是“人”中之杰，是“人”的代表而已。“道法自然”即“道取法自然”，人通过层层效法而最终效法“自然”，因此“自然”是最高之“法”。“自然”是在这样的语境中提出的。那“自然”到底是一种什么样的“法”呢？

之前我们有论说过，“自然”的本义即“自己如此”。从字义上看并无难处。那么“道法自然”也就是“道效法自己如此的样子”，也就是道本身如此，没有任何人为的迹象。自己如此，则必有如此之理由，即一物之

① 楼宇烈校释：《老子道德经注校释》，196页。
② 丁原植：《郭店竹简老子释析与研究》，142页。
③ 王博：《老子思想的史官特色》，206页。
④ 刘笑敢：《老子古今》，847～848页。

为一物的根本，这一点老子并没有明说，而是王弼引申出来的。王弼注："法自然者，在方而法方，在圆而法圆，于自然无所违也"[①]，其实是将老子之"天道"的自然转变成万物之"本性"的自然了。其旨与老子有所不同，但在根本上又不违背老子，可以看做是对老子潜在思想的合法引申。《老子》第三十四章曰："大道泛兮，其可左右"，大道如水泛开，左右渗透，进驻万物而润泽万物，更好地成就万物的生长而不加干涉。这其中隐含着道无形而能随顺万物之意，只不过是潜在的。无形之道随方随圆，故王弼对"自然"思想的发挥与老子不违，但这显然不是老子"自然"概念的全部内涵。老子之"自然"还包括外在的法则，因为它是从"道"的层面提出的，"道"是整个宇宙的本源，"自然"也就相应地是"道"的规定性。"道法自然"，意味着"道"是自然而然的存在，它不依赖任何东西。因此，"自然"是宇宙本来如此的性质，又是万物自生自化的整体状态。自然是有规律的，又是不确定的。它被万物效法而成就万物自身的特性，这种效法又非强制性的。

这样我们就能将老子之"自然"与两个流行的概念区分开来，一是物竞天择、适者生存的生物界之"规律"；一是人自身难以控制的生物性"本能"。老子之"自然"不是生物界的"规律"，而是包括大自然在内的整个宇宙的规律；不是人的"本能"，而是建立在本能基础上的"自律"。老子之"自然"重心在"自己如此"，而"规律"是人总结出来的，是人从整个宇宙自带的规定性中洞察到的一部分，而非宇宙规律之全部。鉴于此，我们可以把自然称为"无法之法"。人是大自然中的一个富有灵性的物种，既是大自然的产物，就无法完全摆脱自然性，也就是生物性。譬如人本能地趋利避害、本能地喜欢听好话不喜欢听坏话、本能地需要安全感、本能地能理解同类而难以理解异类等等。但这些都不是老子所说的"自然"，因为它们都不在"道"的层次，而在"人"的层次，只能说是包括在宇宙的"自然"规定性之内，是其中一个表现而已。

"自然"作为宇宙运行自带的规定性，正因为是自带的，所以这"规定性"不是人所制定的，而是宇宙自己具有的规定。宇宙运行是动态的，所以这个"规定性"也不是死板的。上文我们论述过"道"是恒动的，恒动之道，当然无恒定之法。此"法"与"道"一样，要随"时"而动。此"法"是灵活的，而非固定的；是总体的，但又是经过五彩斑斓的个体显

---

① 楼宇烈校释：《老子道德经注校释》，64页。

示出来的。叶维廉对这种自然规定下的具体现象给予了极高的赞叹。他说，“整体的自然生命世界，无需人管理，无需人解释，完全是活生生的，自生、自律、自化、自成、自足（无言独化）的运作”①。因此，我们反观“王”在“四大”中的位置，会发现，老子虽然强调“王”作为人中之杰在宇宙中的重要，但同时又警示“王”要法地、法天、法道而最终法“自然”，要求“王”或者说人类必须将自己放对位置。叶维廉对这一点进行了阐发，他说：

> 只有当主体（自我）虚位，从宰制的位置退却，我们才能让素朴的天机回复其活泼泼的兴现。现象、自然万物并不依赖“我”而存在，它们各自在其内在生成衍化的律动来确认它们独具的存在和美。所谓主体，所谓客体，所谓主奴的从属关系都是表面的、人为的区分。主体和客体，意识和自然现象互参互补互认互显，同时兴现，人应和着物，物应和着人，物应和着物至万物万象相印认。②

叶维廉这一诗意的解读可谓切中了老子超越二分思维的命脉，将“自然”的特点感性地描述出来了。刘笑敢说：“道不是冷冰冰的道德律令，不是铁一般的必然规律，对万物的存在有柔和的辅助、支持、保障或引导作用，却没有直接、具体、严格的规定、束缚和限制。”③ 笔者完全同意。鉴于老子之“自然”并非死板的、僵硬的“自然法则”（law of nature），本节避免用“规律”一词，而尝试用一个新的词汇来描述它——“自然韵律”（the rhythm of nature）。

老子之“自然”虽然不是“大自然”，但他的灵感离不开大自然。不仅因为他生活在“涡水”与“谷水”交融的苦县，而且《老子》八十一章所透显出的植物气息，其中不乏自然之象。如第二十三章曰：“希言自然。故飘风不终朝，骤雨不终日。孰为此者？天地。天地尚不能久，而况于人乎？”天有阴晴，人有生灭，生生不息，循环不已，这是整个宇宙生长消息的韵律；第二十五章曰：“大曰逝，逝曰远，远曰反”，时远时近，时出时反，始终有序，周行不殆，这是天道运行的韵律；第三十四章曰：“大

①② 叶维廉：《我们今天为什么讲道家精神》，见杨乃乔、伍晓明主编：《比较文学与世界文学——乐黛云教授七十五华诞特辑》，505 页，北京，北京大学出版社，2005。

③ 刘笑敢：《老子古今》，357 页。

道泛兮，其可左右”，四处延展，无所不包，无所不予，这是道发挥作用时的韵律。道虽然是一种“法”，但不是硬邦邦的、机械的、外在于人的法则，而是柔韧的、有弹性的、体现于万物之中的充满韵味的隐秘之法。因此，与今天所说的 law（法则）、principle（原理）、order（秩序）、rule（规则）均不同。本节用“自然韵律”则可以避开一些固定化、现成化、僵死化的表达以及与西方概念简单的对应。“韵律”之“律”具有强制性的含义，但“韵”又柔化了强制性而保持了弹性。

从“韵律”一词的本义来说，韵是押韵，律是音律，押韵而符合音律，一首诗或一首曲子才能动人。譬如一首诗的韵脚可以相同，但声调不能相同，即平仄不能相同。“平”、“仄”是对四声的简化，上声、去声、入声为仄，其余为平。好的诗歌，最基本的要求是“平对仄，仄对平，一三五不论，二四六分明”，平仄本身就显示出了正反的特征。一平对一仄，相当于一阴一阳，要整体和谐，就不能句句押韵，而要隔句押韵，这样，内在的气韵与张力才能出来。不能都平，也不能都仄，有平有仄，才合乎韵律。有韵律，发出的声音才和谐，才能烘托出全诗的意蕴，而宇宙就是一首大诗。用“自然韵律”这个词的目的在于：

首先，“自然韵律”一词突出“法”在其中但又无法进行具体规定的特性。如同春夏秋冬之间的微妙过渡，我们无法划出一个完全准确的日期和时刻来作为季节之间的分水岭，因为四季遵循自然的韵律而自发、自在的转化，“四季”这个分法是人为划分的。自然之“法”是客观存在的，但又不是某个外在于我们的具体对象。人参与在这韵律之中，是构成韵律的众多物象之一而已。人如果脱离自然的韵律就如同鱼脱离了水上，鸟脱离了天空，就会“不道早已”。因此，法对人有规范性，但这规范性又是有弹性的，正如大自然的和谐中也有火山爆发这样的不和谐的现象，社会发展过程中亦有战争。这些都在自然韵律之内，你可以发现它们，但不能逃离它们；你可以调整自己的节奏以符合自然，而这调整本身又构成着整个自然的韵律。自然与社会，从古至今，正是以这种富有弹性的、触摸不到而又无物不包的自然韵律在运行。“自然韵律”是“大道泛兮，其可左右”所彰显的柔韧之法，具有神秘性与微妙性，在严格的意义上是不可思议的。正如我们无法说清楚一棵树为什么盘根错节，一块石头为什么一言不发，一群鱼究竟要游向哪里，其中隐藏的道的法则皆是柔弱的、隐秘的，而没有具体章法可寻。

其次，“自然韵律”这个词本身与老子之法的正反特点以及道所彰显的整体和谐的思想有相似之处。大自然的韵律容易理解，社会也有韵律吗？当然有。人的生存具有一种原本的生活韵律，即自然而然遵循大自然的节奏而生活的方式，这在农耕社会更容易体现出来，例如春生、夏长、秋收、冬藏，既是大自然的特点，也是人的生存活动韵律的体现，人们则春天播种，夏天施肥，秋天收割，冬天储藏。人们衣食冷暖都完全与大自然合拍，今天由于科技的发达，人们可以打破四时的节拍去生活，因为有了大棚种植，所以冬天可以吃夏蔬；因为有空调，所以冬天在室内也可以穿得很少，这在古人看来可能都是不可思议的，是违反自然韵律的生活。《击壤歌》曰："日出而作，日落而息，凿井而饮，耕田而食，帝力于我何有哉"①，这才是原本的或理想的生活所具有的韵律。有作有息，有饮有食，既不疲惫，也不慵懒，脱离机械，远离机心，简单质朴，自得其乐。又如《庄子·知北游》曰："山林与，皋壤与，使我欣欣然而乐与"，这是合乎自然的生活所带来的原本的快乐，他们不因得到什么而快乐，而因与自然亲近而快乐。

这种原本的自然韵律，在《老子》"小国寡民"的生活中体现出来，其曰："小国寡民，使有什伯之器而不用，使民重死而不远徙。虽有舟舆，无所乘之；虽有甲兵，无所陈之；使民复结绳而用之。甘其食，美其服，安其居，乐其俗。邻国相望，鸡犬之声相闻，民至老死不相往来。"（80章）这是大自然与社会融一的、原生态的、充满韵律的生活方式和生活状态。这一段文字本身也充满音乐性，对仗、排比并且押韵。在这个社会模式下，百姓在物质和精神上都是自足的，所以不用与邻国往来。这完全是在了解周围生活情景的基础上做出的自觉选择，如陶渊明笔下的"避秦人"一样，他们是有意选择一种更自然的生活方式，而不是蒙在鼓里的无知民众。

因此，本节用"自然韵律"描述老子的自然之"法"同时涵盖大自然与人类社会，道的"法"是大自然、社会原本具有的自然韵律。在老子看来，自然韵律是道的显现，如同庄子的"天籁"（《齐物论》），无声而使物和谐。"自然韵律"的"律"含有规律、法则之义，同时又附带着大自然的特点。老子观察大自然，发现万物自在、自然、自足地生长的奥秘。在礼乐崩坏的背景下，看到政治的不自然，人之生活的不自然，对当时的名

① 皇甫谧：《帝王世纪》，9页。《庄子·让王》亦有类似的表达："余立于宇宙之中，冬日衣皮毛，夏日衣葛絺。春耕种，形足以劳动；秋收敛，身足以休食。日出而作，日入而息，逍遥于天地之间，而心意自得。"

制提出反思和批评，要破解一切违背自然、束缚人性的礼制和名言。后来庄子更是认识到了这一点，并做了进一步的推进。如叶维廉所说，他们看到“整体的自然生命世界，无需人管理，无需人解释，完全是活生生的，自生、自律、自化、自成、自足（无言独化）的运作”①。

大自然是不会主动诉说的，它所彰显出来的道理不掺杂任何人为的因素，自有道有天地起，大自然运行至今，生机勃勃，远比人的历史要长，老子从中更能发现“根深固底”的道理。人只是大自然的一部分，人类社会无论如何发展，也只不过是地球上的一部分生存物而已，在浩瀚的宇宙中更是微不足道。人事之法所规定的是人应该如何生存，大自然之法却规定了人能够如何生存。社会与大自然密不可分，人只有真正理解大自然的韵律并回到自然朴素的本性，人的社会才能呈现出它原本和谐的韵律，相反，人破坏了大自然，社会生活也会紊乱，生活在其中的人也不会幸福。

二、自然的体现：反

“反”在不同版本的《老子》中写法不用，有时也写作“返”，它有两个相关的意思，一是相反（reversing），一是返回（returning）。而且，这两个意思巧妙地交织在一起，构成道的作用。从道来说，道无始无终，“独立”存在没有对立面。老子言“大曰逝，逝曰远，远曰返”，从宇宙论上说，这是对宇宙运行方式的描述；从语言论上说，这是说“大”或“道”是动行不居而不能定于一尊的。从万物的角度来说，道之“反”具体体现为两个普遍的规律：物极必反、正反相成。下面逐一论述。首先将不同版本的《老子》中的“反”字的出现情况列举如下：

不同版本的《老子》中“反”字的使用情况表

章节 / 版本	25	40	65
竹简本	远曰反	返也者，道动也	○
帛书本	远曰反	反也者，道之动也	与物反也，乃至大顺
王弼本	远曰反	反者，道之动	与物反矣，然后乃至大顺

① 叶维廉：《我们今天为什么讲道家精神》，见杨乃乔、伍晓明主编：《比较文学与世界文学——乐黛云教授七十五华诞特辑》，505页。

上表中第二十五章的“反”，虽然三个版本都写作“反”，实际上却是“返”的意思，彭浩说：“‘反’，借作‘返’。帛书乙、王弼本、河上公本皆作‘反’，龙兴观碑本作‘返’”[①]。第四十章简本作“返”，其它本作“反”，丁原植认为此处“反”可训为“返”。[②] 李零认为“反”曾见于乙墓钟磬铭文，“加于音阶名之后，表示八度反复”，因此“反”是“反复”之意。[③] 反复，是反覆的意思，反覆与“返”的意思也是相通的。丁四新说得最为清楚：

> “反”同“返”，“返”为“反”之分化字。《说文·又部》：“反，覆也。”引申之，有相反、还复义。《辵部》：“返，还也。”《辵部》：“还，复也。”“返”即还复之义。……今人深受西洋辩证法“对立统一”律熏习，喜将“反”释为“相反”、“对反”之义，殆失古意。反过来说，老子“还复”义之“反”概念并不必定排斥“相反”之义。[④]

也就是说，“相反”之“反”有“返回”意，但不能草率地认为“返回”之“返”有“相反”意。《说文》“反”下曰：“覆也”[⑤]，“覆”下曰：“覂（fěng）也”，“覂”也就是“翻”的意思，段玉裁注：“覆、覂、反三字双声。……反覆者，倒易其上下……覆与复义相通，复者，往来也”[⑥]。也就是说，“覆”有上下颠倒之意，“复”有往来之意，故二者相通。这正说明了“反”是包裹着“相反”与“返回”两个意思的。《说文》曰：“返，还也”，段玉裁注：“返还叠韵。反覆也”[⑦]。因此，“返”是返回、复归的意思。综上所述，从字源上看，“反”与“返”有着紧密的关联，因此再看不同版本的《老子》所使用的“反”或“返”字，也应将二者关联起来。即便通行本都作“反”，也应考虑到老子无法同时使用“反”、“返”二字，在书写作“反”时，应想到其同时可能具有的“返”之意。老子巧妙地将这两个意思统一起来。

也就是说，后来的帛书本、王弼本之所以不用“返”，而用“反”，一

① 彭浩：《郭店楚简〈老子〉校读》，45页。
② 参见丁原植：《郭店竹简老子释析与研究》，223页。
③ 参见李零：《郭店楚简校读记》，10页。
④ 丁四新：《郭店楚竹书〈老子〉校注》，244页。
⑤ 段玉裁：《说文解字注》，116页。
⑥ 同上书，357页。
⑦ 同上书，72页。

定是有深意的。根据他们对《老子》的理解，“反者，道之动”的“反”应该兼具“相反”与“返回”之意。丁原植也认为：“就哲学问题的发生来看，帛书的‘反’字，表现了更多思辨的作用。”[①] 无论从字义上，还是从整个《老子》的义理上看，丁四新、丁原植的说法都是成立的。但可以说得更清楚一些，即从道的角度说，老子偏向“返”义，重视“周行而不殆”的复返之道；从万事万物的角度说，老子偏向“反”义，重视事物“物极必反”与“相反相成”的规律，而这个规律正是道之体现。故下面分这两方面说明。

1. 物极必反

道是没有边界、没有始终的，因为没有所谓“极”（极点），道时时动，时时反，而“莫知其极”（59 章）。但对应到万事万物上，则都有“极点”，并且都能或多或少地被勘察到，如同四季中的春分、夏至、秋分、冬至一样，总有个相对的临界点，可供人们依据它而更好地生活。万事万物发展到一个“极点”都会返回，此乃“物极必反”，在《老子》中体现为三个层面。

首先，“物极必反”是用来警示侯王不要采取过激的方式治理国家。《老子》第三十章曰：“物壮则老，是谓不道，不道早已。”老子虽然没有用“物极必反”这个词，但“物壮则老”很形象地表达了这个意思，字面含义是事物太强了就会走向反面。王弼注：“壮，武力暴兴，喻以兵强于天下者也。飘风不终朝，骤雨不终日，故暴兴必不道，早已也。”[②] 这显然是劝告侯王在治理国家上要守柔而不能恃强，和平而不能暴力，否则就会走向反面。因为“民不畏死，奈何以死惧之”（74 章）。暴力用得多了，老百姓会升起无畏的反抗之心，如果百姓连死都不怕了，侯王采取的任何措施也就是无效了。这说明，对一件事情采取过激的方式就会走向反面。这是不符合道的。

其次，物极必反启示了一种从反面入手处理事情从而达到更大效果的智慧。如第九章曰：“持而盈之，不如其已。揣而棁之，不可长保。金玉满堂，莫之能守。富贵而骄，自遗其咎。功遂身退，天之道。”符合道的做法不是守着德不放[③]，守着金银不放，守着富贵不放，守着功名不放，

---

① 丁原植：《郭店竹简老子释析与研究》，226 页。

② 楼宇烈校释：《老子道德经注校释》，78 页。

③ 王弼注：“持，谓不失德也。既不失其德，又盈之，势必倾危。故不如其已者，谓乃更不如无德无功者也。”见楼宇烈校释：《老子道德经注校释》，21 页。

而恰恰是当退则退。也就是第三十二章所说的："知止可以不殆。"不好的事情要知止，好的事情也要知止，譬如财富、功名，否则也会累身，带来负面的东西。

最后，掌握"物极必反"的道理是一种智慧的象征，圣人具备这样的智慧，他们以与常规不同的方式行事和显示自己。如《老子》第四十八章曰："为学日益，为道日损。损之又损，以至于无为。无为而无不为。"一般人注重的是"学"，主张"学无止境"，即今天说的"学海无涯苦作舟"，而不知止。圣人注重的是"损"，"损"不只是"减损"意，而主要是"化"的意思，即将所学、所知、所求、所备的一切化掉，才能看清其中的"道"，也即看到关键，这样才能"无为而无不为"。又如第四十一章曰："大器晚成，大音希声，大象无形。"真正高明的东西反而显现为晚成、希声、无形，而不是以张扬的、光芒四射的方式显现出来。此与第七十章"圣人被褐怀玉"相似，看起来最朴素、最不显眼的人，反而可能是圣人。又第二十章曰："俗人昭昭，我独昏昏；俗人察察，我独闷闷。众人皆有以，而我独顽似鄙。我独异于人，而贵食（侍奉）母。"我与众人不同，是因为我懂得"道"，知道而守道，有如此至高境界的人，并不像神一样，相反，像是一个未开化的木鱼，无知的小孩，鄙陋的愚人。这是他们越过了知识性的"极"而进入了"道"，进入了"道"而显现出极端的平常。

2. 正反相成

"反"的思想在《老子》中的第二个表现是：正反相成。任何事物都是由正反两面构成的，它们是相反相成的关系，并且它体现在《老子》"正言若反"（78 章）的语言方式与思维方式中。正反的思想在《老子》体现为三个层面。

首先，"正反相成"意味着万事万物是由正反两面构成的。正、反两面，也可以说是有、无两面，阴、阳两面。《老子》第二章曰："天下皆知美之为美，斯恶已；皆知善之为善，斯不善已。故有无相生，难易相成，长短相较，高下相倾，音声相和，前后相随。"美恶、善与不善是从价值评判角度说的，是第一层；"有无相生"是从现象界说的，概括整个现象界的正反特征，如难易、长短等。这些词语各自的对反程度又有所不同：善—恶、有—无是完全的相反；美—恶、难—易、长—短、高—下、前—后是相对的相反；音—声是内在的相反。[①] 不同层面的对反构造了事情的多样性、复杂性和微妙性。若用第二章的“有无相生”来描述正、反两面的关系，其突出的不是正、反之不同，而是正、反两方面中一方面是隐藏的（无），一方面是显现的（有）。正、反，有、无不是两个独立的东西，而是一体之两面。从这个角度来说，“阴、阳”二字最为准确，因为从其字义就可以看出。

《说文》曰：“阴（陰），闇也。水之南、山之北也。”段玉裁注：“闇者，闭门也。闭门则为幽暗。”[②] 《说文》曰：“阳（陽），高明也。”段玉裁注：“《毛传》曰：‘山东曰朝阳，山西曰夕阳。’”[③] 因此，阴与阳是相对的，互转的，山之东、山之西不是两座山，而是一座山之两面。同时，太阳也是移动的，白天照着山之东，傍晚照着山之西。《老子》第四十二章曰：“万物负阴而抱阳，冲气以为和”，也说明万物是由阴阳两面构成的，这两面相反相成而达成和谐。

其次，正反相成意味着万事万物发展到最高的境界常常以相反的形式显现出来。如《老子》第四十五章曰：“大成若缺，其用不弊；大盈若冲，其用不穷。大直若屈，大巧若拙，大辩若讷”，最完满的东西却像有欠缺，最充实的东西却像空虚一样，最正直的反而像弯曲一样，最灵巧的却像是拙笨，最高的辩论却像木讷。《老子》第四十一章曰：“明道若昧，进道若退，夷道若类。上德若谷，大白若辱，广德若不足，建德若偷，质真若

---

① 老子既曰“音声相和”，就说明“音”与“声”的意思是不同的，但到底如何不同，目前至少有三种理解。一是，林希逸认为：“声成文谓之音，故曰‘音声相和’”（林希逸：《老子鬳斋口义》，4页）。那么，声与音是顺承关系，而不是相反关系，与前文的“美”与“恶”，下文的“前”与“后”的关系不同，因此与上下文语境相抵牾。二是，高亨引《吕氏春秋·适音》“夫音亦有适，太钜则志荡，太小则志嫌，太清则志危，太浊则志下”认为：“音声相和，谓音声之钜小清浊相和也。”（高亨：《老子正诂》，6页）他实际上是把“音声”看做一个词，把“和”解释为“和谐”，此与老子要表现“二”之间的相互应和的关系有一定距离。三是，陈鼓应注：“乐器的音响和人的声音相互调和”（陈鼓应：《老子注译及评介》，61页），但他没有列出将“音”解作“音响之音”、将“声”解作“人声”的根据。“音”自古以来就可以形容人的声音，为何分开，也让人费解。鉴于以上说法都有疑问之处，本节将“音”理解为更具有源初性和发生性，更内在的情感表现；“声”是更外在的显现。《礼记·乐记》曰：“音之起，由人心生也。人心之动，物使之然也。感于物而动，故形于声”（孙希旦撰，沈啸寰、王星贤点校：《礼记集解》下册，976页，北京，中华书局，2012）；朱骏声曰：“音，声也。生于心、有节于外谓之音，宫、商、角、徵、羽，声也。丝、竹、金、石、匏、土、革、木，音也。”（朱骏声：《说文通训定声》，92页）因此，从以上两个文本我们可以说，音偏重的是人的最先发动的内在感情，声是通过一定的节奏、韵律表现出来的。两者不同但又相互应和。

②③ 段玉裁：《说文解字注》，731页。

渝。大方无隅，大器晚成，大音希声，大象无形。”这同样表明，达到一种至高的境界如何看起来却是相反的。尤其从对“道”的体会的角度来说，明白道却像是混混沌沌，进入道却像是往后退，得道之人却像是有所不足，大才却要很晚才锻成，诸如此类，不仅再次说明了“道”本身的不可直接把握性、非现成性，同时也说明了要洞察事物、洞察人、洞察道，不能停留于表面，而要看到它背后蕴藏的东西。

《老子》第七十章曰：“吾言甚易知，甚易行，天下莫能知，莫能行。……知我者希，则我者贵，是以圣人被褐怀玉。”“道”是人生修为的最高境界，但又是最平常的；是最难说清楚的，又是最容易理解的；是最难实现的，又是最容易践行的。老子认为其所说的道其实是容易知道与践行的，只是看人们是否真的知，真的行。践行了道的圣人看起来恰恰是穿着普通而内心怀有美玉之人。所以《老子》第四十一章曰：“上士闻道，勤而行之；中士闻道，若存若亡；下士闻道，大笑之，不笑不足以为道。”道是最深奥的，但听起来又无比平常，听起来很简单，“道之出口，淡乎其无味”（35 章），所以会让人笑。所以这些“反”的现象恰恰更好地揭示了“正”的含义。刘笑敢说：“这些都是正而若反的现象，但正而若反并不是真的反，也不是正反不辨，正反相混，反而是更高的正，更真实的正。”① 这正是“若”字的意味深长之处。

最后，“正反相成”还意味着一种特殊的言说方式，即用正、反两个概念同时从两个不同方面去言说，以达到以“反”彰“正”的效果。例如：

> 道—德（1）、有—无（2）、静—动（15）、黑—白（28）、雄—雌（28）、荣—辱（28）、弱—强（36）、歙—张（36）、废—兴（36）、彼—此（38）、阴—阳（42）、巧—拙（45）、盈—冲（45）、屈—直（45）、成—缺（45）、益—损（48）、祸—福（58）、奇—正（58）、善—妖（58）、大—小（61）、生—死（76）、刚—柔（78）、正—反（78）、美—信（81）、知—博（81）

老子是用这种双向展开、不落两边的方式实现了他对“道”的全面描述。第七十八章曰：“正言若反”，这是从语言的角度来说正、反的现象。

① 刘笑敢：《老子古今》，434 页。

正面的话常常听起来像反话一样，正如真理听起来常常像是傻话或谬误。譬如《老子》曰："不笑不足以为道"（41 章），正有此意。所以，老子常常以否定的方式说，他抓住了"正言若反"这个潜在的、无形的法则，而让他对道的描述得到后人的关注、理解。第五十八章曰："孰知其极？其无正？正复为奇，善复为妖。"老子之所以要这样言说，是因为他要保证"道"的动态性，"道"没有"极"，刚说它"正"时它又"反"了，刚要大肆宣讲它的好，它就变成不好的东西了。奇正相生、善妖相成，对于道而言，既要说它，又不能如同腐儒们宣讲仁义礼智那样，否则再"善"的道也变成"妖"了。

因此，老子以反说正的方式是一种保护"道"之动态性、非现成性、非对象化特征的策略。老子对这种语言策略运用得非常娴熟，从第一章的"道可道，非常道"开始，他就让"道"处于既遮蔽又澄明之中，从而让人既能感受到他所说的"道"的含义，又能不拘泥于概念语词本身。丁原植对此也有所论述。他说："《老子》正是使用着'正言若反'的形式，来作为思辨哲学探讨与建构的表达基础。全书不断提醒这种表达的边际性警示作用。"① 他说的"边际性的警示作用"就是指不采用正面的、规范性的言说方式，而采用旁敲侧击、激发人在异样的语言思想中自我反思的方式。

三、自然的运用：无为

自然的人格代表有二，一是婴儿，一是圣人。前者是从人的原初本性来说的；后者是从其治国的方式来说的。"自然"所出现的五章中均未出现"婴儿"，而重在说"圣人"如何用无为的方式治国。所以可以说，自然的运用即无为。无为首先是指政治上的措施，其次才是泛泛而论的普遍地谈如何处事的智慧。"自然"出现的五章中有三章都有"无为"的思想，而以第六十四章最为明显。其曰：

> 其安易持，其未兆易谋，其脆易泮，其微易散。
> 为之于未有，治之于未乱。
> 合抱之木，生于毫末；九层之台，起于累土；千里之行，始于足下。
> 为者败之，执者失之。
> 是以圣人无为，故无败；无执，故无失。

① 丁原植：《郭店竹简老子释析与研究》，341 页。

民之从事，常于几成而败之。慎终如始，则无败事。
是以圣人欲不欲，不贵难得之货。学不学，复众人之所过。
以辅万物之自然，而不敢为。

老子对无为有自己非常清楚的定位，无为首先是指“为之于未有，治之于未乱”的治理方式。无为不是什么也不做，而是要“为”，要“治”，关键是如何“为”？如何“治”？这一章指出，一切事物在刚刚萌芽之际都是最好治理的，因此是“为”与“治”的最佳时机。“无为”是时机化的为。河上公注：“欲有所为，当于未有萌芽之时，豫塞其端也。治身治国，当于未乱之时，豫闭其门也。”① 他也强调为者要谨慎，选择适当的时机去为。“为者败之”的“为”是指“有为”、“妄为”，即按照一己之私欲去为，容易破坏好不容易积累起来的成果。“执者失之”的“执”就是静态的、固定的“为”，是对象化的“为”，没有顺随事物的变化而采取相应的措施。河上公注：“有为于事，废于自然；有为于义，废于仁慈”②。他看到，“有为”带来的是对“自然”的破坏，反推之，“无为”是对“自然”原则的守护。王弼注：“以施为治之，形名执之，反生事原，巧辟滋作，故败失也。”③ 他则具体针对用“形名”、“巧辟”这种有为方式加以治理。“形名”是各种尊卑名号，“巧辟”是各种机巧法术，《说文》曰：“辟，法也。”④ 老子反对形名法术，这是很显然的。

《老子》第五十七章曰：“人多伎巧，奇物滋起；法令滋彰，盗贼多有”，“法令”帛书本、景龙、河上公本作“法物”⑤，河上公注：“法物，好物也。珍好之物滋生彰著，则农事废，饥寒并至，故盗贼多有也。”⑥王卡指出，《治要》词句作“法，好也”⑦。这一解释与《老子》第三章吻合，即“不尚贤，使民不争；不贵难得之货，使民不为盗；不见可欲，使民心不乱”。刺激百姓的欲望，使他们产生不必要的争端，这也是“有为”的后果。

《老子》第二十三章曰：“希言自然。故飘风不终朝，骤雨不终日。”

①② 王卡点校：《老子道德经河上公章句》，249 页。
③ 楼宇烈校释：《老子道德经注校释》，165 页。
④ 段玉裁：《说文解字注》，432 页。
⑤ 高明：《帛书老子校注》，105～106 页。
⑥ 王卡点校：《老子道德经河上公章句》，221 页。
⑦ 同上书，224 页。

自然是很少言说的，这显然是个比喻的说法。老子进而举大自然的例子，说明疾风骤雨都不会持久，更何况人。这句话背后的隐喻是什么呢？王弼注："言暴疾美兴不长也"[①]，"暴疾美兴"指的政治举措，太过激的治理手段是不会长久的。因此，"希言"也就是指不能采取这些过激的手段。这样才是符合"自然"之"道"的，所以该章下文曰："故从事于道者，道者同于道，德者同于德，失者同于失。同于道者，道亦乐得之；同于德者，德亦乐得之；同于失者，失亦乐得之。信不足，焉有不信焉。"人与道相感相合。最后一句谈到诚信的问题，从而可以推测上面是针对侯王而言的。侯王若能乐于道，道亦与侯王同在。侯王效法自然而"希言"也就是不要胡乱作为。

《老子》第十七章曰："太上，下知有之。其次，亲而誉之。其次，畏之。其次，侮之；信不足，焉有不信焉。悠兮其贵言；功成事遂，百姓皆谓我自然。"这一章也是三个部分，笔者用分号隔开。第一部分从老百姓的反应角度，列举了三种每况愈下的统治；中间说明侯王如果诚信缺乏，百姓就不会相信他，而要取得百姓的信任就需要"贵言"，也即上文说的少用名号、政令、法术等，少刺激百姓的欲望；最后说明，把事情做成了，国家治理好了，百姓的感受是什么样。最后一句"我"是指百姓还是圣人，是有争议的。《说文》曰："谓，报也。"段玉裁注："谓者，论人论事得其实也。"[②] 也就是说"谓"有"如实评论"的意思。那么，这里的"我"是指侯王，百姓评价侯王"自然"的治理方式，这里指的是"无为"的治理方式。但是，竹简本、傅奕本作"曰"[③]，"曰"是"说"的意思，那么，最后一句的"我"就是指百姓自身，百姓说我自然而然就是这个样子，"自然"就是表示状态的形容词。

既然在字义上我们无法断定"我"之所指，那么我们就只能从义理上看了。本节认为，"百姓皆谓我自然"的"我"指百姓自己更为妥当，而不是指"圣人"。理由如下：

第一，"功成"的状态下，百姓是否还需要"评论"统治者？"功成事遂"中的"功成"在《老子》其它三章都是指最高境界的统治。第二章曰："是以圣人处无为之事，行不言之教。……功成而弗居。"第三十四章曰：

---

① 楼宇烈校释：《老子道德经注校释》，57 页。

② 段玉裁：《说文解字注》，89 页。

③ 参见刘笑敢：《老子古今》，205 页。

"大道泛兮，其可左右。万物恃之而生而不辞。功成不名有。"第七十七章曰："是以圣人为而不恃，功成而不处。""功成"的主语都是直接或间接地指称"圣人"，也就是属于"太上"之治，那老百姓的反应应该是"下知有之"，仅仅知道有这么个人存在，具体这个人做了什么，百姓是不清楚的，因此也无法评论他的治理方式。即便是将"功成"的状态理解为侯王而非圣人之所为，百姓出于第二层级，也只能"亲而誉之"，即亲近并直接地赞扬侯王的统治好，而无法说出"自然"这种抽象而凝练的评语来。

第二，老百姓是否有"评论"统治者的意识和能力？这是一种监督政治的能力。在《老子》其它章中"百姓"都是被动的，是被施化者，没有评论的意识，更没有监督政治的能力。如第三章曰："是以圣人之治，虚其心，实其腹；弱其志，强其骨。常使民无知无欲"，好的治理下，百姓自然而然就是无知无欲的，他们也就自然不知道圣人都做了什么；第四十九章曰："圣人无常心，以百姓心为心"，说明圣人之所为是完全顺着百姓的心而积极应对之，如春风化雨，羚羊挂角，无迹可寻，百姓何从评价呢？如苏辙所云："及其功成事遂，则民日迁善远而不自知也。"① 如释德清所说，这是想回到太古无为之治，"不言而信，无为而成，使其百姓日出而作，日入而息，凿井而饮，耕田而食"②。

因此，本节取竹简本"百姓曰我自然也"的含义，认为"我"指"百姓"。圣人做到"功成事遂"，或侯王向圣人学习做到了好的治理，百姓可以过最自然、舒服、惬意的原生态的生活。如《贞观政要·直谏》中所说的"我之为君，以诚信待物，欲使官人百姓并无矫伪之心"③。无为的效果也就是第五十七章所说的："我无为而民自化，我好静而民自正，我无事而民自富，我无欲而民自朴。""无为"在《老子》中是仅次于"道"而与"自然"平行的概念，其重要程度可知。"无为"不是简单地从历史经验的角度提出的，而是具有哲理根据的，这一根据在《老子》第二章，其曰：

> 天下皆知美之为美，斯恶已；皆知善之为善，斯不善已。
> 故有无相生，难易相成，长短相较，高下相倾，音声相和，前后

① 苏辙：《道德真经注》，21页。
② 释德清：《道德经解》，58页，上海，华东师范大学出版社，2009。
③ 吴兢编著，王贵点校：《贞观政要》，76页，长沙，岳麓书社，2002。

相随。

是以圣人处无为之事，行不言之教。

这一章“是以”之前指出，事物都有两面，善恶相依，有无相生。然后推出圣人应该“无为”。这之间到底有什么联系呢？既然万事万物有正反两面，那么任何一种“有为”也有正反两面，即便出于好的目的，自认为是为百姓好，也有可能带来负面的影响，譬如如果“尚贤”、“贵难得之货”，表面上看是鼓励竞争，刺激消费，实际上会刺激百姓多余的欲望，而且欲壑难填。一旦百姓得不到自己想要的，又时刻被诱惑着，并与别人攀比着，就会用非法的、非道德的途径去谋取，因此老子主张“不尚贤”、“不贵难得之货”（3章）。正因为考虑到事物的两面，所以，老子才提倡“无为”，也就是要谨慎地为，时机化地为，而不能仅凭一己之考虑、一时之考虑一厢情愿地为。所以，这一章的“是以”不是逻辑的推理，而是经验的推理。这一推理是成立的。

综上所述，我们可以将自然的运用——“无为”的要义概括如下：

1. 无为不是什么都不做（non-action，non-activity），而是不妄为、不过分为（not over-doing）。

2. 无为指遵道而为、顺势而为、时机化地为，是一种处事的智慧和治国的策略，目的是“无为而无不为”。

3. 无为是用最少的代价达到最大的成效，前提是懂得万事万物生长的自然之道，懂得事情的关键，作出独立而正确的判断。

4. 在政治上的运用，具体指不刺激百姓的欲望，不依赖政教法术；在人生上的运用，具体指以柔克刚，未雨绸缪，善始善终的处事方式。

5. 无为的哲理根据在于：万事万物是相反相成的。每一种为的背后都有为之付出的代价，必须认识清楚，慎重行事。

第三节　创生：《老子》第四十二章诠释①

《老子》第四十二章在《老子》中至关重要，因为涉及“道”的创生

① 本节参考了拙文《〈老子〉第四十二章解读及方法论初探》，载《中国哲学史》，2012(1)，38～47页。

问题，但是历来有许多不同的解读。从字面上看，“一”、“二”、“三”在《老子》中并没有具体所指，只是序数词，表面上看，是在描述一个从少到多、从简单到复杂的不断生成的过程。但这不能满足我们对“道”究竟如何“生”的追问。譬如“一”、“二”、“三”只是序数词，还是有其它更深的含义？道之“生”是什么意义上的“生”？这些问题，老子都没有给出具体说明，为后代学者留下了困惑，也留下了诠释的空间。因此，带着对这一章的诸多疑问，本节先梳理出主要的诠释代表：

《老子》第四十二章不同诠释一览表

42章 诠释者	道	一	二	三	生
文子①		天	地	人	生成
河上公②	创生者	元气	阴阳	和、清、浊气	创生
淮南子③		元气	乾坤/阴阳	和气	通流而生
严遵④	自然（无名）	道德	神明	和气	造成
王弼⑤	无	无	无、一	无、一、二	衍生
冯友兰⑥	太一	气	阴、阳气	和气	交通成和
	无	有	多	产生	
张岱年⑦	本根	未分的统一体	天地	阴、阳、盅气	化成

① 王利器疏义：《文子疏义》，112页。

② 王卡点校：《老子道德经河上公章句》，168～169页。

③ 何宁：《淮南子集释》下册，505页，北京，中华书局，2010。《精神训》曰：“夫精神者，所受于天也，而形体者，所禀于地也。故曰：‘一生二，二生三，三生万物。万物背阴而抱阳，冲气以为和。”高诱注：“一谓道也。二曰神明也。三曰和气也。或说：一者元气也。生二者乾坤也。二生三，三生万物，天地设位，阴阳通流，万物乃生。”笔者对高诱的两种说法进行了整合。但高诱说的“一谓道也”与“道生一”相抵触，故不取。“道”的含义栏保留空白；《天文训》中亦有对《老子》第四十二章的解释：“道曰规始于一，一而不生，故分而为阴阳，阴阳合和而万物生”（同上书，上册，244页），故“二”可指“乾坤”，也可指“阴阳”。

④ 严遵曰：“形因于气，气因于和，和因于神明，神明因于道德，道德因于自然”（严遵著，王德有译注：《老子指归译注》，48页）、“无无无之无、始未始之始，万物所由、性命所以，无有所名者谓之道”（同上书，49页），可见，“自然”乃“无”，即“无有所名者”，也即“道”。

⑤ 楼宇烈校释：《老子道德经注校释》，117页。

⑥ 前一说法见冯友兰：《中国哲学史新编》，49～50页；后一说法见冯友兰著，涂又光译：《中国哲学简史》，116～117页。

⑦ 张岱年：《中国哲学大纲》，50页。

续前表

42章 诠释者	道	一	二	三	生
牟宗三①	境界	无	有	玄	一体呈现
傅伟勋②	the Absolute	One	Two	Three	produce
陈鼓应③	本原	道	对立两面	和气	产生、形成
刘笑敢④	一、二、三不必有确切的指代对象				演化
张祥龙⑤	终极处境中的构成之道	境域	阴阳结构	气	生发
林安梧⑥	场域	整全、根源	对偶	对象	同有
陈荣灼⑦	unspoken	a process of letting-be	bringing force		

以上不同的解读可以概括为三类：一是以河上公、淮南子为代表的宇宙生成论解释，基本上认为"一、二、三"分别指"元气"，"阴、阳二气"与"清、浊、和三气"。二是以庄子、王弼为代表的语言论解释，认为"一、二、三"表示对整一宇宙不断命名与界分的过程。"一"、"二"、"三"不是单纯的序数词，而是类似于冯友兰后期所说的"形式底观念"。三是当代牟宗三的境界论解释。他继承了庄子、王弼一脉的思路，并结合《老子》第一章，认为"一、二、三"是从名言的角度对"道"这一形式概念的具体说明。"一"、"二"、"三"分别指"无"、"有"、"玄"，"道生"并非宇宙生成论意义上的"创生"，而是寄托在主体工夫上的一种境界。

---

① 牟宗三讲，卢雪崑整理：《老子〈道德经〉演讲录》（七），载《鹅湖月刊》，2003（4），3～7页。

② Charles Wei-hsun Fu（傅伟勋），"Lao Tzu's Concept of Tao"，*Inquiry*，vol. 16，Oslo：Oslo University Press，1973，pp. 367－394。

③ 陈鼓应：《老子注译及评介》（修订增补本），226～228页。陈鼓应列举并分析了淮南子的解释，他不同意用淮南子的"阴阳"来解释老子的"阴阳"，而赞成用庄子的"天地"来解释。

④ 刘笑敢：《老子古今》，439页。

⑤ 张祥龙：《海德格尔思想与中国天道》，284、287页。笔者对其观点作了概括。

⑥ 林安梧：《关于老子〈道德经〉"道、一、二、三及天地万物"的几点讨论》，发表于香港中文大学主办的"道家经典诠释——我注六经还是六经注我"国际学术研讨会，2007年12月19—21日。

⑦ Chan Wing-cheuk：*Heidegger and Chinese Philosophy*（《海德格尔与中国哲学》），126～127页，台北，台湾双叶书廊有限公司，1986。

他们的诠释是否准确？哪种诠释更有道理？在诠释方法上有什么启示？下文逐一讨论。

一、河上公、淮南子的宇宙论诠释

冯友兰认为可以从“本体论”与“宇宙形成论”两个进路去解释《老子》之“道”，但就第四十二章来说，他认为“大概是一种宇宙形成论的说法……一就是气，二就是阴阳二气，三就是阴阳二气之和气，这都是确有所指的，具体的东西”①。他的根据是下文所说的“万物负阴而抱阳，冲气以为和”。这种解释在当代的解释中非常具有代表性，但这种说法其实可以一直追溯到河上公。河上公注第四十二章曰：

> 道始所生者一，一生阴与阳也；阴阳生和、清、浊三气，分为天地人也。天地共生万物，天施地化人长养之也。万物无不负阴而向阳，回心而就日。万物中皆有元气，得以和柔，若胸中有藏，骨中有髓，草木中有空虚与气通，故得久生也。②

从河上公注可以看出，“二”为“阴、阳”，三为“和、清、浊三气”，具体体现为“天、地、人”三才。从“万物中皆有元气，得以和柔”句来看，“一”相当于“元气”。河上公所揭示的宇宙生成次序可概括为“道——阴阳——气——万物”，这是一种气化宇宙论的解释。以此来解释老子的“一”、“二”、“三”，从表面上看也是能讲通的，但前提是下文“万物负阴而抱阳，冲气以为和”的“阴阳”果真是阴气、阳气之义，并且先于万物而存在。但这一点徐复观很早就提出过质疑。他指出：“‘道生一到三生万物’，说明生化的过程已完。‘万物负阴而抱阳’，在文义上正承上文而说万物已经化生以后的情形。”③

另一位与河上公的解释进路相似的是淮南子。《淮南子·天文训》曰：“道曰规始于一，一而不生，故分而为阴阳，阴阳合和而万物生，故曰：‘一生二，二生三，三生万物’④，这同样是用“阴阳”来解释“二”，“阴阳合和而万物生”，虽未点明是“和气”，但仍包含“和气”的意思，因为

① 冯友兰：《中国哲学史新编》第二册，50页。
② 王卡点校：《老子道德经河上公章句》，168～169页。
③ 徐复观：《中国人性论史》，334～335页。笔者对其观点作了概括。
④ 何宁：《淮南子集释》上册，244页。

单纯“阴”、“阳”两个概念是不能创生的，如上文所述，这与《老子》中的“阴阳”并不相同。《天文训》又曰：“道始于虚霩，虚霩生宇宙，宇宙生气。气有涯垠。清阳者薄靡而为天，重浊者凝滞而为地。……天地之袭精为阴阳，阴阳之专精为四时，四时之散为万物”①。如果对应到老子的“一、二、三”上，那么，“虚廓”对应于“道”，“气”对应于“一”，“天地”对应于“二”，但是“三”呢？表面上看“四时”是天地所生的“三”，但仅从数字上说很难对应，况且“四时”本就是天地运行的体现，而不是天地的产物，如《论语·阳货》曰：“天何言哉？四时行焉，百物生焉”②。因此，很难说是“天地”生“四时”。事实上，淮南子对数字的运用方式与老子不同，他所呈现的是从“一”到“二”到“四”的推演模式，而不是从“一”到“二”到“三”。也就是说，即便老子有可能用“一”、“二”、“三”来抽象地表达宇宙的生成过程，与淮南子所设想的演化图式也是不同的。

《淮南子·精神训》曰：“古未有天地之时，惟像无形，窈窈冥冥，芒芠漠闵，澒濛鸿洞，莫知其门。有二神混生，经天营地，孔乎莫知其所终极，滔乎莫知其所止息。于是乃别为阴阳，离为八极，刚柔相成，万物乃形”③，这里同样没有对“三”给出解释，而是用从“二”到“八”的偶数推演模式。这可能与汉代的气化生成论整体上受到《周易》系统的影响有关，其杂糅了《易传》、《易纬》的成分。《周易·系辞上》曰：“易有太极，是生两仪，两仪生四象，四象生八卦”④，淮南子的推演模式与此更为相像，而与《老子》相去甚远。朱伯崑指出，“在中国哲学史上，关于宇宙形成的理论，有两个系统：一是道家的系统，本于《老子》的‘道生一’说；一是《周易》的系统，即被后来易学家所阐发的太极生两仪说”⑤。河上公与淮南子的气化宇宙论思想都可以归到后一种宇宙演化系统中去，他们对《老子》的解释其实是一种再加工，而非老子原意。刘笑敢曾指出，“《周易》系统讲太极生两仪、两仪生四象、四象生八卦，完全没有三的位置，与老子思想不合”⑥。《周易》系统不重视“三”，淮南子

① 何宁：《淮南子集释》上册，165～166页。
② 程树德：《论语集释》第四册，1227页。
③ 何宁：《淮南子集释》中册，503～504页。
④ 李道平撰，潘雨廷点校：《周易集解纂疏》，600～601页，北京，中华书局，2004。
⑤ 朱伯崑：《易学哲学史》第一卷，74页，北京，昆仑出版社，2009。
⑥ 刘笑敢：《老子古今》，439页。

对老子的解释同样没有说清楚“三”的含义。

河上公、淮南子的解释进路倒是与郭店竹简《太一生水》比较接近。《太一生水》曰：“大一生水，水反辅大一，是以成天。天反辅大一，是以成地。天地［复相辅］也，是以成神明。神明复相辅也，是以成阴阳。阴阳复相辅也，是以成四时”①。李零认为，《老子》是“哲学层面的讨论”，而《太一生水》是“宇宙论的描述”，“《太一生水》与《系辞》中的宇宙论有相似之处”②。这正说明了《老子》与河上公、淮南子的进路是有分野的，它们分属于道家和《周易》两个不同的系统。李学勤更进一步指出，《太一生水》乃“深受数术家的影响，同天文数术有直接的密切的关系”，“《太一生水》把‘道生一’那套道家思想与太一周行结合，正是其时思想潮流的一种表现”③。可见，河上公、淮南子以及《易传》系统的宇宙论解释进路都不能说明《老子》第四十二章讲的是气化宇宙论。

为了更好地理解《老子》，我们不妨回溯到第二十五章中的“道”。《老子》曰：“有物混成，先天地生，寂兮寥兮，独立不改，周行而不殆，吾不知其名，字之曰道，强为之名曰大。”老子对天地之先的某种存在只是推测，而没有客观的认知，“道”只是“强为之名”，是虚指，而非实物。汉代气化宇宙论提供了具体的解释，恰恰有违老子本意。“道”究竟是如何创生万物的，这一宇宙论问题并不是老子所关心的。

综上所述，以河上公为代表的诠释进路并不完全符合《老子》原意，也没有说清楚老子的“生”的原理，而只是从自己的角度把《老子》的生生思想纳入到了汉代流行的气化宇宙论框架里。

二、庄子、王弼的语言论诠释

王弼对第四十二章的解释根植于庄子。庄子对宇宙论问题的思考回应了老子，但又与老子不同。《老子》第四十章曰：“天下万物生于有，有生于无”，这是对万物来源的抽象概括，老子并没有具体描述其生成过程。庄子则进一步指出，宇宙本源问题是无法探讨的，如果说万物有一个开始，那就是从语言命名开始的。《齐物论》曰：“有有也者，有无也者，有未始有无也者，有未始有夫未始有无也者。俄而有无矣，而未知有无之果孰有

① 李零：《郭店楚简校读记》，32页。

② 同上书，42页。

③ 参见邢文：《郭店老子与太一生水》，253～255页。

孰无也。今我则已有谓矣，而未知吾所谓之其果有谓乎，其果无谓乎？”从庄子这一颇富思辨性的观点来看，连宇宙的起源是“有”还是“无”都是无法确定的，宇宙的生成过程就更无从谈起了。我们能谈论它，是因为有“谓”，即我们进行称谓或命名这一活动。万物因为有了称谓而能具有文化或文明上的意义，因此我们首先能确定的只是语言的存在及其命名的功能。语言是意义世界的开启，但是语言的实指内容仍然是不确定的，所以庄子这里用疑问句来表达。庄子对语言的表意功能并不怀疑，他怀疑的是我们所表达出来的“意”是否是真实的“意”，即符合实际事物的“意”。

庄子曰：“言非吹也，言者有言。其所言者特未定也。果有言邪？其未尝有言邪？……道隐于小成，言隐于荣华”（《齐物论》）。更准确地说，庄子对语言能否表达“道”是表示怀疑的，无论这“道”是指宇宙本源，还是指其它什么。正是在这样的理论旨趣之下，我们才能理解他对宇宙演变过程的看法。前文我们分析过，《齐物论》曰：“天地与我并生，而万物与我为一。既已为一矣，且得有言乎？既已谓之一矣，且得无言乎？”庄子认为，如果先于天地的果真是“一”，那就意味着连语言都不存在了，只要有语言，世界就有了“区分”，就不再是混沌整一的“道”。既然能称最初的存在为“一”，就说明人已经有语言了。原初的存在加上对存在的命名就是“二”，依此类推，没有穷尽。语言的命名功能一方面使我们能更清楚地描述、概括这个世界，使世界澄明于我们，另一方面又造成了人为的区隔，如盲人摸象，遗失整体而流于枝节。从这一意义上说，世界是不断堕落的，他说：

> 有以为未始有物者，至矣，尽矣，不可以加矣！其次以为有物矣，而未始有封也。其次以为有封焉，而未始有是非也。是非之彰也，道之所以亏也。（《齐物论》）

庄子并不关心宇宙的生成过程与构成模式，他关心的是万物产生以后的世界。万物产生，语言也随之产生；语言产生，是非也随之产生，因此，庄子认为万物产生之前的世界才尽善尽美。庄子是从什么是好的世界，什么是坏的世界，也即伦理学的角度去看待这个问题的。或者说，庄子关心的是“世界”，而不是“宇宙”。“世界”是人的实际生活处境，而“宇宙”是物理上的空间存在。他看到现实世界存在严峻的问题，有了“是非”判断，也就争端不断，因此希望回溯到万物之先的无是无非的状态。他批评既定世界是从“语言”切入的，语言造成了对原初世界的最初的破坏。

因此，回过头来理解庄子对“一”、“二”、“三”的指引性解说，就会更清楚。庄子所向往的是“天地与我并生，而万物与我为一”的宇宙原初状态，没有称谓，没有分别，更没有是非。“一”、“二”、“三”是形式上对世界不断命名的三个层次。如果结合庄子“未始有物”段，我们可以将这里的“一”理解为“有物无封”的世界；“二”理解为“有封而无是非”的世界；“三”理解为“有是非”的世界。无物、无封、无是非的世界是“道”，也就是庄子所追求的逍遥世界。庄子对“一”、“二”、“三”给出一个如此大胆而富有原创性的语言论解释，最终目的是要揭示人之生存的逍遥之境。

王弼援引《庄子》注《老子》第四十二章，所取的正是庄子的语言论视角。他说：

> 万物万形，其归一也。何由致一？由于无也。由无乃一，一可谓无？已谓之一，岂得无言乎？有言有一，非二如何？有一有二，遂生乎三。从无之有，数尽乎斯，过此以往，非道之流。故万物之生，吾知其主，虽有万形，冲气一焉。①

楼宇烈认为，王弼此段“所本乃庄子《齐物论》”②。王弼对“一”、“二”、“三”的解释同样是从语言的角度进行的，其观点与庄子相似，他认为一旦有了第一个命名“一”，就不能不有更多的名，依此类推，越往下命名越离开了老子之“道”。尽管王弼下文也提到“冲气”，但显然与上文的解释脱节，而像是为了照顾老子下文而故意为之。总之，王弼淡化“气”论而强调“道”，但未如庄子那样提升到“与天合一”的逍遥境界。

王弼与庄子都是从名言的局限来说明“道”的堕落过程。“一”、“二”、“三”都是形式意义上的指称，而没有实际的内容。这比河上公、淮南子的解释在思维方式上要更接近老子，当然，在具体的解释上亦与老子有所不同。他的解释更接近冯友兰的“本体论”解说，冯友兰指出：

> 如果作本体论的解释，一、二、三都不是确有所指，不是什么具体的东西。只是说，无论道生多少东西，总有一个是先生出来的，那就叫一。有一个东西，同时就有它的对立面，那就是二。二与道加起

---

① 楼宇烈校释：《老子道德经注校释》，117 页。

② 同上书，118 页。

来就是三。从三以后，那就是天地万物了。①

冯友兰同样认为，“一”、“二”、“三”除了上文提到的“宇宙论”的解释进路，如河上公、淮南子那样，也可以理解为是没有具体所指的形式符号。他的所谓“本体论”的理解进路其实仍然是承接庄子、王弼而来的。他在《新原道》中更进一步指出，“道所生之一，就是有。有道，有有，其数是二。有一有二，其数是三。此所谓一二三，都是形式底观念。这些观念，并不肯定一是什么，二是什么，三是什么”②。这与他早期的观点颇为不同，他所用的“本体论”不是西方意义上的 Ontology，而只是用来区别于汉代的宇宙生成论，说明“一”、“二”、“三”是表示逻辑关系的形式观念，而没有具体所指。

庄子、王弼以及冯友兰后期的解说淡化了宇宙论的色彩，而以新的视角重新回到老子的理性精神上去。这让我们重新意识到，老子的“道”只是“强为之名”而已，它如何“生”万物，并非人能完全认知的。与其赋予“一”、“二”、“三”具体的内容，不如思考老子提出“道”的目的。这一点，庄子已经开始探讨，通过破除名言障碍，消解华丽的语言而进入与天合一的逍遥状态。到了当代，牟宗三则更进一步地将这种状态与老子之“道”紧密地结合起来。

三、牟宗三的境界论诠释

牟宗三对《老子》的解释是其“境界形态学”的重要构成部分，以此来区别于西方的“实有形态学”③。其中对第四十二章的诠释尤其特别，他在庄子、王弼的基础上作出了新的论断。牟宗三认为“道生一，一生二，二生三，三生万物”与下句“万物负阴而抱阳，冲气以为和”讲的是两回事，这一点与徐复观的看法相同。他认为，前者讲的是“道”，后者讲的是“气”；前者是超越界的，后者是现象界的。他援引《老子》第一章的“无名天地之始；有名万物之母”认为，老子是“通过道的双重性（有性、无性）来说明天地万物”，而不是用“气”来说明天地万物。④ 也

① 冯友兰：《中国哲学史新编》第二册，49 页。

② 冯友兰：《新原道：中国哲学之精神》，48 页。

③ 牟宗三：《才性与玄理》，141 页。

④ 参见牟宗三讲，卢雪崑整理：《老子〈道德经〉演讲录》（七），载《鹅湖月刊》，2003（4），3 页。

就是说，老子更注重“道”的超越性，而不注重气化宇宙论。

但他不认为“道”可以独立于“万物”，“道”的超越性只是意味着“实现原理”，它必须经过“一、二、三”的过程。从实现原理的层次上讲，他认为，老子这里的“道”也就是“无”。[①] 认为庄子的意思是处在“天地与我并生，而万物与我为一”的状态就行了，所以不主张“自无适有”或“自有适无”，而要处在“当下即是的境界”。“当下即是”，也就是牟宗三所说的“主观的修道的境界”[②]。他认为，在老子看来，道与天地万物的关系是客观的，但庄子是从主体工夫去说的。

牟宗三认为庄子的视角是可取的，一旦能用语言去命名，就是主客对待的关系了，即“对偶性”[③]。“一”是称谓，“一”与“一”所指的那个事物（object）就成了“二”。因此，“一”是指“无”，“二”是指“有”，从“无”看，天地万物是没有区分的，因为没有主客对待的关系。这个看法非常深刻，对庄子、王弼的解释进路给出了一个现代描述。庄子之所以站出来反对语言命名，其深层原因正是要克服从“天地一体”到主客对立（即不断有“封”的堕落过程）。王弼深谙其理，牟宗三亦有同情的理解。因此，它强调“一”是“无”，即不可再分为“二”、“三”等等。如果开始分了，就成了“有”，哪怕你费尽口舌说它是“无”，只要开始去言说了，就落入了“有”界，也即牟宗三所说的现象界。所以，他认为“二”就是“有”。那么，“三”又如何解释呢？

牟宗三援引《老子》第一章“此两者同出而异名，同谓之玄”的说法，认为“三”指的是“玄”。“玄”是“众妙之门”，也就是道的本性。“道”逐层展开而成为具体真实的。“道”作为“实现原理”逐层实现出来，成为具体的真实，这个假设没有问题。但老子说“一生二，二生三，三生万物”，“三”只是“二”的派生物，比“二”离“道”或“无”更远，何以能综合“一”、“二”。并且，在《老子》第一章中，“玄”是指“同出者”，也就是暗指“道”，在概念层次上应该在“有”（“二”）之先，而不能落在“二”之后。他之所以要将“三”解释为“玄”，是有他的考虑，因为只有这样，才能解释下面的“三生万物”。“有”、“无”玄同，和合而生出“万物”。或者说，万物的产生，既需要“无”之“根据”，也需

---

① 参见牟宗三讲，卢雪崑整理：《老子〈道德经〉演讲录》（七），载《鹅湖月刊》，2003（4），5页。

② 同上书，6～7页。

③ 同上书，6页。

要“有”之“内容”。这样的讲法就与庄子、王弼不同而又有了新的开展。他本人也对老子、庄子、王弼的问题意识与观点作出了区分和评论。他说：

> “道生一，一生二，二生三”，此一、二、三是对于道之分解的表象之客观地实说，实说其引生一、二、三之经过，非如庄子之重在明因名言之缠夹而引起啰嗦，故最后以归于“无适”为真也。老子尚质实，而庄子则玄微矣。故王弼以此“自无适有以至于三”解老子之“道生一，一生二，二生三，三生万物”，虽似未尝不可方便借用，然实于语意不合，亦即立言精神不合。①

牟宗三认为，“道”有实的一面（有性），有虚的一面（无性），具有双重性。但庄子更偏向于“无”，所以最终走向了“玄微”。但他能够同情庄子的问题意识，即庄子是针对当时的名学而论。因此，牟宗三想要综合老子之道的“有”、“无”两个方面的特性，才有了上文对“三”作“玄”的解释。在牟宗三看来，从“道”到“三”其实完成的不是一个创生的过程，也不完全是一个世界经语言命名而不断堕落的过程，而是不断“实现”的过程，也即他说的“分解”的过程。他认为老子之道是客观的，“有、无”统一，“一、二、三”只是将道生万物的过程分解来说。道可以说是变化的万物背后的“根据”，“根据”当然是客观的，他认为到了庄子完全走向了主观，因此，他并不同意庄子、王弼的解释。

综上所述，牟宗三“接着”庄子、王弼的讲法，认同庄子、王弼从名言入手进行解释的哲学意义，即破除主客对待而达到与天合一的境界。但他认为庄子、王弼的解释也有局限，即偏向于主观而忽略了“道”的客观性。牟宗三所说的“境界”实际是主客合一的产物，也即“一”与“二”、“无”与“有”的玄同合一。“道”之“生”不是宇宙论意义上的生，而是指“道”这个最高“实现原理”的具体实现过程，而这个实现的过程需要我们的主体工夫去体会，因此它是呈现于我们的心灵之上的，“道生”就寄托在我们的心灵体会上。这一讲法在思路上是成立的，在基本精神上也不违背老子，对老子与庄子、王弼之区别的判准也有道理。唯一的不足在于对“玄”的解释与老子有出入。他援引《老子》第一章来解释第四十二

① 牟宗三：《圆善论》，285页。

章很有见地，但从第一章来看，“玄”应在“有”、“无”之先，其实就是指“道”，而不能指“三”。在这个问题上，牟宗三没有给出更多的解释，多少有些遗憾。

四、道生：从非对象化走向对象化

老子用可说、不可说来描述道的两种不同状态，用无欲、有欲描述观道的两种心灵状态。“不可说”是指无法用概念去说，无法直接定义，而不是指无法用语言加以指示。因此，陷入“可说、不可说”这样的描述框架，容易造成对道与言的双重误读，不如不从“是否可说”上来对道进行描述，而从“道”本身的特点上进行描述。为此，笔者援引两个现代哲学词汇——“非对象化（non-objectified）”与“对象化（objectified）”来分析。《老子》第一章、第二十五章、第四十二章都蕴含这两个不同层面的道，文本分解如下：

道 章节	非对象化之道	对象化之道
第 1 章	道可道，非常道；名可名，非常名。无名天地之始，有名万物之母。	故常无欲，以观其妙；常有欲，以观其徼。
第 25 章	有物混成，先天地生，寂兮寥兮，独立不改，周行而不殆，可以为天下母。吾不知其名，字之曰道，强为之名曰大。大曰逝，逝曰远，远曰反。故道大，天大，地大，王亦大。域中有四大，	而王居其一焉。人法地，地法天，天法道，道法自然。
第 42 章	道生	一，一生二，二生三，三生万物。万物负阴而抱阳，冲气以为和。

第一章前文已分析过，不再论述。第二十五章之所以从“而王居其一焉”断开，是因为主体人出现了，这时候原初天地人道合一的混沌之“域”就产生变化了，变得有区别、有区分了。但这并非是贬义，只有这样，人才能法那个对象之“道”，或者说，“道”才能作为自然的法则被掌握，使人生活得更好。但是，如果没有原初之“域”，就没有这个可效之“法”。“域”是非对象化的“恒道”，“法则”是对象化的“道”。

第四十二章之所以从第一个“一”处断开，因为“一”代指可说之“道”，同第三十九章所说的“天得一以清”的“一”。不能说“道”生“道”，所以开头的“道”字应指“恒道”，“道生一”，即不可说的“恒道”

对象化为可说的“道”，也即进入语言的领域中。语言领域中的对象化之“道”，被给予的基本含义是宇宙本源，本源之道即“一”、“一”产生了“二”，“二”即“天地”（或“阴阳”），“三”即“天地人”（或“阴气、阳气与和气”），“三生万物”即人参赞天地，天地人共同创生万物。因此，从“道生”二字之后，“一”、“二”、“三”、“万物”都是对象化世界的事。这一章一般被解释为“宇宙论”或“宇宙生成论”，其实只是表面看来如此。“一”、“二”、“三”作为数字并不是简单地代表宇宙创生的不同阶段，而是有深刻含义的。“一”代表混沌未分的状态，“二”、“三”代表宇宙生成的结构、方式。“二”是一个相交的结构，相交才能生；“三”是一个稳定的结构，稳定才能持续地生下去。如果仅仅是为了表达宇宙论，老子为什么不直接说“道生万物”呢？这里“一”、“二”、“三”的深意在于：第一，表明生成的结构、方式或原理；第二，表明道与万物（包括人）的关系，恒道显示为可说的道，道分为二，二分为三，三生万物，因此万物中皆含道。这正好印证了第一章所说的“常无欲，以观其妙；常有欲，以观其徼”，通过万物的始、终能观道，如果物中无道，如何能自物观道呢？这一道物关系在老子这里已经奠定，只是到庄子的“（道）在屎溺”（《知北游》）、王弼的“在方而法方，在圆而法圆”（第二十五章注）才显题化。尽管非对象化的道不可说，但人有说道的冲动与本能，有定义道的需要。角度不同，所说的道也不同，其哲理特征也有差异。

道的最根本的特征是变动，其本性是自然。第二十五章曰：“道法自然”，河上公注：“道性自然”①，道的本性是自然，即本来如此，它是活泼泼的宇宙整体生命，按照自己的方式运作不息，这种原本的运行状态是最“自然”的，最长久的，值得人效法。如叶维廉所描述的，自然是“物我、物物互参互补互认互显的圆融世界”②，在这个世界中物我不分。此种自然的运行机制可以用第五章的“橐籥”来表示。“虚而不屈，动而愈出”，比喻自然之虚空无为与变动不居的特质。人就在这自然的大化运行之中，无法说清楚它所沉浸其中的境域，而只是自然而然地与万物一道运行。但人能感受到大道，要将其描述出来，就需要另一番工夫了。

道，老子还用“朴”来说明。第三十二章曰：“道常无名，朴虽小，天下莫能臣也”。“朴”，也是第十章“载营魄抱一，能无离乎？专气致柔，

① 王卡点校：《老子道德经河上公章句》，103页。

② 叶维廉：《我们今天为什么要讲道家精神》，504页。

能婴儿乎”的婴儿的特性。老子之所以用问句，说明他深知人很容易离开朴，因此也才有“复归”之说。朴是理想的人性。人由朴的本性开显出的情境可以被称为“道境”，它本身是非对象化的，当人站出追忆它、描绘它时，它才成为“对象”。人通常会经历了一个“闻道——为道——体道——悟道”的精神历程，即从“对象化”（闻道、为道）再复归“非对象化”（体道、悟道）的过程。

对象化的道可知、可识、可得、可失、可修、可为、可守、可法、可用、可循。这就是《老子》中所谓“道冲而用之”（4 章）、“执古之道”（14 章）、“惟道是从”（21 章）、“人法地，地法天，天法道”（25 章）、“朴（按：即道）散则为器，圣人用之则为官长”（28 章）、“以道佐人主者”（30 章）、“道常无名，朴虽小，天下莫能臣也”（32 章）、“大道泛兮，其可左右。万物恃之而生而不辞”（34 章）、“上士闻道，勤而行之”（41 章）、“为道日损”（48 章）以及“古之善为道者”（65 章）等所表达的“道”，此“道”与动词相连，是人之对象，指导着人的生活，其作用当然也很重要。

非对象化的道是不能穷尽、不能完全认知、不能直接拿来遵守、更无法占有的，它是“迎之不见其首，随之不见其后”（14 章）的存在，随时随境随人而动；不是一个静态的、固定的存在物，但是可以体会的。《老子》第十五章对这种体会给出了生动的描述，指出善为士者（按：帛书作“善为道者”）“豫兮若冬涉川，犹兮若畏四邻，俨兮其若容，涣兮若冰之将释，敦兮其若朴，旷兮其若谷，混兮其若浊”，这种如履薄冰的心情，不是因为对某个确定对象的“怕”，而是对某个不确定东西的“畏”，对环绕着自己的未发之情势的敬畏、好奇、预防与探险，因为道不是明朗的。这是借为道之人的体会来显示道本身的特征。

第二十章则可以看做为道之人的自画像，其曰：“众人熙熙，如享太牢，如春登台。我独泊兮其未兆，如婴儿之未孩。儽儽兮若无所归。众人皆有余，而我独若遗。我愚人之心也哉！沌沌兮！俗人昭昭，我独昏昏；俗人察察，我独闷闷。”如果说前一章是人对道境的模糊感受，这一章则可看作达到此道的现实条件。只有在现实中超越俗人的视野、胸襟，以真实的姿态生存，才能领略这“不笑不足以为道”的境界。非对象化之道是让人神往的，也是最难达到的。正如禅诗“尽日寻春不见春，芒鞋踏遍陇头云。归来笑拈梅花嗅，春在枝头已十分”（《宋女尼悟道诗》）所隐喻的，寻春如同骑驴找驴，终不见驴。不去寻春，则春光自现，因为春不是对象。

道又是“玄牝之门，是谓天地根”（6章）的“根”，即“根源”，具有创生性。“玄牝”这个比喻就是说道的，它是万物的母体，比喻万物之所从出处。与“有名万物之母”、“可以为天下母”的“母”是相通的，它既是生者，也是养者。“根源”与“根由”、“根据”不同：“根源”重在“来源”（origin），“根由”重在“原因”（cause），“根据”重在“依据”，即一物“之所以然”的“根基”（basis），老子侧重的是“根源”意。这几个词在当代表述中常常被混用。“母”、“根”的用法和含义与“宗”或“主”又有所不同，老子说道“似万物之宗”（4章），而不“是”万物之宗。老子强调道“衣养万物而不为主”（34章），所以道不能直接说成是“主”。这是因为“宗”和“主”在字面上有控制、宰制的意味，显得有为。此道是可说的，是确定的，因此是对象化的，但它不是实体。

如第一节对《老子》第一章所分析的，“非对象化”之道必然要走向“对象化”之道的，其第一步就是“创生”。“道生一”之“道”不是个对象，但生出了“一”，也就有“名”了，就开始走向对象化了。语言是使“道”走向对象化的一个辅助性工具，真正让非对象化落实下来的原因是人对“道”的体悟，从圣人到侯王，他们将体会到的非对象化之“道”总结为规律、原理、方法，用在治理国家和引导人们修身上，这些便是对象化之道了。人们的修身做得越好，对“对象化之道”运用得越娴熟，越出神入化，也就越接近那个非对象化之道。

第四章　非对象化之道与万物

那么，恍兮惚兮的非对象化之道与万物是什么关系？这里的“万物”是个笼统的称呼，不能显示物与人的巨大差别。老子有时笼统地讲万物，有时故意将人与物分开来说，本章第一节专门谈道与“物”的关系，第二节专门谈道与“人”的关系，第三、四节专门谈道与“社会”以及“仁德”的关系。

第一节　道在物中：道与物的关系

《老子》的道物关系有四个层面：道生物，道成物，道统物，道通物。道生物，即道是万物的创造者，老子又用“无名”来指称；道成物，即道成就了万物的本性，是万物是其所是的根据，老子又用“一”来表示；道统物，即道是统合万物的法则，老子又用“道纪”来表示；道通物，即道是贯通万物的共性，老子用“门”来比喻。这四层关系的核心是：道在物中。道既是万物展开其本性的原动力，也是万物自行展开的整体状态。这是《老子》潜在的思想，经由庄子、王弼的诠释而大开其境。对中国哲学真实性之建立的启示在于：避免套用西方哲学的范畴，避免掉进历史的还原中去，“诠释的还元”是一条可尝试的进路。

关于老子“道物”关系的讨论，目前主流的解释仍然是 2005 年陈鼓应归纳的这五种：本原关系、本体与现象的关系、形上与形下的关系、体用关系、一多关系。① 其中又以“形上与形下的关系”最有代表性并广为接受。他的论述非常全面，但这几个概括用的范畴都比较西化或在中国哲

---

① 参见陈鼓应：《论道与物关系问题——中国哲学史上的一条主线》，载《哲学动态》，2005 (7)，55～64 页。

学中比较靠后，与《老子》文本有一定的距离。如何用老子自身的词汇表述清楚他的思想？如何从各层关系中概括出一种核心的关系？从这一核心关系的显题化过程是否有一些方法论的启示？诸如此类的问题都很有意义。这里尝试立足《老子》文本，使用本土语言，利用注疏资源，并过渡到方法论的探讨，以期回答上面的一系列问题。

要说明的是，“物”指《老子》中的“万物”，“万物”一词老子使用得比较灵活，有时包括“人”，如第四十二章的“道生一，一生二，二生三，三生万物”；有时不包括“人”，如第十六章的“万物并作，吾以观复”。在本节所论的道与万物的关系中，“万物”既包括物也包括人。

一、生与成：物之为物的根据

“道生物”即道创生万物，这里的“道”是老子对创生之主的命名，它是万物之“母”，也是“道”这个观念的最基本的含义。“道成物”是指道使万物长成，这里的“道”不仅是创生者，也是养育者，它使万物各得其性，成为自身。生与成是分不开的，道在生万物时已经规定了万物的本性，万物从诞生起就一直在长成。“道生物”主要体现在第一章、第二十五章，“道成物”主要体现在第三十八章、第四十二章。

《老子》第一章曰：“道可道，非常道；名可名，非常名。无名天地之始，有名万物之母”①，老子认为“常道”不是我们说出来的道，它本来是没有名字的，因为天地产生的时候，没有人，也没有语言。名是后起的，人们通过命名来规范一件事物的内涵，在命名的同时赋予事物以意义。老子称本来无名的创生者为“母”。“母”本身就有创生的意义，是生生者，说明道是创生者。无名、有名是从两个不同的角度描述道。第二十五章曰：“有物混成，先天地生，寂兮寥兮，独立不改，周行而不殆，可以为天下母。吾不知其名，字之曰道，强为之名曰大”，印证了第一章中的“道”的创生性含义。但是老子没有具体描述道创生的过程，道只是一个逻辑起点，说明总有某个东西创生了万物，具体是什么，什么样，都超出了人的认知范围。所以老子强调“道”只是个名，道不可名是对宇宙创生论的淡化。老子的目的是借助本源之“道”讲出一番治国修身的道理，而不主张对宇宙创生论的执着。“名可名，非常名”，北大简作“名可命，

① 楼宇烈校释：《老子道德经注校释》，1页。

非恒名也”①，“命”字清楚地说明了“名”的命名功能。“道”只是出于表达需要的一个勉强命名，它本身是无名的，这还体现在：

> 绳绳不可名……是谓惚恍。(14 章)
> 道常无名，朴虽小，天下莫能臣。(32 章)
> 道之尊，德之贵，夫莫之命而常自然。(51 章)

老子通过“道”这个名要讲出的是“朴”、“自然”这些价值观念，它让万物产生，自身却无名，道的尊贵在于此。《老子》第二十一章曰：“其名不去，以阅众甫”，有了“道”这个名，就可以说其它事物了。也就是说，道是第一个名，有了第一个名，就有越来越多的命名。老子本人所重视的无疑是前者，“道”这个“名”只是个方便而已，即《庄子·则阳》所说的“道之为名，所假而行”②。

第二句与第一句完全照应：“名是可以去命的，但所命的名不是（我所说的）‘恒常之名’”。“常名”即“其名不去”的“道”之名，也即“道之尊，德之贵，夫莫之命而常自然”的“自然”之名，也即“无名”之名。那老子为什么还要给它名字呢？第三句曰：“无名天地之始，有名万物之母”，即“没有道这个名称，是天地开始的时候；有道这个名称，（可以作为）万物的母亲”。老子认为，如果没有“道”这个名称，我们便无从谈论与回答万物来源的问题。

王弼注：“未形无名之时，则为万物之始。及其有形有名之时，则长之、育之、亭之、毒之，为其母也”，他认为前后两句都是说“道”，不过分别指道无名的时候和道有名的时候。“始”与“母”是一个人的不同时期。“始”是“女之初也”③，“母”是“牧也。从女，象怀子形。一曰象乳子也”。段玉裁注：“凡能生之以启后者皆曰母”④。从“始”到“母”是一个成长变化的过程，因此老子用这两个字可以准确地描述“道”从无名到有名的过程。“道”本无名，正因为无名，所以它永恒存在，你消灭不了它。从“无名”到“有名”，是物的开始，也是名的开始。没有“道”就没有“物”，没有物就没有物之“名”。尽管万物的“名”是随意的，是

---

① 北京大学出土文献研究所编：《北京大学藏西汉竹书（贰）》，74 页。
② 郭象注，成玄英疏：《南华真经注疏》，517 页。
③ 段玉裁：《说文解字注》，617 页。
④ 同上书，614 页。

人设定出来的符号，但是“命名”之所以可能，却是因为“道”，“道”是最早的存在，也是最早的语词。创生之道具有“绵延性”与“无私性”的特点。

《老子》第六章曰：“谷神不死，是谓玄牝，玄牝之门，是谓天地根。绵绵若存，用之不勤。”王弼注：“谷神，谷中央无者也。无形无影，无逆无违，处卑不动，守静不衰，物以之成而不见其形，此至物也。”① “中央无者”是说谷神是“虚”的，“不动”是说谷神是无声无息的，“不死”是说创生者是恒久存在的。这种创生性与“母”性相同，故老子又用表示雌性的“玄牝”来形容。“玄牝之门”表面是指生殖器，其实是比喻创生之关键、玄机，这就是天地之“根”，万物的来处。苏辙注：“绵绵，微而不绝也。若存，存而不可见也”②。这是说道的创生是绵延不绝的。

《老子》第七章曰：“天地所以能长且久者，以其不自生，故能长生。是以圣人后其身而身先，外其身而身存。非以其无私邪？故能成其私。”“以其不自生”是指“不为自己而生”，即道的创生不是为了自己。范应元注：“以其安于无私而不自益其生，故能长生也。”③ 楼宇烈说：“不求自身之生，即所谓‘后其身’、‘外其身’、‘无私其身’、‘无为其身’，即如五十章王弼注所说之‘善摄生者，无以生为生’”④。“后其身而身先”是指把自己放在后面，反而能够得到天下的尊敬。河上公注：“先人而后己也。天下敬之，先以为官长。”⑤ “外其身而身存”是指将自己置之度外，结果自身反而能得到保全。不为私心，反而能成就自身。范应元注：“圣人无争，不与物为敌，而物莫能害之。”⑥ 因此可以说，道创生万物还有“无私性”的特点，它创造不是为了占为己有，圣人效仿之，就成就了至高的美德，也就是玄德。

我们再看“道成物”。《老子》第五十一章曰：“故道生之，德畜之：长之、育之、亭之、毒之、养之、覆之。”道不仅生物，而且养物，伴随万物之成、长、衰、灭的全过程。“成物”是指道在养物的过程中赋予物之为物的根本特性（本性）。“物”从生到死的过程中基本不会易其“性”。

① 楼宇烈校释：《老子道德经注校释》，16页。
② 苏辙：《道德真经注》，7页。
③ 范应元：《老子道德经古本集注》，13页。
④ 楼宇烈校释：《老子道德经注校释》，19～20页。
⑤ 王卡点校：《老子道德经河上公章句》，26页。
⑥ 范应元：《老子道德经古本集注》，13页。

“道成物”之“成”是“养成”、“铸造”的意思，物之“性”一旦“成”了，就基本不会变，就像人的自然属性，经过这么多年的进化也没有太大的变化。那么，道是如何成就万物之本性的呢？

《老子》第三十九章曰：“昔之得一者，天得一以清，地得一以宁，神得一以灵，谷得一以盈，万物得一以生，侯王得一以为天下贞。其致之。天无以清将恐裂，地无以宁将恐发，神无以灵将恐歇，谷无以盈将恐竭，万物无以生将恐灭，侯王无以贵高将恐蹶。故贵以贱为本，高以下为基。”王弼注：“一，数之始而物之极也。各是一物之生，所以为主也。物皆各得此一以成。”① 老子这里用“一”，而没有用“道”，正是取“一”为数字中最基础的这一点，从而说明最基础的东西对于万物之存活恰恰是最重要的。它使得天之为天、地之为地、万物之为万物、人之为人。万物不仅存在了，而且以它自身的本性存在。这里的“本性”是指一事物区别于另一事物的本质属性。天的本性是“清”，地的本性是“宁”，神的本性是“灵”，谷的本性是“盈”，这些就是它们的“一”，有了这些，它们就是其自身了。万物的本性是“生”，《说文》曰：“生者，进也。”② 进，不是静态的，而是动态的，是不断生长、长成，因此“一”就是使万物长成为万物的东西。侯王的本性是“贞”，也就是“正”，即掌握正道，以身为正。

“一”的哲学性还在于，“一”本身包含着“多”，它不是具体的规定性，而能对应到具体物上成为具体的规定性。所以这一章中“一”既是“清”，也是“宁”、“灵”、“盈”、“正”。这不是宇宙论意义上的“一生多”，而是本体论意义上的“一含多”。严遵《老子指归》曰：

> 一者，道之子，神明之母，太和之宗，天地之祖；于神为无，于道为有，于神为大，于道为小。故，其为物也，虚而实，无而有，圆而不规，方而不矩，绳绳忽忽，无端无绪；不浮不沉，不行不止，为于不为，施于不与，合囊变化，负包分理。③

“一”是由道派生而来，即第四十二章所说：“道生一”。“道”是不可说的

---

① 楼宇烈校释：《老子道德经注校释》，106页。

② 段玉裁：《说文解字注》，274页。

③ 严遵著，王德有译注：《老子指归译注》，24页。

而“一”可说，“一”是道的别称。落到具体物上，道由虚变成实，从无变成有，通过具体物呈现出来。严遵强调“一”一旦进驻万物就成了万物具体的特性，不可改变，即“圆而不规，方而不矩”。道根本上是非现成、不确定的，它能兑现成千差万别的事物特性，因此又是“负包分理”的。

从宇宙论的角度亦能看出道物这样的渗入关系。《老子》第四十二章曰：“道生一，一生二，二生三，三生万物。万物负阴而抱阳，冲气以为和。”一般认为，这里的“一”是元气，此气进入不同的物，形成不同的气质，也就是本性。河上公注：

> 道始所生者一也，一生阴与阳也；阴阳生和、清、浊三气，分为天地人也。天地人共生万物，天施地化，人长养之也。万物无不负阴而向阳，回心而就日。万物中皆有元气，得以和柔，若胸中有藏，骨中有髓，草木中有空虚与气通，故得久生也。①

“二”为“阴、阳”，三为“和、清、浊三气”，具体体现为“天、地、人”三才。从“万物中皆有元气，得以和柔”来看，“一”相当于“元气”，宇宙的生成次序是“元气——阴阳——和气——万物”，这是汉代比较流行的气化宇宙论的解释。《淮南子·天文训》曰：“道曰规始于一，一而不生，故分而为阴阳，阴阳合和而万物生，故曰：‘一生二，二生三，三生万物’。”② 韩非子也是用“阴阳”来解释“二”，“阴阳合和而生”虽未点明“二”是“和气”，但包含“和气”的意思，因为“阴”、“阳”两个概念本身不能生，必须作为阴阳之和气才能生。当然，这种解释并非完美，该章有宇宙论的成分，但又不只是宇宙论，王弼就采用了别的解释进路，暂不赘述。③

从宇宙论上看，道作为一种“元气”成就了万物的本性。虽然《老子》第一章淡化宇宙论，第四十二章也不完全是宇宙论，但都有宇宙论的成分。道逐层创生，层层进入万物而不曾离开万物。道生物，不是一个时间点的问题，而是一个过程的问题。老子强调的不是时间起点上的“道”，而是促使万物生、长、衰、灭的内在之“道”。道在创生万物时就赋予了

---

① 王卡点校：《老子道德经河上公章句》，168～169页。

② 何宁：《淮南子集释》上册，244页。

③ 详请参考拙文《〈老子〉第四十二章解读及方法论初探》，载《中国哲学史》，2012（1），38～47页。

万物各自的本性，在其生长过程中充分展现出来。

二、统与通：统合的法则与共性

道创造了万物，万物从诞生起就有了秩序，并且事物之间是可以相互打通的。道不仅是创生者，也是统合万物的法则与贯通万物的共性。作为万物的法则义，最明显的是第二十五章的“人法地，地法天，天法道，道法自然”。王弼注：“法，谓法则也”[①]。“道”是万物的法则，“自然”又是道的法则。“自然”的字面意思是“自己这样”，也即“本来如此”、“通常如此”[②]。老子不说“道乃自然”，而说“道法自然”，是一种语言策略，强调“道”也有所法，但效法的不是它之外的东西，而是“自己如此”的本然之性。“自然”的法则不是人为规定出来的，而是道与生俱来的。它是个柔性的法则，不是固定的、生硬的法则。它是万物遵循各自本性的具体法则，又是使万物之间并行不悖和谐共处的总体法则。作为法则，老子也用“道纪”这个词来指称。作为贯通万物的共性，老子则用“门”来比喻。

“道纪”出自《老子》第十四章的“能知古始，是谓道纪”。河上公注：“人能知上古本始有一，是谓知道纲纪也。”[③]“道纪”就是“道的纲纪”，也就是道的法则，也就是自然。所以，自然不是什么约束都没有，而是最高的约束。“纪”即“纲”，“纲”与“恒道”之“恒”的另一写法——“緪”的意思有关。《说文》曰：“亘，古文恒。从月。《诗》曰：‘如月之恒’。”段玉裁注：“《传》曰：‘恒，弦也。按《诗》之‘恒’本作‘緪’。谓张弦也。”[④]因此，“恒”的另一个意思是“张弦”，也就是张开的弓弦。“緪”，《说文》曰：“大索也。一曰急也。从系恒声。”段玉裁注：“手部揯，引急也。緪与揯音义皆同。”[⑤]“緪”本就有二义，作名词是“大绳索”之义，作动词是“急拉弦”之义。作动词时与“揯”义同。“引急”，也可以指拉大的绳索，譬如通过拉大绳索而控制船的起落。因此，又可引申为纲目、纲领之义。这是“法则”义的文字根据。这种法则在万物中具体体现为“相反相成”、“物极必反”这两个方面。其中相

① 楼宇烈校释：《老子道德经注校释》，64 页。

② 刘笑敢：《老子古今》，291 页。

③ 王卡点校：《老子道德经河上公章句》，54 页。

④ 段玉裁：《说文解字注》，681 页。

⑤ 同上书，659 页。

反相成的法则如：

> 有无相生，难易相成，长短相较，高下相倾，音声相和，前后相随。(2 章)
>
> 曲则全，枉则直，洼则盈，敝则新，少则得，多则惑。(22 章)
>
> 知者不言，言者不知。(56 章)
>
> 信言不美，美言不信；善者不辩，辩者不善。(81 章)

其中，物极必反的法则如：

> 持而盈之，不如其已。揣而棁之，不可长保。(9 章)
>
> 物壮则老，是谓不道，不道早已。(30 章)
>
> 大器晚成，大音希声，大象无形。(41 章)
>
> 大成若缺，其用不弊；大盈若冲，其用不穷。(45 章)

老子认为，万物之间以及万物内部都具有相反相成的性质与规律，相反两面互相作用，相互成就，构成一个有机联系的世界。人要遵循相反相成的规律，做事时要考虑到事物之间和事物内部的正反之间的变动，利用适当的时机做事。《老子》第六十四章曰："为之于未有，治之于未乱"，在事情还没有变坏的时候开始行动，启发侯王要实施无为。

再说道如何贯通万物。《老子》第一章曰："此两者同出而异名，同谓之玄。玄之又玄，众妙之门"，承上文的"道"而来。"门"是个比喻，它说明"道"是通向万物之妙的门径。"道"之所以能成为通向万物的门径，正因为它是贯穿万物的最大的共性。万物是五彩斑斓的各种存在，打开"道"这扇门，就能看到它们，认识它们，了解它们。没有共性，万物就无法聚集在一个门里，所以"门"本身代表了对不同个性的接纳与统合。

"统合"的"统"不是强制性的统治、管理，而是沟通、打通的意思。万物之间有共通之处，这是道赋予的。这共通之处就是"同出而异名"，也即有、无两个方面的统一，具体指有名、无名，有欲、无欲的统一。有无的统一，也是正反统一、阴阳统一，这是万物的共性。《老子》第二十一章曰："其名不去，以阅众甫。"楼宇烈说："林罗山《老子经抄》，归有光批阅《老子道德经》本及王夫之《老子衍》均作：'阅自门出者，一一而数之，言道如门，万物皆自此以往也。'"① 同样说明"道如门"，万物皆从同一个"门"里进出，生生不息。韩非子做了进一步引申，把道看作稽合万物之理的最高的"理"。《解老》曰：

道者，万物之所然也，万理之所稽也。理者，成物之文也；道者，万物之所以成也。故曰："道，理之者也。"②

理的本义是"纹理"，《说文》曰："治玉也。"段注曰："《战国策》郑人谓：'玉之未理者为璞。'是理为剖析也。……《孟子字义疏证》曰：'理者，察之而几微必区以别之名也。'是故谓之分理。物之质曰肌理，曰腠理，曰文理。得其分则有条而不紊，谓之条理。"③ 韩非子使用的"理"乃"成物之文"，即"纹理"，引申为具体事物各自的规定性。他认为不同的物有不同的"理"。

"理"本是万物固定的特性，韩非子以"理"释"道"，认为"道"是对万物之理的总会，它能沟通万物，"道"具有统合的意味。这从"稽"字的含义也能看出。《说文》曰："稽，留止也。"段注曰："……稽，计也。"④ 稽的本义是稽查、核查、计算，这里可以引申为"统合"，如王先谦注："稽合万物之理，不变则不通"⑤。《管子》曰："名者，圣人之所以纪万物也"⑥，圣人法道而治理万物，所以"纪"有统治的意味。"稽"从《老子》第十四章的"道纪"而来，意思与"纪"相似，即统合、统治。《韩非子》中还有"稽同"一词，"保吾所以往而稽同之，谨执其柄而固握之"⑦，其中"稽"就有"统"的意思，"稽同"即"统同"。万物各有纹理，纹理代表万物各自的特性，道使万物长成，具有如此之特性，所以对万物有统合、沟通的作用，掌握道的人可以利用这些特性。"道"与具体事物之"理"不同，因为"道不同于万物"⑧，亦如管子所说："必知不言

---

① 楼宇烈校释：《老子道德经注校释》，54页。
② 王先慎撰：《韩非子集解》，147页。
③ 段玉裁：《说文解字注》，15～16页。
④ 同上书，275页。
⑤ 转引自王先慎撰：《韩非子集解》，147页。
⑥ 转引自陈鼓应：《管子四篇诠释——稷下道家代表作解析》，158页。
⑦ 王先慎撰：《韩非子集解》，28页。
⑧ 同上书，46页。

之言、无为之事，然后知道之纪。殊形异执，而与万物异理”[①]。“道”是“万理”的统合，“万理”之间又是可以打通的。

“道通物”的“通”是“同而通之、通而统之”的意思，即通过“道”将万物沟通起来，“道”是更高的统一性，是物的共同性。老子这一思想是基于对整个宇宙整体和谐的洞察，对物的差异性与统一性的洞察，既解释了物的多样性，又避免了物与物之间的冲突。在《老子》中，道的统合性主要体现在第十一章和第十四章。第十一章曰：

> 三十辐共一毂，当其无，有车之用。埏埴以为器，当其无，有器之用。凿户牖以为室，当其无，有室之用。故有之以为利，无之以为用。

车、器与室这三样东西都具备有、无两面，但“无”使得“有”聚集起来而发挥作用。这三个比喻都说明“无”更重要一些。“无”在《老子》中是对“道”的指称，指道无声、无色、无形、无名的特征。因此，“道”作为无的代表，“物”作为有的代表，它们之间有统与被统的关系。但这种“统”又不是“决定”的意思：没有轴，车也可以行，只是行得吃力；没有空处，器皿上也可以放物，只是放得少；没有门窗，屋子也可以住，只是住得不舒服。所以，“无”并不决定“有”，而是发挥“有”的最大作用。王弼注：“毂所以能统三十辐者，无也。以其无能受物之故，故能以寡统众也。”[②]“以寡统众”也就是“以一统多”的意思。从整个《老子》来看，“一”对应的是“道”，“多”对应的是“物”，因此老子有“以道统物”的意思。

道能“统”物是因为道能“通”物。“道”这个字本就有“疏导”、“疏通”的意思。道能通物，是因为道是最高的“同”，万物都出自它，也能在它的名下被统一起来。《老子》第十四章曰：“执古之道，以御今之有，能知古始，是谓道纪。”王弼注：“虽今古不同，时移俗易，故莫不由乎此以成其治者也。故可执古之道以御今之有。上古虽远，其道存焉，故虽在今可以知古始也。”[③] 执守古代之道可以理顺今天之物。能知道“古

① 转引自陈鼓应：《管子四篇诠释——稷下道家代表作解析》，155页。
② 楼宇烈校释：《老子道德经注校释》，26页。
③ 同上书，32页。

始”，是因为时间虽然过去了，道还在。“道”统“有”体现在“御”字上，“御”没有强制性的干涉、干预之意，而是理顺之意。范应元注：“御，《释文》：‘理也。’虚通之道，自古固存，当持以理今之事物也。能知自古生物之始，此乃常道之纲纪。执古道以御今，如纲有纲纪而不紊也。”[①]“御”是理顺、调理、理出头绪使之不乱的意思。古今事物虽不同，但道是相同的。因为看到相同的东西，所以能理顺，也就是“同而通之”，不至于使国家分散、家庭分散、人心分散。“御”或“理”这个解释进路都准确表达了老子之道的“统合”与“统通”之意。

三、道在物中

从上文的分析可以看出，道生物、道成物、道统物、道通物，这四层关系虽然有差别，但其核心都是“道在物中”。道生物的道不是生完就消失的，而是注入万物中，像万物的种子一样；道成物的道是无形的，落实到具体的物中而成就它们各自的本性，成为一物之为一物的根据；道统物的道是存在于万物之间或内在于万物的相反相成、物极必反的法则；道通物的道是万物的共性，是能沟通万物之理的那个最高的“理”。但是，老子并没有直接说过“道在物中”，这一思想是潜在的，经过了韩非子、河上公、淮南子、严遵、王弼等多人的不同角度的注疏与解释而逐渐显题化。其中庄子、王弼的解释至关重要，他们可以说是奠定道家“道在物中”这一思想的两个哲学家。庄子提出“道在屎溺”而王弼提出“在方而法方，在圆而法圆”，都强化了老子这一潜在的思想。

《庄子·知北游》曰：“东郭子问于庄子曰：‘所谓道，恶乎在？’庄子曰：‘无所不在。’东郭子曰：‘期而后可。’庄子曰：‘在蝼蚁。’曰：‘何其下邪？’曰：‘在稊稗。’……曰：‘何其愈甚邪？’曰：‘在屎溺。’东郭子不应。”庄子认为道无所不在，阐发了“道在物中”的思想。五彩斑斓的感性世界正是“道”之彰显。“道”作为规律是在万物之上，作为生命的原动力就根植于万物之中，并最终作为万物的个性呈现出来。在这一点上，庄子无疑是最大的推动者，从《齐物论》一开篇的“地籁”的描述中就可以看出，“地籁”是大地不同形状的孔窍发出的声音，隐喻了不同的个性，也隐喻了心灵的虚空，发出者是“大块”，隐喻的是道。道就体现在万物自然而然地呈现之中。

---

① 范应元：《老子道德经古本集注》，24页。

此外，王弼注第二十五章曰：“法自然者，在方而法方，在圆而法圆，于自然无所违也。”① “在方而法方，在圆而法圆”中的方、圆是指具体物性，这是王弼后加上去的思想，说明道在圆而成就圆，在方而成就方，因物变化。这一识度河上公已经有了，其注第八章曰：“能方能圆，曲直随形。”② 第七十八章注曰：“圆中则圆，方中则方，壅之则止，决之则行。”③ 这与王弼的注非常相似，都是将道看做如水一样进驻物，不仅在生物时赋予物以生命力，而且赋予万物以独特性。河上公说的“壅之则止，决之则行”非常精彩，老子之道如水，堵住就停止，决堤就行进，没有固定的状态。这种特性正是成就万物而随顺万物的体现。

他们的这一诠释是符合《老子》的，尽管庄子是间接地回应《老子》。但在《老子》中是潜在的，没有庄子“道在屎溺”表达得那么犀利，也没有王弼“在方而法方”表达得那么清楚。这就是中国古代经典的诠释案例。《老子》的古代诠释系统丰富而完备，我们对《老子》的理解离不开这些诠释，因为我们离《老子》的时代比他们要远，思维方式、语言习惯都相差甚远，单独面对文本会无从入手。因此，他们的诠释方法也值得重视。

第二节　引导：道与人的关系

道，《说文》曰：“所行道也。一达之谓道。”段玉裁注：“道者人所行，故亦谓之行。道之引伸为道理。亦为引道。”④ 此处的“引道”即“引导”、“疏导”之意。《说文》曰：“导（導），引也”。段玉裁注：“经传多假道为导，义本通也。引之必以法度。”⑤ “道”对人有引导作用，但在不同人身上的引导力是不同的。它如同道路一样，首先需要人们走上这条道路，才谈得上“引导”。且道不是以具体的、死板的“法度”显示于人而实现它的引导，而是以其恍兮惚兮的不确定性加以引导。他让人走向自己真正想去的地方，而不是强制人走向某个既定的方向。《庄子·齐物论》

---

① 楼宇烈校释：《老子道德经注校释》，64页。

② 王卡点校：《老子道德经河上公章句》，30页。

③ 同上书，297页。

④ 段玉裁：《说文解字注》，75页。

⑤ 同上书，121～122页。

曰："道行之而成"，这个道路是在人们走的过程中慢慢呈现出来的，而不是现成的。人们根据走的经验，选择拐弯、探索、远去、停留和继续，在经验中拓展自身的视野。视野宽了，站得高了，就越能看清道。因此，道与人是始终缠绕在一起的，但不同的人与道的关系是不同的。

《老子》中出现的人可以分为四个层次：圣人、侯王、智者、百姓。他们与道的关系可概括为：圣人体道，圣人是《老子》中理想的形象，也是最高的人格形象，他们直接体悟了道，因而懂得"无为"的道理，知道这是最好的治理国家的方法，类似尧、舜、禹这样；侯王守道，侯王是现实中国家的治理者，他们通过向圣人学习来明道，然后贯彻到治国中，对于百姓的生存处境至关重要，代表了老子对现实中执政者的最高期望；智者为道，他们会通过自己的工夫去实践道，成就一种虚静的境界，但未必关心政治，可能类似孔子所遇到的那些隐者们；百姓无道，百姓只是顺其自然地生活，不需要参政，也没有实际的监督权，他们无所谓道是什么，只是依赖侯王的管理来实现自己的生存，是被动的。老子认为无为之治下百姓是无私无欲的，当然这一点有理想的成分。以上虽然是不同层次的人与境界，但道对他们而言都不是强制性的，而是引导性的。

一、圣人体道

圣人是《老子》中理想的人格形象，是道的代表。可能是因为老子深知尧、舜、禹三代的道统，在"礼乐崩坏"后期待还能通过对"圣人"形象的强调来给侯王一些启发与警示。但是，《老子》中没有明说圣人指哪些人，到《庄子·齐物论》则更是将"圣人"与"神人"、"至人"并提而彻底道家化。这里说的"圣人体道"之"体"有两层意思：一是"体悟"，一是"体现"。圣人是直接"体悟"道，而不是学习、模仿道。并且，圣人知之必行，知"道"就意味着践行"道"，而不需要别人的提示与指引。圣人法道、贵自然、为无为，他们的行为又"体现"了道。侯王无法直接知之，因为道是无形的，但可以通过圣人的行为来知道，圣人就是"道"的人格化代表。

圣人之所以能体道，其必要的条件是"道"本身是可体悟的。这便是老子提到的"观"，"无欲观"就可以体道了，但一般人做不到"无欲"，所以成不了圣人。"观"见于《老子》第一章、第十六章与第五十四章，前两章与道直接相关。这里先要处理第一章的"观"的含义和它的对象。《老子》第一章曰："故常无欲，以观其妙；常有欲，以观其徼。此两者同出而异名，同谓之玄。玄之又玄，众妙之门。”“观”这个动作的终极对象是“道”，这个我们在第一章第一节中已有详细论证，这里不赘述。“观”的直接对象是“物”，间接对象是“道”，人要通过间接的“物”来“观”道。老子主张的是通过观物来观道，目的在道而不在物。这样的“观”就与一般的“观察”不同了，它是观万物如何以自身的方式呈现的意思。只有这样才能看到赋予万物独特的呈现方式的本源之道。《老子》第五十四章曰：“修之于身，其德乃真；修之于家，其德乃余；修之于乡，其德乃长；修之于国，其德乃丰；修之于天下，其德乃普。故以身观身，以家观家，以乡观乡，以国观国，以天下观天下。”其透显了“观”的方式，德不是外在的，而是渗透在身、乡、国与天下之中的。“德”是得之于“道”，显之于身、乡、国与天下。只有让“身”显示出来，让“乡”显示出来，让“国”显示出来，让“天下”显示出来，让它们符合它们自身的本性，才是真正的符合“道”的“德”。

人从万物的归向中能“体悟”源头之道。作为宇宙源头的道是老子对天地万物所从来的预设，通过这一预设响应人们普遍思考的起源问题，同时为进一步从道过渡到人，赋予道以德的内涵，从而指引人的行为奠定基础。所以，这一预设具有深远意义。人观万物的归向，从而领悟它的来处，如同万花落尽，泥土是它的归处，而植物亦来自泥土，在泥土中才能生根、发芽。又如庄子所感悟的妻之死乃“偃然寝于巨室”(《至乐》)，即重新回到大自然，因为人是从大自然而来。何处去与何从来原本就是统一在一起的大问题，观其所归，悟其所来。当然，这并非客观意义上的万物及人的起源，而只是一种感悟。

作为宇宙法则的道之所以能被体悟到，正是因为此法则体现于万物的运行之中，而不是主观的想象。万物运行的最重要的法则是物极必反。譬如春夏秋冬，在冷热两个极端之间的转换与往返。人们见一叶落而知秋，就有对时节的感悟，从而悟出其中有道。小到季节变换，大到生死存亡，都能让人在瞬间体悟到道的玄妙。

因此，以上所说的体悟是一种“理解”(understanding)、“启示”(enlightenment)。理解是动态的过程，获得启示需要长期的积累。体悟并不是事先有一个对象，设定一个明确的目标，而更像是无意中的感悟，是对世界的突然感动而产生某种深刻的体会，具有偶然性与自发性。体悟是事先无对象的，它与对象本来就是一体，同感共振，某个特殊的情境或事件在瞬间使主体凸显出来，他所体悟到的内容，如自然、生死、美感等在瞬间成为“对象”，而这对象也会转瞬即逝。因此，从根本上说，体悟是一种非对象化的精神活动和特殊体验。观物体道，所观的并不只是内心，还有外物。虚静工夫当然有利于产生“体悟”，但不能完全代表道家工夫。工夫是体悟道的条件，这是毫无疑问的。体悟道的途径是观物。观物的条件之一是虚静。虚静，主要出自第十六章。其曰：

> 致虚极，守静笃，万物并作，吾以观复。夫物芸芸，各复归其根。归根曰静，是谓复命。复命曰常，知常曰明，不知常，妄作，凶。知常容，容乃公，公乃王，王乃天，天乃道，道乃久，没身不殆。

观物，重在虚静。虚静是将心空下来，无思无虑，心灵中没有任何实际生活内容，没有过去，没有未来，超越了物理的时间。虚静，才能专一。此时才能听见平时听不见的声音，看到平时看不到的东西，领悟到平时不知道的道理。在日常的对象化生活模式（每天为具体事务和具体目的所限制）中，人是远离自然和真实的内心的。只有放下各种事务，心静下来、空下来，万物才能进来。这时所观到的是花开花落，四季呈现，万物有所来、有所去，然后才可“知常”，这主要是从万物讲的。

老子并没有停留在观物上。人由万物的常而知人的生命的常，即生命的根，生命的归属，唯此，才能容（包通）、公（公平）、王（周普），“与天合德，体道大通”①。这就是在人与物之间的打通，从物的生命历程知人的生命历程，也可以说是人与自然的打通。之所以能打通，是因为人本来就是自然中的一物，不过是能对自己的体悟进行反思的特殊物。人之所以需要通过虚静来感悟自然万物，从而了解人生实际，指引自己过“与天合德”的生活，是因为人也是最容易违背道的特殊存在，人会因智慧、欲望、意志等而做出违反道的行为。所以，老子贵“婴儿”，提出“载营魄抱一，能无离乎？专气致柔，能婴儿乎？涤除玄览，能无疵乎？”（10 章）人需要虚静专一，如同婴儿，清空杂念，回归自然。《老子》曰：“为学日益，为道日损。损之又损，以至于无为，无为而无不为。”（48 章）当人将一切智慧、杂念、欲望、目的渐渐化解时，就可以重新回到自然的状态，无为而无不为。

---

① 这里依据的是王弼的解释，详见楼宇烈校释：《老子道德经注校释》，36 页。

前文已述，道与西方传统形上学中柏拉图的“理念”、亚里士多德的“实体”、康德的“物自身”、黑格尔的“绝对精神”等最高概念最大的不同在于道是可以在“为道”的过程中不断体悟到的。那么，“为道”是一个什么样的过程，有什么哲理含义？

《老子》曰：“为学日益，为道日损”（48 章），河上公注：“道谓自然之道也，日损者，情欲文饰日以消损”①，王弼注：“务欲反虚无也”②，二者都没有直接解释“为”字的含义。可见，“为道”在他们那个时代可能是自明的，“为道”也就是修道、体道，这里说的道与道的前两重含义不同。第一、二重含义是对宇宙来源的预设和对自然之法的概括，这里的道则是一种境界。道作为最高的修养境界，是可以去求的，这个时候道是一个对象，但当人“得道”的时候人与道是合一的。在修道的过程中，需要逐渐去掉内在的“欲”和外在的“文饰”，无欲无为，无思无虑。当体道之人“得道”的时候，道就并非一个认识的对象，而是道、人一体。当人要描述这种体会的时候，就只好站出来，将前一刻的体会作为一个对象去回忆和描述。

因此，得道之人对于道的感受是在“知与不知之间”③，正是这种“之间性”保证了对道的体会的可能性与长久性。如果完全知，就不用体道了；如果完全不知，就无法体道。这与道的特点完全吻合，如第十四章所描述的：

> 视之不见名曰夷，听之不闻名曰希，搏之不得名曰微。此三者不可致诘，故混而为一。其上不皦，其下不昧，绳绳不可名，复归于无物。是谓无状之状，无物之象。是谓惚恍。迎之不见其首，随之不见其后。

---

① 王卡点校：《老子道德经河上公章句》，186 页。

② 楼宇烈校释：《老子道德经注校释》，128 页。

③ “知与不知之间”源自古希腊哲人意识到的“学习悖论”。柏拉图的“学”的内容是美德，与道相似，二者都是根本性的东西，对人来说至关重要。柏拉图在《美诺篇》记载，苏格拉底说：“一个人既不能试着去发现他知道的东西，也不能试着去发现他不知道的东西。他不会去寻找他知道的东西，因为他既然知道，就没有必要再去探索；他也不会去寻找他不知道的东西，因为在这种情况下，他甚至不知道自己该寻找什么。”（柏拉图著，王晓朝译：《柏拉图全集》第 1 卷，506 页）也就是说，学习者如果完全“知道”了就不可能“学”，如果完全“不知道”就无法学。张祥龙就此认为，对于最根本的东西，人是介于“知与不知之间”的，唯此才能真正地“学”。参见张祥龙：《西方哲学笔记》，129 页，北京，北京大学出版社，2005；《中华古学与现象学》，38 页。

在现实生活中可以看到、听到或“把握”得住的东西都是对象。这个对象在根本上是外在于我们的，我们与对象之间是认识与被认识的关系。这些对象既包括现象界的一切事物，也包括一切固定的原理、法则或通过思辨的方法可以达到的概念如理念、实体、绝对精神。但是，道不属于“对象”中的任何一类，它不是完全外在于我们的，也不是可以完全认识的对象，更不是可以通过思辨把握的形上学概念。道是发生性、模糊性、不确定性的存在，而非静态的、清晰的、现成的存在。这就要求体道之人的体道方式也是特别的，它不能是认知的方式，而是要保持在静默、安宁之中，体会道的徐徐展现。这便是老子说的：“孰能浊以静之徐清？孰能安以久动之徐生？”帛书本作“浊而静之徐清。安以动之徐生”①。浊与清相对，安与生相对，静与动在这里不是形容词，而是动词，我将其译为“谁能静下来让那浑浊的渐渐变得清晰，谁能动起来让那安定的慢慢兴起”。

老子这一句揭示的哲理有二：一是体道之人的工夫体现为既动又静，时动时静；二是道自身时而模糊，时而清晰，时而安宁，时而兴发。二者都具有不确定性、非现成性。人与道的状态合一，才是“体悟”了道，也才能“体现”道。虽然为道之人把道作为一个对象去追求，但只有到达了道的境界才能完全领会道究竟是什么，他的追求是以认知的方式开始的，但最终达到的道境不是一个认知的对象，而是人、道合一的境域。

萧师毅与海德格尔共译《老子》时将此译为“谁能安定污浊，而逐渐使它变清？谁能鼓动寂静，而逐渐带给它生气”②，他将“浊”与“安”的主语单纯理解为人也是可以的，其目的仍在道，即让道渐渐清晰起来，显现给我们并具有生气。其用的“鼓动”一词很特别，非我们日常所用的贬义，不是鼓动别人去做事，而是“鼓动寂静”，“寂静”竟然是可以鼓动的，这种诗意很契合《老子》的风格。它是说人如何在静中动起来，讲的是体道之人，背后隐藏的却是道自身如何从静而动。道的虚、静如同第五章所说的天地之间的特点，“虚而不屈，动而愈出”，静非死寂，而是能动；虚非虚无，而是能生。人之“虚静”工夫并非是不作为的静坐，而是如何由静而动、由动而静，在不断复返中逐渐趋向道的动态过程。人在为道时的

① 高明：《帛书老子校注》，201页。

② 萧师毅撰，池耀兴译，张祥龙校：《海德格尔与我们〈道德经〉的翻译》，载《世界哲学》，2004（2），102页。按：该文原见于 G. Parkes ed.，*Heidegger and Asian Thought*，Honolulu：University of Hawaii Press，1987，pp. 93－103。

犹豫、严肃、谨慎，都是充满动感的，就像裁判喊“预备”时运动员作出的起跑姿势，看似静态，其实已经开始动了，是静中的动。这样的看似“未发”实际“已发”的态势，老子尤其看重，因为这一刻是无法“对象化”的，你说这时的运动员开始跑了吗？从认知的角度看，他们还没有跑，从事实的角度看，他们不仅已经开始跑了，而且这个起跑的态势往往是具有决定性的（此与桌球运动员在发球前的瞄准、判断、酝酿状态也是一样的）。可见，为道之人的“未发”状态（体会道本身的恍惚、混沌、不确定的特点，而未采取行动时）是很重要的。这一点，老子在第二十章中亦有强调，容后再述。

萧师毅与海德格尔的分歧主要在于萧师毅想要遵循《老子》的“原意”，而海德格尔则不可抑制地要做进一步的哲理思考，并渗透到《老子》的翻译中。这一句便是他们的主要分歧之一。海德格尔要把“浊以静之徐清。安以久动之徐生”的意思推向更远，“他认为澄清（clarifying）最终能将某物带入光明，在静息之中的微动能使某物得以存在”①。这句翻译的目的不在《老子》，而在说明某物的“存在”（Being）是怎么一回事，前半句旨在说明“无”是一种“敞开”的境域，使“存在”成为可能。这些都不在《老子》的文本之内，可以不论。但后半句所理解到的“在静息之中的微动”却是一个亮点，抓住了道的特点：动是微动，不起眼，渐渐地（徐）动，道正是在这不起眼的“动”中兴发起来，让心灵微动的人感悟到。“微动”说明了道与为道之人的心灵状态之不可“把捉”性，这正是非对象化思维的体现。唯处在动静之间的状态最难把握，这就是道的态势和体道之人的犹豫状态。“微动”是微妙不易察觉的，于道而言，是介于未发与已发之间；于人而言，是介于知与不知之间。这个势态性的起点是真实存在的，它决定下面的趋势，是一种最饱满的状态，预示了无数可能，如同万物竞相生长、不受干扰的原初状态。这种和谐的、充满生机的状态同样是发生性的，意义鼓动的，自己而然的，它并非是人认识的一个对象，因为人就在这发生着的、意义鼓动着的大道之中。

由此可见，萧师毅以符合老子的“原意”为翻译要求，结果未必是“原意”，海德格尔虽然以深度诠释为旨归，结果也未必完全背离“原意”。对老子的理解，遵循客观文本是基础，但深度的理解需要个人的洞察力与不同哲学背景的刺激。如果每个人都能通过自己的视角照亮《老子》中的

① 萧师毅撰，池耀兴译，张祥龙校：《海德格尔与我们〈道德经〉的翻译》，载《世界哲学》，2004（2），102页。

某一个方面、某一层意思、某一个见解，那么，《老子》研究者们不仅可以相互交流、分享，而且有可能在相隔两千多年的今天对《老子》有更全面、更深刻的理解。

二、侯王守道

圣人是理想的君王形象，实际上执政的是侯王。侯王在《老子》中是非常重要的，老子的现实关切点是如何把国家治理好，因此对侯王寄托了很大的希望，给予了很高的关注。《老子》第二十五章曰："域中有四大，而王居其一焉。"在"四大"中，老子又将"王"特别提出来，可见"王"的重要性。《说文》曰："王，天下所归往也。董仲舒曰：'古之造文者，三画而连其中谓之王。三者，天地人也，而参通之者，王也。'孔子曰：'一贯三为王'。"① 王，是能打通天地人的人中之杰，是政治理想的承载者。老子认为侯王应该向圣人学习，守住"道"而实施"无为"，使国家长久，百姓安乐。这主要体现第三十二章、第三十七章与第三十九章。《老子》第三十二章曰：

> 道常无名，朴虽小，天下莫能臣也。侯王若能守之，万物将自宾。天地相合以降甘露，民莫之令而自均。
>
> 始制有名，名亦既有，夫亦将知止，知止可以不殆。譬道之在天下，犹川谷之于江海。

这一章是从"名"的角度来说的。道是无名的，侯王如能守道，万物自然归位，百姓自然均等。侯王用尊卑之"名"是不可避免的，但要知道节制，自然地统治才能让万民归往。侯王之"守"，守的是"道"，在这一章非常清楚。"道"的特质是"朴"，朴素到连名字都没有。因此，守道也就是守朴。朴，意味着最高的以道治国的方式，它是不靠外在的武力的，不是可以拿来直接操作的教条或法令，而是需要根据人的特点而用，顺着万物的特点来行动的方式。王弼注："朴之为物，以无为心也，亦无名。故将得道，莫若守朴。夫智者，可以能臣也；勇者，可以武使也；巧者，可以事役也；力者，可以重任也。朴之为物，愦然不偏，近于无有。"② 因

① 段玉裁：《说文解字注》，9页。

② 楼宇烈校释：《老子道德经注校释》，81页。

此，朴实际上没有给出任何具体的规定性，需要根据当时的实际情况，对不同的人采取不同的用，故是“以无为心”，需要侯王心里没有任何成见与教条。这是向圣人学习的结果，如《老子》第四十九章曰：“圣人无常心，以百姓心为心。”圣人没有固定的心，侯王也不应该有，而应考虑百姓之所需，根据百姓之特点实施无为之治。

冯振引第三十四章“常无欲，可名于小”认为“‘无欲’即‘朴’之义”[①]，“无欲”不是没有任何欲望，而是指没有过多的欲望，即第十九章所说的“少私寡欲”。“无”字系列不过是老子表达思想的特殊手法，而不是彻底否定的意思。侯王要成为百姓的榜样，首先做到“无欲”。侯王无欲，才能镇得住百姓之“欲”。此即《老子》第三十七章所说：“道常无为而无不为，侯王若能守之，万物将自化。化而欲作，吾将镇之以无名之朴。无名之朴，夫亦将无欲。不欲以静，天下将自定。”侯王守住道，也就是掌握了无为的方法，其达到的效果是万物自行生长演化。人与物不同，人的欲望很容易被刺激出来，所以侯王需要用“朴”加以引导与教化。“朴”首先要求自身要无私无欲、清静无为，这样才能上行下效。老子没有想从百姓那里入手，用严刑酷法制止百姓的私欲，而是先从侯王自身入手，来实现“不言之教”，这是老子高明的地方。河上公注：“侯王镇抚以道德，民亦将不欲，故当以清静导化之也。”[②] 具体来说，侯王应该具备以下素养：

一是自身节俭，少动工程。《老子》第五十三章曰：“朝甚除[③]，田甚芜，仓甚虚。服文采，带利剑，厌饮食，财货有余，是谓盗夸。非道也哉！”侯王不淫奢靡乱，才能不刺激百姓的过多的欲望，才能不劳民伤财，让百姓安稳度日。二是谦逊自知，不自夸矜。《老子》第二十四章曰：“企者不立，跨者不行，自见者不明，自是者不彰，自伐者无功，自矜者不长。”只有不自我张扬、不自我夸饰的侯王才能让百姓感到舒服，让百姓感到侯王做这些事不是为了私己。三是做事有度，洁身自好。《老子》第二十九章曰：“是以圣人去甚，去奢，去泰。”这里也是用圣人作为侯王的榜样，让侯王也做到不极端，不骄纵，不为所欲为。

---

① 冯振：《老子通证》，50 页。

② 王卡点校：《老子道德经河上公章句》，144 页。

③ “朝甚除”的意思是宫室非常奢侈。“朝”是宫室、宫殿的意思；“除”是更除，不断更换的意思，比喻奢侈。河上公注：“高台榭，宫室修。”见王卡点校：《老子道德经河上公章句》，203 页。

《老子》第三十九章曰："昔之得一者，天得一以清，地得一以宁，神得一以灵，谷得一以盈，万物得一以生，侯王得一以为天下贞。其致之。天无以清将恐裂，地无以宁将恐发（按：废），神无以灵将恐歇，谷无以盈将恐竭，万物无以生将恐灭，侯王无以贵高将恐蹶。故贵以贱为本，高以下为基。是以侯王自谓孤寡不谷。"侯王不是最高的，不应该高高在上，万物都需得"一"才能生发、运转，侯王也不例外。侯王得"一"，才能使天下走上正道（贞）。何为"一"？何为"得一"？王弼注："一，数之始而物之极也。各是一物之生，所以为主也。物皆各得此一以成"①，王弼认为，"一"是数字的开始，事物的极致，是一物之为一物的关键，也即"主"。苏辙注："一，道也。物之所以得为物者，皆道也。"② 这是直接将"一"解释为"道"。那么，与第四十二章的"道生一"是否矛盾呢？根据本书对第四十二章的解读，此句的"道"是指不可说的"常道"，"一"是指可说的道，而不是指一个东西或某个东西，也不是在阴气、阳气之前的元气，所以并不矛盾。"得一"就是指"得道"。如果"一"是元气，第三十九章的"神得一以灵"以及"得一以为天下贞"都很难解释。"得道"就是得到了"主"，范应元注："物有万殊，道惟一本"③，得到了"主"也就是得到了"本"，得到了一事物的"关键"。

侯王得道而自谓"孤寡不谷"，即自谦、谨慎、少欲。老子把这些侯王应该具备的素养说得非常清楚，也可以看出老子对侯王寄托的希望。事实上，整个《老子》的政治关怀都更多地寄托在侯王的自身修养上。因为圣人是理想化的，是人格榜样，百姓是被动的，是被治理的对象，只有侯王是可以不断提升境界又掌握权力的人。这在一般看来是低估了百姓的能动性，具有"童稚主义"的成分④，但实际上是那个时代的政治格局决定的，百姓不具备掌握权力的能力，也没有受教育的机会，自身的主体性很难发挥出来。尽管百姓也有自己的各种私欲，但如果有一个好的精英统治和好的侯王作为榜样，上行下效，百姓是不会反对君王的。

① 楼宇烈校释：《老子道德经注校释》，106 页。

② 苏辙：《道德真经注》，49 页。

③ 范应元：《老子道德经古本集注》，71 页。

④ 笔者于 2014 年 10 月 20 日就这一观点与香港新亚研究院的卢雪崑教授谈过，她认为老子这一依赖君王而忽视百姓"自由意志"的做法有理想的成分，但她不赞成用"理想主义"这个词，因为这个词有批评的意思，批评对《老子》本身而言是没有意义的。她建议用"童稚主义"，在感情色彩上比"理想主义"要弱一些。没有这个"童稚主义"的成分，就不是完整的《老子》。

三、智者为道

"智者"指的是老子所说的"上士"，即听闻"道"而在生活中践行"道"的人。《老子》第四十一章曰："上士闻道，勤而行之；中士闻道，若存若亡；下士闻道，大笑之。"士，即读书人，知识分子。但"士"中也有不同层次之分的，"上士"才会去践行道，也就是为道。但从《老子》所展示的"为道者"形象来看，他们不在朝廷，而更像是隐者，因为提到他们的地方并没有和治理国家联系起来。这集中体现在《老子》第十五章，这一章可视为"为道"之人的画像。此章的描述具有感受性、在场性、经验性和艺术性的特点。为道是什么样子，什么状态呢？《老子》曰：

> 古之善为士者，微妙玄通，深不可识。夫唯不可识，故强为之容。
>
> 豫焉若冬涉川，犹兮若畏四邻，俨兮其若容，涣兮若冰之将释，敦兮其若朴，旷兮其若谷，混兮其若浊。
>
> 孰能浊以静之徐清？孰能安以久动之徐生？保此道者不欲盈，夫唯不盈，故能蔽不新成。

竹简本、河上本、王弼本作"善为士者"，帛书本、傅奕本作"善为道者"，从末尾"保此道者"来看，前面的"善为士"与"善为道"应该是一个意思，都是指为道之人。河上公曰："谓得道之君也"①，他直接将此看作已经得道的状态，这也未尝不可。道是"强"为之名，为道之人是"强"为之容，足见此时体道已很深，可以称得上"得道"，只是未必是完全得道。那么，得道之人是什么样呢？从"微妙玄通，深不可识"以及"若朴"、"若谷"、"若浊"可以看出，得道之人的特点与道的特点完全吻合。道和为道之人都显示出了某种不确定性，道不会完全展露出来，所以得道之人不是明朗的，而是混沌的；不是清晰的，而是恍惚的；不是彻底虚无的，而是若隐若现的。这便是"豫焉若冬涉川，犹兮若畏四邻，俨兮其若容，涣兮若冰之将释"的动态性感受。得道之人是犹豫的，看上去怯生生的，不是因为他对做什么没有把握，恰恰相反，这正是他要做的事情（体道）本身所要求的状态，或者说是体道的结果。因为道本身就不是确定的，不是一下子可以

① 王卡点校：《老子道德经河上公章句》，57 页。

把握住的。老子没有说明，也无法说明为道之人要把握的对象是什么，而只能显示为道之人“将要”怎样的趋势和状态。这一点王弼不惜纸墨，注得准确而生动，他说“冬之涉川，豫然若欲度（渡），若不欲度（渡），其情不可得见之貌也”①，这便是“未发性”的特点，这种状态并不是毫无意义的。其发生之前的状态决定了他下面的行为。这个原初的状态对于体道至为关键。因为道是非对象性的，无法作为一个现成的对象被把握。

如果说第十五章是为道之人的画像，那么第二十章就更像是老子的自画像，至少可以说是道行很高的人的状态描述。《老子》第二十章曰：

> 绝学无忧。唯之与阿，相去几何？善之与恶，相去若何？人之所畏，不可不畏。荒兮其未央哉！众人熙熙，如享太牢，如春登台。我独泊兮其未兆，如婴儿之未孩。儽儽兮若无所归。众人皆有余，而我独若遗。我愚人之心也哉！沌沌兮！俗人昭昭，我独昏昏；俗人察察，我独闷闷。澹兮其若海，飘兮若无止。众人皆有以，而我独顽似鄙。我独异于人，而贵食母。

文本中用第一人称“我”，文字充满在世体验，很有可能是老子对自己为道状态的描述，此章与第十五章对“善为道者”的描述也十分相似。本章所说的“荒兮其未央哉”、“独泊兮其未兆”以及“婴儿之未孩”，其点睛之笔就在一个“未”字上，这就是前文所讲的“未发”的态势。以“荒兮其未央哉”为例，王弼注：“叹与俗相［反］之远也”。但“荒”这个字值得深究，严可均曰：“忙其未央”；吴云曰：“邢本‘荒’作‘莽’”；朱谦之认为“忙”与“茫”同，实“芒”字，并以《诗经》之“洪水芒芒”、《左传》之“芒芒禹迹”、《庄子》之“芒然彷徨乎尘垢之外”来旁证。②通过这样的同义字的列举，“荒”字的哲理含义就更容易显现出来，“荒”有旷远苍凉、茫茫无际、无所挂搭、无所系附的意思，这说明，得道之人与俗人不同的地方在于，他看起来无知识（绝一般之学，不是真的没有知识）、无方向、无目的、无依附、无皈依，与俗人求知识、奔目标、依附于一切可以抓住的对象如名利富贵、声色犬马截然不同。正因为此，他的心灵才能虚静，不受外在诱惑，如婴儿般发乎天然，这既是得道之人的特

① 楼宇烈校释：《老子道德经注校释》，33页。

② 参见朱谦之：《老子校释》，78～79页。

点，也是道本身的特点。

与第十五章不同的是，他将自己与身边的俗人相比较，提供了一个活生生的众生相。“众人皆有余，而我独若遗”，别人都好像得到了什么，只有“我”总像失去了什么；别人所在乎的“我”不在乎，别人所关心的“我”不关心；“俗人昭昭，我独昏昏”，别人看起来很明白、很光彩的样子，只有我混混沌沌；别人看起来都很清醒、精明，“我”却像蒙在鼓里一样，什么都不清楚，都不认识；“众人皆有以，而我独顽似鄙”，别人都有所作为，只有我顽固、鄙陋，一副不开化的样子。根据老子的最后一句，其根本原因是“食母”，也就是侍奉道。王弼注：“生之本也。人皆弃生民之本，贵末饰之华”，生之本是道，道是朴素无华的，华美的修饰都是末流。所以，得道的人自会保持他的淳朴、自然的本性，不会以“众人”的标准做人做事，尽管在“众人”看来如同傻子。这也正是“不笑不足以为道”的原因，这么简单而又看起来毫无好处的道，怎么能让人不笑呢？

那么，我们深究一下，是什么使老子或得道之人能够保持在“道”之中呢？他们为什么能抓住道的质朴本性，宁愿像傻子一样，而不愿“变心以从俗兮”呢？根本的原因只能在道本身，他们在修道的过程中渐渐回到了自然的状态，这个状态让他们对宇宙人生可以领悟得更多。这就是生命的“意义感”（sense of significance of life)，是质朴带来的生命的意义。

“意义感”指人从某种修行中感受到的充盈、自在、快乐的感觉。用马斯洛的几个需要层次来说，类似于最高层次的“自我实现”（self-realization)。但又不完全相同，得道所获得的意义感高于“自我实现”，因为得道之人已经没有“自我”，这是回归自然的、原本的状态，获得大自由、大自在。当然，这样的人在世上也许会遭到“众人”的嘲笑和欺侮，但在得道之人看来，嘲笑与他无关，所谓“知人者智，自知者明”（33 章）。那么，“人之所畏，亦不可不畏”是不是对众人畏惧的东西也畏惧呢？此句有两种解法，按通行本可以这样解，但根据上下文，这里的“可”未必有很强的应然意味。畏，是正常的，但并不意味着畏就要改变本性。

所以，对道的坚持意味对自己生命意义感的守护。这“意义感”并不完全是主观的、个人的。得道之人会觉得道是最高的价值，道效法自然之法，自然之法来自天地万物的大化流行本身，这自然之法当然具有客观性，一切事物都在自然的韵律之中并参与这个韵律的形成。从道家的角度看，人对此若有领悟，就会把这个当作最高的价值，所谓“道之尊，德之贵，夫莫之命而常自然”（51 章）。

本节之所以用“意义感”这个词来代替“主观境界”，是因为意义感是既主观又客观的。“感”的方式是主观的，但“感”的内容——“意义”具有客观性，它来自生活世界，由人的生活经历、历史事件、生存环境、教育方式等各种复杂、客观的条件所决定。每个人对意义的感受力与创造力有所不同，但对“意义”的诉求是具有普遍性的，没有谁不想过一个有意义的人生。动物、植物靠本能存在而无所谓“意义”的问题，因此动物、植物不会自杀，人却会因为无意义感而自杀。

从人的在世体验的角度说，道是最高的“意义感”。人对最高意义的诉求总是有的，或自觉或不自觉而已。人生的意义是个永恒的问题，人们或多或少都遭遇过这个问题，无论是怎样的教育背景或身份地位，自觉或不自觉地。“意义”是非对象性的、构成性的、正在生成之中的。没有一个具体的可以把握的东西叫“意义”，它不是一个可以现成给予的东西，而一定要由本人亲身经历需要、追求、体会、得到的过程，他才有“意义感”。一个人如果一生下来，什么都给他了，一切对于他都是现成的，他反而会感到生活无意义。意义的根本特点就在于：好像没有它人也能活，但真的没有它就活不好。这个特点与道的特点一致，人在修道的过程中显示出的茫然、不确定、畏手畏脚，其实都植根于道或者说最高意义本身的时有时无，捉摸不定。

四、百姓无道

这里的“无道”不是违背道的意思，而是无所谓“道”、没有意识到“道”的意思。百姓自然生活，遵循了道也不知，破坏了道也不知。老子有时用“百姓”，有时用“民”，从五个版本来看，出现“百姓”的共有 4 章，出现“民”的共有 15 章，二者在意思上没有本质的不同。譬如第七十五章，帛书本用“百姓”（百姓之不治也）的地方王弼本用“民”（民之难治）[①]，说明二者意思上没有区别，而只是版本加工时为了更简约所做的处理。但是在具体使用情境上有所不同，“百姓”都是与侯王、圣人对举，在上下关系中提及，说明在上者实施无为，在下者才能幸福；“民”则不一定，有对举也有泛泛而论。从字义上来说，“百姓”是泛指圣人、侯王之外的人民，而“民”字除了指人民，其字义本身还透显了民之淳朴之意。《说文》曰：“民，众萌也。”段玉裁注：“毛本作氓，非。古谓

① 刘笑敢：《老子古今》，702 页。

'民'曰'萌'。汉部引以兴锄利萌。愚谓郑本亦作萌。……萌犹懵懂无知儿也。"[①] 民，是懵懂无知的意思，也就是淳朴的意思，他们根本不知道"道"为何物。我们来看老子的具体描述。

《老子》第五章曰："天地不仁，以万物为刍狗；圣人不仁，以百姓为刍狗。……多言数穷，不如守中。"这是以"圣人"与"百姓"对称，说明圣人对待百姓是无所谓仁与不仁的，不偏私于任何人。从这里可以看出，百姓只是圣人看护的对象，道掌握在圣人手中，也就是"天地不仁"的至大公允之道。这里的"百姓"与"万物"是并列的，老子并没有让"百姓"发声，而是视他们如孩子。天地养护万物，圣人养护百姓。

《老子》第十七章曰："太上，下知有之。其次，亲而誉之。其次，畏之。其次，侮之。信不足，焉有不信焉。悠兮其贵言。功成事遂，百姓皆谓我自然。"这一章的"百姓皆谓我自然"的"谓"简本作"曰"，也就是百姓说自己自然而然、本就如此。即便作"谓"，评说的对象也是自己，而不是圣人。"我"就是百姓自身，他们对自己状态的描述是：自然。可见，圣人之治下，百姓乐陶陶。河上公注："百姓不知君上之德淳厚，反以为己自当然也。"[②] 王弼注："百姓不知其所以然也"[③]，此句的目的在凸显圣人之治的效果，在这种治理下，百姓没有心机，淳朴可爱。他们不知道自己的悠然生活是圣人治理得当的结果，反以为我本来就如此。

《老子》第四十九章曰："圣人无常心，以百姓心为心。……圣人在天下歙歙，为天下浑其心，圣人皆孩之。"此与第五章相照应，也是"圣人"与"百姓"相对而称，圣人没有恒定之心，而随顺百姓之心而变化，灵活采取措施，即王弼所注："动常因也。"根据百姓的特点而施为，根据百姓的变化而变化。"圣人皆孩之"即圣人使人如婴儿一样，如王弼注："皆使和而无欲，如婴儿也。"[④]《老子》第七十五章帛书本曰："百姓之不治也，以其上之有以为也，是以不治"，也是从上下关系来说的，上有为则下不治，从而提醒侯王要实施无为之治。

《老子》使用"民"的地方，与"百姓"一样放在上下关系中来探讨的有第三章、第十章、第十九章、第三十二章、第五十七章、第五十八章、第六十六章、第七十二章、第七十五章。其中第五十七章最为直接，

① 段玉裁：《说文解字注》，627页。
② 王卡点校：《老子道德经河上公章句》，69页。
③ 楼宇烈校释：《老子道德经注校释》，41页。
④ 同上书，129页。

其曰："故圣人云：我无为而民自化，我好静而民自正，我无事而民自富，我无欲而民自朴。""我"代表圣人，圣人的治理方式直接决定人民的生存现状。可见，老子把人民的命运交给了圣人，但圣人是理想化的，实际上掌握人民命运的是侯王。所以，侯王的素养尤其关键。这是老子为什么给侯王立一个圣人的榜样的原因。老子把百姓放在一个被动的位置，而没有从百姓的角度出发去谈一个百姓所认为的好的政治，似乎百姓并没有很高的智慧，更没有自主能力与意志。这种被动性集中体现在第三章，其曰：

> 不尚贤，使民不争；不贵难得之货，使民不为盗；不见可欲，使民心不乱。是以圣人之治，虚其心，实其腹；弱其志，强其骨。常使民无知无欲，使夫智者不敢为也。为无为，则无不治。

侯王不崇尚贤能，人民是不是真的就不会争了？侯王不推崇奇珍异宝，老百姓是不是真的就不会成为盗贼了？只能说，这样会减少争夺，减少为盗。老子将政治的主导权设定在侯王手中，这是必然的，那时候老百姓还没有参与政治、监督政治的权利。即便有，也依然要靠统治者来掌握整个国家的大方向，所以老子更多地着眼于侯王应该如何做，几乎没有谈及百姓应该主动做些什么。这是那个时代的政治格局所决定的。"虚其心，实其腹；弱其志，强其骨"是建立在"圣人无心，以百姓心为心"、"侯王若能守之"的基础上的，目的是让百姓过上好的生活，而不是利用百姓谋取个人的利益和满足个人的权欲；不是通过欺骗百姓来实现自己的统治，而是让百姓少私寡欲，过朴素的生活。所以，这一句充其量只是低估了人民的能力，而不是"愚民政治"。

对"民"泛泛而论，但没有放在上下关系中论述的有第五十章、第五十三章、第六十四章、第七十四章、第七十五章、第八十章。《老子》第五十章帛书本作"而民之生生，动皆之死地之十有三"①，王弼本改"民"为"人"，曰："人之生动之死地，亦十有三。夫何故？以其生生之厚。"这是泛指人之易死，多是因为妄自给生命增加了太多的东西。这是对"民"的批评。第五十三章曰："大道甚夷，而民好径。"这里看似对"民"的批评，实际上隐含的是对"上"的批评，所以下文曰："朝甚除，田甚芜，仓甚虚。服文彩，带利剑，厌饮食，财货有余，是谓盗夸。非道也

① 高明：《帛书老子校注》，64页。

哉!”这是从反面说明，一个无道的侯王是百姓无道的根源。

人民为什么要“厚其生”，为此连死都不怕呢?《老子》第七十五章曰:“民之饥，以其上食税之多，是以饥。民之难治，以其上之有为，是以难治。民之轻死，以其上求生之厚，是以轻死。”这是因为在上的侯王治理不当，太多苛捐杂税，民不聊生，只能用不好的方式来“求生之厚”。《老子》第七十四章曰:“民不畏死，奈何以死惧之!”到了百姓连死都不畏惧的时候，再用严刑酷法就已经无效了。

如果说上文分析过的“弱其志，强其骨”有愚民的味道，那么《老子》第六十五章更容易引起误解了，其曰:“古之善为道者，非以明民，将以愚之。民之难治，以其智多”。一般人看到的只是“愚之”，而没有看到下文老子的思考:“故以智治国，国之贼;不以智治国，国之福。”“愚”相对的是“智”，这里的“智”不是智慧，而是机巧之心。“民之难治，以其智多”，首先，这句说明了民计较的就是那些蝇头小利，他们没有更长远的目光与更高的见识，这反映了老子对人是有智慧层次的明确划分的。这个划分本身并没有错，在任何时代，人之智慧都是有差别的，在老子的时代，百姓没有读书受教育的机会，所以智慧难以得到开启。其次，老子不仅对人民的“智多”有所批评，而且对以“智”治国的侯王同样持严厉的批评态度。老子归根到底将国家的混乱归咎于统治者的智多。由于人民是被动的，所以有机心的统治者必然带来有机心的人民。这是老子的推理。当然，老子还没有想过即便由最理想的侯王来治理，人民也未必与侯王所期待的步调一致。

河上公注第六十五章曰:“古之善以道治身及治国者，不以道教民明智巧诈也，将以道德教民，使质朴不诈伪。”① “愚”在《老子》这里不是贬义词，“愚之”是让百姓回到无知无欲、无思无虑的混沌状态，这应是生活的原本面貌。王弼注:“明，谓多智巧诈，蔽其朴也。愚，谓无知守真，顺自然也”②，这与老子“复归于朴”(28章)的整体目的与精神是完全一致的。也就是说，这里的“明”不是“明白”的意思，“愚”不是“欺骗”的意思，老子这里的反智是为了让人民复朴，而不是为了榨取百姓的血汗，因此并不是“愚民政治”。

《老子》第六十四章则从一般处理事情的角度提出圣人与人民的不同。

---

① 王卡点校:《老子道德经河上公章句》，254页。

② 楼宇烈校释:《老子道德经注校释》，167页。

其曰："民之从事，常于几成而败之。慎终如始，则无败事。是以圣人欲不欲，不贵难得之货。学不学，复众人之所过。"百姓做事情，常常在快要成功的时候失败了，这是因为百姓不能"慎终如始"。圣人能做到"慎终如始"，是因为他们所欲求的不是人民所欲求的"难得之货"，而是"道"；所学的不是人民所学的一般知识，而是"道"。所以，百姓那里是没有"道"的，因为没有"道"所以会有过错，这过错就在于急于求成，而不能坚持到底。圣人可以帮助人民纠正过错，这是就一般做事而言。

综上所述，《老子》中的百姓（或人民）与道的关系在于：百姓是不知"道"的，百姓的心目中是没有"道"的。百姓依靠侯王的统治来实现自己的生存。侯王是否能效法圣人而实施"无为"，直接决定了百姓的生活质量。侯王的无为之治，目的是让百姓无知无欲、无思无虑、混沌质朴，从而自然而然地生活。如果达到了，百姓即便心中没有道这个观念，也已经过着符合道的生活了。这是老子最大的理想，这一图景就是《老子》第八十章所描述的："甘其食，美其服，安其居，乐其俗。邻国相望，鸡犬之声相闻，民至老死不相往来。"一个好的政治，首要是小国，人口不能太多，武器充备而能防御外侵，老百姓不需要过问政治，享受他们创制的衣物与习俗，和睦相处，安居乐业，这便是符合道的自然生活图景了。

第三节　复朴：符合道的社会

一、道之朴与人之朴

"朴"是老子的人性理想，人们先复性，即回复到质朴的本性，然后才有一个甘美安乐的社会，即小国寡民，由人性理想自然推导出的社会理想。我们先来看道之朴的含义。《老子》中的"朴"字有的是指道，有的是指人，二者密切相联。我们先分析道的"朴"，在《老子》中主要有三章：

> 道常无名，朴虽小，天下莫能臣也。侯王若能守之，万物将自宾。（32 章）
>
> 道常无为而无不为，侯王若能守之，万物将自化。化而欲作，吾将镇之以无名之朴。无名之朴，夫亦将无欲。（37 章）

朴散则为器，圣人用之则为官长。故大制不割。(28 章)

第三十二章“朴虽小”简本作“朴虽微”，意思相近。根据上下文，“朴”是名词，指道。这里是说道虽然微小，但作用很大。微小不是从实体上说的，而是从作用上说，道的作用隐微、不显眼，但至关重要。道“无名”，连名都没有，那就很难被注意到。因此，如侯王能知会此道，以此治国，则万物都能顺应道而自然而然地运行。陈鼓应也指出“‘朴’是指称道”[①]。第三十七章是对这一章的印证，“道常无为而无不为”，上文谈道，下文谈“无名之朴”，朴即指道。帛书本首句不是“道常无为而无不为”，而是“道常无名”[②]，也证明了上述看法。万物有名，因名而显，朴却是无名，无名是最为素朴的状态。以朴指道，而不直言道，其效果是将道的无名凸显出来。朴，不是道的名，而只是指称道，是一个指示词而已。最高的朴是无名的。朴到不显眼、不可见，常常为人们所忽略。

《说文》曰：“朴，木素也。”段玉裁注：“素犹质也。以木为质，未雕饰，如瓦器之坯然。……引伸为不奢之称，凡云简朴是也”[③]。“朴”作名词，是指原本如此、未经雕饰的事物，作形容词则是简朴的意思；“朴”可以指物，也可以指人。未经雕饰的东西，往往是没有进入人的视野或即便在人的视野中，也没有被改变的东西。道，正是这样原本的存在，它不依赖于人的修饰而保持自身，它所起到的作用也不容易被察觉。如何进一步理解“朴”呢？近年出土的文献《亘先》可以提供一些启发，我们从中可以看到朴字的丰富内涵。

亘先无有，朴、虚、静。朴，大朴，静，大静，虚，大虚。……往者未有天地，未有作行，出生虚静。为一若寂，梦梦静同，而未或明，未或滋生。气是自生，亘莫生气，气是自生自作。[④]

陈丽桂认为，“‘亘先’是指‘道’”[⑤]。那么，这里形容“亘先”(即恒先)

---

① 陈鼓应：《老子注译及评介》(修订增补本)，194 页。

② 高明：《帛书老子校注》，421 页。

③ 段玉裁：《说文解字注》，252 页。

④ 李零：《释文考释·亘先》，见马承源主编：《上海博物馆藏战国楚竹书（三）》，288～289 页，上海，上海古籍出版社，2001。

⑤ 陈丽桂：《从出土简帛文献看战国楚道家的道论及其相关问题——以帛书〈道原〉、〈太一生水〉与〈亘先〉为核心》，载《中国文哲研究集刊》，2006 (29)，127 页。

的“朴”同样也可以形容道。此道虽然与老子之道不完全相同，但与作为宇宙本源的道是相通的。因此，可以为我们理解“朴”的含义提供一个比较接近《老子》的看视角度。这里“朴”与“虚”、“静”并提，在意思上也应有相近之处，万物还没产生的时候，只是一片虚静，因此，虚静又用来说明朴的状态。

《老子》第二十五章的“道”与“恒先”一词的所指最为接近。“有物混成，先天地生，寂兮寥兮，独立不改，周行而不殆，可以为天下母”，此混成之物（道）同样是寂寥的，只不过《道原》中的“湿湿梦梦”是对气的描述，而老子很少从气来说明道。混沌的道是一，是完整的存在，从第二十八章“朴散则为器，圣人用之则为官长”也可看出。朴散，即道散，作为整一的道一旦被分割，则落入“器”的层面，圣人得道而能用道，所以可以治理“器”。王弼注：“朴，真也。真散则百行出，殊类生，若器也。”此“真”还不是指万物的真性或人的纯真质地，而是类似于“真气”，表示某种原初的整一未分的气。因此，朴具有无名、虚静、混沌、整一的意思。

综上所述，“朴”在《老子》中首先指的是道，当用“朴”指称道时，朴是名词。朴是无名、虚静、混沌、整一的意思，它代表未有天地之前的原初的、先在的道的特点。但是，老子言“朴”并不只是为了说明道的特点，而是要从道之“朴”过渡到人之“朴”，提出“复归于朴”的观点。王弼注第三十二章曰：

> 道，无形不系，常不可名。以无名为常，故曰“道常无名”也。朴之为物，以无为心也，亦无名。故将得道，莫若守朴。……朴之为物，愦然不偏，近于无有，故曰“莫能臣”也。抱朴无为，不以物累其真，不以欲害其神，则物自宾而道自得也。①

王弼将朴从道的层面解释到人的层面，符合老子的意思。“抱朴”是讲人的道德修养，这种道德并非儒家讲的德性（virtue），而是指人性的质朴状态。

我们再来看人之朴的含义。《老子》中说明人之“朴”的有第十五、十九、二十八、五十七章，根据“朴”所指的具体对象可分为三个层次。

① 楼宇烈校释：《老子道德经注校释》，81页。

“朴”的第一个层次是指“为道者”的心境和状态。其代表是《老子》第十五章：“敦兮其若朴，旷兮其若谷，混兮其若浊。孰能浊以静之徐清？孰能安以久动之徐生?”这种状态是“敦厚朴质”的，“像未经雕琢的素材”[①]，从下文的“旷”、“浊”可看出，为道者是虚怀若谷又混沌若愚的。这与道的虚静、整一的特点完全吻合。这里的朴也是名词，指事物最初的、天然未经雕琢的状态。此处用的都是比喻，对为道者的描述还比较抽象，第二十章则有更为形象的描述，其曰：“我独泊兮其未兆，如婴儿之未孩。儽儽兮若无所归。众人皆有余，而我独若遗。我愚人之心也哉！沌沌兮！”这种人自然而然地生活，没有什么特别的目的和刻意的追求。“俗人昭昭，我独昏昏；俗人察察，我独闷闷。淡兮其若海，飘兮若无止。众人皆有以，而我独顽似鄙。我独异于人，而贵食母。”贵道而遵循道生活的人，与俗人不同。为道之人没有具体目的、目标和企图。他们日出而作，日落而息，食可果腹，衣可御寒即可，没有过多的欲望和要求，也没有世俗功利的计较。那些用心计较的人显得“察察”、一副严苛而精明的样子。[②] 那些自然生活的人看似闷闷，实则处于最真实的生命状态。

为道之人的形象在《庄子》中是“真人”。《大宗师》曰：“古之真人，其寝不梦，其觉无忧，其食不甘，其息深深。……古之真人，不知说生，不知恶死。其出不欣，其入不距。翛然而往，翛然而来而已矣。”这很像练功之人的状态，如果不从气功修炼而从哲理上说，真人体现出的是一种精神境界。真人之所以其寝不梦，其觉无忧，是因为无思无虑，没有计较，没有纷争，没有过多的欲求。但是，这样的人，这样的生存方式是否有意义呢？在老子看来，这样的人生是符合道的，也因此是好的人生。老子重视的是自然、正常、健康的生命状态，重视“身”是为了达到“心”安。因此，他不鼓励任何“身外”的意义和价值标准，譬如金钱、名望甚至美德。从老子来看，这些都已超出了“朴”的范围，违背了最朴素的生活需要。

“朴”的第二个层次是指圣人或侯王所倡导的、百姓所达到的素朴少欲的生活状态。其代表是第十九、五十七章。第十九章曰：“绝圣弃智，民利百倍；绝仁弃义，民复孝慈；绝巧弃利，盗贼无有。……故令有所

---

① 陈鼓应：《老子注译及评介》（修订增补本），119页。

② 参见上书，141页。

属，见素抱朴，少私寡欲。”这是从“欲”的角度提出“朴”。“绝仁弃义”简本作“绝巧弃利”[①]，无论哪一种说法在老子的思想脉络中都能讲得通。圣、智、巧、利以及仁义美德都是人所“追求”的东西，如果鼓励百姓去追求，就会形成竞争、攀比，就会产生不平衡心理和自卑感等负面情绪，如果百姓凭自己的能力达不到，就会出现偷盗、抢夺等恶劣行径。所以，从老子的角度来看，这些都是由于人的欲望被刺激而导致的。此章与《老子》第三章的意思完全吻合，即“不尚贤，使民不争；不贵难得之货，使民不为盗；不见可欲，使民心不乱。是以圣人之治，虚其心，实其腹；弱其志，强其骨。常使民无知无欲，使夫智者不敢为也”。老子所提供的理想社会是“小国寡民”：百姓之间没有矛盾，社会没有纷争，财富没有不均，人心没有不朴。要达到这一点，治理者就不能刻意提倡某些价值原则，不能刺激百姓的欲望，并且在治理上要保证没有贫富差距，百姓才能素朴，国家才能安定。但是，老子并没有提供理想社会的具体形态和治理者的具体措施，譬如如何教育百姓，社会财富如何分配等等。第五十七章曰：“我无为而民自化，我好静而民自正，我无事而民自富，我无欲而民自朴。”这同样是从治理者的角度说的，与第十九章思想一致，故不赘述。

“朴”的第三个层次是老子的人性关怀，指人本来具有并可以回归的素朴本性。这一点尤其值得讨论和重视。主要代表是第二十八章：“知其雄，守其雌，为天下溪。为天下溪，常德不离，复归于婴儿。知其白，守其黑，为天下式。为天下式，常德不忒，复归于无极。知其荣，守其辱，为天下谷。为天下谷，常德乃足，复归于朴。”老子在此提出了复归于婴儿、无极、朴的状态。既言“复归”，就说明人性原本是这样的，因为各种原因而改变了。也就是说，老子预设人性原本是素朴的。这当然不是历史意义上的，老子并没有举上古之民如何的例子，而是伦理学意义上的，他认为人性原本是素朴的，人要做的是回归这样的素朴之性。他以未经修饰的婴儿来说明人的素朴状态是什么样子。老子不从善恶来谈人性，而从“朴”来谈，这是他的特别之处。刘笑敢指出“道家的人性观认为人之本性天然就是值得尊重、保护和发展的，其宝贵之处不在于它有任何道德价值或后天获得的品格、地位。这种人性观或许可以称之为性超善恶论”[②]，揭示了《老子》所隐含的对人性的看法，这是值得继续

① 丁原植：《郭店竹简老子释析与研究》，5 页。
② 刘笑敢：《诠释与定向》，343 页。

探讨的。

二、复归于朴

那么，"人性本朴"的思想有多大的说服力？从"婴儿"这个比喻来看，似乎有一定道理。婴儿只有天然的、最基本的欲望，饥则食，困则眠，而没有"被刺激出来的多余的欲望"。一个吃饱了的婴儿，即使给他再好的食物，他也不想吃。但婴儿毕竟没有充分社会化，很难以此证明人性如何。根据老子的"有无二向"的思维，有朴，就有不朴，也就是多欲，此二者应该是同时存在于人性之中的，人就在既渴望保持质朴又不自觉走向浮华的起起伏伏中寻找着道。人性不是静态的、单一的、不变的，与植物、动物不同。植物、动物不存在受外来的刺激和诱惑的问题。植物天生的样子不会因人而改变（强制性的改变除外），也不会取悦于人。动物同样如此，在吃饱了的时候，身边即使出现猎物，大多数动物会忽略掉。但人就不同了，人性是动态的、可变的，人的本性中就包括了被诱惑、被刺激的巨大可能，一旦婴儿长大有分辨意识，他就会被诱惑，即使在吃饱了的情况下，也会对美味动心。也就是说，人性不能从婴儿去看，还没有分辨能力的婴儿不能代表现实的、社会化的人的状态，婴儿还在成长的过程之中，还不具备人的完整的心理结构。因此，很难说他的人性就是朴的。

老子未必不知道这个道理，他为什么还要提出"复归于朴"呢？人能回归到何处呢？这还要从"欲"去看，老子对人"欲"的洞察非常深刻，从中可以看出他对现实和人性的关怀。人不可能没有欲望，但过多的欲望会伤害人的本性，妨碍人的行为。所以，"朴"在《老子》中既是实然的对人性的描述，也是应然的对人性的规约。《老子》曰：

> 五色令人目盲，五音令人耳聋，五味令人口爽，驰骋畋猎令人心发狂，难得之货令人行妨。是以圣人为腹不为目，故去彼取此。（12 章）

五色、五音、五味、驰骋田猎都是指过多的欲望。最有意味的是"难得之货"，"难得之货"是"稀有货品"①，人想得到而得不到，因此人的本性就会改变。"难得之货"在今天所包括的范围更大，信息时代，各种刺激

① 陈鼓应：《老子注译及评介》（修订增补本），106 页。

无孔不入，人更容易遇到想要拥有一些东西而又无力拥有的苦境，因此攀比心、嫉妒心、自卑心、不平衡心就很容易产生，其行为就容易违背道德、违反法律。老子之所以如此生动而又深刻地谈“欲”，正是看到了人性的弱点，这是人偏离了原有的素朴人性的重要原因之一。欲既是人需要的，它可以带来快乐，但同时也是人最难以控制的部分。人靠什么来抵制被刺激起来的更多欲望呢？老子说“知其雄，守其雌”、“知其白，守其黑”、“知其荣，守其辱”（28 章），雄、白、荣这些代表正面价值的一面一旦被过分抬高，就会物极必反，成为刺激人们去追求并产生纷争的东西。人应该看到它的反面，守住雌、黑、辱的一面，这才是抵制刺激、保持素朴的途径。这是知性的理解，而不仅仅是工夫的修炼。

因此，老子提出“朴”这个观念目的是很正确的。其目的不在谈论人性本身，而在于让人对欲有充分的重视，对如何节制欲有所省思。针对“欲”而提出的人性假设，表达的是一种道家式人性理想，它不具有实然的意义，而更像是“方向性概念”或“极限概念”①。人之素朴的本性符合道，因为道的特点之一就是朴。老子其实是从“道之朴”过渡到“人之朴”。人对宇宙自生、自化的法则理解得越深刻，越容易回到素朴本性；越是保持素朴本性，就越能体会道。因此，老子提出道的落脚点就在“朴”上，指引人回到素朴的本性才是他的目的。只不过他不是从百姓的角度去谈，而主要从圣人、侯王如何治理的角度去谈。

老子根据人对道的不同领会对人作出了明确的层次划分。《老子》第四十一章曰：“上士闻道，勤而行之；中士闻道，若存若亡；下士闻道，大笑之，不笑不足以为道”，老子将人分作上士、中士、下士三个不同的境界层次。在《老子》文本中可以对应以下三章：

> 众人熙熙，如享太牢，如春登台。我独泊兮其未兆，如婴儿之未

① “方向性概念”、“极限概念”是援引劳思光的说法，他曾在回应唐君毅、牟宗三关于“圆教”的问题时，指出类似“完美（perfection）这个概念，本身是一个极限概念（limited concept），不是目标概念（goal concept），不是具体的目标，而是一种方向，是极限的意义。……我们讲的‘至善’、‘圆善’都是极限概念，只有定方向的功能。就认知的活动来讲，从形式的方面来看，我们不可能有一个最后的具体的完整的‘圆’，唐先生、牟先生在这一点上多少都受佛教的影响”，见于劳思光先生 2009 年 5 月 18 日在“纪念唐君毅冥诞百年会议主题演讲”上对李瑞全教授提问的回应。我们也可以说，老子的“复性”理想，回到“朴”的说法同样是为了“定方向”的目的，未必是能实现的，但它代表着一种人性的方向。

> 孩，儽儽兮若无所归。众人皆有余，而我独若遗。我愚人之心也哉！沌沌兮！俗人昭昭，我独昏昏；俗人察察，我独闷闷。(20 章)
>
> 古之善为士［道］者，微妙玄通，深不可识。……涣兮若冰之将释，敦兮其若朴，旷兮其若谷，混兮其若浊。(15 章)
>
> 知其雄，守其雌，为天下溪。为天下溪，常德不离，复归于婴儿。……知其荣，守其辱，为天下谷。为天下谷，常德乃足，复归于朴。(28 章)

其中众人或俗人的层次是最低的，王弼注曰："众人迷于美进，惑于荣利，欲进心竞"，"众人无不有怀有志，盈溢胸心"①，俗人"耀其光"，而老子主张的是"光而不耀"(58 章)。众人或俗人具有的是功利心，他们并没有体会老子的道。第二个层次是开始有意识地"为道"，当然老子列举的不是初习者，而是"善为道"者，即已经达到了很高层次的为道之人，这些人近乎道，"若朴"、"如婴儿"，但还没有完全达到朴、婴儿的状态。最高的层次则是已经完全领会了道，故能持守本性，这时的人已经回归到素朴的本性。

这三层境界是在周文化衰落而儒家的仁义礼智等道德规范也不足以治天下的情况下提出的。《老子》第三十八章曰："故失道而后德，失德而后仁，失仁而后义，失义而后礼。夫礼者，忠信之薄而乱之首。前识者，道之华而愚之始。"他认为天地之间原本自然而然、自生自化的运作方式被破坏了，才有"德"的问题，当"德"也不足以救世的时候，才有了"仁义礼智"等道德规范，这些在老子看来都是道之"华"，而不是道之"朴"。

这是一个与当代生活联系密切的问题。当代中国，一方面自清代始，传统文化走向衰落，加上五四新文化运动时期的猛烈批判，"文化大革命"时期的人为破坏，传统文化被误读、遗忘甚至扭曲；另一方面，工业化、现代化急速发展，追求物质、娱乐、享受已成为众人较为普遍的价值倾向。道德水平急速下降，消费主义盛行，人更容易被各种物质利益所诱惑，"难得之货"被媒体放大，众人的价值观被媒体左右，老百姓看到的是他们可能一辈子都买不起的东西、过不上的生活。因为那些成功人士被放大，年轻人的价值观被单一化为某一类型的"成功"而忽视了自己内心真正的需要。当他们失败时，会特别缺乏承受能力。在"娱乐至死"的时代，我们

---

① 楼宇烈校释：《老子道德经注校释》，46～47 页。

需要阅读“失败之书”①，而不应该一切为了向前、向上、向高、向远、向多而迷失了我们的本性，高估了我们的能力。这个信息时代、消费时代、商品经济时代、工具理性与实用主义时代，刺激欲望才能刺激消费，刺激消费才能牟取利益，这是无法避免的“进步”逻辑，但却破坏了人的充满意义感的诗意的生存生态。所以，老子对人性的关怀在今天仍有重大意义。老子的境界层次对应于当下生存，可表示如下：

《老子》中的人生形态及其衍生图

《老子》人生形态	代表人物	人格特点	思想衍生及代表	当下体现	价值取向
第一层	众人（20章）	俗	道家人性批判（庄子）	娱乐的生活	意思
第二层	为道者（15章）	愚②	道家创作风格（陶渊明）	艺术的生活	意蕴
第三层	体道者（28章）	朴	道家人生境界（陶渊明）	素朴的生活	意义

《老子》呈现了不同人生形态和人格特点，文字简约，为我们提供了继续诠释的可能。本书认为，由老子发展出来的首先是以庄子为代表的人性批判和以陶渊明为代表的艺术风格、人格境界。

老子对众人或俗人没有明确地提出批判，而重在表明“我”与众人或俗人的不同，但毫无疑问流露出了对众人或俗人的价值取向的否定态度。庄子则更犀利，也更彻底。他对汲汲功名的众人或俗人的剖析更为细致、深刻，上升到了人性之异化的层面，并扩大了这一类人的范围。功利皆是外物，外物皆伤本性。《庄子·骈拇》曰：“自三代以下者，天下莫不以物

---

① 参考尼尔·波兹曼（Neil Postman）著，章艳、吴燕莛译：《娱乐至死》，桂林，广西师范大学出版社，2009；北岛：《失败之书》，汕头，汕头大学出版社，2004。

② 《老子》曰：“我愚人之心也哉”，“愚”是老子推崇的一种人格特点，而非“愚蠢”的意思。“愚”是没有功利计较，看似糊涂，其实内心有自己的价值标准的状态。老子所说的愚人，更注重对道的体会而不注重现实的利益。愚，已经非常接近第三个层次所讲的“朴”，是非常高的境界。陈鼓应注曰：“‘愚’是一种淳朴、真质的状态。老子自己以‘愚人’为最高修养的生活境界。”（陈鼓应：《老子注译及评介》（修订增补本），144页）如果这里作两个层次的划分，分为“俗”与“愚”，那“愚”可以看做最高的修养境界，但笔者认为作三个层次的划分更好，这样可对应老子所说的上士、中士、下士三个层次。“复归”的思想应该是老子的立足点，所以笔者将“朴”理解为最高的境界。另外，“顽”与“鄙”更近似儿童，当还没有达到婴儿的境界，这里的“我”所达到的境界也就不能列为最高。从严格意义上讲，最高的境界不是“善为道者”（我），而是能体道的“圣人”。

易其性矣！小人则以身殉利；士则以身殉名；大夫则以身殉家；圣人则以身殉天下。”庄子从老子所列举的众人或俗人进一步衍生出所有伤身害性之人，即便是为家、为国、为天下而“牺牲”，都是他所批判的对象。

道家所影响的艺术创作风格多重虚静、留白，整体意境恬淡悠闲，以陶渊明的田园诗为代表。道家艺术的创作主体，也都具有几分“痴愚”，不与世俗同流合污，而与布衣志同道合。陶渊明隐居田园，读书“不求甚解”、“欣然忘食”（《五柳先生传》），与农人“相思则披衣，言笑无厌时”（《移居》其二），正体现了这样的率性痴愚。有此精神与人格，才能写出自然、素朴、恬淡的田园诗歌。道家的境界主要是指生活方式和人格修养上的，仍以陶渊明为代表。他辞官隐居，不求名利、不与世俗，具有高洁的精神境界。

《老子》第十六章曰：“夫物芸芸，各复归其根。归根曰静，静曰复命。复命曰常，知常曰明。”人回归到素朴的本性，不是什么超越性，而恰恰是“常态”，而当人处于常态的时候，人就感觉不到道了。这是非常深刻的现象。譬如呼吸，有谁会注意到自己的呼吸呢？不会，因为它自然而然地符合道。又如穿鞋子，当鞋子合脚的时候，我们感受不到鞋子的存在，即庄子说的“忘足，履之适也”（《达生》）。素朴的本性同样如此，人回到了素朴，道反而就隐藏起来，也没有人去求道了，也不需要遍地“圣人”了。

三、甘美安乐的生活气象

老子的社会理想非常完整地表达于第八十章，如果侯王遵循了“道”，顺应了“自然”，实施了“无为”，那么整个国家的政治格局与生活气象应该是这样的：

> 小国寡民，使有什伯之器而不用，使民重死而不远徙。
> 虽有舟舆，无所乘之；虽有甲兵，无所陈之；
> 使人复结绳而用之。甘其食，美其服，安其居，乐其俗。
> 邻国相望，鸡犬之声相闻，民至老死不相往来。

这一段常常被误读为历史的退步，事实上，即便今天也没有实现“甘其食，美其服，安其居，乐其俗”的生存理想。这一段分成四句来引用，代表四个要点，一是像治理人口少的“小国”那样治理大国，而不需要另外一套庞大复杂的政治体制；二是国家要有一定的武器装备和交通设施，但目的在守而不在攻，在预防而不在出击；三是百姓要回到简朴的生活方式，生活简单，没有复杂的事务需要操持，饮食起居是自然的、舒适的、审美的、群体的、有人情味的；四是和其它国靠得很近，但自给自足，不需要依赖邻国。

从第一点来看，老子说的“小国寡民”并不是从字面上所理解的国家小、人口少的意思，而恰恰是说大国。老子的思想并不受国家规模大小的限制，否则他在思辨层面所讲的普遍的“道”或者说整个道篇就毫无意义了，讲“圣人”与“无为”也就大打折扣了。老子关切的是大国，而不是小国，对老子来说，大国要以小国的谦卑来治理，才能成就大国的地位。《老子》第六十章曰：“治大国若烹小鲜”，治理大国与治理小国是一个道理，所以老子举小国之例来说罢了。河上公注：“圣人虽治理大国，犹以为小，俭约不奢泰。民虽众，犹若寡少，不敢劳之也。”[①] 王弼注：“国既小，民又寡，尚可使反古，况国大民众乎！故举小国言也。”[②] 河上公、王弼的注也都与今天所理解的“小国寡民”的字面义不同，而都符合第六十章的意思。从《老子》整体来看，老子关心的恰恰是大国应该如何做，而不是小国。如第六十一章曰：“大国者下流。天下之交，天下之牝。牝常以静胜牡，以静为下。故大国以下小国，则取小国；小国以下大国，则取大国。故或下以取，或下而取。大国不过欲兼畜人，小国不过欲入事人，夫两者各得所欲，大者宜为下。”作为大国，应该守静、宽容、谦虚，让天下归往。“大者宜为下”非常准确地传达了大国不应该高高在上，威胁他国，而恰恰应该有“小国”的谦卑与危机感。第三十四章曰：“大道泛兮，其可左右。万物恃之以生而不辞，功成不名有，衣养万物而不为主。常无欲，可名于小；万物归焉而不为主，可名为大。以其终不自为大，故能成其大。”更是指明，大国不以为大，反而能成就其大。如果理解老子这种一贯的“正言若反”的方式，就不会误解老子的“小国寡民”。

从第二点来看，老子提出的“虽有舟舆，无所乘之；虽有甲兵，无所陈之”，是既先进又人道的处理邦国关系的观点。先进的交通工具与战争设备“有而不用”，既可以达到预防别国侵略的目的，又宣告了一种和平的理念。如果没有，那是落后与保守，有而不用，则是一种建立在自我保

① 王卡点校：《老子道德经河上公章句》，303 页。

② 楼宇烈校释：《老子道德经注校释》，190 页。

护基础上的机智而博大的人道主义思想。此与老子一贯的反战思想完全吻合。《老子》第三十一章曰：

> 兵者，不祥之器，非君子之器。不得已而用之，恬淡为上，胜而不美。而美之者，是乐杀人。夫乐杀人者，则不可以得志于天下矣。吉事尚左，凶事尚右。偏将军居左，上将军居右，言以丧礼处之。杀人之众，以哀悲泣之。战胜，以丧礼处之。

这正是出于他对所见的大国耀武扬威、兵器显赫、征战不断的反思才能写出的。崇尚兵器与战争是不祥的，君子之所不为也。作为大国，应该守住“恬淡”，即便迫不得已需要战争，也不以战胜为荣，否则只会滋长个人的权力欲与虚荣心。老子提出“杀人之众，以哀悲泣之。战胜，以丧礼处之”，更是反其道而行之，表达其“反战”的思想，显示出极其博大的人道主义精神。但老子不反对具备这些武器，因为这样才能起到防御的作用，震慑的作用，保护自己的国民。所以，有而不用的思想是有深刻的考量的，没有任何可以批评之处。

从第三点来看，“复结绳而记之”的“复”是“回到”的意思，与“复归于朴”（28 章），“静曰复命”（16 章）的意思同。“复”又有“反复”义，指不断地回到，“复结绳而记之”意味着返回一种简单质朴的生活，而不是指回到原始社会。老子没有幼稚到忽视历史发展的现实，在早已不是结绳记事的春秋时代主张回到原始社会。我们必须用动态的思维去看待富有动态特质的老子的思想。“回到”（复）意味着在发展的过程中，要知“返”，知“退”，这样才能不断地“行”，不断地“进”。对待任何事情都不能极端地发展下去，线性地发展下去，而应该如天道运行一样在不断往复中达到长久。这也就是《老子》第三十二章所讲的“知止可以不殆”。

从第四点来看，“甘、美、安、乐”不是原始社会，而是一个社会达到完美、和谐时才能具备的生存气象。甘其食之“甘”是保持了原生态的味觉，吃着原生态的食物，生活是有新鲜感的、有滋有味的。“美”是充实之“美”，是自以为是的“美”，穿手工做的衣服，人人都可以轻易实现私人订制。这样的美不取决于外在的标准。这与《老子》第二章说的“皆知美之为美，斯恶已”是相通的。一旦有“美”的标准，人们所穿的衣服就趋向一致了，因为“复制”能带来利益，衣服趋同，也就无美可言了，就像今天遍地都是穿牛仔裤一样，就会发现少数民族的衣服很美，因为它们独特，很少被复制。河上公注："美其恶服，不贵五色"①，是完全读懂了《老子》，完全符合老子的反向思维。看起来是"恶"的衣服，不好看的衣服，恰恰是最舒服的衣服，"五色"之衣是适应外在的审美标准，穿给别人看的，对自己来说未必舒服。所以《老子》第七十章说："圣人被褐怀玉"，"褐"是"黑色短衣"，这里指"普通人的衣服"②，因为圣人不求衣食之美，而求道德之深。因此，"美其服"之"美"意味着独特、简单、舒服与素朴之德。这正是《老子》全书所主张的。在今天全球化、工业化的社会，这样"私人订制"的手工衣服反而是极少数极富之人才能拥有的一种享受。所以，老子"美其服"的理想根本无退步之意。

"安其居，乐其俗"就是更高的生存状态了。"安其居"贵在"安"字，而不在"居"字。"安"需要的不仅是温饱的满足，还需要内心的安全感。在经济急速发展的今天，物质极大丰富，但精神极度空虚，道德急速败坏，社会保障落后，钱随时都有可能贬值，金融有风险，加上因为饮食的不自然，各种疾病增长，城市人口聚集，环境严重破坏，房价进入非理性等等，人们反而无论在有形的房屋上，还是无形的心理之屋上都缺乏安全感。"乐其俗"之"乐"在于"俗"，"俗"是人们共享的有时间性的文化习俗，它能将所有人聚集在一起而普天同庆。其最重要的体现就在于"节日"。但是今天，"节日"成为"消费"的代名词，已经失去了时间性、文化传统和人们相聚在一起的氤氲之气、和谐之气，因此是没有生机的，没有气象的。张祥龙在《中国的节日在哪里》一文中深刻地分析了"节日"现象，他说：

> "节（節）"在中文里的原意是"竹节"③，含有"[两段竹子] 相交"和"界限"之义。所以，就有"节气"、"节奏"、"符节"、"礼节"、"大节"、"名节"、"节俭"、"节度"等词语。从这两个基本含

① 王卡点校：《老子道德经河上公章句》，304页。

② 楼宇烈校释：《老子道德经注校释》，177页。

③ 高树藩：《中文形音义综合大字典》，1253页，北京，中华书局，1998。《说文》曰："节，竹约也。"段注："约，缠束也"（段玉裁：《说文解字注》，189页）所以，张祥龙认为节日是节节攀升又相互缠绕的日子，特别能表现出节日本来具有的时间性（节节攀升，像竹子一样）和氤氲性（或阴阳境域性，相互缠绕）。

> 义，衍生出了其他的一些意思，其中较重要的有："命运"①、"和合"与"习俗之佳日"。……"令节三秋晚，重阳九日欢"（宋之问：《九日》）；"独在异乡为异客，每逢佳节倍思亲"（王维：《九月九日忆山东兄弟》）。为什么是"令节"和"佳节"呢？因为天地阴阳时气在此交和，形成了时令的节奏，所以"令节"即意味着"美好的节日"，又意味着"时机化了的、时令化了的日子"。②

老子的"乐其俗"很大程度上是"乐"在民俗中的"节日"上。在盼望节日、经历节日、回味节日的过程中感受到时间本身带来的韵味，而时间就是生命的本质。生命在时间感中绽露出新鲜感与亲切感。百姓在节日欢聚的当下，也能体会到其乐融融的安宁感与幸福感。

因此，从以上四个方面来看，老子小国寡民的社会理想既不是"乌托邦"，也不是历史的"倒退"，而是把他关于道、自然、无为的思辨性的概念落实到社会的生活图景，是最为合理、完善的甘、美、安、乐的社会。这样的社会在历史上某些短暂的阶段确实有过，但却随着工业进程的加剧而消失殆尽。它留给我们的反思是巨大的。

第四节　不仁：符合道的德③

儒家谈"仁"为人熟知，道家关于仁的思想也非常丰富，且争议很多。《老子》中提到"仁"的有五章，尤以"绝仁弃义"的观点多为后世诟病，被认为是对儒家仁义思想的批评，并导致了伦理道德上的虚无主义。即便今天出土简本中写作"绝伪弃虑"，也因帛书、通行本的长期影响以及老庄后学对儒家的猛烈批判而没有改变人们对老子"反动"思想的印象或疑虑。老子的"仁"其实是个复杂的概念，在不同语境中有不同的含义。老子一方面主张"天地不仁"，一方面主张"天道无亲，常与善

---

① 《荀子·天论》："楚王后车千乘，非知也；君子啜菽饮水，非愚也；是节然也。"注曰："节，谓所遇之时命也。"此为张祥龙原注。见王先谦撰，沈啸寰、王星贤点校：《荀子集解》，312页，北京，中华书局，2010。

② 张祥龙：《思想避难：全球化中的中国古代哲理》，49页。

③ 本节参考了拙文《老子仁观的四个层面及其现实性反思》，载《中原文化研究》，2013（3），45～52页。

人”，若“不仁”果真是“不仁爱”这么简单的字面意思，那这两句不是相互矛盾吗？所以，我们首先要厘清老子关于“仁”的几个观念的含义。

一、仁的四个含义

《老子》中明确提到“仁”的共有五处，分别是第五章、第八章、第十八章、第十九章、第三十八章，可以根据其含义的不同自上而下分为：不仁、上仁、慈仁与伪仁。“不仁”奠定了“仁”之基础，如同“无”为“有”之根本；“上仁”是不露痕迹、自然而然而普惠万物的德行，这是老子的道德理想；“慈仁”是与人为善、施不求报、不与人争、柔弱如水的上善修为，这是对普通人的道德期望；“伪仁”则是动用智巧、有意为之而失其真诚的虚伪之德，是老子批评的对象，也传达了老子对现实的失望。这四个层面概括了人之德性选择的几种可能。下面逐一分析之。

1. 不仁

《老子》第五章曰：“天地不仁，以万物为刍狗；圣人不仁，以百姓为刍狗。”王弼注：“天地任自然，无为无造，万物自相治理，故不仁也。”① 不仁，不是字面上的“不仁爱”的意思，而是“不作仁还是不仁的区分”。“不仁”是从“道”的高度来说的，因此与老子说的“天道无亲，常与善人”（79 章）是不矛盾的。“不仁”之仁，其主语不是普通人，而是道、圣人，老子之所以没有用“天地无为”或“天地自然”，而用了“天地不仁”，显然是针对当时的倡仁主流，强调不需要具体施为、繁琐礼制、纲目道德就能使万物自仁，从而提示侯王要学习圣人、效法天道，尊重万物的本性。圣人是法天道者，不用推行“仁”而万物就能自相治理。如第五十七章所言：“我无为而民自化。”可见，“不仁”没有任何具体的规定性而具有形上意味，但它有一个最高的规定性——“自然”。

“不仁”是为了公允，可以称为“大仁”。河上公注：“天施地化，不以仁恩”②，“仁”是施恩、爱人、爱物。但老子以天地为例，说明天地的造化是公允的，对待万物一视同仁，没有偏私。王弼注：“造立施化，则物失其真。有恩有为，则物不具存。”③ 一旦天地有偏私，万物就因得的仁爱多少不同而变得参差不齐、失其本性，更有甚者，有的生物会因为其

① 楼宇烈校释：《老子道德经注校释》，13 页。
② 王卡点校：《老子道德经河上公章句》，18 页。
③ 楼宇烈校释：《老子道德经注校释》，13 页。

它生物的“得宠”而消亡，大自然的规律因此而被破坏。引申到人文世界，既讲“仁”，就必然有“不仁”，既刻意施仁，就必有不周。如王弼《老子指略》所说：“既知不仁为不仁，未知仁之为不仁也”①，不以仁为仁，才能得全仁。以仁为仁，则仁必有厚此薄彼之嫌。所以，“不仁”不是“仁”的反义词，而是“仁”的根基。“不仁”不是没有仁爱之心，而是没有偏爱之心。这是老子眼中仁的最高境界。

《庄子·齐物论》曰：“夫大道不称，大辩不言，大仁不仁。”庄子的“大仁”契合了老子之不仁之仁，故可以借用庄子的“大仁”来描述老子之仁的第一层。“大仁”与“大道”一样，都是没有偏私的形上规范。郭象曰：“常爱必不周”②，也是看到了“大仁”周遍万物、不偏不倚之特性。老子之“不仁”以否定的形式确立了“仁”之最高规范，正如以“自然”给“道”定性。所以，“不仁”不是不仁爱，也不是反对仁爱，而是使仁公允无偏、公正无私。它看似没有法则，没有规范，没有道德内容，其实是以“道”为法则、以“道”为规范的最高道德理念，它超出了主客对照的关系，归根到底是先天的自然法则，而不是人为的仁爱道德。丁原植认为“天地不仁”即“天地，或自然的运作，并不涉及人所标显的价值”，“‘圣人’之为人，是要复返于人文创造之始源的自然运作之中，以映照‘天地’之自然”③。

2. 上仁

《老子》第三十八章是全书的关键，揭示了老子的道德序列，曰：“上仁为之而无以为，上义为之而有以为，上礼为之而莫之应，则攘臂而扔之。故失道而后德，失德而后仁，失仁而后义，失义而后礼。”与“大仁”的纯任自然相比，“上仁”是有为的，只不过为得高明，显得无所为。在“道——德——仁——义——礼”的序列中，“仁”在道、德之后，是道德沦丧的产物，也是老子批评的对象。在春秋末年，“仁”的观念已经流行，但老子看到，仁的大肆推行容易导致仁的虚伪。《老子》第二章曰：“天下皆知美之为美，斯恶已”，从这一正反思维出发，我们可以理解老子为什么反对推行“仁”，即当侯王推行仁时，已经意味着仁的堕落。王弼注曰：“不能无为，而贵博施；不能博施，而贵正直；不能正直，而贵饰敬。”④

① 楼宇烈校释：《老子道德经注校释》，199 页。
② 郭象注，成玄英疏：《南华真经注疏》，46 页。
③ 丁原植：《郭店竹简老子释析与研究》，17 页。
④ 楼宇烈校释：《老子道德经注校释》，94 页。

可见，第三十八章的“仁”是“博施”的意思，不能等同于以孔孟为代表的原始儒家提出的发于本心、根于恻隐、体于孝慈的原本的“仁”，因此不能简单地说老子是针对原始儒家而提出的批评。事实上，老子更关注的是这个道德秩序的层层堕落及其回溯的可能。“仁”只是这个道德序列中的中间环节而已。丁原植也认为，第三十八章只是说明“在人文建构发展中，由始源根基所发生的递减衰落程序。因此，它们并非如道家后学一些学派中对‘仁义’的激烈批判”①。

老子这个道德序列是建立在宇宙论的基础上的，后来庄子有类似的描述，即“有以为未始有物者，至矣，尽矣，不可以加矣。其次以为有物矣，而未始有封也。其次以为有封焉，而未始有是非也。是非之彰也，道之所以亏也。道之所以亏，爱之所以成”（《齐物论》）。郭象注：“道亏则情有所偏而爱有所成”②。“仁”是社会失“道”的产物，在老子看来其本为救世，实为扰世。老子提出“上仁”，是希望回归到大道未亏、玄德未离的淳朴之世。

3. 慈仁

《老子》第八章曰：“居善地，心善渊，与善仁，言善信，正善治，事善能，动善时。”其中“与善仁”帛书本作“予善天”，高明认为，“‘予善天’，犹言水施惠万物而功遂身退好如天。……‘渊’、‘天’、‘信’皆真部字，谐韵”③。这在意思上其实有些牵强，这七个短语中其它六个都涉及居处动作等具体事务，而“天”是形上“天道”层面，与上下文语境有些不合。再者，高明认为应从帛书本作“天”，主要根据在于“仁”是“儒家崇尚的行为，而道家视‘仁’乃有为之表现，故甚藐视”④。这可能是受通行本《老子》第十九章“绝仁弃义”的影响。其实他没有厘清老子绝的是什么仁，弃的是什么义，绝仁弃义的目的是什么，即没有从老子的思想系统出发来厘定一个概念的含义。况且，同一个语词在不同语境中的含义是不同的，正如《老子》中“道可道”的“道”与“天之道”的“道”含义不同一样。

王弼、河上公作“仁”，傅奕本作“人”，“人”与“仁”古通。不能因为帛书本的出现就否认流传多年的通行本，如果“与善仁”与“绝仁弃义”真的矛盾，以王弼的思辨能力，他不会发现不了的。通行本“与善

① 丁原植：《郭店竹简老子释析与研究》，17页。

② 郭象注，成玄英疏：《南华真经注疏》，39页。

③ 高明：《帛书老子校注》，256～257页。

④ 同上书，256页。

仁”有两种解释，一是以河上公、王弼、苏辙与范应元为代表，将其与其它六个短语都看作上善若水之品德的表现，如河上公曰：“万物得水以生，与虚不与盈也”①，苏辙曰：“利泽万物，施而不求报。”② 范应元曰：“称物平施”③。二是以吴澄、魏源为代表，认为“七者之善皆择取众人之所好者为善，可谓善而非上善也”④。“与善仁”不是上善之人的不争之德，而是“众人”的普通德行。这一说法并不准确，因为根据上下文语境及老子的行文习惯，如果主语要切换为“众人”，“居善地”前会直接添加主语或至少暗示隐藏的主语。“众人”、“俗人”在第二十章都用过，但这里没有用，说明主语更有可能承上而为上善之人。更重要的是，七个短语之后，老子又言“夫唯不争，故无尤”，显然是对“不争”的七个具体表现的总结并说明其好处。

综上所述，这里取“与善仁”之版本与河上公、王弼、苏辙及范应元之解释，他们的解释更为合理。“与善仁”是“上善”之德的一个表现，即施爱不求回报。这里的“仁”是在普通意义上使用。《说文》曰：“仁，亲也，从人二。古文仁，从千心。”⑤ “仁”取本义，也就是与人亲和，这种亲和是没有任何功利的。这相当于《老子》第六十七章的“三宝”之一“慈”。慈仁的最终根据仍在道。《老子》第五十一章指出道的尊贵在于“生而不有，为而不恃，长而不宰”之玄德。玄德在人身上的表现即“慈仁”。因此，本书将“与善仁”的“仁”称为“慈仁”。这是老子仁观的重要层面之一，但常被认为与“绝仁弃义”矛盾而被忽视。

4. 伪仁

《老子》第十八章曰：“大道废，有仁义；慧智出，有大伪；六亲不和，有孝慈；国家昏乱，有忠臣。”仁义是失道后的产物。伪，是智巧的产物。该章揭示了当时的社会背景，伦理混乱，家不家，国不国，所以忠孝观念才产生。由此推知，仁义也必伴随着智巧的运用而伪。第十九章通行本曰：“绝圣弃智，民利百倍；绝仁弃义，民复孝慈”，上文批评圣人与巧智，那么下文的“绝仁弃义”所绝的也应该是假仁假义，其目的是要回到“道”。

---

① 王卡点校：《老子道德经河上公章句》，29 页。
② 苏辙：《道德真经注》，8 页。
③ 范应元：《老子道德经古本集注》，14 页。
④ 吴澄：《道德真经吴澄注》，10～11 页。
⑤ 段玉裁：《说文解字注》，365 页。

郭店简本第十九章没有“绝仁弃义”四个字，而是写作“绝伪弃诈”[①]。陈鼓应认为这可能是“受到庄子后学激烈批评派思想影响所致”[②]，如《胠箧》有“攘弃仁义”之说。简本固然能说明老子并没有激烈的反仁义的言论，但我们也要看到王弼通行本的“绝仁弃义”也不是不可理解的。精通经学的王弼并没有惊讶于这句看似反动的话，也没有认为这句话是专门针对儒家的，他的注解客观而理性，曰：“圣智，才之善也；仁义，人之善也；巧利，用之善也。……属之于素朴寡欲。”[③] 他既没有刻意为老子辩护，也没有接着对老子进行激烈的批判，而是遵循老子对“多欲”的批评。这同时也暗示仁义也是人心不古、欲望过多的产物。提倡素朴寡欲，目的是回到上仁的无为之德和大仁的公允之道。

可见，老子之“仁”的这四个层面由高到低，相互关联，自成系统。可以总结如下：

“大仁”是天道，是大德，是最高的仁，它的主语是天地、圣人。老子主张“人法地，地法天，天法道，道法自然”，天地之德体现天道自然的法则，不是具体的德目，而是让人效法的无形之法。其践行者圣人是侯王以及普通人效法的对象，这个对象是虚拟的，但具有榜样的作用。

“上仁”是理想，是无为之德，它的主语主要是侯王。侯王效法圣人而懂得无为，无为而无不为。在“仁”的践行上表现为不刻意做出仁爱的举动、不标举仁爱的大旗，而是遵循万物的本性，辅助万物的成长，即第六十四章所言：“以辅万物之自然，而不敢为。”这对万物而言是真正的仁。

“慈仁”是修养，是施不求报、柔弱不争之德，它的主语是普通人、众人。如果侯王能够做到“上仁”，将圣人遵循天道的无为精神在现实中加以贯彻，则最终会“使民无知无欲，使夫智者不敢为也”（3章）。智者不敢为，也就没有“大伪”出现了。这里的“慈仁”是发自内心的处事原则，柔弱如水又充满韧性，对自己的心灵平和与对他人的随遇施恩都是自然而然的。

“伪仁”是时弊，是有修饰的、伪饰甚至虚伪的仁，它的主语是境界不高甚至不道德的当权者或伪君子。这些都是春秋末年礼乐崩坏、道德堕

① 李零：《郭店楚简校读记》，5页。

② 陈鼓应：《老子注译及评介》（修订增补本），134页。

③ 楼宇烈校释：《老子道德经注校释》，45页。

落的不同程度的表现。这是老子所要批评的。

二、"绝仁弃义"辨析

在老子"仁"观中，"绝仁弃义"的思想历来遭受的批评最多，尤其是站在儒家的角度或有儒学背景的学者可能对之极为敏感。简本出土后因为没有这四个字，道家学者纷纷为此辩护，例如，陈鼓应根据简本对通行本经文作了更改，直接改为"绝伪弃诈"①。上文梳理"伪仁"时作了文献上的论证，这里需要从思想上对"绝仁"的合理性再作辩护。

事实上，如果我们能认清老子所批评的"仁义"是伪仁义，并且理解老子"正言若反"的一贯言说方式，对"绝仁弃义"就不会产生误解。尽管简本说明，"绝仁弃义"可能不属于《老子》原始材料而是后学所添加，但也不能说明老子就是不反对虚伪仁义，不同的只是程度，而非立场。真正的问题在于，老子为什么要"绝仁"？如何回应对"绝仁"的批评？如何防止仁的伪化？这是本书要继续讨论的。首先，我们来看"绝仁弃义"在《老子》通行本的系统中是否有它的合理性。《老子》第十八章曰："六亲不和，有孝慈"，"六亲不和"是一种什么样的情形？《吕览·论人篇》曰："何谓六戚？父母、兄弟、妻子"②，"六亲"一般指父、母、兄、弟、妻、子，"不和"指不和睦，也就是说最亲密的人伦之间产生了隔阂、矛盾，最基本的人伦纲常不能正常地运行。"六亲"中最重要的人伦是亲子，维系亲子之情的关键在孝，孝是仁的最根本的体现。所以，"六亲不和"首先是"孝"的陨失，"仁"的变质，六亲之间只具有表面的仁义，实际上父不仁母不慈，子陷父母于不义的"不和"现象比比皆是，因此才有"孝慈"主张的提出。"绝仁弃义"是要弃绝表面的或虚伪的仁义而回归以慈孝为根基的真仁义。这在老子的思想系统和时代背景中是可以理解的。

其次，老子的否定性言说是贯穿整个经文的言说策略。单说"绝"字系列，除了简本第十九章的"绝智弃辩"、"绝巧绝利"与"绝伪弃诈"，还有《老子》第二十章的"绝学无忧"。关于"学"，《老子》第六十四章曰："学不学，复众人之所过"，按字面逻辑，"绝学"与"学不学"也是矛盾的，学别人不学之学同样包含在"学"的范围之内，因此也是"绝"的内容。但事实上，"绝学"与"学不学"的前一个"学"字含义完全不

① 陈鼓应：《老子注译及评介》(修订增补本)，134 页。

② 转引自朱谦之：《老子校释》，72 页。

同，前者指“为学日益”的一般学问，后者指别人不学的道。同一个语词或概念在不同的语境中表达的含义是不同的，不仅《老子》，中国古代哲学经典大多如此。因此，即便遵循通行本《老子》，也不必在内涵上将“绝仁弃义”和“与善仁”对立起来，不必被其字面上的矛盾所干扰，而应看到这两个“仁”是不同层面的。前者是指破坏人伦关系的“伪仁”，是从人伦纲常的角度说的；后者是指施不求报、柔弱不争的“慈仁”，是从处世修为的角度说的。前者是反复批评的对象；后者是轻描淡写的列举，在《老子》中的地位显然不同。

最后，从老子特殊的思维方式来看，“绝仁弃义”是为了引起人的特别关注所作的矫枉过正的表达，背后是其相反相成的思维方式。《老子》第二章曰：“天下皆知美之为美，斯恶已；皆知善之为善，斯不善已。”这一章是老子思维方式的自我宣明，好坏同时、正反相依，也即第五十八章所说：“正复为奇，善复为妖”。任何好的事情、主张都有其不好的一面，因此老子不主张大肆提倡伦理道德意义上的仁，而倡导无为。《老子》第七十八章曰：“正言若反”，这一章是老子言说方式的自我归纳，即从正面的言说彰显反面，如“道可道，非常道”；从反面的言说来暗示正面，如第四十八章的“无为而无不为”。“绝仁弃义”就属于后者，表面上“绝”，是为了纯任自然地发挥出真正的仁义。看似反对仁义，其实是对真正的仁义的诉求与肯定。它虽然在《老子》的价值层次中是低于道与德的，但仍然是其所肯定的价值之一。

与“仁”相关的另外两个概念是“慈”与“善”。这两个概念恰恰可以从正面说明老子赞成“仁”，其对众生有深切的同情、仁爱与关怀。第十九章“绝仁弃义”是为了“民复孝慈”，让人回到父慈子孝的天然伦理关系中去，孝慈是“仁”的根本表现。第六十七章曰：“慈，故能勇”，也可以看作仁者无忧、仁者无敌的另一种表达。“慈”的核心内容与“仁”一样，即慈爱、乐施。老子既言“慈”，也一定不反对“仁”。再来看“善”，一是作名词的“善”，如第四十九章曰：“善者，吾善之；不善者，吾亦善之，德善。”其中“德善”即“得善”，得到善这一美德，体现为对待万物一视同仁，乃公允之仁、遍爱万物之大仁。一是作动词的“善”，如第二十七章曰：“是以圣人常善救人，故无弃人；常善救物，故无弃物，是谓袭明。”圣人作为“道”的人格化代表，不仅对人一视同仁，对物同样如此。这种善于救助万物的德行可谓大仁。

因此，“绝仁弃义”这样否定性、过激性提法只是老子表达仁观的方便之门，而不是真要弃绝仁义的宣言。但后世多因不解或受庄子及其后学的激烈批评的影响，对老子绝仁弃义之说多有批评。这些批评在方法论上常常是有缺陷的，最常见的缺陷在于囿于字面的相同而忽视不同语境下的概念厘定。例如，上文提到高明认为第八章通行本的“予善仁”的“仁”是“儒家崇尚的行为”，为老子所藐视，如第十八章云“大道废，有仁义”，第十九章云“绝仁弃义”，“足见‘仁’同《老子》道旨是抵牾的”①。他没有看到老子使用的“仁”在不同语境中是有不同含义的，第十八章、第十九章“仁”与“义”一起使用时，很有可能是针对儒家，因为“仁、义、礼、智”是儒家推行的最重要的四个德目，而“仁、义”又是四个中最重要且常常并提的概念。“仁”作为与人为善、柔弱不争的这一层意思，在《老子》中是可以存在的，这是在一般意义上使用“仁”，而不是特指儒家的德目之“仁”。

东晋玄学家孙盛也曾感觉到“绝仁弃义”之“仁”与“与善仁”的“仁”可能意思不同，其《老子疑问反讯》曰：“‘绝仁弃义，民复孝慈。’若如此谈，仁义不绝，则不孝不慈也。复云：‘居善地，与善仁。’不审‘与善仁’之仁，是向所云欲绝者，非耶，如其是也，则不宜复称述矣。如其非也，则未详二仁之义，一仁宜绝，一仁宜明，此又所未达也。”②《老子》中何止“二仁”，在笔者看来，至少是四仁，其含义均有细微区别。老子自身确实没有厘定清楚，这是老子的言说习惯所决定的，当然这也给我们理解《老子》造成了困难，孙盛的责怪有他的道理。

老子所“绝”的是“伪仁”。“伪仁”有程度之分，老子的态度也有别，我们可以根据老子的整体思想厘定出如下三种情况：

第一，对于修身之仁，老子是不反对的。上文所讲的施不求报、与世无争的“慈仁”，当然是修身的结果，与道家的修身工夫联系在一起，即当人做到“少私寡欲”（19 章）、“致虚极，守静笃”（16 章），自然就变得慈柔了。《老子》第五十四章曰：“修之于身，其德乃真”，尽管这里的“之”是指“道”，但可以从这一主张看出老子是不反对修身的，只有真正将美德化入生命中，才是真德。道是修身的根本内容，慈仁则是与“俭”、“不敢为天下先”的不争之德并列的其它修身内容之一。

---

① 高明：《帛书老子校注》，256 页。

② 转引自周大兴：《自然・名教・因果：东晋玄学论集》，98 页，台北，台湾“中央研究院”文哲所，2004。

第二，对于作为一种美德而提出的仁，老子是无奈的。因为“大道废，有仁义”，仁义是次一级的产物，是有为的体现。第五十七章曰：“我无为而民自化，我好静而民自正，我无事而民自富，我无欲而民自朴。”老子认为人心素朴比具有仁德要重要得多，幸福得多，所以圣人只“虚其心，实其腹；弱其志，强其骨”（3章）。老子之所以要强调仁义、孝慈、忠信是道德堕落、社会混乱的产物，是要说明提出这些主张并不能从根本上解决问题，而不是简单地对一种美德的提倡进行反对。

第三，对于被利用的、虚伪之仁，老子是反对的。“慧智出，有大伪”，仁也容易变伪，成为获得名利的工具。第五十三章曰：“大道甚夷，而民好径。朝甚除，田甚芜，仓甚虚。服文彩，带利剑，厌饮食，财货有余，是谓盗夸。”道德堕落体现在真的道没人愿意去践行，而是寻求捷径，在表面上做文章，老子批评其为“盗夸”，即窃取来的假道，而非真道。依此思维推下去，真正的仁也没有人愿意去践行，而是窃取“仁”之名去获得美德之外的东西。

但更深入地回到老子文本，我们不得不思考这样的现实问题：“仁”是根植于“人”而存在的，是“人”的一种特征、标志。大自然不容易伪，譬如一棵树不会假装发芽，一只猫不会假装可怜，但一旦进入人的世界，伪的问题就非常复杂了。仁如何能不伪？这不仅是理论问题，更是仁之如何可能的现实问题。

三、不仁而仁

老子批评“伪”了的仁，与“伪”相对的是“朴”。但“朴”并不是真仁的保证，如天地之不仁，而公允才是“仁”的保证，如同水四处流溢，泽被万物而没有偏私。也就是第八章说的“上善若水”。真正的仁，不刻意表现出仁。真正的善，不刻意表现出善。这样才是天道层面的大仁、大善。《老子》第二十八章曰：

> 知其雄，守其雌，为天下溪。为天下溪，常德不离，复归于婴儿。
>
> 知其白，守其黑，为天下式。为天下式，常德不忒，复归于无极。
>
> 知其荣，守其辱，为天下谷。为天下谷，常德乃足，复归于朴。

“朴”作名词，是指原本如此、未经雕饰的事物，作形容词则是素朴的意思。未经雕饰的东西，还没有完全进入人的视野、人的世界，不为人注意。道是这样原本的存在，婴儿同样如此，是未经雕饰的活泼泼的存在。老子认为人性贵朴，复归于朴就是复归于婴儿般天真纯朴的状态，这种状态是人性中最可贵的。王弼注第三十二章曰：“抱朴无为，不以物累其真，不以欲害其神。”① 朴的状态也是真的状态。尽管老子没有将真作为一个道德要求或工夫境界提出来，而是到了庄子才成为显题，但已隐含在“朴”的观念之中了。

从人性上说就是至真至纯的天然状态。婴儿的一切活动皆发乎自然，这是可爱的，也是珍贵的。这种“朴”性显然是不包括施爱之“仁”的，但它本身就是仁，因为它对待任何人都是亲和的、慈柔的。婴儿不会专爱弱者，也不会憎恨强盗，在他的眼里没有身份之别、善恶之分。所以，婴儿被老子用来比喻至柔的天道与至朴的人性，如第十章“专气致柔，能婴儿乎”、第二十章“如婴儿之未孩”。老子没有从善恶来谈人性，这是他的特别之处。他认为人性中的朴是最珍贵的。

老子对朴的价值的肯定，对素朴之性的复归，是想用它来防止人的虚伪化。但问题是，如何“效法”天道之大仁而不伪？没有现成的人格范型可以模仿，也没有具体的道德规范用来实践，“人法地，地法天，天法道，道法自然”的“法”就只能是一种观念上的指引，这对于任何一个物欲横流的社会和充满欲望的个人都是缺乏具体的可操作性的。我想，这也是老子的仁观没有被重视的原因。

所以，老子提出的作为天地之道、圣人之德的“大仁”，要真正能被侯王所法，通过侯王被百姓所法，还需要中间环节，就是从人与人之间的慈仁推演出去，类似于儒家从亲亲为大的孝慈之仁推到宇宙之仁。老子的“大仁”与宋明儒学家提出的万物一体之仁有相似之处，如程颢曰：“仁者，浑然与物同体”②，王阳明曰：“夫圣人之心，以天地万物为一体，其视天下之人，无外内远近，凡有血气，皆其昆弟赤子之亲，莫不欲安全而教养之，以遂其万物一体之念。”③ 所同在于这种仁都是没有亲疏之别、没有偏私的公允大德，且都作为圣人效法的对象而被提出。不同在于老子

① 楼宇烈校释：《老子道德经注校释》，81 页。

② 程颢、程颐：《二程集》，33 页，北京，中华书局，1981。

③ 王阳明：《王阳明全集》，25 页，上海，上海古籍出版社，1992。

不从“心”上做文章，而是认为“圣人无常心，以百姓心为心”（49 章），“心”与欲望、意欲、意志都靠得很近，一旦用“心”，就容易干涉百姓，失其自然。因此，也就没有儒家尤其宋明理学那么重视向内心寻仁。但老子又走上了另一个困境，其提倡的无心、无为、自然、素朴本身，仅靠虚静工夫，是不足以将人生而具有的私心、欲望、意志消解掉的，更不足以应对复杂的甚至黑暗的社会现实。

可见，人心不朴，所以要有为。在仁这个问题上的有为即仁心之修炼。老子之“无为而无不为”的“上仁”如果要真正被践履，也是需要这样的过程的，否则不仅无法避免仁之伪，而且无法达到天地之“大仁”的境界。这大概是老子为什么提出“小国寡民”（80 章）的原因吧，只有将社会限制在简单、纯净的环境下，这样素朴之性才不会被异化，仁也就真的能在无为的情况下自然而然地达成。当然，这样的社会环境是很难有的，自然而发的仁实施起来同样是很难的。

第五章 《老子》诠释方法论初探

诠释方法的研究必须建立在大量的古典文献的具体研究基础上。笔者只研究过《老子》，而且还在进行之中，所以对诠释方法的讨论是真正的“初探”。这一部分也是对全书的一个观照，对本书所使用方法的一个反思，根据自己的研究经验与体会，谈谈我对“诠释”的理解以及对研究“元典”的方法与目的之看法。

第一节 刘笑敢的“两个定向”理论

刘笑敢《诠释与定向》一书是多年来对中国哲学研究方法论问题之思考的结晶。该书涉及的理论问题很多，其围绕的核心是“两个定向”的区分问题，这在学界已逐渐引起广泛的讨论。

“两个定向”是针对现代人诠释经典的活动而提出的，“一般情况下，现代人阅读古代经典都有了解古代经典之究竟意含的愿望或冲动，同时，现代人也会自觉或不自觉地将古代经典的意含（meaning）和意义（significance）转移到现代社会”①，这便是刘笑敢所说的经典诠释中的两个不同的取向，又可以概括为“历史的、文本的取向和现实的、自我表达的取向”②。具体来说，历史的、文本的取向是通过文字、语法、文本的客观解读回溯到经典的原意，是“纯学术研究”，类似于古代“我注六经”的方法；现实的、自我表达的取向则是通过玄想的、理论的、哲学的建构表

① 刘笑敢：《诠释与定向》，61页。

② 同上。刘笑敢说：“定向和取向的说法意义相近，但取向是较为自觉的选择，而定向可以是主动的选择，也可以是诠释作品所表现出来的相对客观的特征”。

达对当下、现实、未来课题的思考，这是一种注重“现实关怀、启迪、指引、提升、慰藉”的研究，类似于古代“六经注我”的方法。前者是“照着讲”，后者是“接着讲”，前者是“以对象性研究为主”，后者是“以主体之哲学创造为主”①。这两种定向背后的关切点、操作方法是完全不同的，但作出明确区分并贯彻到自己的研究中的并不多。

刘笑敢关于两个定向的区分，背后有深远的考虑，从目前的中国哲学研究现状来说，“在通俗化、简单化的哲学诠释学及各种后现代理论的影响下，学术和文化界流行着一种理论倾向和心理状态，即认为每个人对文本都可以有自己的理解和诠释，根本不存在正确理解或准确理解的标准或规范，因此各种诠释都是一样合理或有价值的，不可能也不必区别不同诠释的高低优劣”，这样就会造成“学术批评标准不明，正常交流讨论难以进行”、“学术研究高低良莠不辨，精粗雅俗无别，学术与信仰相纠缠，探索与猜想相混淆”②，这是为什么要区分两个定向的直接原因。

这一原因背后还有更长远的考虑，即“中国哲学‘作为一个现代学科’的基本建设和未来发展的可能性问题”③。中国哲学作为一门现代学科，需要诠释者对自己的研究对象、研究目的有明确的认识，表明自己是以回溯经典的原意为目的，还是在借经典表达个人的思想。否则，我们的研究就会缺乏客观性，对研究成果的回顾、反思和推进都非常困难，“中国哲学”作为一门现代学科的客观性、规范性、思想性等都会受到质疑，更毋庸说它的发展、成熟与壮大了。

综上所述，“两个定向”的区分意识是必要的，尤其对整个学术界的对话和一门严格的现代学科的建设来说。由“两个定向”所引起和衍生出的问题是多样而复杂的，涉及不同领域的不同层面，都是在学术研究中会碰到的困惑与难题。可以说，“两个定向”的理论只是严格的方法论讨论的第一步，下面仍有很多相关的问题值得学界参与讨论、共同思考。

---

① 刘笑敢：《诠释与定向》，62 页。笔者根据该页“表一：关于两种定向的一般表述”作了概括。

② 同上书，64 页。可同时参见 13 页，刘笑敢说：“伽达默尔的哲学诠释学是哲学，是存有论，核心问题是人的此在或亲在（Dasein），不是方法论，不是任何学科的研究方法。我们不应该简单地将哲学诠释学的理论当作对中国哲学研究的方法或指南”。

③ 同上书，引论，1 页。

第一个问题即上文已经分析的“两个定向”的问题，主要涉及的是研究者的研究目的和研究态度。这是首要的问题。研究者应该明确自己的研究目的是什么，是为了回归文本本身，客观地考察、揭示和转述古代经典的含义，还是借助古代经典来建构自己的新思想、新观点。另外，很多研究者虽然能够意识到两个定向的不同，但并没有在自己的研究中贯彻这样的区分意识，而是一边讲经典，一边自说自话，这就是研究态度不够严肃的问题，结果不仅影响了对某一学术问题的清理过程，学术研究的良性循环，而且对年轻的读者也造成了负面的影响，尤其在读者还没有能力去辨析研究著作中的各种偏见、误读和错误的时候。这样，中国哲学无法作为一个严格的学科而存在，也无法在客观的研究和客观的响应中良性地发展下去。因此，“两个定向”的区分是站在学科建设的宏观角度和中国哲学研究如何推进的高度上提出的，它背后既有长远的学科忧患意识，又有多年的研究积累作为实例，是非常具有说服力的。

第二个问题涉及的是研究对象本身的特点，在中国哲学领域中，研究的对象主要是古代经典，而古代经典多以注释或诠释的方式流传下来，并被一代又一代人理解和不断丰富。注释的方式相对比较客观，但诠释性的经典，诠释者与文本之间就很难区分，尤其对于“随文注”的文本，譬如王弼的《老子注》、郭象的《庄子注》，诠释者以逐章、逐句以及个别字的注解形式来表达思想。从形式上看，好像是在解释元典《老子》、《庄子》的意思，其实诠释者在注解的过程中自觉或不自觉地带上了自己的看法，诠释者本人并未作明确的、具体的说明，这就增加了后人理解和判断的难度。一般认为，这些诠释者更接近老、庄的时代，智慧也很高，我们几乎不能越过历代对经典的诠释而直接抵达“原意”，当代人尤其需要通过诠释性的著作来理解元典，诠释性著作犹如桥梁，没有这个桥梁，我们很难直接获得原意，这是一个客观事实。我们无法否认，我们是通过王弼、郭象来理解《老子》、《庄子》的，如果去掉这些诠释者的注解，直面《老子》、《庄子》原文，我们会更加茫然，因为我们已经失去了古代的生活处境、生活方式、思想氛围和特定语境，我们的语言、思维都已经是现代化的，与古人有很大的隔膜。从一般的情况来讲，离老庄生活年代近的人要比当代人对老庄的理解更准确、更可靠。当代人对经典的诠释，常常是还没有真正理解古人的含义，就急于“建构”自己的新思想了。一种伟大思想的诞生、一个新的哲学体系的建立，都与前人的思想资源分不开。无论在中国还是在西方哲学史上，都没有仅靠天赋、不吸纳前人思想资源就创立真正具有影响力的思想体系的哲学家。中国古代经典的诠释者本身也是新思想的建构者。对他们的重视是必要的。当然，他们可能比当代人更理解老庄的意思，但不等于他们所传达的就是老庄的本意。要理解老庄的原意，还需要非常艰辛的分辨工作。否则，我们就无法弄清思想的演变过程，也就无从建构了。

第三个问题是，在大多数时候我们可以判准哪些是诠释者的意思，哪些不是。譬如“以无为本”是王弼的意思，不是老子的意思；“小大一也”是郭象的意思，不是庄子的意思。但有些地方我们很难判断，因为文本本身和诠释者自身都有可能有模棱两可之处，让研究者难以判断。但越是困难，越需要辩析清楚，因为模糊地带往往是思想发生变化的关键处。

譬如，王弼注释《老子》第一章“故常无欲，以观其妙；常有欲，以观其徼”曰：“妙者，微之极也。万物始于微而后成，始于无而后生”。微是微妙、微小的意思，始是“开始于”的意思，王弼的意思是说万物开始于微小、渐渐长成。那么，“以观其妙”按照王弼的理解就应该是观“万物”的微妙了，“其”就应该是指“万物”。但他下文又说“始于无而后生”，重心在“无”，“微妙”的根本在于“无”，这是王弼巧妙的过渡，从“万物”的“妙”过渡到了“无”的“妙”（能成万物，当然妙），其实是对老子此句作了抽象的提升，以突出“无”的重要。在谈“徼”时同样如此，他先将“徼”解释为“归终”，我们只能说“万物”的归终，而不能说“无”或“道”的归终，但王弼下文谈的是“凡有之为利，必以无为用”，将“万物”的归终问题又归结到“无”上了。然后下文又说“适道而后济”，给人的感觉还是在说“道”，其实这个“道”并非老子的“常道”，而就是“无”的意思，楼宇烈将王弼这里的“道”解释为“无”是正确的。① 所以，我们要问，王弼究竟是将“其”解释为“万物”还是解释为“无”呢？从“妙”、“徼”字面的注释来看，他理解中的“其”应该是万物，从深层的意思来看，他又将“其”理解为“无”。如果说，这里我们还能判断出王弼的解释偏向于“无”的话，那我们进一步问他的解释符合老子吗，就成了更棘手的问题。因为这又涉及“徼”的含义，简本作

① 参见楼宇烈校释：《老子道德经注校释》，3 页。从王弼对字面的解释看，“其”指“万物”，他却将之转换为“无”，又用“道”作了掩护，这一巧妙误读是基于《老子》文本本身的模糊性。但这种模糊性未必是《老子》的作者造成的，而有可能是后来文本传播过程中的复杂变更所致。

“所噭”，“徼”与“噭”究竟是什么关系，为什么要省略“所”字，虽然历代有多家注释，却难有定论。既然无法立一个客观的、绝对的、唯一的“原意”出来，那就难以判断诠释者的解释是否符合文本“原意”。所以，出现了不同的解说，例如严灵峰将“其”理解为“无”①，陈鼓应将“其”理解为道②，都有各自的道理。这是文本本身的模糊性所致③，但无论如何，我们不能越出“万物”、“无”、“道”这个“弹性意义圈”④ 再去给一个新的解释了。

对这种不易区分但必须区分的情况，当然越是严谨地对待，越有利于我们对中国经典诠释的特殊方式及其利弊有更深刻的认识和进行有效的思想建构，这当然是具有理论意义的。

第二节　诠释的本质：兼谈“非对象化”

上节提到的第三个问题与前两个都不同，它不是中国哲学研究领域中的问题，而是西方伽达默尔提出的“哲学诠释学”的问题，所以这里单独作为一节来讨论。西方传统的诠释学是探讨如何理解经典，譬如如何理解《圣经》的问题，但伽达默尔的“哲学诠释学”是承接海德格尔对传统诠释学的“本体论转变”而来，在伽达默尔的意义上，“诠释学决不是一种方法论，而是人的世界经验的组成部分”，按海德格尔的意思来说，“理解不属于主体的行为方式，而是此在本身的存在方式”⑤，它所关切的不是研究方法的问题，而是人的存在方式的问题。伽达默尔的《真理与方法》的译者洪汉鼎在序言中说：

---

① 参见严灵峰：《老子达解》，4 页，台北，华正书局有限公司，2008。严灵峰解释该句曰：“妙者，有之始而微之极；言其小也。徼者，无之始而际之终；明其大也。言常自无以观其小，常自有以观其大；其小无内，其大无外。因其所无而无之，则万物莫不无；因其所有而有之，则万物莫不有。”他将“无欲”、“有欲”理解为从无看、从有看两种思路，类似庄子说的“自其异者而视之”、“自其同者而视之”（《秋水》）的两种思路。看的对象不是道，而是万物。

② 陈鼓应说：“常体‘无’，以观照‘道’的奥妙；常体‘有’，以观照‘道’的边际”（陈鼓应：《老子注译及评介》（修订增补本），57 页）。

③④ 刘笑敢：《诠释与定向》，88 页。

⑤ 汉斯-格奥尔格·伽达默尔（Hans-Georg Gadamer）著，洪汉鼎译：《真理与方法：哲学诠释学的基本特征》（以下简称《真理与方法（I）》），2 页，上海，上海译文出版社，2004。

> 哲学诠释学乃是探究人类一切理解活动得以可能的基本条件，试图通过研究和分析一切理解现象的基本条件找出人的世界经验，在人类的有限的历史性的存在方式中发现人类与世界的根本关系。①

刘笑敢对伽达默尔诠释学与中国哲学研究的方法论这两个问题区分得非常清楚，他说："伽达默尔的哲学诠释学是存有论，不是方法论，不能作为诠释方法来运用，也不能代替任何学科和对经典解释的基本方法或技术要求"②。

但是，在中国哲学元典的研究中同样最重要的是"理解"的问题，尽管未必是从文本理解的问题上升到人之生存方式的层面。在明确自己的研究目的、了解自己的研究对象的前提下，在具体的研究过程中，最重要的仍然是如何"理解"文本。哲学元典是特殊的"对象"，它不同于科学研究的"对象"，它本身需要理解者的参与才能激活，而科学研究恰恰要过滤掉研究者的生命状态。哲学元典是思想的表达，而不一定是事实的表达。文字只是一个载体，文字是死的，但思想是活的，要靠人与它"对话"来激活，在这个过程中，就涉及"视域融合"的问题了，在视域融合的过程中，人不必刻意地将"文本"与"读者"区分开来。因为在思想之发生、真理之呈现的过程中，"读者"与"文本"相互真正达成的"有效的理解"是自然而然发生的，淘汰无效的理解需要一个过程，而非不能达到。"文本"不是一个与生命无关的对象，读者与文本之间不仅具有认识论关系，还具有互相敞开的存在论关系。研究一个中国哲学的文本，与研究一块石头这样的对象不一样，石头是科学研究的对象，它是死的，静态的，无生命的，我们可以带着一套参照模式去研究它，譬如它的色泽、重量、属性、构成元素等。但一个哲学的文本，我们无法用任何一个现成的参照模式去把握它，而只能等待它自身的敞开，向我们道出它的思想。

当然，这种相互的敞开只是真正的理解成为可能的条件，并不代表"视域融合"所达成的理解就是"客观的理解"。理解的活动不断进行，最后才能获得一个最客观、最准确的理解。"理解"是研究的基础，研究是

---

① 伽达默尔著，洪汉鼎译：《真理与方法（I）》，3页。

② 刘笑敢：《诠释与定向》，90页。

将“有效的理解”有效地表达出来，这就是本书所说的“诠释”。没有哪一种“诠释”不是一种“理解”，只要我们在读一个东西，想要说清楚它的意思，就已经是在“诠释”了。即便是我们在阅读自己，想说清楚自己的内心，也已经是在“诠释”了，因为只要它是我面对的“对象”，就注定只能从我的眼睛里被解读出来，而不是完全从它自身被解读。我们只能最大限度地接近一个事物以其自身显现自身的最真实的样貌，但绝不可能完全一致，就像我们看一朵花，只要是在看一朵花，就与完全意识不到这朵花时不同了。

理解文本是一个“发生性”的过程，完全投入进去，不带有任何功利的目的，才最有可能达到有效的理解。“理解”是什么？站在一个文本之外，你可以真正地理解它吗？不能。伽达默尔说：“理解就已经是解释（Auslegung)，因为理解构造了本文（即文本，text）的意见得以起作用的诠释学视域”[①]、“所谓解释正在于：让自己的前概念发生作用，从而使本文的意思真正为我们表述出来”[②]。人不可能不带着“前理解”进入文本，没有“前理解”人也不可能“理解”文本。但这是对“理解”如何可能的描述，而不是探讨如何获得“正确的理解”的问题。关于“正确的理解”如何获得，伽达默尔引用海德格尔关于“诠释的循环”的思想加以说明：

> 在这种循环中包藏着最原始认识的一种积极的可能性。当然，这种可能性只有在如下情况下才能得到真实理解，这就是解释（Auslegung）理解到它的首要的经常的和最终的任务是不让向来就有的前有（Vorhabe)、前见（Vorsich）和前把握（Vorgriff）以偶发奇想和流俗之见的方式出现，而是从事情本身出发处理这些前有、前见和前把握，从而确保论题的科学性。[③]

这与刘笑敢的定向理论在目的和要求上是完全吻合的，即为了确保论题或学术的研究，不能随意地、任意地去理解。[④] 问题是，判断某种对《老

---

① 伽达默尔著，洪汉鼎译：《真理与方法（I)》，511页。

② 同上书，513页。

③ 同上书，344页。

④ 参见刘笑敢：《诠释与定向》，82页。刘笑敢说：“要不断去掉‘偶发奇想和流俗之见’，去掉主观的、随意的前见或偏见，直到获得与文本内容可以完全兼容的理解。”

子》的理解是否“科学”或“客观”，是否有一个绝对的标准呢？

那就要回到《老子》本身，我们可以把《老子》研究分成两种来说，一种是历史的研究，重在形式，而非义理。包括《老子》的作者情况、成书年代、语法特点、版本演变等，这些对研究义理当然是有帮助的，但是并没有触及义理的要害。这一类研究可以做到完全的客观，也必须以“客观性”作为要求。一种是研究一个文本的哲学义理，即不论它是谁写的、什么时候写的、语法韵律、版本情况，重要的是它传达了怎样的哲理。这一类以“有效的理解”为要求，但很难用“客观”这个词来说。我们无法确立一个完全客观的“原意”作为标准去衡量，因为“时间”的关系，即使我们看自己二十年前写的日记，也未必能理解当时的客观意思，更何况几千年前一个他者写下的东西？“理解”这个过程本身是最重要的，我们的目光首先应该放在如何“理解”上，而不是理解的结果上。伽达默尔说：

> 谁想理解一个本书，谁就准备让文本告诉他什么。因此，一个受过诠释学训练的意识从一开始就必须对文本的另一种存在有敏感。但是，这样一种敏感既不假定事物的“中立性”，又不假定自我消解，而是包含对我们自己的前见解和前见的有意识同化，我们必须认识我们自己的先入之见（Voreingenommenheit），使得本书可以表现自身在其另一种存在中，并因而有可能去肯定它实际的真理以反对我们自己的前见解。①

文本不是静态的、无生命的存在，而是“另一种存在”。这“另一种存在”意味着它在我的敞开中存在，在彼此相融的“境域”里自行展开。这时，文本在向我们说话，我们的角色只是聆听，不是中立的，也不是被动的，而是有反应、有回应地聆听。所以，一个好的研究者需要具备这种善于聆听的“敏感力”，诱发文本以其自身的方式展现，此刻的研究者或理解者既不是没有前理解，也不是消解了自身的主观因素，而是将一切悬搁在那里，保持着最充分的敞开，让文本自己去挑选它的可对话的部分、相契合的部分。这时，文本中的真理走向人，人迎向它，二者达成真正意义上的“融合”。这个时候，是不必刻意地去分彼、我的，否则，研究者与文本就

---

① 伽达默尔著，洪汉鼎译：《真理与方法（I）》，348 页。

会被不同程度地遮蔽，而无法敞开自己。哲学研究者从根本上说就是理解者。

伽达默尔和海德格尔所反对的只是理解"以偶发奇想和流俗之见的方式"出现，而不是反对"前理解"的存在及其在理解过程中的作用。从"理解"之所以可能的过程来看，是不必刻意地强化我是我，文本是文本的，否则，不仅违背"理解"过程本身的特点，而且会成为妨碍理解的隐形障碍。如同看戏，不必区分我是我，戏是戏，我与戏是互融互动的，否则，不能得到戏的精髓。

因此，中国哲学的研究方法论，在明确自己的"定向"的前提下，最终要面对的是如何真正"理解"元典内涵的问题，譬如《老子》的思想、智慧主要在"道"这个概念上，那么道究竟是什么意思，有什么特别之处等等都需要去"理解"。要"理解"道，最重要的是要贴近老子的思维方式。因为，今天我们的生存处境改变了，我们的思维方式也变了，很容易先入为主，譬如以主客二分的方式去探讨老子的道究竟是客体，还是主体证成的境界，这其实是我们当代研究者常见的看问题的思路、方法，而不是老子的。牟宗三当然已经非常清醒地发现了这个问题，并引用康德的"智的直觉"与海德格尔的"非对象化"来尽力解决，但他的解决是不彻底的；张祥龙看老子是用海德格尔的现象学思路，在海德格尔的现象学思路中，最根本、最深刻的现象恰恰是非对象化的，但反过来，"非对象化"的理解方式在西方不仅是海德格尔的，也不仅是现象学的。西方哲学后期，维特根斯坦、梅洛-庞蒂、舍勒、列维纳斯、威廉·詹姆士、怀特海等，在结构主义、实用主义等很多理论中都展现了非对象化的识度。本书将老子之"恒道"转述为"非对象化之道"也受启于此。

这一"非对象化"的思路与中国古代哲学本身的"非对象化思维"是相契合的，这是最根本的原因。中国古代哲学思维的特点在当代西学不断涌进的语境下得到越来越多的讨论，许多学者从不同的角度进行了探讨，譬如以下一些说法：

思维方式	提出者	著作	含义
用中/得一的思维	庞朴	《一分为二，二合为三》	重视由两端合成的第三元（和中）的思维①

① 参见庞朴：《一分为二，二合为三》，见《一分为三》，152页，上海，上海古籍出版社，2003。

续前表

思维方式	提出者	著作	含义
易的思维	成中英	《论易之原始及其未来发展》	抽象与具象相结合的思维①
境域化/构成性/时机化思维	张祥龙	《中国古代思想的根本特征》	让终极或本源在直接的体验中被当场纯构成地揭示出来②
主客不分的思维	张世英	《天人之际》	超出主客二分的态度，高级形态的合一③
同时之符象性思维	杨儒宾	《从气之感通到贞一之道》	致广大与尽精微同步而进的思维④
直觉思维	王杰泓	《中国古代文论范畴发生史：〈庄子〉卷》	诗化的、非逻辑的体悟性思维⑤
象思维	姜金元	《大象无形》	既是认识论又是本体论的非表象化思维⑥
系统性思维	刘长林	《中国系统思维的三种模式》	五行、八卦和有机系统的原始控制理论模式⑦

以上观点的共性在于他们多是从中国哲学元典出发，针对西方传统形上学的实体化、二元论的思维方式，突出中国古代哲学思维的特点。本书同意以上说法也深受启发，但想尝试用一个更能突出其与西方传统形上学思维不同的哲学语词来概括，即“非对象化思维”。首先，“非”字表达式主要来源于道家哲学，“非”是否定性的表达方式，如同老子的“反”、“无”等本身就提示着这种思维的特殊性；其次，“对象化”不仅是古希腊以来的西方传统形上学思维的特征，而且也是其影响下的科学思维特征，通过将外在世界充分对象化来实现人的掌控，此与《老子》第五十一章的“生而不有，为而不恃，长而不宰”的思维正相反。

① 成中英：《论易之原始及其未来发展》，见刘大钧主编：《大易集成》，20页，北京，文化艺术出版社，1991。

② 张祥龙：《中国古代思想的根本特征》，见《中华古学与现象学》，3页。

③ 张世英：《天人之际——中西哲学的困惑与选择》，2页，北京，人民出版社，1995。

④ 杨儒宾：《从气之感通到贞一之道——〈易传〉对占卜现象的解释与转化》，见杨儒宾、黄俊杰编：《中国古代思维方式探索》，166页，台北，正中出版社，1996。

⑤ 李建中主编，王杰泓撰：《中国古代文论范畴发生史：〈庄子〉卷》，64页。

⑥ 姜金元：《大象无形——〈老子〉美学思想与中国文学本体论建构》，80页，北京，中国社会科学出版社，2010。

⑦ 刘长林：《中国系统思维的三种模式》，见杨儒宾、黄俊杰编：《中国古代思维方式探索》，309页。

"非对象化"一词并非笔者首创，牟宗三曾用它来解释老子之"玄德"的特征①、张祥龙曾用它来解释老子之"道"的特征②，但并没有明确地将其作为思维方式提出来。这大概是因为"非"字是从否定角度去说的，没有正面内容，无法从中直接看出传统思维方式的特点。笔者则认为这正是这一概念的妙处，如同老子提倡的"无为"，这是个否定说法，没有如何"为"的正面内容，却提示了重要的内容，就是"无（勿）妄为"，这样概念更加醒目，立场更加鲜明。

冯友兰参照西方哲学史的框架来写中国哲学史，在当时无疑是具有开创意义的，但也有它的局限，这一点牟宗三、张祥龙都批评过。冯友兰在《中国哲学史》的"绪论"中开宗明义地讲道："哲学本一西洋名词，今欲讲中国哲学史，其主要工作之一，即就中国历史上各种学问中，将其可以西洋所谓哲学名之者，选出而叙述之"③，其筛选标准无疑是西方哲学史上已有的范畴、概念。遂根据"自柏拉图以后至中世纪之末，普遍流行"的三分法"物理学（Physics）、伦理学（Ethics）、论理学（Logic）"将中国古代思想分为"宇宙论、人生论、知识论"④ 三个部分。与之相应，在哲学方法方面，冯友兰推崇逻辑而反对直觉，他说："凡所谓直觉，顿悟，神秘经验等，虽有甚高的价值，但不必以之混入哲学方法之内。无论科学哲学，皆系写出或说出之道理，皆必以严刻的理智态度表出之。……直觉能使吾人得到一个经验，而不能使吾人成立一个道理。一个经验之本身，无所谓真妄；一个道理，是一个判断，判断必合逻辑。"⑤ 这样，就将中国古代哲理中诸多微妙而不合逻辑的思想排除在外了，这在研究老子之道

① 详请参见拙文《论牟宗三对老子之道的诠释》，载《哲学与文化》，2010（5），129～146页。牟宗三道家诠释中的"不生之生"思想的重要来源之一是海德格尔的《康德书》。他是中国较早翻译《康德书》部分章节的学者（1971），后来才有《海德格尔选集》中邓晓芒的一些翻译（1996），2011年有了王庆节的完整译本。参见马丁·海德格尔著，王庆节译：《康德与形而上学疑难》（*Kant und das Problem der Metaphysik*），译者序，2页，上海，上海译文出版社，2011。"不生之生"这个牟氏概念已初步揭示了道的非对象化特性，说明没有一个实体在生，"道生"是"无"之生。"无"是使对象是其所是成为可能的"某物"。这个"某物"也就是海德格尔在诠释康德"超越的对象X"时提出的"纯粹的地带（horizon）"，见牟宗三：《才性与玄理》，120页。其"地带"的德文Horizont今天普遍译为"视域"，原意是"地平线"，用来指"边缘域"。

② 详请参见拙文《从老子之"道"的当代诠释看"新子学"之"新"》，载《诸子学刊》，2013（9），285～299页。

③ 冯友兰：《中国哲学史》上册，1页。

④ 同上书，2页。

⑤ 同上书，4～5页。

上，也就有了原理、共相这样可用逻辑说明或证明的说法。那么，“玄之又玄”、“恍兮惚兮”这些不具有任何逻辑性亦不可证明的特征，谈的就不是哲学意义上的道了吗？冯友兰所主张的逻辑、推理的方法在理解《老子》上几乎是南辕北辙的。

牟宗三对冯友兰的这一偏见很早就提出过批评，他说：“至于冯书特别提出并且注重名学，对墨辩、荀子正名篇，以及惠施、公孙龙等的名学所作的疏解，当然并非无价值。……可惜先秦的名学只是昙花一现，日后并未发展成严整的逻辑与科学方法。所以名学不是中国哲学的重点，当然不可从此来了解中国之传统思想。故冯氏不但未尝探得骊珠，而且其言十九与中国传统学术不相应。”① 牟宗三看到了冯友兰的贡献，也看到了其方法上的局限，一旦方法上错了或偏了，就很难得到中国古代哲学的精髓。冯友兰在美国接受的是西方哲学的训练，这对他写《中国哲学史》、重新看待中国古代哲理自然有很深的影响，但他并没有在写《中国哲学史》前先对中、西方的哲学思考方法、进路作比较。牟宗三指出，“中国学术思想既鲜与西方相合，自不能以西方哲学为标准来定取舍。若以逻辑与知识论的观点看中国哲学，那么中国哲学根本没有这些，至少可以说贫乏极了”②。牟宗三清醒地看到以西格中带来的问题，即对中国哲学特点疏于把握。那么，中国哲学的特点究竟是什么？牟宗三说：

> 用一句最具概括性的话来说，就是中国哲学特重“主体性”(Subjectivity) 与“内在道德性”(Innermorality)。中国思想的三大主流，即儒释道三教，都重主体性，然而只有儒家思想这主流中的主流，把主体性复加以特殊的规定，而成为“内在道德性”，即成为道德的主体性。西方哲学刚刚相反，不重主体性，而重客体性。③

这一概括其实主要是从儒家的角度来说的，从儒家的角度说，是没有错的。但道家的“主体性”最终却是消融在“自然”之中的，即通过主体而遗忘主体，这就是更高的境界了。牟宗三为了区别道家与儒家的“主体性”的不同，认为道家所说的“德”并非具有实际内容的“德性”(virtue)，如仁义礼智，也就无所谓道德主体性，道本身不过是存有的“姿

---

①② 牟宗三：《中国哲学的特质》，4页，台北，台湾学生书局，1998。

③ 同上书，5～6页。

态”，德不过是圣人“让开一步”的冲虚玄德。但他认为，道作为“境界”要依赖主体心境的开显，他在道家诠释中没有完全脱离“主体性”的影响。事实上，道家的道并非取决于主体体会，而是要通过主体去显现而已。这是本书对牟宗三诠释的修正。

当然，牟宗三对主客未分之前的、非对象化的存在已经有所意识了，这在那个时代是很了不起的。他通过引入海德格尔的《康德书》等资源进行了初步探讨，还提出了“大客观”——超越主客之分的最高境界，但仍然没有逃脱“主观”、“客观”的二分之论。20 世纪后期现象学、存在主义、结构主义等西方当代哲学思潮不断涌入，学界看待《老子》的思维得到了更多的启发和刺激，有了新的进展。张祥龙在现象学的影响下尝试了非对象化的诠释思路，当然，这个思路只是打开了一扇门，在学界还没有被重视，并且也还有争议。

张祥龙也看到了以胡适、冯友兰为代表的治中国哲学之方法的局限甚至说是流弊，即“全盘概念化或范畴化的努力”，容易“将所讨论者，比如‘道’、‘仁’、‘气’、‘阴阳’等，尽量地本质化、单义化、对象化、观念化和实体化；追随柏拉图、亚里士多德、笛卡尔、黑格尔，要找出中国哲学思想中的‘其所是（ti esti，是什么）’、‘恒是（to ti en einai，本质）’，或‘存在之所以为存在者（ousia，实体）’。不说出个确定的‘什么’来，就算没说清；不做些逻辑论证或辨析，就不是从事哲学或终极性的思想活动”①。张祥龙的这一揭示很犀利，也很正确。对待中国哲学首要的认识在于：我们采取什么样的思考方法来对待元典，只能取决于元典本身的特性。《老子》不是用逻辑、推理的方式写成的，更没有对道作一个定义，那我们的目光首先应放在老子为什么没有定义道，为什么强调“道不可说”上，才能更好地把握我们说道的方式和尺度。

对于牟宗三强调“主体性”的做法，张祥龙同样有所保留。张祥龙认为，“如果从知识论的角度来讲，他（按：牟宗三）的心性之学最后还要用西方的科学来衡量，他认为自己的心性有自主权，但毕竟里面有冲突的地方——心性与知识的冲突，还有和现实政治体制的冲突。整个家庭结构的变化，社会结构的改变，价值观念的改变都可以不影响心性吗？可能因为我的素养比较低，我觉得这点我做不到。光做心性的修养，我会觉得不安”②。

① 张祥龙：《中国哲学研究方法的多元化》，11 页。

② 张祥龙：《中华古学与现象学》，76 页。

这种不安我在读牟宗三时也是有的，因为“心性”也可能是最不稳定的东西。牟宗三所谈的儒家的“本心”、道家的“道心”都不足以成为人的道德的保障，还不如康德谈的“自由意志”。况且，心性本身尚且是个“硬核”，既不能断定它是先天存在的，也不能保证它一直存在。对并不如此凸显“主体性”的道家而言，就更难去讲“心性”了，所以本书并没有涉及牟宗三的整体哲学框架，而只就文本论文本，来探讨他对《老子》的诠释。

张祥龙基于对主客二分的诠释思路的局限性的认识和他本人所受的现象学的训练，而走了一条通过非对象化的视野去理解中国哲学的道路。他说：

> 20世纪的早期，西方哲学已经或正在经历深刻的转变，即从传统的本质主义、观念主义、惟一真理论和主体主义转变为反本质主义、境域真理论、非主体主义和生活世界理论。尤其是从叔本华、尼采开始，不少开创型的西方哲学家认识到终极实在本身也是处于变易之中的，不再将真实、理性等同于不变者、可概念化和对象化者，并且认为视域、语境、语言、技艺要先于对象、主体、逻辑和概念化的思维。这就大大拉近了与中国古代哲理的方法论距离，并且导致一些哲学家开始尊重东方和中国古代的哲理传统，比如叔本华、马丁·布伯、雅斯贝尔斯、海德格尔、怀特海、德里达等。①

打破主客二分的思路，并不局限于海德格尔，也不局限于现象学，但其思想特点都是“非对象化”或“前对象化”、“尚未对象化”的。本书将一切打破主客二分的诠释思路都概括为“非对象化的诠释思路”。

我们不能单就方法论谈方法论，而是要从具体文本入手，以诠释实践来说明某种新的方法和视野究竟让我们看到了什么样的内容，这些内容可能是文本中有而未被发现的，也可能是文本中没有但可以引申出来的。这便是本书第三章、第四章的尝试。可以说，“非对象化”的思路让我看到了道的更深刻、具体、生动、活泼的内容。本书揭示了道的“不可说性”及其原因，阐发了道的恒动性、自然性、创生性，并以“道”为核心关联起《老子》全书的思想，同时涉及对自然、无为、反、虚以及小国寡民的诠释。

---

① 张祥龙：《中国哲学研究方法的多元化》，13页。

非对象化的思路让我看到了道与人的切近性，或道的“切己性”，道并非一般所说的形而上学的概念、超越性的存在，道家也并非完全是“出世”的思想。非对象化的思路是不将“道”理解为外在的事物，从人的实际生活经验本身来理解道。老子对社会、道德以及人之生死、国家之如何治理等方面的关怀在文本中几乎处处可见。他认为，并非是要逃脱这些人间之事才叫道，而正是在这些深刻的实际经验之中显示出道的根源性。老子提出道，目的不只是为了让人认识宇宙、认识世界，而是要通过人的经验揭示更根本的现象或状态，即人如何在世的问题。在人的实际生存经验中，最根本、最深刻的现象都是主客不分、非对象化的。譬如诗歌的最高境界，恰是陶渊明的“欲辨已忘言”（《饮酒》其五）、李商隐的“只是当时已惘然”（《锦瑟》）的终极体验。这些都是无法用对象化的语言加以描述的。当你去“回忆”它、“写”它时，都是运用对象化的思维，诗人身处其中的终极体验不是一个对象，因为这一刻人与所体验到的东西是未分的，这便是至真至诚的境界。

当然，非对象化的视角也只是一扇“重新”打开《老子》的门，至于门里的东西，还有待长期的、大胆的挖掘和尝试。这样不仅能发现《老子》本身的更多意涵，也能知道有哪些思想可以为当代生存提供启示。

第三节　从历史的还原到诠释的还元

“历史的还原”是通过考证回到历史上的文本作者之意，它要求绝对地符合文本作者之意，并以此为研究的终极目的。“诠释的还元”不是回到历史上的原意，而是通过“理解”还“元典”以原始生命力，它要求的是诠释的方法。历史的方法是诠释中需要的一个工具性的方法。诠释的核心则是上文说的“理解”，这本身就要求以理解元典的意思为目的，但这个“理解”一定不是绝对的古人的意思，而是经过自身与元典融合后揭示出来的意思。它既包括完全符合文本的理解，也包括对文本潜在含义的生发，还包括与文本大体不违背的诠释者的发挥，最好的案例就是庄子对老子的理解，既有继承，又有发展，主旨上保持了极高的一致性，成为道家思想有序的、有效的推进中的重要一环。

“还元”是回到有生发力的原初思想。我们仍然以《老子》第四十二章的当代诠释为例，就此引出一些重要的方法论问题。从庄子、王弼到冯友兰、牟宗三、张祥龙，与其说他们对“一、二、三”的诠释不同，不如说他们对“生”这个关键词的理解不同。河上公、淮南子所说的“生”是“创造”（creation）的意思；庄子、王弼所说的“生”是“衍生”、“派生”（derivation）的意思；牟宗三所说的“生”是“显示”、“呈现”（presenting）的意思。那么，老子本人的“生”究竟是什么意思？我们就需要回到《老子》本身去看，去评价他人的诠释，得出自己的诠释。这是本书第一章、第二章对古今不同诠释个案进行处理的原因。对《老子》的不同诠释，让我们看到了不同诠释者的“问题意识”不同。必须厘清这些“问题意识”，透过重重诠释的“迷雾”，理解元典本身。

“问题意识”是指一个人在运思时所携带的“关切点”或“旨趣”。每个思想者都有自己对宇宙、社会、人生的观察和主要的关切点。他们的关切点不同，处理的问题也就不同，创造出的思想也就不同。老子的主要关切点是在礼崩乐坏的社会背景下如何实现“无为”之治，使国家能够“长生久视”（59 章），而不在宇宙的创生过程和构成模式上。例如，《老子》第四十二章表面上看确实是在描述宇宙的创生过程，实际上只是抽象的概括与说明，“一”、“二”、“三”都没有具体的含义。下文更是笼统地描述万物“冲和”的状态，而没有着眼于“气”。其根本目的在于章末所说的“强梁者不得其死”的道理开启上。老子说“道”是为了说君王治国的道理，这一主要关切点不可背离。河上公的问题意识则主要在养生处世上，而不在天道自然上。王卡认为，“《河上公章句》应成书于西汉之后，魏晋之前”，认为其为“黄老学者伪托战国时河上丈人所作”①。从河上公所处的时代可以推测，他多少受到了黄老学说的影响，但与老子的旨趣有所不同。王弼的问题意识则在于破除汉代繁琐的注经方法，建构新的解释模式。因此，他更能把捉《老子》中形上的一面，故第四十二章注借鉴庄子说法，凸显“名言”对“道”的负面作用，这样也就是将“一”、“二”、“三”推向了纯形式的抽象符号而抛弃了对“一”、“二”、“三”的宇宙论解释模式。

牟宗三的问题意识则在于“道”的呈现方式，也即“道”与“人”的联系。他重视“道”是如何开显的，而不重视“道”是如何创生的。因此，他的解释凸显主体性与工夫论，从主体上说，而不从“道”之客观存在上说。但他并不否定“道”有客观的一面，只是把“道”之创生寄托在

① 王卡点校：《老子道德经河上公章句》，前言，3 页。

人之体会上来讲。因此，他最终将第四十二章的“三”解释为“玄”，落在主客玄同合一的“境界”上。

可见，厘清不同思想者、解释者的问题意识，对我们回到元典的义理至关重要。首先，我们要承认，作为当代人，由于历史、文化、语言、思维方式与社会背景等诸多方面与古人的不同，我们很难越过那些离元典时代更近的重要注释者、思想者的解释而直接获得经典的原意；其次，在我们参考这些注释和诠释的时候，又不能迷失于他们的解释而将其直接当作经典的原意。如何平衡二者的关系，处理二者之间的张力？本书认为，深入了解不同思想者、注释者的问题意识，是回到经典原意的必经之路，同时也可以避免流行的“跨文本诠释”的方法有可能带来的误读。

“跨文本诠释”是刘笑敢从中国哲学研究方法论的角度明确提出的重要概念。“跨文本诠释”指“以一部（或一篇）作品的内容（观念、概念、命题、理论等）去解释另一部作品，这样做的结果可能是无穷多的可能性。但是，影响诠释结果最大的因素可能是不同文本之间的差异性的大小”①。《老子》第四十二章的解释可谓有“无穷多的可能性”，这既与《老子》本身的开放性有关，更是历代学者跨文本诠释的结果。例如，河上公、淮南子用汉代的一些概念去解释老子，王弼用庄子的观念去解释老子，牟宗三用自己的问题意识代替老子的问题意识等等。但是，“文本之间的差异性”，除了我们熟知的考证的方法，从哪里可以判断出来呢？本书认为，问题意识，正是考察文本之间差异性的重要途径之一。一旦这种差异性被忽略或忽视，就会出现盲目的用一种文本的观念、精神去解释另一种文本的现象，而当所解释的是更为古老的经典时，误读的可能性就更大。所以，要回到经典，除了已经为人们熟知的考证的方法与思想史的方法，我们还需注意的是不同文本，即不同思想者、注释者的“问题意识”之不同。只有完全针对《老子》的“问题意识”往下讲，才有可能达到“还元”，而这种还元必然是“创造性的还元”，而不是“历史性的还原”。同时，它又不同于“创造性的诠释”那种任意性和刻意性。

基于上文对《老子》的解读，本书再提出一些诠释方法论上的思考。

首先，诠释何以成为今天的一个问题？伽达默尔说：“只有当再没有强有力的传统把人们的立场吸引到它自身之中，只有当人们发现自己同一

① 刘笑敢：《诠释与定向》，210 页。

种他从不属于或者他根本不能不加疑问地接受的陌生传统相遇时，才会清楚地显现出解释学问题。”① 这正切中了当代中国哲学研究的现实问题：传统文化的陌生化和对西学涌进的焦虑。诠释虽然在中国古代的注疏系统中已经存在，譬如王弼对老子的诠释，郭象对庄子的诠释，但在当代成为问题，成为争议，是因为在诠释中多了大量的西学的视野。

其次，诠释的目的是什么？伽达默尔说：“解释学的出发点是构筑桥梁，在过去中重新发现最好的东西。”② 我们也可以说，当代子学研究的方法论原则正是要回到元典，重新发现那些最根本的东西。但这不是历史意义上的还原，而是诠释学意义上的对“元典”之“元意”的还原，为了将二者区分开来，本书将它称为“诠释的还元”。这一方法既不是单一的历史考证的方法，也不是放开尺度任意读解，而是用严苛的态度严谨地进入“思”本身，用自觉的生命经验进入元典，发掘其最根本的、最好的东西，还元典以元气、正气。

诠释的还元是建立在“前理解”上的与文本的对话，这一对话调动的是一个人的全部生命信息，包括生存经验、知识结构、人格个性、时代背景甚至学术信仰等等。它们以一种严格的方式而不是任意的方式介入经典解读之中，与经典实现最终的“融合”，旧东西没有抛弃，新思想自然出来。诠释的还元，不是回到历史意义上的“原典”，而是回到哲学意义上的“元典”。具体说，它回到的是“元典”的“元意”，而不是“原意”。元，不是西方“元语言”意义上的“元”，而是《周易 · 乾卦》“元亨利贞”意义上的“元”。《彖》曰：“大哉乾元，万物资始，乃统天”③，“元”是“始”的意思，万物资始本身就是伟大的，是原初生命力的爆发，意味着未来无限的可能性，并且为这样的未来预备好了正能量。“始”作为开端本身就含有“正”的意思，“正”才能“统天”。所以，“元”与后面的“利”、“亨”、“贞”一样都是褒义词。“元典”是至大中正之典籍，是后世思想的源头活水。元典是一个民族文化最“开始”、最“正宗”的东西，是一个民族思维方式的奠基，它具备与当代人的生命经验相碰撞、相融合并息息相关的基因而能常温常新，经得起历史的考验。

面对当代诠释中的“原意焦虑”，即对建立在“前见”上的“视域融

---

① 汉斯-格奥尔格 · 伽达默尔著，夏镇平、宋建平译：《哲学解释学》，46页，上海，上海译文出版社，2004。

② 同上书，27页。

③ 李道平撰，潘雨廷点校：《周易集解纂疏》，35～36页。

合”能否回到古人“原意”的担忧，笔者亦尝试提出一些自己的看法。

首先，“原意”不是静态地、客观地、现成地存在在那里，等着后人穿越历史回到那个特定的历史阶段从作者那里去“取来”的东西，而是在后人与之不断的“谈话”中活着、由谈话者参与而揭示出的“共同意义”。伽达默尔说，“这种有意义的东西本身就是可以理解的，并且作为这种可理解的东西，它本身不会促使人回到他人的主观性中去。诠释学的任务即是阐明这种理解的奇迹，理解并不是一种充满神秘感的灵魂的分享，而是对共同意义的参与活动”①。因此，以对象化的方式去求取“原意”无异于刻舟求剑，它遗忘了时间性，在时间的河流中，改变的不仅是我们这些解读者，元典本身也在改变，这不仅是版本流变和注释传统意义的改变，而是“意思”、“意义”的改变。伽达默尔说：“认为我们可以置身于时代精神之中，以该时代的概念和观念而不是以自己的概念和观念来思考，并以此达到历史客观性，这只不过是历史主义天真的前提。”② 时间，也不应该被粗糙地切分成过去、现在，而是应该被看作我们理解一切文本的基础。我们不是跨越漫长的时间界面去抵达封存在过去的某个文本的意思，而是站在此刻生存时间的点上迎接经过历史的自动淘洗而漂流到我们手里的生命。

“一切人类生命由之生存的以及以传统形式而存在于那里的过去视域，总是已经处于运动之中。”③ 回到绝对的“原意”毋宁说是一种一厢情愿的理想性诉求。这也是庄子批评六经皆“糟粕”、王弼一扫汉代注经方法的真正用意所在。当代老子研究中的“原意焦虑”除了受历史主义思维的影响，可能也受到科技思维的“客观性”诉求的影响，这一点在西方是诠释学史早期的特征，“施莱尔马赫以及他之后的19世纪科学由于超出了这种调解古典文化和基督教的‘特殊性’，并以一种形式的普遍性看待诠释学任务，于是成功地确立了诠释学与自然科学的客观性理想的一致性”④。海德格尔所做的正是通过“诠释学循环”和“生存论论证”扭转了这一“客观性”的取向，伽达默尔继承了海德格尔的取向，并且更加注重“理解”这一活动本身的特性，从而开出了他的诠释学方法。

---

① 汉斯-格奥尔格·伽达默尔著，洪汉鼎译：《真理与方法——补充与索引》（以下简称《真理与方法（II）》），71页，北京，商务印书馆，2010。

② 同上书，78页。

③ 伽达默尔著，洪汉鼎译：《真理与方法（I）》，430页。

④ 同上书，414页。

伽达默尔对"原意"问题不是没有思考过，他说："我们为了理解某个他物而必须把自身置于这个他物中，似乎成了一个合理的诠释学要求。然而，我们可以追问，这样一种说法是否也表明我们无法达到我们所要求的理解呢?"① 我们进入古人，进入所谓的"原意"，本身就是一个无法达到的理想性诉求。这一诉求反而容易束缚"理解"活动的进行，成为人们不去深入"理解"文本或敞开看待他人之"理解"的借口。真正的问题在于，理解的本质是一种双向度的"谈话"，而不是单向度的"求取"。我们面对的是一个等待"谈话"的活文本，而不是博物馆橱窗里的文物。伽达默尔把它称为"传承物"，非常生动、准确，它是被"传"到我们手中的，在"传"的过程中被不断激活也被不断丰富。伽达默尔这一认识根植于他对"世界"概念的认识，他认为，"世界从来就不是某个混沌初开的世界，而是不断地遗留给我们的世界"②。这是个非常深刻的见地。今天我们所看到的一切，都是一代一代、一人一人"不断地遗留"给我们的，都有他们影子的叠加，正如我们每个人的身上有父母、祖父母、曾祖父母等等留下的各种外貌、性格痕迹一样。因此，文本无法在时间上被断裂为过去与现在、历史与当下。我们解读文本，表面上是回到那个时代那个人，实际上是带着我们这个时代的信息密码进入的。所以，"视域融合"不仅是不可避免的，而且是符合理解活动本身的客观要求的。

其次，"原意焦虑"所担心的"前见"，并不是那么容易就能进入到我们所解读的文本中去的。前见的实际内容和能起到的实际作用都是不确定的、非现成的，而是由其与其所遇到的对象共同决定的。"前见"是随机调动起来的，并且有自组织能力。调动起哪些东西、如何组织它们以构成我们"理解"的桥梁，都不是单向主观决定的，而是由我们与我们所面对的文本的谈话过程共同决定的。如伽达默尔所说："占据解释者意识的前见（Vorurteile）和前见解（Vormeinungen），并不是解释者自身可以自由支配的。"③ 与文本对谈的过程是当下的、随机的、不由其中任何一方单独控制。我们也无法事先确认"前见"中哪些会阻碍我们的谈话，哪些会成为最终的共同意义。谈话，意味着双方相互渗透、相互吸引，既有我又忘我，既投入又知道自己在投入，从而达到最大限度的融合。可以说，

① 伽达默尔著，洪汉鼎译：《真理与方法（I）》，428 页。
② 伽达默尔著，洪汉鼎译：《真理与方法（II）》，633 页。
③ 伽达默尔著，洪汉鼎译：《真理与方法（I）》，418 页。

解读元典是严肃而严谨，艰难而充满挑战的事，是全部生命经验、知识积累、主体性情的调动，是“心有戚戚焉”的相互感染与感动。当然，这个过程不是一下子就能完成的，而是要经过“诠释学循环”来最终达到，在循环往复的理解中，偏见被剔除出去。这个循环在本质上就“既不是主观的，又不是客观的，而是把理解活动描述为传承者的运动和解释者的运动的一种内在相互作用（Ineinanderspiel）”①。人在其中并不是扮演一个主宰的角色，甚至不是主动的，这我们在上一节中已经论述。

最后，诠释过程中的“前见”并不必然带来误读，如何让“前见”更好地发挥作用，这取决于解释者的能力与自律。如何避免“前见”以偶发奇想和流俗之见的方式出现，这就是能力的问题，能力不同，诠释的结果不同，达到的诠释境界也不同。

因此，“原意焦虑”是需要有的，这是研究者应该有的学术训练与学术良心，但又是可以放下的，当有一种切实的可以面对元典的方法时。方勇说：“站在‘新子学’的立场上来看，迷失在西学丛林里难以自拔的自由主义既不可取，一味沉溺于‘以中国解释中国’的保守思维同样不足为训”②。诠释的还元，因为面向“元典”而能避免“迷失”，因为双向“对话”而能避免“保守”，是值得继续探索的方法。

这一“创造性的还元”的方法既能带来创新的观点，又不违背原意。创新不意味着一定是独立的观点，而是以注疏的方式进行，以元典的思想为基点生发出的思想，在一个道统之内，这样的好处是：能完整地继承前人的深刻思想，又不停留在前人的思想之内，不停地进行思想的积累、拾遗，真正站在巨人的肩膀上去发现重要的思想。这是中国思想进展的方式，脱离开传统，脱离开前人的智慧，很难有深刻的、系统的思想出现。今天解读经典，既不是为了追求历史上的原意，也不是托古人讲自己的意思，而是继承和学习前人“创造性的还元”的方法，不仅庄子如此，王弼、郭象、朱熹都如此，尽管他们有歧出的思想，有与所解释的经典不同甚至相悖的思想，但在问题意识、核心思想、精神主旨上都是“接着讲”，而不是反着讲。

这正是庄子提出的诠释学方法：得意忘言。得意是遵循《老子》；忘言是不必死板地遵循《老子》，在自己与《老子》对话时本身就有一个语

① 伽达默尔著，洪汉鼎译：《真理与方法（I）》，415页。

② 方勇：《“新子学”构想》，载《光明日报》，2012-10-22，第14版。

义空间。这是创新的空间、诠释的秘密与思想进展的隧道。要有对元典的有效理解，即根本精神相契合，问题意识相连贯，在此基础上，自己的体验、学识、视野才能真正发挥作用，也才能更有效地发挥作用，这样我们才有可能既吸收古人，又超越古人。

参考文献

一、中文著作

古籍类

北京大学出土文献研究所编. 北京大学藏西汉竹书（贰）. 上海：上海世纪出版股份有限公司，上海古籍出版社，2012.

陈景元. 老子注. 见蒙文通. 道书辑校十种. 成都：巴蜀书社，2001.

程颢，程颐. 二程集. 北京：中华书局，1981.

范应元. 老子道德经古本集注. 上海：华东师范大学出版社，2010.

房玄龄等. 晋书. 北京：中华书局，1996.

韩非撰. 顾广圻识. 乾道本韩非子. 台北：新文丰出版公司，1989.

郭庆藩撰. 王孝鱼点校. 庄子集解. 北京：中华书局，2007.

郭象注. 成玄英疏. 南华真经注疏. 北京：中华书局，1998.

韩非. 陈奇猷校注. 韩非子新校注. 上海：上海古籍出版社，2000.

河上公注. 王卡点校. 老子道德经河上公章句. 北京：中华书局，2009.

淮南子. 何宁撰. 淮南子集释. 全三册. 北京：中华书局，1998.

皇甫谧撰. 帝王世纪. 北京：中华书局，1985 年据指海本排印.

黄元吉. 道德经讲义. 北京：九州出版社，2014.

纪昀纂修. 文渊阁四库全书. 台北：台湾商务印书馆，1986.

李道平撰. 潘雨廷点校. 周易集解纂疏. 北京：中华书局，2004.

阮元校刻. 十三经注疏. 北京：中华书局 1980 年影印世界书局阮刻缩印本.

释德清. 道德经解. 上海：华东师范大学出版社，2009.

司马迁. 史记. 第七册. 北京：中华书局，1982.

苏辙. 道德真经注. 上海：华东师范大学出版社，2010.

孙希旦撰. 沈啸寰，王星贤点校. 礼记集解. 北京：中华书局，2012.

王安石撰. 罗家湘辑校. 王安石老子注辑佚会钞. 上海：华东师范大

学，2013.

王弼著. 楼宇烈校释. 老子道德经注校释. 北京：中华书局，2008.

王夫之. 王孝鱼点校. 老子衍. 北京：中华书局，2009.

王先慎撰. 钟哲点校. 韩非子集解. 北京：中华书局，2006.

王阳明. 王阳明全集. 上海：上海古籍出版社，1992.

吴澄. 道德真经吴澄注. 上海：华东师范大学出版社，2010.

吴兢编著. 王贵标点. 贞观政要. 长沙：岳麓书社，2002.

许慎撰. 段玉裁注. 说文解字注. 2006 修订版. 上海：上海古籍影印经韵楼藏版，1981.

严遵. 王德有译注. 老子指归译注. 北京：商务印书馆，2004.

朱骏声撰. 说文通训定声. 北京：中华书局，2011.

朱谦之. 老子校释. 北京：中华书局，2006.

现代著作类

北岛. 失败之书. 汕头：汕头大学出版社，2004.

曹础基. 庄子浅注. 北京：中华书局，2007。

陈鼓应. 道家的人文精神. 北京：商务印书馆，2012.

陈鼓应. 管子四篇诠释——稷下道家代表作解析. 北京：商务印书馆，2006.

陈鼓应. 黄帝四经今注今译——马王堆汉墓出土帛书. 北京：商务印书馆，2007.

陈鼓应. 老庄新论. 台北：五南图书出版社，1993.

陈鼓应. 老子注译及评介. 修订增补本. 北京：中华书局，2009.

陈来. 古代思想文化的世界——春秋时代的宗教、伦理与社会思想. 北京：三联书店，2002.

陈启天. 韩非子校释. 台北：中华丛书委员会，1958.

陈柱. 沈德鸿选注. 老子·庄子. 武汉：崇文书局，2014.

程树德撰. 程俊英，蒋见元点校. 论语集释. 全四册. 北京：中华书局，2010.

丁四新主编. 楚地出土简帛文献思想研究. 一. 武汉：湖北教育出版社，2002.

丁原植. 郭店竹简老子释析与研究. 台北：万卷楼图书有限公司，1998.

冯友兰. 南渡集. 北京：三联书店，2007.

冯友兰. 涂又光译. 中国哲学简史. 北京：北京大学出版社，1985.

冯友兰. 涂又光纂. 三松堂全集. 第 4、6、8、12 卷. 郑州：河南人民出版社，1991—1992.

冯友兰. 新原道：中国哲学之精神. 北京：三联书店，2007.

冯友兰. 新原人. 北京：三联书店，2007.

冯友兰. 中国哲学史. 台北：台湾商务印书馆，2007.

冯友兰. 中国哲学史新编. 北京：人民出版社，1984.

傅伟勋. 从西方哲学到禅佛教. 台北：东大图书公司，2001.

傅伟勋. 学问的生命与生命的学问. 台北：正中书局，1993.

高明. 帛书老子校注. 北京：中华书局，1996.

胡适. 中国哲学史大纲. 北京：商务印书馆，2013.

姜金元. 大象无形——《老子》美学思想与中国文学本体论建构. 北京：中国社会科学出版社，2010.

康中乾. 魏晋玄学. 北京：人民出版社，2008.

赖贤宗. 道家诠释学. 北京：北京大学出版社，2010.

李建中主编. 中国古代文论范畴发生史之《庄子》卷. 武汉：武汉大学出版社，2009。

李零. 郭店楚简校读记. 北京：北京大学出版社，2002.

李零. 简帛古书与学术源流. 北京：三联书店，2004.

梁启雄. 韩子浅解. 北京：中华书局，2011.

林丽真. 王弼. 台北：东大图书公司，2008.

刘大钧主编. 大易集成. 北京：文化艺术出版社，1991.

刘国英，张灿辉主编：《现象学与道家哲学》专辑. 现象学人文科学. 第二期. 台北：边城出版社，城邦出版有限公司，2005.

刘笑敢. 老子古今：五种对勘与析评引论. 北京：中国社会科学出版社，2006.

刘笑敢. 老子. 台北：东大图书股份有限公司，1997.

刘笑敢. 诠释与定向——中国哲学研究方法之探究. 北京：商务印书馆，2009.

刘笑敢主编. 中国哲学与文化. 第一至六辑. 桂林：广西师范大学出版社，2007—2010.

刘笑敢. 庄子哲学及其演变. 北京：中国社会科学出版社，1987.

刘昭瑞.（敦煌写卷本）《老子想尔注》导读与译注. 南昌：江西人民

出版社，2012.

马世年.《韩非子》的成书及其文学研究. 上海：上海古籍出版社，2011.

马叙伦. 老子校诂. 北京：中华书局，1974.

牟宗三. 才性与玄理. 香港：人生出版社，1963.

牟宗三. 牟宗三晚年文集. 台北：台湾联合报系文化基金会，2003.

牟宗三. 现象与物自身. 台北：台湾商务印书馆，1975.

牟宗三. 圆善论. 台北：台湾学生书局，1985.

牟宗三. 智的直觉与中国哲学. 台北：台湾商务印书馆，2006.

牟宗三. 中国哲学的特质. 台北：台湾学生书局，1998.

牟宗三. 中国哲学十九讲. 台北：台湾学生书局，2002.

牟宗三. 中西哲学之会通十四讲. 台北：台湾学生书局，1996.

牟宗三主讲，卢雪崑录音整理. "四因说"演讲录. 台北：鹅湖出版社，1997.

牟宗三主讲，卢雪崑整理. 老子《道德经》演讲录. 鹅湖月刊. 2003—2004年第28～29卷，总第334～343期.

牟宗三主讲，卢雪崑整理. 庄子《齐物论》演讲录. 鹅湖月刊. 2002—2003年第27卷，总第319～332期.

那薇. 道家与海德格尔相互诠释：在心物一体中人成其人物成其物. 北京：商务印书馆，2004.

宁镇疆.《老子》早期传本：结构及其流变研究. 上海：学林出版社，2006.

庞朴. 一分为三. 上海：上海古籍出版社，2003.

彭浩. 郭店楚简《老子》校读. 武汉：湖北人民出版社，2000.

邵增桦注译. 韩非子今注今译. 台北：台湾商务印书馆，1982.

孙以楷. 老子通论. 合肥：安徽大学出版社，2004.

孙周兴. 说不可说之神秘——海德格尔后期思想研究. 上海：三联书店，1994.

谭宝刚. 老子及其遗著研究——关于战国楚简《老子》、《太一生水》、《恒先》的考察. 成都：巴蜀书社，2009.

汤一介. 郭象与魏晋玄学. 北京：北京大学出版社，2009.

汤用彤. 魏晋玄学论稿. 北京：三联书店，2009.

汤用彤. 魏晋玄学论稿. 上海：上海古籍出版社，2001.

王博．老子思想的史官特色．台北：文津出版社，1993.
王利器．文子疏义．北京：中华书局，2000.
王庆节．解释学、海德格尔与儒道今释．北京：中国人民大学出版社，2004.
王中江．简帛文明与古代思想世界．北京：北京大学出版社，2011.
吴甿．玄理与性理．香港：经要文化出版有限公司，2002.
吴秀英．韩非子研议．台北：文史哲出版社，1979.
项退结．中国哲学之路．台北：东大图书公司，1991.
邢文编译．郭店老子与太一生水．北京：学苑出版社，2005.
徐复观．中国人性论史．台北：台湾商务印书馆，1969.
徐复观．中国思想史论集续编．上海：上海书店出版社，2004.
许抗生．帛书老子注译及研究．杭州：浙江人民出版社，1985.
严灵峰辑．老子宋注丛残．台北：台湾学生书局，1979.
严灵峰．老子达解．台北：华正书局，2008.
杨伯峻译注．孟子译注．北京：中华书局，2010.
杨儒宾，黄俊杰编．中国古代思维方式探索．台北：正中出版社，1996.
杨儒宾．先秦道家“道”的观念的发展．台北：台湾大学出版委员会，1987.
杨儒宾．中国古代思维方式探索．台北：正中书局，1998.
杨树达．周易古义·老子古义．上海：上海古籍出版社，2013.
杨义．韩非子还原．北京：中华书局，2011.
于省吾主编．甲骨文字诂林．第三册．北京：中华书局，1996.
余敦康．魏晋玄学史．北京：北京大学出版社，2004.
余嘉锡．世说新语笺疏．北京：中华书局，2009.
袁保新．老子哲学之诠释与重建．台北：文津出版社，1997.
张岱年．张岱年全集．全八卷．石家庄：河北人民出版社，1996.
张岱年．中国古典哲学概念范畴要论．北京：中国社会科学出版社，1989.
张岱年．中国哲学大纲．南京：江苏教育出版社，2005.
张丰乾主编．庄子天下篇注疏四种．北京：华夏出版社，2009.
张觉．韩非子考论．北京：知识产权出版社，2012.
张觉．韩非子校注．长沙：岳麓书社，2006.

张觉．韩非子译注．上海：上海古籍出版社，2014．

张世英．天人之际——中西哲学的困惑与选择．北京：人民出版社，1995．

张松如．老子解说．济南：齐鲁书社，2006．

张祥龙．朝向事情本身——现象学导论七讲．北京：团结出版社，2003．

张祥龙．从现象学到孔夫子．北京：商务印书馆，2001．

张祥龙．当代西方哲学笔记．北京：北京大学出版社，2005．

张祥龙，杜小真，黄应全．现象学思潮在中国．北京：首都师范大学出版社，2002．

张祥龙．海德格尔传．石家庄：河北人民出版社，1998．

张祥龙．海德格尔思想与中国天道——终极视域的开启与交融．北京：三联书店，1997．

张祥龙．拒秦兴汉和应对佛教的儒家哲学．桂林：广西师范大学出版社，2012．

张祥龙．孔子的现象学阐释九讲．上海：华东师范大学出版社，2009．

张祥龙．思想避难：全球化中的中国古代哲理．北京：北京大学出版社，2007．

张祥龙．西方哲学笔记．北京：北京大学出版社，2006．

张祥龙．先秦儒家哲学九讲：从《春秋》到荀子．桂林：广西师范大学出版社，2010．

张祥龙．中华古学与现象学．济南：山东友谊出版社，2008．

钟振宇．道家与海德格．台北：文津出版社，2010．

周大兴．自然·名教．因果：东晋玄学论集．台北：台湾“中央研究院”文哲所，2004．

［德］奥托·珀格勒．宋祖良译．海德格尔的思想之路．台中：仰哲出版社，1994．

［德］冈特·绍伊博尔德．宋祖良译．海德格尔分析新时代的科技．北京：中国社会科学出版社，1993．

［德］海德格尔．陈春文译．思的经验（1910—1976）．北京：人民出版社，2008．

［德］海德格尔．陈嘉映，王庆节合译．存在与时间．修订本．北京：三联书店，2000．

［德］海德格尔．孙周兴译．林中路．上海：上海译文出版社，2004．

[德] 海德格尔. 孙周兴译. 在通向语言的途中. 北京：商务印书馆，2004.

[德] 汉斯-格奥尔格·伽达默尔. 洪汉鼎译. 真理与方法（I）（II）. 上海：上海译文出版社，2004.

[德] 汉斯-格奥尔格·伽达默尔. 夏镇平，宋建平译. 哲学解释学. 上海：上海译文出版社，2004.

[德] 汉斯-格奥尔格·梅勒. 刘增光译.《道德经》的哲学：一个德国人眼中的老子. 北京：人民出版社，2010.

[德] 胡塞尔. 倪梁康，张廷国译. 生活世界现象学. 上海：上海译文出版社，2005.

[德] 康德. 邓晓芒译. 杨祖陶校. 纯粹理性批判. 北京：人民出版社，2004.

[德] 瓦格纳. 杨立华译. 王弼《老子注》研究. 南京：江苏人民出版社，2008.

[德] O. 波格勒. 张祥龙译. 再论海德格尔与老子. 世界哲学，2004（2），103～108 页.

[古希腊] 柏拉图. 陈康注. 巴曼尼德斯篇. 台北：问学出版社，1979.

[法] 列维·布留尔. 丁由译. 原始思维. 北京：商务印书馆，1985.

[荷] 斯宾诺莎. 贺麟译. 伦理学. 北京：商务印书馆，1981.

[美] 波兹曼. 章艳，吴燕莛译. 娱乐至死. 桂林：广西师范大学出版社，2009.

[日] 太田方. 韩非子翼毳. 上海：中西书局，2014.

二、中文论文

陈鼓应. 论道与物关系问题——中国哲学史上的一条主线. 上. 哲学动态，2005（7），55～64 页.

陈丽桂.《太一生水》研究综述及其与《老子》丙的相关问题. 汉学研究，2005 年第 23 卷第 2 期，413～437 页.

陈丽桂. 从出土简帛文献看战国楚道家的道论及其相关问题——以帛书《道原》、《太一生水》与《亘先》为核心. 中国文哲研究集刊，2006 年第 29 期，123～144 页.

陈丽桂. 上博简（三）：《亘先》的义理与结构. 简帛网站 www.jianbo.org，2004-12-19.

程二行. 时间·变化·对策——老子道论重估. 武汉大学学报，2004

(2)，189～196 页.

杜保瑞. 当代老学道论研究的基本哲学问题解析. 华中师范大学学报，2006（6），64～71 页.

范玉刚. “之间”的夺出：从 Ereignis 到“道”——领悟后期海德格尔思想的另一视角. 学术月刊，2005（10），53～59 页.

何石彬. 老子之“道”与“有”、“无”关系新探——兼论王弼本无论对老子道本论的改造. 哲学研究，2005（7），39～44 页.

胡伟希. “一心开二门”与“一心开多门”：从康德、牟宗三到傅伟勋. 云南大学学报，2003 年第 2 卷第 5 期，21～27 页.

赖锡三. “实有姿态”的解消转译与“道家式存有论”的诠释还原（上）. 鹅湖月刊，1998 年第 23 卷第 8 期，23～30 页；“实有姿态”的解消转译与“道家式存有论”的诠释还原（下）. 鹅湖月刊，1998 年第 23 卷第 11 期，47～56 页.

赖锡三. “境界形上学”的继承、厘清和批判与道家式存有论的提出. 鹅湖月刊，1997 年第 23 卷第 6 期，20～31 页.

李景强. 复原老子之“道”. 学术研究，2003（10），19～23 页.

李宗定. 老子“道”的诠释与反思——从韩非、王弼注老之溯源考察. 台湾中正大学博士论文，林安梧指导，2002.

林安梧. 关于老子《道德经》“道、一、二、三及天地万物”的几点讨论. 香港中文大学主办“道家经典诠释——我注六经还是六经注我”国际学术研讨会，2007 年 12 月 19—21 日，1～14 页.

刘文英. 老子之道的现代分疏与解读. 南开大学学报，2002（2），14～20页.

刘笑敢. “反向格义”与中国哲学研究的困境——以老子之道的诠释为例. 南京大学学报，2006（2），76～90 页.

刘笑敢. “反向格义”与中国哲学研究的困境——以老子之道的诠释为例. 中国哲学与文化（第一辑）：反向格义与全球哲学. 桂林：广西师范大学出版社，2007，10～36 页.

刘笑敢. 从注释到创构：两种定向，两个标准——以朱熹《论语集注》为例. 南京大学学报，2007（2），90～102 页.

刘笑敢. 关于《老子》之雌性比喻的诠释问题. 中国文哲研究集刊，2003 年第 23 期，179～209 页.

刘笑敢. 郭象之自足逍遥与庄子之超越逍遥——诠释方向之转折及其

评价标准问题. 刘笑敢主编. 中国哲学与文化（第二辑）：注释，诠释，还是创构. 桂林：广西师范大学出版社，2007，126～151 页.

刘笑敢. 经典诠释与体系建构——中国哲学诠释传统的成熟与特点刍议. 中国哲学史，2002（1），32～40 页.

刘笑敢. 经典诠释中的两种定向之接转初探——以《老子》之自然的新诠释为例. 清华学报（台湾），2005（1），189～210 页.

刘笑敢. 经典诠释中的两种内在定向及其外化——以王弼《老子注》与郭象《庄子注》为例. 中国文哲研究集刊，2005 年第 26 期，287～319 页.

刘笑敢. 老子之自然与全球伦理——兼评霍布斯的自然状态. 见乐黛云，李比雄主编. 跨文化对话. 第 6 期. 上海：上海文化出版社，2001，65～81 页.

刘笑敢. 试论道家式责任感. 见刘笑敢，川田洋一主编. 儒释道之哲学对话. 香港：商务印书馆，2007，11～25 页.

刘笑敢. 试论道家思想在当代社会的发展与应用问题——以老子哲学与生态问题的相关性为例. 中国哲学的理解与发展——张岱年先生九十寿庆纪念论文集. 北京：北京大学出版社，1999，355～377 页.

罗亚娜（Jana Rosker）. 老子与海德格的对话——试谈一些有关中西传统“存有论”比较的问题. 语文学报（台湾国立新竹师范学院），1995（2），191～213 页.

倪梁康. 牟宗三与现象学. 哲学研究，2002（10），42～48 页.

庞朴. 说“无”. 庞朴学术文化随笔. 北京：中国青年出版社，1996，42～55 页.

石永之. 牟宗三的道德形上学刍议. 理论学刊，2006（8），65～67 页.

王均江. 老子道论的现象学诠释. 福建论坛，2007（3），54～59 页.

王品方. 老子论道譬喻之研究. 台湾中国文化大学硕士论文，黎惟东指导，2003.

王中江. 冯友兰的价值理性及其建构方式——“天地境界”与“天人之际”及文化普遍性思维和哲学理性. 中州学刊，2004（6），140～147 页.

萧师毅. 池耀兴译. 张祥龙校. 海德格尔与我们《道德经》的翻译. Heidegger and Our translation of the *Tao Te Ching*. 世界哲学，2004（2），98～102 页；原载于 *Heidegger and Asian Thought*, ed. by G. Parkes, Honolulu: University of Hawaii Press, 1987, pp. 93-103.

谢阳举. 自然概念与老子哲学新诠. 香港中文大学中国哲学与文化研究中心、道教文化研究中心合办“道家经典诠释——我注六经还是六经注我”国际学术研讨会，2007年12月19—21日.

杨国荣. 何为意义——论意义的意义. 文史哲，2010（2），19～31页.

杨泽波. 牟宗三何以认定康德的物自身不是一个事实的概念?. 哲学研究，2007（11），31～36页.

叶维廉. 我们今天为什么讲道家精神. 见杨乃乔，伍晓明主编. 比较文学与世界文学——乐黛云教授七十五华诞特辑. 北京：北京大学出版社，2005，503～511页.

张汝伦. 邯郸学步，失其故步：也谈中国哲学研究中的“反向格义”问题. 南京大学学报，2007（4），60～75页.

张祥龙，陈岸英. 解释学理性与信仰的相遇——海德格尔早期宗教现象学的方法论. 哲学研究，1997（6），61～68页.

张祥龙. “中国哲学”，“道术”，还是可道术化的广义哲学?. 哲学动态，2004（6），11～13页.

张祥龙. 边缘处的理解——中西思想对话中的“印迹”. 安徽师范大学学报，2000（4），478～482页.

张祥龙. 海德格尔论老子与荷尔德林的思想独特性——对一份新发表文献的分析. 中国社会科学，2005（2），69～83页.

张祥龙. 儒家哲理特征与文化间对话——普遍主义还是非普遍主义. 求是学刊，2008（1），21～26页.

张祥龙. 现象学如何影响了当代西方哲学. 天津社会科学，2004（3），9～14页.

张祥龙. 中国传统哲理与文化的阐释原则之我见. 西北大学学报，2007（2），5～7页.

张祥龙. 中国哲学研究方法的多元化. 中国人民大学学报，2003（2），10～16页.

张祥龙. 现象学的构成观与中国哲学. 中国现象学与哲学评论. 第一辑. 上海：上海译文出版社，1995，335～349页.

张祥龙. 中国传统文化的衰微与出路. 北大讲座. 第12辑. 北京：北京大学出版社，2007，217～245页.

张祥龙. 海德格尔与中国哲学：事实、评估和可能. 外国哲学，2009（8），65～76页.

郑开.《老子》第一章札记：两个语文学疏证及哲学阐释. 清华大学学报，2008（1），82～88页.

郑家栋."超越"与"内在超越"——牟宗三与康德之间. 中国社会科学，2001（4），43～53页.

郑宗义. 论牟宗三先生的经典诠释观：以先秦道家为例. 国立中央大学文学院人文学报，2001（24），373～405页.

郑宗义. 知识、思辨与感触——试从中国哲学研究论牟宗三先生的方法论观点. 鹅湖学志，1997（18），23～51页.

熊伟. 道家与海德格尔. 道家文化研究. 第二辑. 上海：上海古籍出版社，1992，130～132页.

叶秀山. 我读《老子》书的一些感想. 道家文化研究. 第二辑. 上海：上海古籍出版社，1992，133～152页.

郑涌. 以海德格尔为参照点看老庄. 道家文化研究. 第二辑. 上海：上海古籍出版社，1992，153～166页.

王庆节."恒"与道的时间性. 见王庆节. 解释学、海德格尔与儒道今释. 北京：中国人民大学出版社，2004，206～230页.

袁保新. 秩序与创新——从文化治疗学的角度省思道家哲学的现代义涵. 鹅湖月刊，2001年第37卷第2期，11～22页.

刘国英. 现象学可以还中国哲学一个公道吗？——试读老子. 现象学与人文科学. 第二辑. 台北：边城出版社、城邦出版有限公司，2005，9～35页.

黄国钜.《老子》的现象学分析与时间问题. 现象学与人文科学. 第二辑. 台北：边城出版社、城邦出版有限公司，2005，105～160页.

关子尹. 海德格的"同一性"与道家哲学. 现象学与人文科学. 第二辑. 台北：边城出版社、城邦出版有限公司，2005，211～260页.

曹峰."玄之又玄之"和"损之又损之"——北大汉简《老子》研究的一个问题. 中国哲学史，2013（3），13～19页.

曹峰.《老子》首章与"名"相关问题的重新审视——以北大汉简《老子》的问世为契机.《哲学研究》，2011（4），58～67页。

郭永秉. 关于《老子》第一章"道可道"、"名可名"两句的解释. 出土文献与古文字研究. 第五辑. 上海：上海古籍出版社，2013，599～611页.

三、英文著作

Alan Watts, *What is Tao* (Novato, Calif.: New World Library, c2000).

Ariane Rump, *Commentary on the Lao Tzu by Wang Pi*, translated in collaboration with Wing-tsit Chan (Honolulu: University Press of Hawaii, 1979).

Arthur Waley, *A Study of the Tao Te Ching and Its Place in Chinese Thought* (London: George Allen & Unwin Ltd, 1934).

Ch'u Ta-Kao, *Tao Te Ching* (London: George Allen & Unwin Ltd, 1972).

Charles Wei-hsun Fu and Wing-tsit Chan, *Guide to Chinese Philosophy* (Boston: G. K. Hall, c1978).

Chan Wing-cheuk (陈荣灼), *Heidegger and Chinese Philosophy* (台北：双叶书廊有限公司，1986).

Cheng Lin, *Laozi Dao De Jing* (Taipei: The World Book Company, 1953).

D. C. Lau, *Lao Tzu: Tao Te Ching* (Hong Kong: The Chinese University Press, 1963).

Ellen M. Chen, *The Tao Te Ching: A New Translation with Commentary* (New York: Paragon House, 1989).

Feng Gia-fu and Jane, *Tao Te Ching* (New York: Vintage Books, 1972).

Fung Yu-lan, ed. Derk Bodde, *A Short History of Chinese Philosophy* (New York: Macmillan, 1960).

Graham, A. C., *Disputers of the Tao: Philosophical Argument in Ancient China* (La Salle, Ill: Open Court, c1989).

Philip J. Ivanhoe and Bryan W. Van Norden, *Readings in Classical Chinese Philosophy* (Cambridge: Hackett Publishing Company, 2001).

Paul J. Lin, A *Translation of Lao Tzu's Tao Te Ching and Wang Pi's Commentary* (Michigan: Center for Chinese Studies, University of Michigan, 1977).

Stephen Mitchell, *Tao Te Ching: An Illustrated Journey* (New York: HarperCollins Publishers, 1999).

Roger Greaves, *Lao Tzu and Taoism*, translated from the French

(Stanford. CA: Stanford University Press, 1969).

Ellen M. Chen, *The Tao Te Ching: A New Translation with Commentary* (New York: Paragon House, 1989).

D. C. Lau, *Lao Tzu: Tao Te Ching* (Hong Kong: The Chinese University Press, 1963).

Richard John Lynn, *The Classic of the Way and Virtue: A New Translation of the Tao-te Ching of Laozi as Interpreted by Wang Bi* (New York: Columbia University , 1999).

Wing-tsit Chan, *The Way of Lao Tzu* (New York: Bobbs-Merrill, 1963).

Robert G. Henricks, *Lao-Tzu Te-Tao Ching: A New Translation Based on the Recently Discovered Ma-Wang-Tui Texts* (New York: Ballantine Books, 1989).

Arthur Waley, *A Study of the Tao Te Ching and Its Place in Chinese Thought* (London: George Allen & Unwin Ltd, 1934).

Lin Yu-tang , *The Wisdom of Laotze* (台北：正中书局，1994).

Wing-tsit Chan, *The Way of Lao Tzu* (New York: Bobbs-Merrill, 1963).

Witter Bynner, *The Way of Life According to Laotzu* (London: The Lyrebird Press Ltd, 1972).

R. B. Blakney and Lin Yu-tang, *The Sayings of Lao Tzu* (台北：文致出版社，1983).

Ariane Rump, *Commentary on the Lao Tzu by Wang Pi*, translated in collaboration with Wing-tsit Chan (Honolulu: University of Hawaii Press, 1979).

Y. T. Hsiung, *Lao Tzu Tao Te Ching* (Taipei: China Academy, 1977).

Heidegger, Martin, *Being and Time*, trans. John Macquarrie and Edward Robinson (Oxford: Basil Blackwell, 1985).

Heidegger, Martin, *Discourse on Thinking* (New York: Harper & Row Publishers, 1996).

Heidegger, Martin, *On the Way to Language*, trans. Peter D. Hertz (New York: HarperCollins Publishers, 1971).

Heidegger, Martin, *Poetry, Language, Thought*, trans. Albert Hofstadter (New York: Harper & Row, 1971).

Heidegger, Martin, *Kant and the Problem of Metaphysics*, trans. Richard Taft (Bloomington and Indianapolis: Indiana University Press, 1997).

Husserl, Edmund, *On the Phenomenology of the Consciousness of Internal Time*, trans. John Barnett Brough (Dordrecht: Kluuer Academic Publishers, c1991).

James Legge, *The Texts of Taoism* (New York: The Julian Press, Inc, 1959).

May, Reinhard, *Heidegger's Hidden Source-East Asian Influences on His Work*, translated with a complementary essay, by Graham Parkes (London and New York: Routledge, 1996).

Michael LaFargue, *The Tao of the Tao Te Ching* (Albany: State University of New York Press, 1992).

Paul J. Lin, *A Translation of Lao Tzu's Tao Te Ching and Wang Pi's Commentary* (Ann Arbor: The University of Michigan, 1977).

Philip J. Ivanhoe, *The Daodejing* (New York: Seven Bridges Press, 2002).

Philip J. Ivanhoe and Bryan eds. *Reading in Classical Chinese Philosophy*, W. Van Norden (Combridge: Hackett Publishing Company, Inc. Indianapolis, 2001).

Plato, *The Republic*, eds. G. R. Ferrari (Berkeley: Cambridge University Press, 2001).

R. B. Blakney and Lin Yu-tang, *The Sayings of Lao Tzu* (台北：文致出版社，1983).

R. L. Wing, *The Tao of Power: Lao Tzu's Classic Guide to Leadership, Influence, and Excellence* (London: HarperCollins Publishers, 1988).

Red Pine, *Lao-tzu's Taoteching: The Way* (San Francisco, Calif.: Mercury House, 1996).

Richard John Lynn, *The Classic of the Way and Virtue: A New Translation of the Taoteching of Laozi as Interpreted by Wang Bi* (New

York: Columbia University Press, 1999).

Robert G. Henricks, *Lao-Tzu Te-Tao Ching: A New Translation Based on the Recently Discovered Ma-Wang-Tue Texts* (New York: Ballantine Books, 1989).

Roger Greaves, *Lao Tzu and Taoism*, translated from the French (Stanford, Calif. : Stanford University Press, 1969).

Stephen Mitchell, *Tao Te Ching: An Illustrated Journey* (New York: HarperCollins Publishers, c1999).

Wing, R. L., *The Tao of Power: Lao Tzu's Classic Guide to Leadership, Influence and Excellence* (London: HarperCollins Publishers, 1988).

Wing-Tsit Chan, *The Way of Lao Tzu* (New York: Bobbs-Merrill, 1963).

Witter Bynner, *The Way of Life According to Laotzu* (London: The Lyrebird Press Ltd, 1972).

Y. T. Hsiung, *Lao Tzu Tao Te Ching* (Taipei: China Academy, 1977).

四、英文论文

Chad Hansen, "Reading with Understanding: Interpretive Method in Chinese philosophy", *Dao: A Journal of Comparative Philosophy*, June 2005, vol. IV, No. 2, pp. 341−346.

Charles Wei-hsun Fu (傅伟勋), "Lao Tzu's Concept of Tao", *Inquiry: An Interdisciplinary Journal of Philosophy and Social Sciences16* (1973), pp. 367−394.

Chung-Hwan Chen (陈康), "What does Lao-tzu means by the Term 'Tao'?", *Tsing Hua Journal of Chinese Studies*, 1964, vol. 4, No. 2, pp. 150−161.

Roger T. Ames, "Getting Past the Eclipse of Philosophy in World Sinology: A Response to Eske Møllgaard", *Dao: A Journal of Comparative Philosophy*, June 2005, vol. IV, No. 2, pp. 347−352.

Wang Qingjie, "*Heng* 恒 and Temporality of Dao: Laozi 老子 and Heidegger", *Dao: A Journal of Comparative Philosophy*, Dec. 2001, vol. I, pp. 55−71.

人名索引

主题词索引

后　记

拙著是根据2010年在香港中文大学哲学系所做的博士论文修改而成。本书将博士论文中涉及当代诠释个案的三章压缩成了一章，并增加了第一章的古代诠释部分；对第四章本人的诠释部分进行了补充；对第五章诠释方法的部分进行了修改；在篇幅上比博士论文增加了12万字。

这个修改的过程也是不断靠近《老子》的过程。当我在博士论文中分析当代的冯友兰、牟宗三与张祥龙三个个案时，因为他们自身强大的西学背景与建构意识，常常被卷进去而遗忘了《老子》本身的问题。所以，在博士论文提交后的五年中，我撇开他们重新读《老子》，把所思所想记录下来，渐渐发现，《老子》本身是很简单的，最原始的哲学问题是道为什么不可道、不可名，也就是《老子》第一章的“道可道，非常道；名可名，非常名”的问题。并且，老子自身是有回答的，他的回答简单清晰，并不需要我们重新回答。我们后代所做的只是把《老子》的问题用现代的哲学术语讲清楚并思考其现代意义。因此，我把它放在导论的开头，回到问题的本源。

增加庄子、韩非子、王弼这三个古代的诠释案例，是因为在学习和讲授《庄子》的过程中，越发觉得庄子处处都回应到了《老子》，又让人不易察觉。《庄子》不是注疏性的著作，但已经把《老子》的思想化进自己的思想中了，如盐入水，体匿味存。让《老子》的思想灵魂在更宽广的维度感性而诗意地展开，将“道”渗透到人生与社会万象中去讲，因此，透过他看《老子》会非常有启发。在处理当代个案中的冯友兰时，发现他是在韩非子的解读基础上解读《老子》的，因而觉得对韩非子的诠释有重新检省的必要。王弼则是研究《老子》绕不过去的，王弼的哲学建构能力在整个《老子》诠释史上是最强的，他的诠释方法是在传统的注疏形式中渗透自己的理性精神和独到的理解，用简约的方式揭示了《老子》的核心，但又强化了“无”而完成了自己的哲学建构。这三个古代个案都回应了老子“道不可道”的问题，值得探讨与比较，这样也才能看清当代的诠释。

本人的诠释部分由博士论文中的一章增加到了两章，增加的是对道与万物关系的研究。因为第三章是对非对象化之道的阐发，这一章顺承而来是对非对象化之道如何在万物中发挥作用的揭示。最后一章的方法论部分，由博士论文中的一节扩展到了三节，后两节是自己在阅读伽达默尔诠释学的过程中的心得，还不够完善，还只是“初探”。

拙著还有很多不足，但它是3年博士5年工作的一个结晶。在哲学的道路上，我是个迟来者，但是个幸运儿。有太多的人需要感谢。

感谢我的导师、香港中文大学的刘笑敢先生，先生用道家式的方法指导了我三年多，教给我做学问的方法，在思想上则任我遨游。先生让我注意到不同注释与解读之间的差别，这是我在古今不同诠释中发现问题、处理问题、推进问题的重要基石。在香港有写作方法论的课程，其中重要的一部分就是跟从导师读书，写读书笔记给老师看。先生每次只要求我交1 000字，然后一句一句、一字一字挑其中的毛病，这个训练对我的影响极大。不敢轻易下笔，更不敢轻下结论。这都让我对做学术的客观、严谨与真诚有了亲切的体会。我毕业后来中国人民大学任教期间，也常就论文的进展向先生请教，我自知一直都没有达到先生的要求，但先生对我的耐心让我感动，一直在鞭策我前行。在做人做事上，先生从容不迫、平淡如水、严谨笃实又宽厚随意，无论经历什么都能融化到他爽朗的笑声里，这是值得我一生学习的。

感谢复旦大学的杨乃乔教授。在首都师范大学师从杨教授攻读比较文学博士期间，杨教授给予我很多帮助。在我决定毕业后转方向攻读哲学博士时，杨教授已调去复旦大学中文系工作，但他以大气的胸襟与长远的眼光对我的决定给予了肯定与支持。因为杨教授，我得以认识乐黛云先生，2005年10月11日在接乐先生去首师大开会的路上，我们聊了一路的魏晋玄学，下车时岳先生说：“你适合学哲学”，这对当时正在转考哲学的自己是莫大的鼓励。

还要感谢北京大学哲学系的张祥龙教授（现任教于山东大学哲学系）。我从大学开始读张教授研究海德格尔的著作时就对现象学产生了浓厚的兴趣，并因此开始读西方哲学的著作。在攻读完古典文学硕士时，我跨专业报考了他的博士，当时他在北京大学哲学系的现象学中心。但没能考上，张教授当时远在德国，得知我落榜时给我回信说：“对思想的热爱比对思想的训练更原本，希望你保持这种诚挚的求学精神。”这不仅在当时给了我安慰，更让我明白了从事哲学的意义。哲学研究是出于对思想的热爱与好奇而回到人类生存的根处，唤醒一个民族思想本身的力量，而不是在学术体制中沦为搬弄材料的工匠。拙著对张教授道家诠释的研究部分曾交给他指正，受益很多，这种并非师徒的缘分转眼已伴随我十余年，我倍加珍惜，不敢懈怠。

感谢香港中文大学的郑宗义教授、王庆节教授、姚治华教授，香港新亚研究院的卢雪崑教授，香港大学的邓小虎教授，香港浸会大学的梁宝珊博士、戴远雄博士，台湾辅仁大学的丁原植教授，台湾“中央研究院”的钟振宇研究员，兰州大学的陈春文教授、仲辉副教授，浙江大学的王俊副教授，感谢他们在拙著中涉及牟宗三、康德与海德格尔的部分给予的指教。

感谢北京大学的陈鼓应教授、复旦大学的李若晖教授、中国人民大学的曹峰教授和华建光副教授，以及武汉大学的郑泽绵博士、夏威夷大学的刘静博士，感谢他们在道家研究方面时常提供的宝贵意见。

感谢评审与参加我这个博士论文答辩的台湾清华大学的杨儒宾教授，香港科技大学的黄敏浩教授，香港中文大学的刘笑敢教授、信广来教授、郑宗义教授与王庆节教授。

感谢中国人民大学国学院的黄朴民教授、黄克剑教授、杨慧林教授、梁涛教授、杨庆中教授、乌云毕力格教授、诸葛忆兵教授以及各位同事对我工作上的支持与帮助。感谢国家社科基金后期资助项目的评审专家提出的宝贵意见。感谢中国人民大学出版社的杨宗元老师、符爱霞老师对拙著的出版付出的心血。感谢中国人民大学的邢玉晓同学协助校对书稿。

最后，感谢我的爱人何耀对女儿的悉心照顾，让我能抽出更多时间做学问。

书写是船，时间是河流，道是流动着的彼岸。人总在河上划着小船想要到达彼岸，乐此不疲。是为记。

林光华

2015 年 4 月 10 日于北京

图书在版编目（CIP）数据

《老子》之道及其当代诠释/林光华著. —北京：中国人民大学出版社，2015.5
ISBN 978-7-300-21328-6

Ⅰ.①老… Ⅱ.①林… Ⅲ.①道家②《老子》-研究 Ⅳ.①B223.15

中国版本图书馆 CIP 数据核字（2015）第 108985 号

国家社科基金后期资助项目
《老子》之道及其当代诠释
林光华 著
Laozi zhi Dao jiqi Dangdai Quanshi

出版发行	中国人民大学出版社		
社　　址	北京中关村大街 31 号	**邮政编码**	100080
电　　话	010－62511242（总编室）		010－62511770（质管部）
	010－82501766（邮购部）		010－62514148（门市部）
	010－62515195（发行公司）		010－62515275（盗版举报）
网　　址	http://www.crup.com.cn		
经　　销	新华书店		
印　　刷	唐山玺诚印务有限公司		
开　　本	720 mm×1000 mm　1/16	**版　　次**	2015 年 10 月第 1 版
印　　张	19.75 插页 2	**印　　次**	2025 年 1 月第 2 次印刷
字　　数	329 000	**定　　价**	52.00 元